中国社会科学院出版基金资助

现代汉语篇章语言学

Text Linguistics in Contemporary Chinese

徐赳赳 著

图书在版编目(CIP)数据

现代汉语篇章语言学/徐赳赳著.—北京:商务印书馆,
2010(2024.1重印)
　ISBN 978-7-100-06691-4

Ⅰ.①现… Ⅱ.①徐… Ⅲ.①汉语-话语语言学 Ⅳ.①H1

中国版本图书馆 CIP 数据核字(2009)第 105832 号

权利保留,侵权必究。

XIÀNDÀI HÀNYǓ PIĀNZHĀNG YǓYÁNXUÉ
现 代 汉 语 篇 章 语 言 学
徐赳赳　著

商 务 印 书 馆 出 版
(北京王府井大街36号　邮政编码100710)
商 务 印 书 馆 发 行
三河市春园印刷有限公司印刷
ISBN 978-7-100-06691-4

2010年1月第1版　　　开本 880×1230　1/32
2024年1月第3次印刷　　印张 16⅜

定价:85.00元

目　　录

序 ……………………………………… 陈　平（ 1 ）
内容提要 ………………………………………（ 1 ）
Abstract ………………………………………（ 1 ）

第一章 导论 ……………………………………（ 1 ）
 第一节　引言 …………………………………（ 1 ）
 第二节　研究对象的形式特征 ………………（ 2 ）
 第三节　研究方法的特点和基本原则 ………（24）
 第四节　结语 …………………………………（63）

第二章　篇章语言学的历史发展及相关学科 …（64）
 第一节　引言 …………………………………（64）
 第二节　篇章语言学的历史发展 ……………（65）
 第三节　篇章语言学和相关学科 ……………（88）
 第四节　结语 …………………………………（100）

第三章　篇章观 ………………………………（103）
 第一节　引言 …………………………………（103）
 第二节　篇章和社会 …………………………（103）

第三节　篇章和意识形态 …………………………………（106）
　第四节　篇章和认知 ………………………………………（112）
　第五节　篇章和语言的实际应用 …………………………（123）
　第六节　篇章分析原则 ……………………………………（132）
　第七节　结语 ………………………………………………（134）

第四章　篇章类型 ……………………………………………（136）
　第一节　引言 ………………………………………………（136）
　第二节　口语和书面语 ……………………………………（136）
　第三节　短信篇章 …………………………………………（152）
　第四节　网聊篇章 …………………………………………（161）
　第五节　结语 ………………………………………………（201）

第五章　篇章现象 ……………………………………………（203）
　第一节　引言 ………………………………………………（203）
　第二节　引语 ………………………………………………（203）
　第三节　元话语 ……………………………………………（218）
　第四节　互文 ………………………………………………（240）
　第五节　话语标记 …………………………………………（262）
　第六节　管界 ………………………………………………（272）
　第七节　焦点 ………………………………………………（275）
　第八节　前景和背景 ………………………………………（280）
　第九节　结语 ………………………………………………（283）

第六章　篇章话题 ……………………………………………（287）

第一节 引言 …………………………………………… (287)

第二节 主语和话题 …………………………………… (287)

第三节 句法话题和语用话题 ………………………… (306)

第四节 篇章话题和话题链 …………………………… (311)

第五节 结语 …………………………………………… (325)

第七章 篇章回指 ………………………………………… (329)

第一节 引言 …………………………………………… (329)

第二节 篇章回指的类别 ……………………………… (330)

第三节 篇章回指的功能 ……………………………… (334)

第四节 篇章回指的制约条件 ………………………… (338)

第五节 联想回指 ……………………………………… (343)

第六节 结语 …………………………………………… (362)

第八章 篇章层次结构 …………………………………… (364)

第一节 引言 …………………………………………… (364)

第二节 传统结构 ……………………………………… (365)

第三节 段落结构 ……………………………………… (369)

第四节 三元结构 ……………………………………… (389)

第五节 论证结构 ……………………………………… (397)

第六节 故事结构 ……………………………………… (400)

第七节 宏观结构 ……………………………………… (408)

第八节 修辞结构 ……………………………………… (412)

第九节 结语 …………………………………………… (428)

第九章　篇章推进结构 …………………………………（431）
　第一节　引言 ………………………………………（431）
　第二节　信息结构 …………………………………（431）
　第三节　主述结构 …………………………………（435）
　第四节　话述结构 …………………………………（443）
　第五节　启承结构 …………………………………（449）
　第六节　结语 ………………………………………（479）

第十章　总结 …………………………………………（481）

参考文献 ………………………………………………（489）
专家推荐意见 ………………………………顾曰国（519）
专家推荐意见 ………………………………傅爱平（521）
后记 ……………………………………………………（523）

序

陈 平

话语篇章分析是独立的研究领域,它的主要研究对象是比单句大的语言成分,包括这些成分的种种形式和意义特征。同时,话语篇章分析又是专门的研究方法,其最大特点就是密切联系语言运用的环境,包括一般所说的上下文以及语言行为所处的场景、目的等等因素。经过大家几十年的努力,作为一种专门研究方法的话语篇章分析,已经提炼出不少自成系统的理论、概念和卓有成效的分析手段。利用这些新的观察角度和分析手段来研究语音、词法、句法及语义现象,也常常能使我们得到新的收获。正是因为它提供了一整套新的观察角度和分析手段,作为系统研究方法的话语篇章分析这些年来在语言学以外的其他学科中也得到越来越广泛的运用。徐赳赳博士的这部著作,深入介绍和讨论了话语篇章分析领域里的主要研究课题和研究方法,对这一研究领域和研究方法感兴趣的读者,应该都可以从中有所获益。

这样一部著作由徐赳赳博士来撰写,是一件再合适不过的事情。从 20 世纪 80 年代中考进中国社会科学院研究生院算起,徐赳赳博士在话语篇章分析领域里已经辛勤耕耘了二十多年,成果卓著,造诣精深。他对话语篇章分析领域里的许多课题进行了深入的专门研究，发表了大量的研究论文和专著，取得许多独创性的研究成果。同时，他的求学和工作经历，使他得以同海内外的研究同行始终保持广泛和密切的联系，对有关文献十分熟悉，对一些理论和方法的来龙去脉把握得相当准确。从本书的内容编排和表述上，我们可以看出他在话语篇章研究方面专业知识的深度和广度。作为徐赳赳博士二十多年前的老师，我为他这些年来在学术上取得的成就由衷地感到高兴；作为这个研究领域中的一个老兵，我向广大读者推荐他的这部新著。

内 容 提 要

　　篇章语言学是一门仅有约五十年历史的新兴学科。这本书系统地介绍了国内外篇章语言学的发展历史和研究成果,从篇章语言学的研究方法角度入手,完整地发展了现代汉语篇章语言学的知识体系。这个体系包括:

　　①定义和特征。讨论篇章语言学一些基本问题:话语篇章的定义问题、研究对象问题、研究语料问题,还有研究方法的特点及基本原则等。②方法和原则。篇章语言学具有自身特征的研究方法,强调语言的交际功能,注重把语言置于色彩斑斓的生活之中来研究。③历史和学科。追踪了这门学科的发展足迹,篇章语言学的发展历程表明,篇章语言学的发展是跟其他诸多相近学科的发展紧密相连的。④篇章和观点。讨论的是篇章和社会、意识形态、认知的关系,还讨论了篇章分析的原则。⑤篇章和类型。篇章类型主要有两个内容:一是口语和书面语,二是短信篇章和网络篇章。⑥篇章和现象。讨论的篇章现象有:引语、元话语、互文性、话语标记管界、篇章焦点、前景和背景等。⑦篇章和话题。话题可以分为句法话题、语用话题、篇章话题,重点讨论篇章话题。⑧篇章和回指。重点讨论联想回指。⑨篇章和层次。讨论的层次结构有:传统结构、段落结构、三元结构、论证结构、故事结构、宏观结构和修辞结构等。⑩篇章和推进。所讨论的推进结构包括信息结构、主述结构、话述结构和启承结

构,其中启承结构是本书提出的新的篇章结构。

  书中既反映了最前沿的国内外研究成果,又有作者本人近年来的研究成果。本书适合希望在这个领域深入开展研究的硕士博士研究生、高等院校的教师和研究所的专业研究人员阅读。

Abstract

Text linguistics is a new discipline with a history of more than 50 years. *Text Linguistics in Contemporary Chinese* introduces the historical development of text linguistics in the world and reviews the developmental trends of text linguistics in China.

Based on the previous research findings and on the author's personal research, the author develops a comprehensive frame for the knowledge system of text linguistics of modern Chinese. The system includes the following parts:

①Definitions and features. The author discusses some basic issues in text linguistics, such as definition of discourse and text, research subjects, corps, and features of research methodology. ②Methodology and principles. Text linguistics has its own research methodology. It pays more attention to the communicational function of language, and locates the research of language in the real life situation. ③History and discipline. The author reviews the origins of the text linguistics, tracing the historical development of this discipline. The history of text linguistics indicates that its development has close connections with many disciplines. ④Concept of text. The concept of text deals with the relationships between text and society, text and ideology, and text and cognition. The author also discusses the principles of text analysis. ⑤Text and genre. Genre mainly covers two aspects: one is the spoken and written language, the other is short message text and internet text. ⑥Text and phenomenon. The author concentrates on the following text phenomena: speech, metadiscourse, intertexuality, discourse marker, discourse scope, discourse focus, foreground and background. ⑦Text and topic. Topics can be divided into syntactic topic, pragmatic topic, and discourse topic. The focus here is on discourse topic. ⑧Discourse and anaphora. The author focuses on the associative anaphora in discourse anaphora. ⑨Text and level. The author discusses different structural levels, such as traditional structure, paragraph structure, tripartite structure, demonstrative structure, story structure, macro-structure and rhetorical structure. ⑩Text and inference. The inference structure under discussion includes information structure, theme-rheme structure, topic-comment structure and proceeding-succeeding structure. The concept of proceeding-succeeding structure was invented by the author as a new text structure.

This monograph contains the international, national and author's personal research findings in the past decades. The potential audience of this book can be those Ph. D. candidates from the Department of Chinese Language and Department of Foreign Languages who are equipped with basic knowledge on text linguistics and hope to explore more in the field, and also those professional academics who are interested in text linguistics.

第一章 导 论

第一节 引 言

在我国传统语法研究中,研究范围主要放在句内。黄伯荣、廖序东(2002:1)认为:"语法学分词法和句法两个部分,词法的研究范围包括词类和各类词的构成、词形变化(形态)。句法的研究范围是短语、句子的结构规律和类型。"吕叔湘(2002:472)说:"中国的传统的用语是'字'和'句'。再接上去就是'章'和'篇',按照现代的学科分工,已经不在语法论述的范围之内了。"吕叔湘(2002:484)还说:"比句子大的单位是段,讲语法只讲到句子为止,篇章段落的分析是作文法的范畴。事实上,句和句之间的联系,段和段之间的联系,往往也应用语法手段(主要是虚词);但是除此之外还有其他手段,如对偶句、排比、问答等等,还常常只依靠意义的连贯,没有形式标记。"

随着语言研究的深入,人们把眼光不仅仅局限在词法和句法,而是投入到比句子更大的语言单位,吕叔湘(2002:403)也认为,对语法的研究,也可包括大于句子的语言单位。"语法的研究以'句子'为极限,是一种传统。不理会这种传统,把'语法'的范围扩大到句子以上,这是完全可以的。"

本章先介绍现代汉语篇章的形式特点,包括"篇章、话语"的定义及所指,典型的研究对象是什么,通常用的是什么语料,口语和书面语的各自特点等。然后讨论研究方法的特点和基本原则,也就是篇章研究跟传统语法分析的区别,如篇章研究注重密切结合语境,强调语言的交际功能,侧重句际(intersentential)及超句段语言现象及其形式表现特点:语法特征,词汇特征和语音特征。最后是结语。

需要说明的是,本研究主要研究书面语,也会涉及口语现象。碰到英语例子,根据解释需要,有时译成汉语,有时不译成汉语。

第二节 研究对象的形式特征

1. "篇章、话语"的定义及所指

我们先看一下前人对篇章的看法。

Kinneavy(1971:4)认为,对话语这个术语,可以从不同的角度进行定义:历史的角度、现代语言学的角度,还有 Kinneavy 自己的观点。

从历史上看,话语指的是表现某个主题的具有相互联系的、符合逻辑的表达法,或某个主题的扩展的表达法,话语也指会话。

从现代语言学的角度看,话语这个术语指的是大于句子任何叙述语,从这个意义上说,在某个特定的语境中,话语可能是个完整的"篇章"(text),也可能不是个完整的篇章。这个定义包含着传统的和现代语言学的双重意义。

Kinneavy 自己的观点是,话语既指口语也指书面语,话语并非只指合理的、逻辑的、相互有联系的内容,话语也可以指各种目的、各种种类、各种事件所涉及的语言活动,具体地说,话语可以指一首诗、某次对话、某个悲剧、某个笑话、某次讨论会、某个历史故事、某次面试、某次布道、某个电视广告或某篇文章,等等。

De Beaugrande 和 Dressler(1981:3)认为:英语的篇章(text)是使用中的话语(discourse)。他们还认为,某个篇章可以定义为符合篇章七要素的一次交际事件(communicative occurrence)。

Schiffrin(1988:253)认为:话语可定义为超句子的任何语言单位,话语包括口语和书面语中的对话和独白。不过,这里要注意三点:①"口语"和"书面语"是人们常见的分法,但这种分法也存在一些问题,如某些口语的对话(如正式的辩论)可能带有"书面语"的特征,而有些独白式的书面语(如家信),可能带有"口语"的特征;②普通的说话者和听话者很难对会话进行定义;③将会话界定为对话时,应排除独白式,因为独白是由一个说话者一次性产生的,因此独白并不带有会话所具有的主要特点。

Renkema(1993)认为:"话语"这个词既用于口头交际,也用于书面交际,然而,口语和书面语之间存在着许多重要的差异。

van Dijk(1998)在论述话语的著作中,经常使用 discourse(话语)这个词,通常既指书面语也指口语。他对话语的概念以及与话语有关的相关概念,有着详细的、系统的看法,我们在第三章中,再作详细的介绍。

以上是前人对"篇章话语"的理解,徐赳赳(1995:16)在介绍话语分析研究情况时,提到了篇章话语的概念。"对 Discourse Analysis 这个术语有不同的理解,有人把 discourse 看做是口语,而把 text 看做是书面语。也有人把 discourse 看成既是口语又是书面语,迄今没有统一。跟 Discourse Analysis 相近的术语有 text grammar, text linguistics 等等。国内大多数人把 discourse analysis 译成'话语分析',也有人译成'篇章分析'、'语篇分析'。对这门学科,也有人称'话语语言学'、'篇章语言学'。"

根据上面各位对话语的定义,我们看出比较一致的看法是:

①大多学者认为话语篇章既包括口语也包括书面语。

②对话语篇章的准确理解,应建立在"话语篇章"这类词所出现的语境的基础之上。

③话语篇章有广义和狭义之分。

本研究所用的术语"篇章、话语"没有本质的区别,既指书面语,也指口语。

2. 篇章研究的典型对象

从语言的结构来看,篇章语言学研究的对象是超句结构。当然对"句"的概念,有不同的理解,有"单句、复句、分句、小句"等概念,我们这里的句指的是"小句"(clause)。对小句的确定和分界,现在也没有完全统一的意见,这里我们暂且按照徐赳赳(2003a)的标准。按照这个思路,在我们看来,中国传统语法中的复句研究,就是篇章研究的对象。具体来说,从最底层看,两个彼此有关联的小句,就进入了篇章研究的范围,大于两个小句的语言单位,如多重复句,段落,一直到整个篇章,都是篇章研究的对象。

那么到底什么算"篇章",我们从两个方面来介绍篇章的概念和特征,一是篇章的"三特征",一是篇章的"七要素"。

2.1 篇章的三个特征

Mann 和 Thompson(1986,1987)提出了修辞结构理论(Rhetoric structure theory,RST),1992 年他们主编了论文集《话语描写》(*Discourse Description*),书中用修辞结构理论对具体篇章进行分析。在他们的研究中,他们提出典型的篇章具有三个特点:功能、层次和关系(徐赳赳等 1999)。

功能

RST 认为,整体性(unity)和内部联系都源于功能性。Halliday(1994:xvii)也认为"为了了解篇章的意义和作用","话语语法必须以功能和语义为主导,同时按照语义模式来解释其语法范畴"。

层次

人们对层次有不同的理解,下面简要介绍两种层次,一是我国传统语法和文章法理解的篇章层次,一是修辞结构理论提出的层次。

在传统语法中,讨论得较多的层次是由小到大单位组成的篇章:小句 → 复句 → 段落 → 篇章,这种分法看来是以形式为主要标准。小句的定义较为复杂,复句通常是由两个小句(分句)以上的语言单位组成,以句号为主要标记。段落的典型标记是另起一行,开头缩进两个字。谈到段落,廖秋忠(1992[1991]:188)认为在句子之上篇章之间应有段落这么一个层次,"我们认为需要有段落这样一个中间单位的另一个主要考虑是需要它来说明句子之间语义联系或功能联系疏密的不同。

一般的篇章都不止两个句子或话轮,而且它们之间的语义/功能联系通常也不是等距离的,需要有段落这样的单位来建立篇章层级结构。"徐赳赳(1996)对汉语叙述文的段落进行了较为详细的分析,在第八章中再作介绍。篇章通常看作最高层,典型的篇章一般包括小句、复句、段落等层次,但在实际运用中的篇章,不一定同时具备这些层次。

修辞结构理论提出的层次观是,整个篇章中的各个小句的组合是有层次的,其特点是:①两个小句之间的语义关系是最低层次的,然后几个小句和几个小句之间的关系组成高一层次,最后再由更大的语言单位之间的语义关系组成整个篇章;②每个篇章的层次多少是不固定的,层次的多少是由篇章中句与句之间语义关系的复杂程度决定的,通常语义关系越复杂,层次就越多;③层次的均质性(homogeneity of hierarchy),即每个层次都可采用相同的功能描写。

关系

一般来说,篇章内的内容在语义上都是相互有联系的。我们先来看一个陈平(1991[1987]:195)有关关系的例子:

(1)a. 一个队员倒挂金钩将球打入网内,吐一口痰罚五毛钱。(陈平的例子,69页)

    b. 他外出总带保镖,花棚里到处都是萝卜味。(同上)

例(1a-b)中,从单个小句看,都很通顺"一个队员倒挂金钩将球打入网内""吐一口痰罚五毛钱""他外出总带保镖""花棚里到处都是萝卜味",但连在一起,就看不出小句和小句之间有什么关系,不知所云。这个例句说明,有的篇章从内部每个小句看,非常通顺;从形式上看,很规范,有逗号,有句号。但两个句子连起来看,却看不出小句之间有什么联系,两个小句表达一个什么主题。

卫真道(2002:4)认为:因为语言不是一个完美的逻辑体系,所以,"合语法"和"不合语法"之间的区别,常常是模糊的,特别是当我们实际使用语言时更是这样,而不是"理想内省的语料"。Jan Aarts 区分了"合语法的句子"和"可接受的句子",下面是 Aarts 的例子,这是一个合语法的句子,却是无法接受的句子:

(2) My grandfather's grandfather's father's grandfather's grandfather's father's grandfather's father grandfather's grandfather's father's father was an Indian. (Ziff 1974, 转引卫真道:4)

我的祖父的祖父的父亲的祖父的祖父的父亲的祖父的父亲的祖父的祖父的父亲的父亲是印度人。(Ziff 1974,转引卫真道:4)

而下面这个例子是可接受的,但却是不合语法的:

(3) And what a performance by the man who some of us thought that may be the pressure of being the favorite of Wimbledon might not let him win. (Nijmegen 的语料,转引卫真道:4)

修辞结构理论对"关系"的看法是,一个篇章中的各个小句,不是杂乱无章地堆在一起的,小句和小句之间存在各种各样的语义关系:①各种语言中的小句和小句之间,或者是功能语句(span)之间都有一套数量不一的语义关系;②在这套语义关系中,某些关系使用的频率很高,某些关系则很少出现;③从英语来看,绝大部分语义关系是不对称的,即绝大部分的关系是"辅助"和"核心"的关系。

2.2 篇章七要素

下面我们介绍 De Beaugrande 和 Dressler(1981:3)提出的篇章七要素,他们认为,篇章指的是符合这七种篇章性标准的交际事件,如果这七种标准中有一项没有满足,篇章就不具有交际性,不具有交际性的篇章,就称不上是篇章。

下面简述他们提出的这七种要素和主要观点。

他们提出称为篇章的七个要素:

①衔接(Cohesion)

②连贯(Coherence)

③目的性(Intentionality)

④可接受性(Acceptability)

⑤信息性(Informativeness)

⑥情景性(Situationality)

⑦互文(Intertextuality)

下面简要介绍这七种要素的主要观点。

第一种联系:衔接

De Beaugrande 和 Dressler(1981:1-3)认为,衔接指的是形式联系,是"表层篇章"成分之间有顺序的相互联系的方法,他们所说的这种表层篇章,其实就是我们所见到的和听到的实际的词语。表层篇章当然是由表层成分组成,而表层成分又是遵循语法形式和约定俗成的方法,相互依存。语法学家通常认为,不能随意改变特定的话语的排列,如把例(4a)改为例(4b),读者可能就不知所云。

(4) a.   SLOW
           CHILDREN
           AT PLAY
       慢
      孩子们
     正在玩耍

b. Children play slow at
   孩子们玩慢在

例(4a)是交通标志,司机一看就明白,他们通常不会理解为"反应迟钝的孩子们""正在玩",而是理解为"慢行""孩子们正在玩耍"。一旦司机看见这样的警示牌,通常会减慢速度,以免撞着孩子,这就是语言形式上排列的顺序给人的理解,如果司机看了例(4b),就可能感到难以理解。也就是说,这种通过形式所表现出来的语法结构,是理解语言和使用语言的重要根据。所有这些通过表层篇章的关系表现出来的联系可称为"形式联系"。

第二种联系:连贯

De Beaugrande 和 Dressler(1981:4)认为,连贯指的是功能联系,或者说是有关"篇章世界"的各种概念相互依存和相互关联,篇章世界在这里指的是在形式篇章之下的"概念"结构和"关系"结构。"概念"可理解为人脑中存在的、可提出的、可激活的知识结构,也就是认知内容。De Beaugrande 和 Dressler(1981:4)特别强调:概念固然重要,但更重要的是头脑中概念和概念的联系,各种概念并非仅仅单个存在脑中,而是需要通过"框架、脚本(script)、情境、图式"等理论概念从头脑里提取出来,组织起来。"关系"可理解为出现在篇章世界中的概念和概念之间的联系。举例来说,例(4a)中的 Children 是"物体"的概念,play 是"动作"的概念,两者连在一起就得到"行为的施事者"的关系,也就是得到 Children 是动作的施事者这么一种理解。

功能联系包括因果关系、使能关系、理由关系、目的关系、时间关系、地点关系等,看 De Beaugrande 和 Dressler(1981:4-6)举的例子:

(5) a. Jack fell down and broke his crown.

　　　Jack 摔倒在地,摔坏了花冠。

　　b. The Queen of Hearts, she made some tarts, all on a summer day. The Knave of Hearts, he stole those tarts, and took them quite away.

　　　在夏季的某一天,红心王后做果馅饼。

　　　这个讨好女人的人偷走了这些饼,扔得远远的。

　　c. Jack shall have but a penny a day,
Because he can't work any faster.

　　　Jack 每天只有一个先令,因为他干活快不了。

　　d. Old Mother Hubbard went to the cupboard to get her poor dog a bone.

　　　老母亲 Hubbard 向橱柜走去,想给可怜的狗拿块骨头。

　　e. When she got there, the cupboard was bare.

　　　当她走到那里时,橱柜是空的。

　　f. The King was in the counting house, counting all his money.

国王在账房数钱。

例(5a)是因果关系,事件 falling down 是原因,breaking 是结果。

例(5b)是使能关系(enablement),the Queen 的行动对 the Knave 的行动来说,是充分条件,而不是必要条件。

例(5c)是理由关系(reason),"低工资"并非由"活干得慢"引起的,而是一种合理的和预测的结果。

例(5d)是目的关系,"走"的目的是去"拿"骨头。

例(5e)时间关系(time),"走到那里"和"发现橱柜是空的",几乎是同时发生,而"走到那里"这个动作发生在例(5d)中"向橱柜走去"之后,因此,表现出时间上的关系。

例(5f)表现出地点关系(location)。

第三种联系:目的性

De Beaugrande 和 Dressler (1981:8)认为篇章的作者(text producer)制作篇章总是有一定目的的,也就是说篇章的作者通过具有形式联系和功能联系的篇章,以达到他们的目的。

第四种联系:可接受性

De Beaugrande 和 Dressler (1981:5)认为可接受性是从篇章接受者的角度来看的,篇章是具有形式联系和功能联系的一个整体,对接受者来说,他们可以从篇章中可以获取知识,也就是说这些知识是有用的,由此产生的一种合作态度。

篇章的作者经常揣摩篇章接受者的可接受的程度。De Beaugrande 和 Dressler (1981:8)举的这个例子是 Bell 公司对人们的警告,见例(6):

(6) a. Call us before you dig. You may not be able to after-

wards.

挖掘前先给我们打电话,不然事后就无法给我们打电话了。

b. Call us before you dig. There might be an underground cable. If you break the cable, you won't have phone service, and you may get a severe electric shock. Then you won't be able to call us.

挖掘前给我们打电话,地下可能有电缆。如果挖破了电缆,你就无法用电话了,还有可能触电,到那时你就无法给我们打电话了。

人们看到例(6a)这句话后,可能会猜想:如果不打电话就开挖,可能会产生各种结果,如可能会挖断地下的电缆,使电话中断,甚至伤身等。看到例(6b)后,篇章接收者根本不用猜想,对乱挖的后果一清二楚。例(6a)和例(6b)比起来,例(6b)的信息量要比例(6a)大。

第五种联系:信息性

De Beaugrande 和 Dressler(1981:8)的信息性指的是人们对某个篇章预测到的内容或没有预测到的内容,人们对某个篇章了解的程度的高低。能预测的,信息量就小,不能预测的,信息量就大;对某个篇章了解的程度越高,信息量就越小,了解的程度越低,信息量就越大。也就是说,对任何篇章来说,总有一些内容(不管是形式的还是功能的)是可以预测的,但总有一些信息是没法预测的。如果某个篇章一点新信息都没有,那就不值得读。信息量少的篇章,会使人们对该篇章失去兴趣。举例来说(De Beaugrande 和 Dressler 1981:9):

(7) The sea is water

　　海洋是水

虽然这个例子符合前面所提到的一些篇章要素,既有形式联系和功能联系,同时也是可接受的,但是读者看到这个句子,通常会觉得这是个常识,没有什么值得说的,问题就出在这个例子不具信息性。如果在例子的基础上,再加上些内容,情况就发生了变化:

(8) The sea is water only in the sense that water is the dominant substance present. Actually, it is solution of gases and salt in addition to vast numbers of living organisms…

　　海洋是水,因为水是海洋中主要的可以看见的物质。实际上,海洋是气体和盐,还有大量微生物的混合体……

例(8)很明显具有一定信息量,例(8)中的 Actually 是"表层暗示语"(surface cue),暗示人们对海洋的一般理解不够精确,接下来讲的就是人们通常不知道的知识,因此提高了信息量。

第六种联系:情景性

De Beaugrande 和 Dressler(1981:9)认为篇章跟环境是紧密相连的,还是拿例(4a)来举例:

(4) a. SLOW
　　　　CHILDREN
　　　　AT PLAY

前面我们提到过,机动车司机见到例(4a)时,通常会理解为应该减速,以免撞着正在玩耍的孩子,而不会理解为孩子的智力和体能有问题。但如果某个行人看到例(4a)时,通常认为跟自己无关,因为他们正常的走路的速度不会对任何人构成威胁。这说明,情景对篇章的意义和作用是受到情景影响的。如果用例(9)来代替例(4a),那么情况会是怎么样呢?

(9) Motorists should proceed slowly, because children are playing in the vicinity and might run out into the street. Vehicles can stop more readily if they are moving slowly.

司机应该减速,因为孩子们正在附近玩,他们有可能跑到马路上。汽车开得慢的话,便可随时停车。

例(9)虽然表达得很清楚的,但正在驾驶汽车的司机不可能有那么多时间去看这样多字的交通牌,所以只能采用例(4a),而不采用例(9),这里经济原则起了主要作用,也就是,合适性胜过清楚性。

第七种联系:互文

De Beaugrande 和 Dressler (1981:10)的互文指的是对篇章中某些内容的理解,需依靠以前见过的某个或某些篇章。如看见路边警示牌的司机很可能会看见前方路边另一警示牌,如例(10):

(10) RESUME SPEED

重新加速

既然是"重新",按一般理解,曾有过"减速"或"停止"过之类行动,不然就不会叫"重新"。当司机在看到例(4a)路边警示牌时,便开始减速;看到例(10)时又开始加速。也就是说,对例(10)的理解是建立在对例(4a)的了解之上的。

互文跟篇章类型有关,在某类篇章中,对功能篇章性的依赖是明显的。像模仿的作品、评论文、反驳文、报告这类文体,作者必须以以前的有关篇章为基础,而这些篇章的接受者,通常也要对以前的有关篇章有所了解,不然读者就读不懂这些篇章。

De Beaugrande 和 Dressler (1981:11) 还举了个有趣的例子,说是几年前刊登在某个杂志上有则广告,说有个脾气暴躁的年轻小伙子对图画外的人说:

(11) As long as you're up, get me a Grant's.

既然你起床了,就给我一瓶 Grant 吧。

有个教授,正在做一个项目,苦于没有钱,他就把文字从杂志上剪了下来,稍作修改,然后把它贴在他办公室的门上:

(12) As long as you're up, get me a grant.

既然你过来了,就给我一些研究资金。

例(11)说的是某人要一种品牌饮料,而例(12)的内容从表面上看是荒谬的,无意义的,因为正常的情况是,只有准备充分才可得到研究资金,偶然路过某个办公室的人是不可能给"我"任何研究基金的。但是如果读者看过例(11)这则广告,读者就会理解由于两个篇章的巧妙结合而产生的幽默感,也就是说,例(12)的内容中具有的不可预见性使它具有信息性、兴趣性,这是超篇章性所产生的喜剧性效果。

上面简要介绍了 De Beaugrande 和 Dressler(1981)提出的称为篇章的七个要素,Renkema(1993)对这七种篇章要素也作了详细的解释,徐赳赳(2001:13)翻译的《篇章语言学》(卫真道著)中介绍了 Renkema(1993)的观点。

3. 自然语料 (naturally occurring data)

不同的学科对语料的要求可能不同,像传统语法研究,说母语者可以自己造出例句进行分析,而篇章研究则不同,所用的语料通常来自人们在实际生活中使用的话语。

陈平(1991[1987]:63-64)简单扼要指出传统语法研究和篇章分析所用的语料之间的区别:从分析语料上看,传统语法分析研究的是孤立的句子,可以是自造的,也可以是经过一番裁剪改编的实例。话语分析则一般要求分析对象是从书本材料或录音材料等自然素材中选取的实际用语。根据 Lyons 的归纳,在进行传统语法分析时,如果从书面或口头材料中选取例句,照例要做一些整理改造的工作,把那些所谓属于语言行为(performance)的因素尽量地排除在外。例如,陈平(1991[1987]:63)举的例句:

句 a. 小王才来过。

句 b. 小王……嗯……才来过。

句 c. 小王吗,才来过。

陈平认为,如果是传统语法分析,一般都是把上面的三句话(utterance)看作为同一个句子(sentence)。句 b 中主语同谓语之间由于犹豫而造成的时间间隔,句 c 中主语后面出现的"吗",都被视为说话时的非语言因素造成的现象,因此不能体现语言本质,在语法分析时应该忽略不计。但是,在进行话语分析时,这些现象均属调查研究之列。一般意见认为,在这种情况下,这些现象往往是我们推断发话人语言心理过程的重要依据,同语境中其他有关因素结合在一起考虑,很能说明话语的组织和展开过程。

朱德熙(1999[1987]:134)注意到语料选择的重要性,他说:

"赵元任在《中国话的文法》里提到这部书里有些例句是他自己拟的时候说：

> 这些例子都是短的。因为我具有语言学家和活材料（linguist-informant）这双重身份，所以我有资格自己拟出一些例子。可是因为我住在北京只是在一岁，十七岁，三十二岁到三十九岁，四十一岁，住在河北省别的地方在零到九岁，而我读经书是按照吴语发音，我作为活材料不敢说具有地道北京人那样的权威。所以遇到缺少把握的例子我就请教别人。
>
> （据吕叔湘译本 14 页）

因为赵先生兼有语言学家的洞察力和作为'活材料'对北京话的敏感，再加上他的严格的治学态度，《中国话的文法》这部书里的例句确实都是地道的北京话。尽管如此，书里也还有个别的例子看得出是受到了吴语的干扰。由此可见，自拟的例句必须十分慎重。如果对北京话并不十分熟悉，就把自拟的例句作为研究北京口语的根据，那是很危险的。"

从朱德熙的论述中，我们看到他对自拟的例句总有些担心。在篇章分析中，就不必为例句担心，因为例句都是人们在用的语言，或者说是"活"的语言；当然在活的语言中也可能会见到似是而非的句子，但篇章分析的重点不放在"可说""不可说"，而是关注实例的多寡。

4. 口语和书面语

作为篇章研究对象，可以分口语和书面语。这节介绍研究口语和书面语的一些方法及注意点。至于口语和书面语的各自特点,我们在第四章中再作介绍。

4.1 口语

相比之下,研究口语显得复杂些,因为语料的收集比较困难,只有通过录音,才能"留住"稍纵即逝的话语。在录音中,不但要考虑录音的质量,还要考虑作为口语语料的研究道德规范,收集到语料后,又需转写,而转写材料的质量高低,又会影响到研究的结论。转写后的材料,还需根据研究者的研究目的不同,对语料进行不同的标注。许家金(2009:38)认为:"现在通常认为语料标注包含正则层标注(orthographic annotation)、音位音系标注(phonetic/phonemic annotation)、韵律标注(prosodic annotation)、词性标注(Part-of-Speech—POS annotation,通常说的tagging专指这一层次的标注)、句法标注(syntactic annotation,通常说的parsing专指这一层次的标注)、语义标注(semantic annotation)、语用/话语标注(pragmatic/discourse annotation)这七个层次。"

下面介绍Du Bois的常用的标注符号。

表1.1 话语转写的基本符号表

Du Bois:基本符号		
话语转写的基本符号		
单位		
意义	符号	说明
1. 词语	SPACE	在词语前后都有空格
2. 语调	LINE	每个语调单位都画一道线
参与		
3. 说话者特征	JILL;	大写的名字后面加上分号

续表

停顿		
4. 有时间的停顿	(1.2)	几秒钟的停顿,停顿的时间长短
5. 不语（短时间的停顿）	..	小于0.15秒的停顿、沉默或发音的间隙
6. 长期的停顿	…	多于几秒钟的停顿（最好记录下停顿的时间）
7. 迟疑/发音延长	:	冒号表示当时说话时缓慢的拍子
次序		
8. 重复（单一重复）	[ ]	按照左边的括号垂直对齐
9. 重复（再次重复）	[₂]	按照左边的括号对齐,并加下标号
边界音调/结束		
10. 结束	.	语调符号表示结束（句号）
11. 继续	,	语调符号表示继续（逗号）
12. 不完整的语音单位	-	代表中断的语音单位（半字符）
13. 请求	?	与结束或继续结合在一起（?）
14. 不完整/打断的词语	wor-	
发音		
15. 吸气	(H)	听得见的吸气声
16. 呼气	(Hx)	听得见的呼气声
17. 笑声	@	有停顿的笑声
18. 边笑边说	(Hx)	在说话过程中的笑声
19. 发声	(COUGH)	用不同的记号：吸气声,咳嗽或清嗓子的声音等
20. 倒吸气音	@you're© kidding	齿龈吸气音

续表

21. 声门停顿,吱嘎声	(%)	分开的发声＝分开的词语
方式		
22. 方式/质量	〈/MISC〉〈/MISC〉	不同的记号来反映不同的说话方式
23. 声音	〈VOX〉〈VOX〉	代表他人声音
元转写		
24. 听不懂的	###	一个符号代表一个音节
25. 不确定的	#you're #kidding	在转写的词上加上听不懂的符号
26. 评论	(WORDS)	代表分析者对任何主题的评论
27. 匿名	-Jill	换一个假名,以确保匿名性
语法		
28. 开始说话	Capital initial	新话语开始用大写
时间		
29. 索引/行号码	1	给每一行文字编号,以备查询
30. 时间标记	〈T=154.7〉	记录开始录音后的时间
		2005-8-13 更新

(英语原表由许家金提供)

电脑的发展,给口语的转写、标注和分析提供了极大的方便。许家金(2009:39-53)在他的博士论文中,介绍了他利用电脑所作的有关口语研究的几方面的工作:

一、用电脑分词和标注词性

收集到的口语语料可以利用中国科学院计算所的汉语词法分析系统软件(Free-ICTCLAS)进行分词处理(tokenization/segmentation)并进行自动词性标注。

二、用 Microsoft Word 进行标注

先在 Microsoft Word 中创建"宏"(Macro)的方法生成一个标注工具条(WordCoding Toolbar),再用该工具条进行标注。运用 Microsoft Word"宏"进行标注的一个最大优点就是可以在标注的同时仍然可以对文本进行编辑,因为 Word 本身就是一个强大的文本编辑工具。我们常有这样的体会,通常经过转写并校对若干遍之后,依然会发现一些转写上的误听、遗漏及其他文本输入错误等。这些往往可以在细致的标注过程中发现,此时可以在标注的同时随手更正。

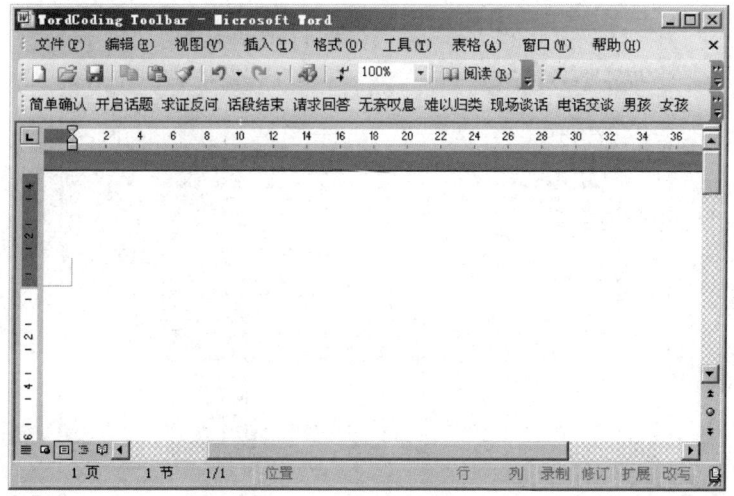

图 1.1　WordCoding 标注工具条

三、用 Concapp 软件进行检索

标注完成后可以用编辑检索工具 Concapp Concordance Browser and Editor for Windows 进行检索,图 1.2 是 Concapp 检索软件检索界面截图,图 1.3 Concapp 检索软件检索结果界面

22 现代汉语篇章语言学

截图:

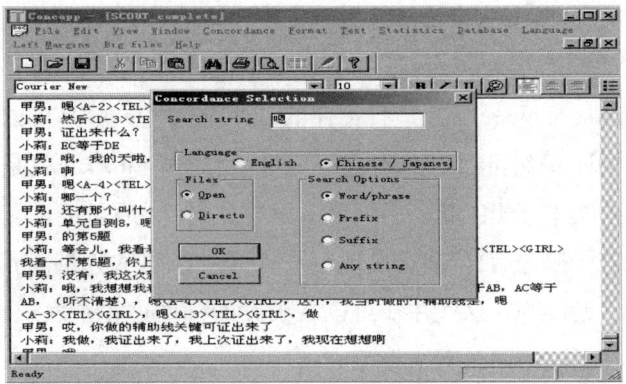

图 1.2 Concapp 检索软件检索界面截图

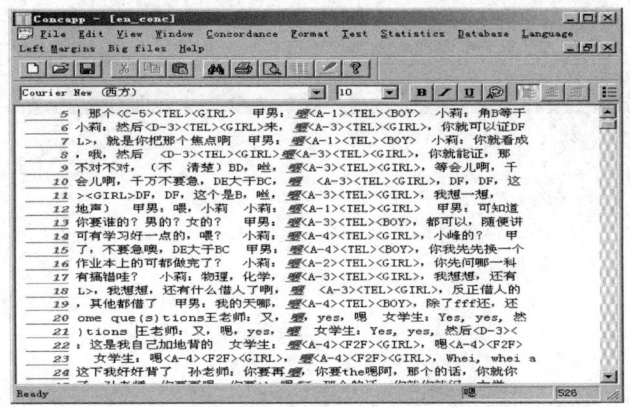

图 1.3 Concapp 检索软件检索结果界面截图

四、用 SPSS 软件进行统计分析

SPSS 是个功能非常强大的统计软件,研究人员可以根据自己的需要,将数据导入或录入 SPSS 进行进一步的统计分析。

4.2 书面语

提到书面语,我们认为应该注意三点:

一、区别书面语和口语

书面语和口语的差别是显而易见的,因此在研究中,如有需要,最好把书面语和口语分开,这样得出的结论可能会更加反映语言事实。当然书面语和口语的对比研究也是可以做的,事实上,这种研究更应区分书面语和口语。

二、典型的研究材料是叙述文

我们知道,不同的文体,在表达上有着各自的特点,诗歌有诗歌的特点,政论文有政论文的特点。在篇章研究中,典型的语料是叙述文,当然,对叙述文的界定也有狭义和广义之分,徐赳赳(2003b:11)提到 Ochs 关于叙述文的观点,"按 Ochs(1997:189)的观点,大多语料是属于狭义的叙述文。"为了说明某些现象,把叙述文跟其他文体进行比较,可以看出各自的特点,这也是可以的。

三、选择语料的一致性

语言是在不断发展的,语言的变化就必然造成差异,我们说语言的差别可以从纵向和横向两个方面来看。从纵向来看,古汉语跟现代汉语的差别当然很明显,就是近代汉语跟现代汉语区别也很明显,有时把不同时代的语言放在一起讲,会影响到结论的可靠性;从横向看,普通话的表达跟各地的方言表达也有所不同,朱德熙(1999[1987]:133)在《中国语文》发表了一篇文章,题目是"现代汉语语法研究的对象是什么?"其主要观点是:现代汉语语法研究应该以北京口语语法的研究为基础,同时又强调选择语料取舍要严。朱德熙的观点引起人们的思考。据我了解,当时有人赞成有人反对,赞同者觉得朱德熙的观点很对,以后在研究中选取语料,应采用北京口语;反对者认为,现代汉语也应包括各地的方言,在研究中应注意活的和正在使用的语言。我无意对两种观点进行评论,但有一点值得肯定,就是应该强调语料的一致性。有时不同质的语料放在一起讲,不但容易引起误会,还会对所得出的结论造成偏差。

第三节 研究方法的特点和基本原则

每门学科通常都有自己一套研究方法,这节中我们主要谈谈篇章分析的特点及基本原则:密切结合语境,强调语言的交际功能,侧重句际(intersentential)及超句段语言现象及其形式表现特点。

1. 密切结合语境

随着篇章研究的深入,语境越来越受到重视,或者说,人们理解话语含义是离不开语境的。我们现在所说的语境,可能跟"诠释学"有关,Neuman 和 Kreuger(2008[2003]:93-94)认为:"诠释学是源于 19 世纪关于意义的理论,这个名词来自于希腊神话中的一个神,叫 Hermes,该神的职责是向人传达神的欲望。""诠释学大多见之于人文学科之中(哲学、艺术、历史、宗教研究、语言学和文学评论),着重于详细的阅读或回顾文本(text),文本可以是一段对话、书面文字或图片。研究者通过阅读,正确理解隐藏于文本中的意义。在阅读时,读者通常把自己的主观经验带进文本的阅读和理解之中。当研究文本内容时,研究者/读者就是在吸收或进入文本内容中所提出的整体的观点,然后找出各部分与整体之间的关联性。换句话说,真正的意义并非像表面所见到的:简单易懂、一目了然。只有通过详尽地研究文本内容,反复思考它传递出来的多种信息、寻找各部分的关联性,方能够获得全面的理解。"

1.1 前人对语境的看法

van Dijk(1998:211)认为,语境反映的是某个社会环境中的所有结构性特征,这些特征可能跟篇章话语的生产过程、结构、解释和功能有关。

毛浩然、徐赳赳(2009:93)提到 van Dijk 在他的一本 2008 年出版的新著里对语境一词的看法:"这里值得注意的是 van Dijk 提出的两个词,一个是"语境理论",把语境提到理论的高度;另一个是"语境化",指的是利用语境确定话语意思。从 van Dijk 的几十年的研究轨迹看,他把"语境"一直放在重要的位置。

Van Dijk(1998)认为,下面各项都可归入语境:

范围

指的是某一方面的话语,如法律的话语组成"法律"的范围,政治话语组成"政治"或"政策"的范围。还有医学话语、学术话语等都是指不同范围的话语。

整体互动和言语事件类型

参与者常对言语事件的计划、在进行中的交际操作、理解和再现等进行分类,通常称为对话、闲聊、会议、上课、会议辩论、看医生、读报纸和写申请书等等,其实这些都可看作不同的话语类型。

功能

指交际行为所反映社会的作用、反映某些机构作用。比如,议会辩论的功能就是政治决策;法官的司法审判的功能是维护社会公正;教授的研究功能就是建立真理;新闻报道的功能就是"监督社会"等。

动机

指交际行为的意图,也就是说,参与者在当前的语境里通过他们想要说的和做的,来展现其心理模式。

目的

指交际行为的目的,参与者在当前的语境中的语言行为的目的。如,议会辩论的目的就是通过或者否定某个提案。

日期/时间

指事件发生的日期和时间。任何事件,通常都有开始和结束,也就是说有日期和时间。

地点

指事件发生的地点。有的交际事件是在特殊的地点进行的,而日常的非正式的对话在任何地方都有可能进行。

环境

指交际的环境,有些言语交际,只在特定的环境和特定的条件下进行。

小道具和有关物体

指跟交际有关的物体,如有关教育的小道具就包括黑板、粉笔、投影仪等,有关的物体,如老师的讲台、学生的课桌等。

参与角色

指交际事件的参与者,如说者、听者、作者、读者等。

职业角色

指参与交际的某个方面的角色,如教授、法官、警官等。

社会角色

指的是在社会上扮演的角色,如朋友、敌人、聊天中的支持者和反对者等。社会角色跟专业角色不同的是,专业角色通常跟某个机构和职业连在一起。

机构

指跟说话者相联系的单位和组织。如充当某个职业角色(professional roles)的参与者所说的话,经常不代表"他们自己",而是代表某个机构。

社会成员

指某个群体和社会团体的成员。

社会他人(social others)

指在谈话中涉及到的重要的第三者,如医生跟某人(不是病人)谈话时会涉及病人,病人就是指社会他人,是未在场的参与者(absent participant)。

社会再现(social representation)

指的是人们共有的知识、观点和意识形态。

陈平(1991[1987]:64)认为,篇章研究离不开语境,当然语境也可分不同的类别,他说:"传统语法分析往往脱离语境来研究词语句子,而对于话语分析工作来说,密切联系语句的使用环境是它在方法论上最重要的特征。可以说,脱离了话语环境,也就谈不上话语分析。这儿所说的语境,一般可以分为三种。一是局部的上下文环境,限于同分析对象前后毗连的语句。二是话语微观使用环境,包括整段话的主题、目的、当时当地的情景、对话双方的关系,等等。三是话语的宏观使用环境,指的是范围更广泛的社会和文化背景。这三种语境中的有关因素都会对话语的组织、生成和理解产生这样那样的影响。因此,从原则上来讲,进行话语分析时得将这三类语境因素全部考虑在内。不过,在实际研究中,往往依具体分析对象的不同而对某一类语境有所侧重。例如,在主动句式与被动句式的选择问题上,我们的注意力较多地集中在第一类语境上面。在重音的配置、调型的选择等问题上,须同时注意第二类语境。"

廖秋忠(1992:182)认为:"语境包括上下文,交际双方的目的,交际双方对彼此的认识与假设,说话的现场知识,世界知识,彼此的信仰、文化背景与社会行为模式的知识等。"

王建华等(2002:59)把语境定义为:"语境是语用交际系统中的三大要素之一;它是与具体的语用行为密切联系的、对语用活动有重要影响的条件和背景;它是由诸多因素构成的、相对独立的客观存在,又同语用主体和话语实体互相渗透;它既是确定的,又是动态的,以语境场的方式在语用活动中发挥作用。"

胡壮麟(2002)总结前人对语境的研究,把语境分为"一元化""二元化""三元化"和"多元化"几种。

一元化

一元化指的是"上下文"。胡壮麟用了 Scollon 和 Scollon (1995:51)举的例句:

第一说话人: Should I have it translated?

第二说话人: Yes, here they are.

这两句听起来互不搭界的话为什么不影响两人的交流?为什么语义能保持连贯?这是语境使然。原来在此以前,两人已进行了如下的对话:

A(上引第二说话人): Bill, that's a great idea. Could you

write up a one-page summary for tomorrow's board meeting ?

B（上引第一说话人）：Of course, Mr. Hutchins. Should I have it translated ?

这个例子说明说话者对某个例句的理解往往依赖于上文。

二元化

二元化指的是：①上下文（语言因素）；②场景（非语言因素）。

胡壮麟用了 Thornborrow 和 Wareing（1998：88）的例子来说明非语言因素场景对理解话语的作用：

Meet me here at the same time tomorrow with a stick this long.

胡壮麟（2002：163）是这样解释这个例句的："这里，Me, here, the same time, tomorrow, 和 this long 等词语的本义都是清楚的，但听话人需要一定的背景信息才能明白说话人的用意，即通过当时在场的人物确定 me 是谁，通过他们所在的地点确定 here 的方位，通过他们当时会面的时间（the same time）确定下次会面的时间，从他们当时会面的日期知道第二天（tomorrow）的日期，用周围可表示长度概念的事物（如栏杆）或用手的比画知道该多长（this long）的棍子。这些词语都是指称词（deixis），离开具体语境，它们只是一些完全不着边际的抽象概念。"

三元化

三元化指的是 Saeed（1997：182）把说话人的语境知识分成三个方面：

①从物理语境可以估计到的；

②从已经说的话中可以找到的；

③从背景或共享知识中可以找到的。

胡壮麟(2002:163)认为:"Saeed 的第①点相当于时空和物理情景,他的第②点相当于语言语境,他的第③点指背景、常识、百科知识、社会文化知识、现实世界知识等。""三元化更好地反映了 Malinowsky 和 Boas 等人类学家、民俗学家和社会语言学家的视角。"

多元化

胡壮麟(2002:164)把"多元化"的观点集在一起,用表显示出来便于读者阅读:

表 1.2 语境多元化表

Lyons	Brown 和 Yule	Harris	Scollon 和 Scollon
——	——	世界知识	——
——	先前讲过的话	语言知识	序列
——	——	集体知识	——
角色和地位	说话人、听者	作者	参与者
空间和时间方位	时间和空间	特定知识	场景
正式程度	——	——	基调
媒体	会话的形式	体裁	信息形式
恰当的主题	讨论的题目	语篇因素	共现类型
恰当的语域	对话的目的	——	——
——	——	——	表现

胡壮麟认为:从已知文献来看,在四种语境特征体系中,人们较多地接受 Harris 的体系(如 Akman 2000)。

1.2 实例分析

这里按照陈平(1991[1987]:64)的思路,我们对这三种语境作一简要分析。

上下文

有些句子离开上下文,就有不同的理解,吕叔湘(2002[1984]:474-488)认为,有时上下文能起到消除歧义的作用,他举的例子是:

(13) a. 这篇稿子你给我看看。

b. 天津贸易部门已向华北东北调拨秋冬货物。(人民日报 1953.8.21 标题)

c. 把重要的书籍和书稿带走。

d. 四个医学院的学生参加了巡回医疗队。

e. 赵大姐下放到村子里来不过几天,许多人还不认得。

例(13a-b)是个别词造成的歧义;例(13c-d)是单个小句,多种因素造成歧义;例(13e)是内部不同的切分造成歧义的小句。

吕叔湘是这样解释这几个例子的:

例(13a)中"给"可以理解为动词,也可以理解为介词,这样就有两种解释:一种是"给我稿子",也就是"我看稿子"(解释为动词);另一种是"我请你看稿子",也就是"你看稿子"(解释为介词)。例(13b)中的"向"有"往"和"从"两个相反的意思,由于一般受动词的制约,不能同时有两种说法,但是这一句里边的动词"调拨"适用"向"字的两种意义。这样就有两种解释:"往华北东北调拨秋冬货物"和"从华北东北调拨秋冬货物"。

例(13c-d)不同的切分会产生不同的意思。例(13c)可以有两个意思:把(重要的书籍)和(书稿)带走;把重要的(书籍和书稿)带走。例(13d)也有两个意思:"(四个医学院的)学生参加了巡回医疗队"和"四个(医学院的学生)参加了巡回医疗队"。

例(13e)既可以理解为"许多人不认识赵大姐",也可以理解为"赵大姐不认识许多人"。

例(13a-e)如果有相关的上文,这些歧义也就消失了。

上面举的是吕叔湘通过上下文来消除歧义的句子,下面是吕叔湘(2002[1984]:486)举的下文使上文"不通"的句子变为"通顺"的例子:

(14)[季交恕]你知道这个消息吗?

[方维夏]什么消息?

[季交恕]蒋介石开刀啦!

[方维夏]什么病开刀?

[季交恕]你还睡觉!杀人!(李六如:六十年的变迁)

例(14)显示"方维夏"对"开刀"理解错了,"季交恕"在下文指出"方维夏"的理解有错。

上下文能消除歧义,有时上下文也能消除"病句":

(15)我是牛皮的。(张志公:1992:序)

张志公(1992:序)认为:如果孤立地说例(15),这句话令人不解,而且滑稽可笑,是个"病句";如果放在一个语言环境里,甲指着乙对丙说:"你看我俩的鞋很相像,但不一样,他是羊皮的,我是牛皮的。"这句话就通了,不发生疑问,也不觉得可笑,只觉得说得简洁。

赵元任(2001[1979]:45)也发现:"有时候,词语的省略使主语和谓语关系松散到了如果放在别的语言里将成为不合语法的程度。"也就是说,一"省略",句子就不合语法了,看他的例句(2001[1979]:45):

(16) a. 他是个日本女人。(意思是:他的佣人是个日本女人。)

　　b. 你(的鞋)也破了。我(的铅笔)比你(的)尖。

　　c. 你(的小松树)要死了找我。

例(16a)后括号内的内容是赵元任的解释,例(16b-c)中的括号是赵元任认为省略了的成分。我们无意讨论这些句子是否是属于"省略"的句子,但是可以肯定,在一定的上下文中,这些省略的句子都是"通顺"及"合语法"的句子。

环境

下面从同一个句子在不同的环境中有不同的理解,环境化解歧义两个方面来谈。

Brown 和 Yule(1983:36)谈到语境的时候,举了一个例子,说明同一句话,在不同的语境中,表达的意思是不一样的:

(17) a. 说话者:少妇,听话者:少妇的婆婆,地点:公园,养鸭子的池塘边,时间:1962年9月的一个阳光灿烂的下午。两人正带着少妇两岁的儿子,追赶鸭子,婆婆评论她的儿子(孩子的父亲)说,比起孙子来,他儿子在两岁时,发育相当"慢"(backward),少妇说:

　　　　I do think Adam's quick

　　　　我觉得 Adam 的发育确实快多了

　　b. 说话者:学生,听话者:一群学生,地点:围坐在食堂的咖啡桌旁,时间:1980 年 3 月的傍晚。学生中有个叫 John 的学生在讲一个笑话,听后大家都笑了,Adam 却没有笑,过了一会儿,Adam 也笑了。其中一个学生说:

I do think Adam's quick

我觉得 Adam 反应确实很快

同一个句子 I do think Adam's quick,在不同的环境中表达了两种不同的意思,Brown 和 Yule 是这样解释的:

例(17a)中的 I 和 Adam 通过时空可以确定到底是谁,说话者正拿 Adam 跟 Adam 的父亲作对比。Quick 的意思可以通过 backward 这个词来确定,可解释为涉及发育的快慢这类内容。

例(17b)中,I 和 Adam 也可以通过时空加以确定,这个 Adam 是跟其他的学生相对比,quick 可以解释为对这个笑话理解的时间的快,I 说 Adam 反应快,是有讽刺的意思。

吕叔湘早就注意到环境对理解句子的重要,他对歧义研究中,也发现不少这类例子,他(2002[1984]:487)说:"说话的环境……谁说的,在什么地方说的,在什么时候说的,等等……可以排除歧义,这样的例子很多。"下面是吕叔湘举的例句(2002:480):

(18) a. 鸡不吃了

b. 猫不吃了

c. 车票和零用的钱都在这里了

吕叔湘是这样分析这几个句子的:

例(18a)这句话可以理解为"鸡不吃食了",也可以理解为"人不吃鸡了",看是在什么地方说的。如果这句话在院子里说的,大概是指"鸡不食",如果这句话是在厨房里或餐桌旁说的,大概指的是"人不吃鸡"。

例(18b)可以这样分析,如果当地的环境是不吃猫的,就不会有歧义。如果当地的环境有"人吃猫"的习惯,那就会有歧义。

例(18c)可以这样分析,说这句话的人如果手里拿着车票,那就是"(车票)和(零用的钱)";如果没有车票,那就是"车票的钱和零用的钱"。

世界知识

我们来看陈平(1991:20)分析了三个句子:

(19) a. 考大学生

b. 考研究生

c. 考教授

陈平认为,例(19b-c)两个句子是有歧义的。

先看例(19b),这个句子有两种意思,可以表示"参加考试以求取得研究生的资格",也可以表示"对研究生进行考查"。而例(19a)"考大学生"只有"对大学生进行考查"一种意思。同样是动词"考"后接表示身份的名词构成的短语,为什么会具有两种不同的语义性质?

陈平认为,这种语义现象只有结合语言的使用环境才能够得到解释。如果要表示"参加考试以求取得大学生的资格",我们就说"考大学",因为我们有大学这样的建制,以区别于培养中小学生的中小学。而在中国的绝大部分地区,研究生一般都是由大学里的各个系培养,一般不设立区别于培养大学生的专门机构,也就是说,语言的使用环境中不存在相应于"考大学"中的"大学"那样的建制。例(19c)"考教授"所表现出来的歧义现象,也可以从类似的社会现象中找到原因。

但是,在我国的某些地区,大学里有"研究所"的建制,行政上专门负责研究生的培养,如果要表示"参加考试以求取得研究生资格",则有"考研究所"这一短语可用。

我们看到,例(19)说明,对同样结构的句子"考+名词",有的只有一种解释,有的就有两种解释,这都是人所掌握的世界知识多少所造成的。

吕叔湘(2002[1984]:484)在研究歧义时提出:"消除歧义的手段大致有五种:①语音,②上文,③下文,④环境,⑤情理。"他讲的情理,有点类似这里讲的世界知识。看几个他举的例子(pp.487—488):

(20) a. 天津贸易部门已向华北东北调拨秋冬货物。

b. 普通话学不好,怎么办?学呀!……下点心,往地道里学。(北京晚报 1982.11.15)

c. 一米九个头的冯骥才伫立在空荡荡的山谷里。(人民日报 1982.11.23)

d. 相传北洋军阀时代有一个政客屈映光,官儿挺大。人家请他吃饭,他不去,他说:"本人向不吃饭。"

e. 今年游行,女同志一律不准穿裤子。

吕叔湘是这样分析这几个例句的:

例(20a),如果了解到 20 世纪 50 年代华北、东北的消费品很大一部分要从上海、天津等地调进,就可以决定这里的"向"是"往"的意思,而不是"问"的意思(如"向对方索取")。

例(20b)中的"点心"当然不是可以吃的点心,"地道"也不是《地道战》里的地道。

例(20c)中的"一米九个头"当然不会是说一个人有九个头,加起来有一米长,那么只能是说他的"个头"有一米九了。

例(20d)一时作为笑谈,如果"吃饭"作"赴宴"讲,这句话就没有什么可笑。听的人觉得可笑是因为把"吃饭"作"进餐"讲了。如果屈映光晚生几十年,他可能会说:"本人向不吃请。"那就没什么问题了。

说例(20e)的背景是:"1954年国庆前夕,某机关的游行筹备组开会,筹备组的一位女同志宣布"的话,吕叔湘强调"确有其事",并解释:"这句话的歧义不在说出来的部分,而在没说出来的部分。"

例(20a-e)说明有了世界知识,消除歧义就不难了。

我们要强调的是,除了吕叔湘从歧义角度来体现世界知识的重要之外,世界知识还是理解发话人真实含义的法宝。

张志公(1992:序)说:"说汉语的人有一些很幽默的话,说给某些外国人听,他就不感到多少幽默;同样,英国人也很喜欢说点幽默性的话,如果说给说汉语的人听,也很可能并不引起多少幽默感。"这种情况的出现,世界知识起到很大的作用。

2. 强调语言的交际功能

2.1 语言是为交际而产生的

胡裕树(1995:2)认为:"语言是随着人类社会的产生而产生,随着社会的发展而发展,人类社会的所有活动都离不开语言。"胡裕树的论述中含有这样的意思:语言是为人类的交际而产生的。

语言是因为人类的日常交际而产生,而语言学研究最初也是为了日常交际的需要而产生的,"语言学研究同数学、化学和天文学一样,最初都是主要为了解决日常生活中面临的迫切需要而发展起来的"(陈平 2006:166)。

2.2 语言离不开社会交际

语言产生于人类交际的需要,语言也是依赖人类的交际而存在。对"交际"这个术语的理解有不同,面对面的会话当然是交际,这点没有异议。像广播电视,写的书和文章等是否是交际,我觉得从广义看也可视为交际,可以暂且称为"单向交际",或者是"间接交际",其特点是作为观众和读者也有反馈,只不过是反馈的内容和方式不像面对面那样直接。

Ellis(1999:144—146)在《从语言到交际》(*From Language to Communication*)一书里,系统地探讨了语言和交际的关系,他总的观点是语言是基本的交际工具,也是体验工具。他认为,我们在讲话时,既表现出个性也表现出社会性,语言有时会像士兵军装上的军衔一样,在社会系统中表现出社会的等级,而社会等级又涉及教育程度、职位的高低、住宿的状况、朋友网、交际方式,这些情况都可通过语言表现出来。他还强调文化和语言的关系:语言和交际是文化的载体,也就是说,语言和交际反映了文化的模式,语言很多变化都是由于文化造成的。他还认为,语言是社会结构的成分,说某种语言可看作是一种行为,这种行为会表现出个人的、政治的和意识形态的内容。所有的语言和文化都遵循称为"说话系统"的规则,例如,称呼自己"Ellis 先生",叫别人"喂,哥们儿",这两者的使用环境是不一样的,在西班牙,用第二人称 tu,就不那么正式,而用 usted 就较正式。看来,这种区别跟北京话中"你"一般和"您"有些类似。

Ellis（1999:141）还列出一个语言和社会的关系表：

表1.3　Ellis（1999:141）的社会语言学关系表

社会语言学的关系		
A. 语言形式	B. 语境	C. 社会语境
语音	环境	社会特征
句法	直接目标	地位
词汇	意义	社会等级
副语言	背景	性别
非语言	语言功能	教育程度
		种族
		地理位置
		个人特征

2.3　交际模式

语言离不开交际，交际有其模式，Renkema（1993:33）介绍了Shannon和Weaver（1949）列出的"一般交际模式"：

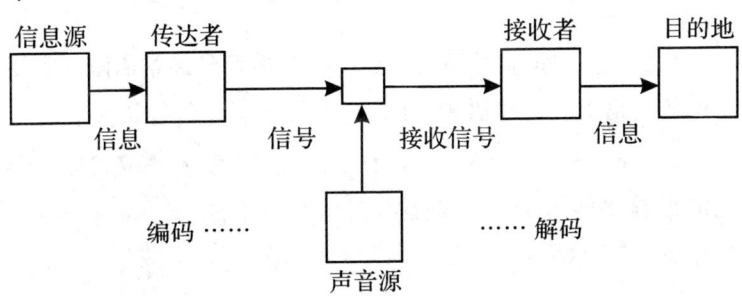

图1.4　Warren Weaver（1949）的一般交际模式

2.4　小结

上面介绍显示，语言本身和语言研究都是由于人们的日常交际需要而发展起来的，那么在我们研究语言时，不能不重视人类的交际。"英国现代理论语言学奠基人 J. R. Firth 也高度重视结合语言的实际应用来研究语言。他多次强调,语言从本质上来看是一种行为,因此,语言学家必须把语言置于实际使用的环境之中,研究话语的生成与理解过程,这样才能把握语言的实质。不过,Firth 本人在这方面说得不少,做得却不多,他的许多主张主要是通过他的传人 M. A. Halliday 的大力实践才得以流传开来。Halliday 创立的系统语法(systemic grammar)把语言的语法特征与功能特征有机地结合在一起,在对语言事实的描写广度和解释深度方面,超过了许多同类的语法理论"(陈平 1991[1987]:56)。

3. 篇章语言学形式表现及其特点

下面从语法特征、词汇特征和语音特征三个方面来谈超句结构的特点。

3.1 语法特征

我们这里讲的语法特征,是广义的,涉及到篇章语法。主要讨论传统语法和篇章语法之间的关系,或者说传统语法和篇章语法的不同特征。具体地说,同一种语法现象,从孤立的单个小句的来看,跟从篇章角度来看有时是不一样的。

3.1.1 四个区别

陈平(1991[1987]:63—64)对话语篇章研究和传统语法的不同点作了高度概括,他认为,同大家熟悉的结构主义学派或转换生成学派所做的传统语法分析相比,话语分析有以下四点不同:分析语料的不同,规则和规律的不同,静态和动态的不同,语境关注的程度的不同。下面简述他的主要观点:

一、分析语料的不同

陈平认为,传统语法分析通常是研究孤立的句子,所采用例句可以是自造的,也可以是来自别人使用的话语,但经过剪裁再采用。话语分析则一般要求分析对象是从书本材料或录音材料等自然素材中选取的实际用语。

陈平介绍了 Lyons 的归纳,在进行传统语法分析时,如果从书面或口头材料中选取例句,照例要做一些整理改造的工作,把那些所谓属于语言行为(performance)的因素尽量排除在外。再来看一下上面(本章第三节"自然语料")提到过的三个句子:

句 a. 小王才来过。

句 b. 小王……嗯……才来过。

句 c. 小王吗,才来过。

如果是传统语法分析,一般都是把上面的三句话(utterance)看作为同一个句子(sentence)。句 b 中主语同谓语之间由于犹豫而造成的时间间隔,句 c 中主语后面出现的"吗",都被视为说话时的非语言因素造成的现象,因此不能体现语言本质,在语法分析时应该忽略不计。但是,在进行话语分析时,这些现象均属调查之列。一般意见认为,在这种情况下,它们往往是我们推断发话人语言心理过程的重要依据,同语境中其他有关因素结合在一起考虑,这些现象很能说明话语组织和展开的过程。

二、规则和规律的不同

陈平认为,传统语法分析注重规则(rule),也就是注重"能说""不能说",而话语分析既定性又定量的分析结果则更多地表现为一种规律性(regularity),也就是注重语言使用的倾向。这样,传统语法分析的注意力通常集中在类型(type)的异同上面,对各种类型所含实例(token)的多寡则一般不予理会。话语分析在研究类型异同的同时,十分关注实例的多寡,认为定量分析是定性分析的基础。同时认为,这种分析结果正是折射了这样一个客观事实:无论在语言系统里还是在语言运用中,对立的成分、格式、过程或者环境等等,很少表现为非黑即白、截然分明的两个范畴,在绝大多数情况下,它们呈现为一个由此向彼逐渐过渡的连续体(continuity),对立的两极之间存在着数量不一的中间阶段。

三、动态和静态的不同

陈平还指出一个明显的不同点,传统语法分析把研究对象看作一个静态的成品(state product),而话语分析除此之外,更注重把它作为一个动态过程(dynamic product)来考察。因此,除了分析语句的组成成分和相互关系,更重要的是联系发话人和受话人的语言认知策略,剖析同语言行为有密切关联的记忆的表现、储存、提取,以及短期记忆容量的限制,最佳信息传递程序等等内容。传统的描写手段,如句子成分、关系、结构、层次等等,显然已不足以准确地说明这些动态过程的全貌。于是,语言学家和人工智能专家们又设计出了诸如转移网络(transition network)、程序语义学(procedural semantics)等动态模式,广泛地应用于语言学研究和计算机自然语言处理等领域。

四、语境关注的程度的不同

在第三节中,我们提到过,陈平把语境分为三种:一是局部的上下文环境;二是话语微观使用环境;三是话语的宏观使用环境。

陈平认为,传统语法分析往往脱离语境来研究词语句子,而对于话语分析工作来说,密切联系语句的使用环境是它在方法论上最重要的特征。可以说,脱离了话语环境,也就谈不上话语分析。陈平是这样区分这三种语境之间的关系的:这三种语境中的有关因素都会对话语的组织、生成和理解产生这样那样的影响,因此,从原则上来讲,进行话语分析时得将这三类语境因素全部考虑在内。不过,在实际研究中,往往依具体分析对象的不同而对某一类语境有所侧重。例如,在主动句式与被动句式的选择问题上,我们的注意力较多地集中在第一类语境上面。在重音的配置、调型的选择等问题上,须同时注意第二类语境。

3.1.2 孤立句子和使用中的句子

第二节中,我们谈到篇章语言学的典型研究对象是超句结构,注重句际之间的各种现象。同一种语言现象,孤立的静态的句子表现和在使用中的动态的表现是不同的。在3.1.1中介绍了陈平对篇章和传统语法的抽象概括,下面介绍 Thompson (1983:43—65)做的一项很有影响的传统语法和篇章语法的具体研究,她发现,同一语言现象(独立分词小句)可以从篇章和语法两个角度来进行观察:

先看一个例句:

(21) The Spanish infantry desperately hurled themselves against the palisades, **hacking at the logs with axes.**

例(21)中的 hacking at the logs with axes 是现在分词小句,Thompson 称"独立分词小句",或者称"分离出来的分词小句"。

独立分词小句的特点是:

独立分词小句跟主句是有停顿,在书面语中有逗号。

独立分词小句的功能是:

起到一种提供背景材料的作用,准确地说,是起到对主句提供背景材料的作用。这里的背景知识指的是对主句内容提供进一步说明、更为详细的描述或解释,或者呈现跟主句同时发生的事件,或对主句的事件进行评论等。如例(21)中的 hacking at the logs with axes 就是对主句的内容进行进一步的详细描述。

篇章特征:

作者统计了独立分词小句在英语的"描写性篇章"和"非描写性篇章"中的分布,请看下表:

表1.4 描写篇章中出现独立分词的数量

篇章题目	每一万个字中出现独立分词小句(个)
Explorers	74
Asia	52
Mme. Liang	62

表1.5 非描写篇章中出现独立分词的数量

篇章题目	每一万个字中出现独立分词小句(个)
Pharmacology	5.0
Darwinism	8.5
Word and Object	9.0
Henry Moore	11.0
Music	12.8
Food in History	14.7
Fearful Symmetry	18.9

表 1.4 和表 1.5 中,我们可以看到强烈的趋向:在描写事件的话语中独立分词小句出现较多,平均每一万个词超过 50 个;而在非描写性的话语里独立分词出现较少,平均每一万个词中不超过 20 个。

语法特征:

Thompson 认为,独立分词的主要功能是提供"局部"的背景,也就是说,为"主句"(main clause)提供背景知识,虽然有时该"主句"也充当另一个主句的从句。独立分词的这种"局部性"的特征,也体现出了独立分词的语法特征。

作者从两个方面来分析独立分词的语法特征:一、时态和主语;二、及物性。所用的分析语料是 418 个独立分词小句。

一、时态和主语

独立分词的一个特点就是通常没有时态,但有时有自己的主语。Thompson(1983:59)研究发现,这些独立分词小句的主语跟主句主语的关系往往是部分-整体的关系。

(22) He looked so pitieous, **his little gray beard trembling on his chin**, that Madame Liang tried to comfort him. (Madame Liang p. 205)

(23) De Soto's personal belongings were also put up for auction, **his five slaves and three horses fetching approximately two to three thousand cruzados each**, ...(Explorers, p. 55)

例(22)中的独立分词小句的主语 beard(胡须)和主句的主语 he(他)是部分-整体的关系。例(23)中的独立分词小句的主语 slaves(奴隶)和 horses(马)跟主句的主语 belongings(财产)

也是部分-整体的关系。

还有一些其他情况,请看下面两例:

(24) The varying potencies of members of a homologous series were explained by varying **affinities** of the drugs for the receptor, **affinity being the reciprocal of the dissociation constant (I/KA) of the drug-receptor combination.** (Pharmacology, p. 10,原例句 48)

(25) If the Augustan states with a solitary prehuman God he is starting with a cipher, and consequently will see in nature only a latent harmony or "mathematic form," **reality becoming simpler and more diagrammatic as it becomes clearer until it disappears into non-entity.**
(Fearful Symmetry, p. 164,原例句 49)

例(24)中,独立分词的主语 affinity(吸引力)和主句中的 affinities(吸引力)同指。例(25)中,独立分词的主语 reality(真实性)跟主句中整个陈述的内容同指。类似例(24)(25)在独立分词小句中出现主语的情况通常出现在非描写的篇章中,而且实例不多。

Thompson 发现,在 418 个独立分词小句中,只有 57 个实例(占 13.6%)有独立的主语。由于独立分词对主句的依赖性,独立分词没有独立的时态,但有时会有独立的主语。

二、及物性

据 Thompson(1983:59)介绍,Hopper 和 Thompson (1980) 一项研究显示:话语中的小句的基本功能和及物性关系密切,这些关系包括宾语、时点(punctuality)等。根据小句及物性的高低,可以给小句分等级,一般来说,起到背景功能的小句通常及物性较低,这些小句通常没有宾语,表现出静态、未完成的和非时点的特征。

根据独立分词小句给主句提供背景知识的特性就可以预测这类小句的及物性很低。作者用了测试及物性高低的三个标准来测试独立分词小句及物性的高低。

表1.6 及物性高低表

	高及物性	低及物性
直接宾语	特指(specific)	泛指或∅
时点	表时点	表时段
体	完成的	未完成的

直接宾语:

直接宾语指的是有指的明确的宾语,包括定指宾语和非定指宾语。作者调查结果如下表。

表1.7 直接宾语及物性高低表

			实例		百分比	
及物性高		特指	120		30%	
及物性低	A	泛指	105	共298	25%	共70%
	B	∅	193		45%	
总数			418		100%	

时间:

时间跟动词的意义关系密切,指的是某个行为的突然性,或者指缺少明确的从开始到结束的过渡期。一般来说,能在下面这个格式中使用的动词称为时段动词:

Subject _____-ed *for a long time.*

看下面两个例子：

(26) Then, so she dreamed, **gazing out** over those unchanged palaces, …(原例句 56)

(27) She **gazed out** over those unchanged palaces **for a long time.**(原例句 57)

例(26)中的 gazing out 是时点动词，而例(27)中的 gazed out 是时段动词。

表1.8　时点和时段

	实例数目	百分比
时点	46	9%
时段	372	91%
总数	418	100%

体：

体是谓语的特征，可分为完成体和未完成体，完成体有明显的表结束的点，或表结果的界限，未完成体没有明确的表结束的点，或表结果的界限。

表1.9　完成体和未完成体

	实例数目	百分比
完成体	80	20%
未完成体	338	80%
总数	418	100%

Thompson 在本文中从篇章和语法两个方面分析了英语独立分词小句，作者想要说明的是，在以交际事件为目的的篇章中，语法到底有多大依赖性，也就是说，人们要理解语法，就要理解语言使用者决定如何整合整个篇章的各种原则。

上面介绍的是 Thompson 对英语的研究,Tao(1995[1994])做的一项对汉语的研究,思路也跟 Thompson 相似,也是从传统语法和篇章语法两个角度来研究汉语的小句。Tao(1995[1994])发现,传统语法的一些概念跟现实使用中的语言所表现的特征有所不同,如小句的基本句子,在传统语法里,人们通常认为,由一个及物性很强、至少带两个词汇论元的动词组成的小句是最基本的类型。Tao 考察了汉语会话中常用的小句类型,他发现,这些常用的小句中,大部分动词都处在及物性等级的弱端,小句很少带两个明显论元。

上面介绍的 Thompson 和 Tao 的研究从一个侧面表明,篇章语法能发现传统语法无法发现的一些语言规律。

3.1.3 句子含义和篇章含义

Blakemore(1988:245—249)的文章里,有一节专门谈论"语法与话语"(grammar and discourse)。他认为,句子语法涉及语音和语义这对概念,通常跟会话中的非语言的因素无关,在会话中,如果听者想要了解对方说的话的真正含义,有时就要用到非语言的因素。因此他认为,语法中能包括语用的因素,也就是说语法中包括"句子-语用"的规则。

Blakemore 提到了 Grice(1975)的观点:说话者说的话里能传达非真值条件的内容,也就是隐含的内容。这种话语的非真实条件的内容是由特殊词汇项或者是语言的结构所决定的。请看 Grice 的例句:

(28) He is an Englishman; he is, therefore, brave.(原例句 22)

他是个英国人,因此他很勇敢。

这个例句中 therefore 具有因果的含义:"他很勇敢"是结果,"他是个英国人"是原因。例(28)中的 therefore 表明,他的勇敢源自他是英国人这个原因,当然,即使这个原因站不住脚,这句话也是成立的。

"结果"(consequence)这个词有两个意思:一是指原因的结果(a causal effect),二是指逻辑的推断(a logical conclusion)。从例(28)看,Grice 的意思是 therefore 并未隐含他的勇敢是由他是英国人所引起的,但是 therefore 隐含着这样一个事实:"他是个英国人"是相信"他很勇敢"的前提(reason),换句话说,therefore 显示了对例(28)中两个命题的一种推论上的联系,下面这个句子也一样:

(29)He is brave; he is, after all, an Englishman. (原例句23)

例(29)跟例(28)所不同的是,第一个命题是结果。therefore 和 after all 不同的是:therefore 介绍了被前面的命题所证实的一个命题,而 after all 显示了一个命题,这个命题被理解为前面某个命题的证据。

例(28)显示,说话者处理和理解话语时,是借助于这样一个语境:第一个命题为第二个命题提供了证据。也就是说,像 therefore 这些词语,给说话者提供了一个有效的方法,根据相关理论来制约对话语的解释。

Blakemore 用 Grice 的理论想要说明,语法包含的意思比较单一,话语包含的意思相对丰富。在分析相关联的句子时,应考虑"句子-语用"的规则。

3.2 词汇特征

词汇和篇章有着紧密的关系,因为篇章是由词汇组成的。陈平(1992:81)介绍的 János S. Petöfi 对"词库"的研究中就涉及到词汇的篇章性。Petöfi 认为:词库中储存的词项是形式、意义和所指事物相互关系的表现。应该包含下面几个方面的信息:①语音表现,包括音素、重音。②所属语域(文体类型、社会方言、地区方言等等)和专业领域。③在有关领域中的同义词和反义词。④习惯用法。作者还讨论了在分析与描写篇章连贯性以及在解释篇章意义的过程中词项所起的作用。篇章上下连贯,是受话人对于话语进行解释的结果。所谓解释,指的是受话人首先建立一个合适的模式,然后以这个模式为基础,建立一个他认为把话语传达的实际情景组合体现出来的结构。在这个解释过程中,以词库为基础的有关知识表现部分必须满足下列要求:①必须包含在话语分析中起重要作用的框架语义知识、情景(scene)语义学知识或脚本语义学知识,并且把它们系统地表现出来。②对于在话语的不同地方出现的同一个词,以词库为基础的有关知识表现的同一个词,以词库为基础的有关知识表现部分必须提供足够的信息,以便确定它在特定语境中的语义解释。

对 Petöfi 的研究,陈平的评论如下:人们在理解话语过程中,调动了大量的储存在我们头脑中的有关外部世界的知识。在建立语言理解模式时,一定要设法把这些非语言知识用适当方式表现出来,并且把它们同语言知识有机地连接在一起,框架语义学、情景语义学或脚本语义学等有关理论和方法为我们达到这个目的提供了重要的手段。在种种模式的研制工作中,关键问题之一是规定有关词语在以词库为基础的知识表现部分中的联系方式,例如,就某个特定的框架/情景/脚本而言,如何控制相关词语范围,如何确定有关词语在语义层次结构中的赏析关系,等等。对于这些问题,作者认为还可以继续深入讨论下去。

周小成(2006:47)谈到篇章和词汇的关系时认为,如同砖块、水泥是楼房的建筑材料一样,词汇是篇章的建筑材料。篇章的生成和理解都必须快速使用词汇。人们为了表达和获取信息而力求最合理使用词汇。合理使用词汇受运用最少手段收到最大效果的经济原则制约。发话人和受话人在言语交际过程中的互相作用决定词汇的合理使用。

周小成(2006:47—48)还认为,可以从篇章功能的角度来理解词汇,他把词汇分为六类:反映篇章主题的词汇、反映篇章思路的词汇、反映篇章时间的词汇、反映篇章空间的词汇、反映篇章格调的词汇、反映篇章评价的词汇,下面介绍这六种词汇:

一、反映篇章主题的词汇

篇章主题指言语交际的对象,表现为篇章论题的逻辑主体,是作者意图的浓缩,也是篇章题旨的反映。表达篇章主题的词或词组(也可能是句子)在言语交际中发挥称名功能,反映篇章题旨和作者意图。这些词或词组能够按所指称和所表示概念意义反映篇章主题内容,构成反映篇章主题的核心词汇。

二、反映篇章思路的词汇

篇章反映了作者对文章中心思想的形成过程。作者表达思想的过程也是篇章语义逻辑形成、发展的过程,这个过程是连续不断的。篇章中反映这一过程的词汇单位包括连接词、连词、关联副词、表示篇章语义逻辑发展意义的词汇单位、插入语、同义结构等。反映篇章思路的词汇,表明作者如何在展开所选主题时循序渐进地发展其写作意图,从而把篇章各个部分即篇段,合乎逻辑地联合成一个更大的篇章语义块。他们的共同功能是既区分篇段又连接篇段构成篇章框架。这些语言手段实际上反映作者形成和展开主题的纲要,显示篇章共同因素的运行轨迹。

三、反映篇章时间的词汇

时间空间是所有物质现象的普遍特征,是所有现象的存在形式。作为反映特定现实片段和交际情景的篇章也体现时空范畴。篇章是作者主观性的言语产品,现实时间要通过作者的主观理解得到反映。现实时间与对实际现实进行理解的知觉时间在篇章中相互交融。在科技类客观性专业篇章中,知觉时间对现实时间影响最小,而在文学类个性化篇章中影响最大。文学类篇章中知觉时间与个性时间结合,产生艺术时间。艺术时间具有多维性、可逆性、非均匀性等特征。因此,篇章中就存在反映历史或日期等现实时间的客观时间和反映思想观念体系中时间的概念时间。表达篇章中客观时间和概念时间的手段以词为核心。直接表达时间意义的词或词组和表示日期的词或词组是篇章中的时间标志。间接指示时间的词汇手段包括历史文物称名、历史事件的称名、特定历史时期的作品、器皿和特定历史人物的作品或用具等的称名。

四、反映篇章空间的词汇

篇章空间也有客观空间和概念空间。空间特征还可指篇章心理、社会空间。还存在一种特殊类型的篇章空间,即时间空间,例如长篇小说的史诗时间、神话的诗学空间。"这里"和"现在"组合形成篇章时间空间。一切反映各个部分之间的关系、客体平面与客体本身之间关系的词、反映位置和空间范畴的词、不同词类中具有空间意义的词、表空间意义的前置词及地名和地理术语、一切具有空间因素的词及具有附加空间因素的词(一些表人名词)、表示异国风情的词,都可能成为反映篇章中空间概念的词汇。

五、反映篇章格调的词汇

篇章格调是说写者感情、情绪、主观评价、意愿等言语态度的反映,也叫做篇章主观情态,是超逻辑性的心理情感表现力的内容。反映语言主题心理因素的篇章格调信号词贯穿全文,把篇章粘连为统一整体。不是所有篇章都有篇章格调信号词。无篇章格调信号词的篇章具有中态的篇章格调。表达情感或情感性评价的感叹词、具有情感表现力色彩的词、带有主观评价后缀的词,是篇章格调的核心信号词。间接表达情感表现力的语言单位,如具有附加情感意义的修辞中性的词汇、修辞中性词汇的情感表现力使用等,构成反映篇章格调的外围信号词汇。

六、反映篇章评价的词汇

篇章评价是指逻辑性或理性评价,反映说写者对言语内容或受话人的褒贬。反映发话人基于"好-坏"逻辑两分法的评价。所谓逻辑或理性评价是指概念或认知评价。表达"好-坏"意义的成对词即语义变体和变形构成反映篇章评价的核心词汇,具有附加理性评价意义的词和修辞中性的词构成反映篇章格调的外围信号词汇。

上面是周小成(2006:47—48)介绍的六种词汇,说明词汇跟篇章关系密切。没有词汇,就没有篇章。但我们要看到,篇章的结构及词汇使用的环境,又会对读者理解词汇意义起到各种制约作用。

3.3 语音特征

静态观察语音和动态观察语音其结果是不同的,从篇章的角度动态来观察语音,可以看到很多静态语音所看不到的规律。这方面有很多研究,徐赳赳(1995:18)介绍了篇章研究中,"一些学者把注意力集中到语音上,在口语中,人们靠语音发出信息与接收信息,语音的分布也受到话语的制约。"

3.3.1 篇章语调

陈平(1991:80)介绍 David Brizil 的论文"音系学:话语中的语调"就是研究话语语调,Brizil 首先区分了词平面音系学与话语平面音系学,词平面音系学研究词的音系特征,如词的音位成分和重音分布等等。这些属于约定俗成的现象,发话人几乎没有什么选择的余地。话语平面音系学研究话语中语调重音的配置、语调类型的选择等发话人可以操纵的现象,因此具有特殊的意义。本文主要讨论话语平面上的音系学。

人们说的话由语调单位(tone unit)组成,单位之间一般有停顿。语调单位中最后一个强读音节(prominent syllable)称为语调音节(tonic syllable)。有五种语调:降调、升调、降升调、升降调以及平调。语调始于语调音节,延续至语调单位的结尾。通过选择重读的位置和语调的种类,发话人传递了不同的意义,表现了他对话语环境所持的态度。一个词如果配置强读音节,表示发话人认为在这个位置上无其他词语可供选择,或者是因为受语言系统的制约,如虚词,或者是因为受当时语境的制约,如符合双方预期的成分。语调分成两大类,降尾类和升尾类,前者包括降调和升降调,后者包括升调和降升调。发话人如果选择升尾语调,表示他认为有关内容是双方的共同认识,或者以前已经谈过,或者是双方不言而喻的背景知识。选择降尾语调,则表示他认为现在在向对方传递的是新信息。

Brizil 研究的是话语的语调,也就是说,孤立的句子是一种语调,但把这个句子置于篇章中,这个句子的语调跟孤立时的语调可能不同,这种受到篇章影响或者说篇章制约的语调,便是篇章语调。陈平(1991:81)指出,每种语言的篇章语调可能不同,在研究中此种研究方法适合于这种语言,但不一定适合另一种语言。

3.3.2 篇章韵律

随着言语工程技术的迅猛发展,语音信息处理的对象已经从孤立的语音发展到连续的语音。人们开始突破语句的界限,在更大的范围内和更高的层面上去考察韵律特征的功能,并且开始关注自然话语中的韵律表现及其交际功能,试图将韵律分析和会话分析紧密结合起来,在自然会话材料中考察韵律特征的话语交际功能。这些研究发现,在自然会话过程中,语言成分的话语交际功能会显著影响其韵律表现,通过考察言语成分的韵律表现,可以在一定程度上帮助判别其话语交际功能(熊子瑜、林茂灿 2004:116)。

3.3.2.1 韵律标记

徐赳赳(2002:317—319)介绍了 Noordman,Dassen,Swerts 和 Terken 的一项研究,讨论篇章结构的韵律标记。

Noordman 等人主要讨论两个问题:韵律特征(停顿、音高和语调等)是否能反映某个篇章的结构。在篇章认知结构的基础上,人们是否能预测这些韵律特征。

Noordman 等人采用故事理论(story theory)和修辞结构理论(rhetorical structure theory)这两种理论来研究篇章结构的韵律标记。他们根据篇章的内容来定义篇章结构,认为篇章结构体现了篇章的三个特征:①篇章的切分(segmentation)和单位(unit);②这些单位的识别(identification);③这些单位之间的关系。也就是说,故事理论和修辞结构理论都把篇章分为单位,然后在考虑各小句间的线形结构和层次结构。

Noordman 等人请了八位男性做朗读实验,结果显示:韵律特征是以篇章结构为基础的,篇章的层次越高,停顿的时间就越长,同样,篇章的层次越高,音高也越高。韵律特征和篇章层次之间的关系在第五、六个层次上表现得特别明显。在较低的层次上几乎看不出来。

3.3.2.2 汉语篇章韵律

吴宗济(2004)在他的一项研究中,有一节专门讨论汉语"篇章韵律",下面介绍他的研究。

吴宗济认为,他这项研究中的"篇章"这个定义是广义的,是指口语中的若干相邻的句子,只要内容属于同一宗事件,彼此的意义就会有一定程度的联系。例如平叙句的有头有尾(起承转合);疑问句的有问有答(有无、是非);祈使句的命令或请求,乃至愤怒、责骂等等,都会对各句产生不同的韵律变量。普通话的韵律规则属于语句的,当前已经有不少研究的成果了。属于篇章的,在语法方面的研究可能不少,而在语音方面的似乎还不多。吴宗济曾以普通话的四句朗诵材料为样本,对上述的韵律规则作了分析。朗诵句中韵律短语的单读数据和在句中连读的数据如下表。数据的意义和上面的各例句相同。

表1.10　韵律表

朗读例句一"他们的品质,是那样的纯洁和高尚!"

韵律短语：	品质	纯洁	高尚
单　　读：	F4—D# = 14	G#—F#3 = 14	G4—D4 = 5
句　　中：	D4—G#2 = 18	F#4—F#3 = 12	F4—C4 = 5

朗读例句二"他们的意志,是那样的坚韧和刚强!"

韵律短语：	意志	坚韧	刚强
单　　读：	F#4—D#3 = 15	F#4—C#3 = 17	F#4—F3 = 13
句　　中：	D4—F#3 = 8	A4—E3 = 17	G#4—C#3 = 19

朗读例句三"他们的气质,是那样的深厚和朴实!"

韵律短语：	气质	深厚	朴实
单　　读：	A4—C#3 = 20	G4—C#4 = 6	D4—E3 = 10
句　　中：	G#4—D3 = 18	F#4—A#2 = 20	A#3—C#3 = 8

朗读例句四"他们的胸怀,是那样的美丽和宽广!"

韵律短语：	胸怀	美丽	宽广
单　　读：	F#4—F3 = 13	F4—D3 = 15	G4—D#3 = 16
句　　中：	A#4—F#3 = 16	F#4—D#3 = 15	G4—E3 = 15

　　这四句中的短语单读和句中连读比较,在调高、调域上,除少数几个短语有些差别,如"意志""美丽"外,大多数的断语差别都不太大。四句中各单读调形相同的短语、在句中连读后的移调程度也大都相近;但是,四句中各有相同的两个短语,如"他们的""是那样的",在各句间的韵律差别却十分明显。这两组短语在语法上,"他们的"为领属代名词,领属后接的名词"是那样的"为程度副词,修饰词后接的状语。此四句朗诵描写的对象是人民英雄、带有称颂的感情。其移调程度和扩域程度含有朗诵和歌颂的双重条件,而服从篇章韵律的规则,其中表达逻辑重音和感情重音的任务,已基本上由它们的代词、副词承担,而使名词和形容词的韵律变量相当淡化。各例句的数据如下:

表 1.11　韵律表

代词	例句一	例句二	例句三	例句四
韵律短语	他们的	他们的	他们的	他们的
篇章中	C#4—E3 = 18	C#4—F4 = 3	A#3—D#3 = 8	B4—B3 = 12
副词	例句一	例句二	例句三	例句四
韵律短语	是那样的	是那样的	是那样的	是那样的
篇章中	G4—E3 = 16	D#4—E3 = 11	B3—C#3 = 10	B4—B3 = 12

四句中的代词"他们的"和副词"是那样的"两组短语表达了语气韵律,已如上述。现在再看看它们是怎样表达的。在四个例句中,两组短语的语调都有一个共同趋势。在基调的移调方面,例一、例二、例三的短语从高到低,依次递降;而例四的短语陡升到最高点。在扩域方面,例一的最宽,例二、例三依次缩小,例四又展宽。移调的高低和扩域的宽窄(有时再加上节奏的长短),在听觉上都和感情韵律的强弱是成正比的。

吴宗济(2004:7—8)还举了一个例句,来说明篇章韵律:

(26)"你给我出去!"

"你给我滚出去!!"

"你给我滚!!!"

这是个愤怒兼命令的感情句,这个例子是从电视剧中录下来的,是一个妇女在愤怒之极时赶走她丈夫时说的话。

吴宗济是这样解释的:

这三句话是用三种语气连珠炮似的说出来的,第一句只命令他"出去",由于有"你给我"三个字,已经是不客气的命令了,但是他还不走。第二句就在原句上加了个"滚"字,表示一种愤怒,但他还不走。第三句是愤怒到顶,有点声嘶力竭,连"出去"

都来不及说,只用一个"滚"字了。先来看一下统计的韵律数据:

表1.12 韵律表

第一句	上限 B3	下限 B2	域宽 12
第二句	上限 G4	下限 F3	域宽 14
第三句	上限 G#4	下限 C3	域宽 19

这三句话是一组很典型的篇章韵律的例子,大家看出,由于情绪的逐步高涨,语音的音高和音强也随着"连升三级"。她首先用一个8度的域宽,这是一般正常女音的平叙句的调高和调域宽度。第二句声调移高了8个半音,而域宽只高两个半音。第三句声调高不上去多少,而域宽却变动很大,达到19个半音。这说明韵律三特征的互补功能。此外,这三句话中都有"你给我"三个字,它们都是上声,本来要服从三上连读的必然变调规则。但是它作为一个五字韵律规则,同时,它又是三句篇章的首句,还得服从篇章的韵律。第二、第三句也是这样。这种从小单位一步步地走向大单位,以致其表层现象面目全非。只有用抽丝剥茧的分析程序,即"多米诺"分析方法,第一步先找出直接成分,应用"跳板规则"得出最小短语的必然变调;再第二步,按照语音、语法、音系三平面的制约,应用跳板规则,得出这三句话三个字组(五字、六字、四字)各自的连读变调;再第三步,按照逻辑和情感的需要,应用移调和/或变域规则,最终得出表层的实际调形。有趣的是:这三句话的韵律分析,几乎运用了必然变调和或然变调的全部规则,才能对表层的调形得到解释。

郑秋豫(2007a-b)这些年一直在研究汉语口语篇章韵律,她举出很多证据来证明口语的韵律确是受到篇章制约的。

3.3.2.3 韵律特征的功能

熊子瑜(2004)的一项研究讨论语句边界韵律特征的话轮提示功能。研究以电话录音材料为分析对象,利用 Praat 软件对 1160 个句子的话轮状态进行了标注。标注过程分三种:一是由一位专业的标音员在有上下文语境的条件下对每个句子的话轮状态进行听辨标注;二是由 5 位受试在脱离语境的条件下对这些语句的话轮状态进行听辨标注;三是由 2 位具有一定语言学背景的受试根据这些语句的文字材料对其话轮状态进行标注。在第一种条件下,标注者可以借助的信息包括语境、语音和句法语义三类。在第二种条件下,标注者可以借助的信息只有语音和句法语义两类。在第三种条件下,标注者可以借助的信息只有句法语义一类。然后,用 SPSS 软件对这三类标注结果进行统计分析,以期在一定程度上了解这三类因素的话轮提示功能以及它们之间的交互作用,并在此基础上将语句边界韵律特征的话轮提示功能分离出来。

熊子瑜的研究结果表明,在这三类因素中,句法语义因素是提示语句话轮进程状态的首要因素,所起的提示作用最大,语音次之,语境再次之。在识别语句的话轮状态时,仅靠句法语义信息对纯文本孤立句的正确率能够达到 66%,这表明某些句法语义特征具有一定的话轮提示功能;在有声条件下对离境化孤立句的听辨实验能够达到 84.5% 的正确率,与纯文本孤立句条件下的正确率相比提高了将近 20 个百分点,这表明某些语音韵律特征有助于准确判别语句的滑轮进程状态,因此具有一定的话轮提示功能;从离境化孤立句的正确率为 84.5% 可以推导出上下文语境也同样具有一定的话轮提示功能。

熊子瑜的研究还发现,在识别语句的话轮进程状态时,不同句法语义类型的语句对语音韵律和语境信息的依赖程度不同,询问类的语句对语音韵律和语境信息的依赖程度相对较低,即便没有语音韵律和语境信息的帮助也能获得较高的正确识别率,而叙述类的语句对语音韵律和语境信息的依赖程度相对较高,需要借助一定的语音韵律和语境信息才能准确判别其话轮进程状态。

3.3.3 语句调

林茂灿(2006:373—374)在一项研究疑问语气和陈述语气的研究中,他发现:疑问和陈述的信息绝大多数存在于短语最后韵律词的最后音节和/或其前面一个音节,少数存在于其起头音节;疑问和陈述边界调(重读音节)有一定的音高模式;证实汉语语调有边界调,等等。

曹剑芬(2007[1998]:212—213)的研究发现,对普通话新闻广播语言的声学测量和分析可以看出,不但在话语的开头和结尾之间,而且在话语的持续和结束之间,都存在着区别性韵律标志。具体的例子是,作为句子的开头,其音高往往是全句中最高的。相反,凡是短语末尾,特别是句末,音高总是较低,它们跟短语开头的话语首的音高之间存在着明显的落差,同时,这种落差还表现为音高音域的规律变化。

3.3.4 副语言现象

李爱军等(2002:88)对副语言(paralanguage)现象进行了研究,他们把副语言定义为言语中非音段的语音特征,如嗓音、发音速度、嘘嘘声、叹气声、咕哝声、"哎呀"之类的感叹声等等。他们统计的结果如下:

表 1.13 口语中副语言现象(4000 句)

编号	口语现象	出现次数	编号	口语现象	出现次数
1	延长	409	7	嗓音	627
2	吸气音	401	8	含混音	567
3	笑声	40	9	语气词和叹词	1511
4	哭声	0	10	咂嘴音	40
5	咳嗽	65	11	非汉语发音	18
6	间断				

李爱军等人的研究显示,在口语中,会出现各种副语言现象,这些副语言现象在交际中会起到各种作用。

第四节 结 语

本章主要讨论两个方面的问题,一是研究对象的形式特征:篇章话语的定义及所指,篇章研究的典型对象、自然语料、口语和书面语等问题。二是研究方法和基本原则与一般语法分析的区别:密切结合语境,强调语言的交际功能,篇章的语法特征、词汇特征和语音特征等等。

第二章　篇章语言学的历史发展及相关学科

第一节　引　言

篇章语言学作为语言学的一个分支,只不过三十多年的历史,但是现在篇章语言学已经成为语言学中一个重要的分支。在这一章里,我们主要介绍两个方面的内容:篇章语言学的历史发展,以及篇章语言学和相关学科的关系。

在篇章语言学的历史发展这节中,介绍几种有代表性的看法和观点:De Beaugrande 和 Dressler(1981)认为现代篇章语言学最早是从古代修辞学发展而来的,并介绍了几位篇章语言学先行者所做的工作;陈平(1991[1987])从两个方面介绍了篇章语言学的来源,一是从 Chomsky 的学术中一步一步发展出来的,一是现代科学技术的发展;徐赳赳(1995)对前二十年的篇章研究做了回顾。通过他们的介绍,我们对篇章语言学这门学科的来龙去脉会有一个大概的印象。

在对篇章语言学相关学科的讨论中,廖秋忠(1992[1991])总结了篇章语言学和语用学的关系,并从三个方面来讨论篇章与句法的关系;陈平(1991[1987])总结了四种观点;De

Beaugrande 和 Dressler(1981)讨论了篇章语言学跟风格的关系、跟文学的关系、跟人类学的关系,以及跟社会学的关系。

第二节 篇章语言学的历史发展

1. De Beaugrande 和 Dressler 的观点

De Beaugrande 和 Dressler(1981:14—29)认为,以前很少人知道"篇章语言学"(text linguistics)这个术语,现在这个学科越来越被人们所熟悉。他们回顾了篇章语言学的起源,介绍了1970年代的篇章语言学的发展过程,重点介绍 Coseriu(1955)、Heidolph(1966)、Petöfi(1971)、van Dijk(1972)等人在篇章研究领域所做的工作。下面介绍 De Beaugrande 和 Dressler(1981:14—29)的观点。

1.1 篇章语言学最早来源

De Beaugrande 和 Dressler(1981:14—15)认为,篇章最早的形式可能来自于古希腊罗马到中世纪时期。从中世纪到现在的"修辞"(rhetoric),以及修辞涉及"创作"(提出观点)、"构思"(组织思路)、"雄辩"(找到合适的词表达观点)都和篇章有关。在中世纪,大学主要开设三门学科:修辞、语法和逻辑,这里可以看出修辞的重要性。

在修辞中,下面具体几项内容跟现在研究的篇章语言学有关:

①陈述观点需有系统并能控制;
②意识训练的内容主要指观点和词语之间的转换;
③文章的质量是有高低之分的;

④可以通过听者的反应来判断篇章的好坏;

⑤文章是达到某种目的的工具。

篇章研究者需要研究篇章是如何生成的,如何表现的以及如何接受的。这样就涉及对组成篇章所用的材料的"选择",也就是用什么材料来组成篇章,重点要解决的问题是"那些为交际而产生的选择的含义是什么?"其实古代修辞学主要也是讨论类似的问题。

1.2 篇章语言学的形成和发展

现代语言学是在语文学(philology)的基础上发展起来的,一般认为,语文学通常包括文字学、训诂学、音韵学和校勘学等内容。

Weil(1844,1887)对比了古代语言和现代语言的词序,发现了超出语法的原则:各种不同"思想"的相互关系明显地影响句子中词序的排列。捷克斯洛伐克的语言学家在此基础上作了进一步的研究,他们发现在许多语言里,传递重要的、新的、未预期的信息的那些句子成分,会在句子中多次出现。

现代语言学是以结构主义的出现为标志的,人们收集语言资料,从最小单位进行系统地分析,人们发现声音的最小单位是"音素",形式的最小单位是"语素",语序的最小单位是"法素"(syntagmeme),意义的最小单位是"义素"(sememe),等等。每个最小的单位有自己的系统,通过区别性特征和对应成分可分为不同的等级,所以,每个最小的单位都有自己的特征。因此,如果某个"系统"定义为具有特殊功能的一套成分,那么,这些系统就有区别性的功能。当某种语言的这些最小的系统确定下来,并对这些系统进行分类,那么这种语言的描写就算完成了。

这种结构描写法并未涉及篇章,但对篇章的研究具有间接作用。例如,人们也可以找出篇章的最小单位,当然,这种做法并不一定会发现篇章的本质,但会发现组成篇章的成分。

人们刚刚开始关注篇章的时候,从各个方面对篇章进行研究。下面介绍几位学者的研究思路。

一、Harris(1952)的等价观

Harris(1952)根据"等价"(equivalence)的观点(所有成分之间的关系是相同的,或者都具有相同的环境)来分析篇章中语素的分布。为了提高等价的数量,Harris 提出了"转换"(transformation)的概念,这个概念后来被他的学生 Noam Chomsky 所接受并进行了修改。篇章的"转换观"也随着等价观出现而出现。举例来说,为了得到句型 you will be satisfied 的等价句,Harris 把 satisfied customers 转换成 customers are satisfied,这种类似方法现在被研究句子的语法学家所采用。

尽管转换的概念影响巨大,但是 Harris 提出的有关分布原则的话语分析几乎未被人们所接受,他提出的研究的目的也不是很清楚。因此描写语言学把精力放在单位的分类上面,他们不关注连续出现的成分的次序。Harris 自己也承认,句子之间的结构上的等价无法解释意义之间的相互关系。Harris 的贡献在于他证实了篇章的外部连接需要一种句与句之间的句型的循环和平行的等级。

二、Coseriu(1955)的断言和环境观

Coseriu(1955)从另一个角度提出"断言和环境"(determination and setting)的概念。他认为,对语言的研究,不仅仅局限于说话者的语言知识,而要研究说话者是如何把语言知识转化

成语言行为的技巧。他采用"断言"这个概念来显示意义是如何使用的,例如,"区别"(discrimination)、"分界"(delimitation)、"实现"(actualization)这些词,在同一性、个性、数量、类别、规格、特征等方面,都存在不同的类别。这里的"环境"指的是文化的、社会的、认知的、历史的环境,篇章和情境之间的调和度,以及正在谈话内容的范围,等等。

可惜的是,当时 Coseriu 的观点并未被人注意,他提出的看法到现在才在人们交际的实证研究中受到重视。实际上,交际的基本单位并非由固定的小词(particles)所组成,而是由受使用条件影响的"模糊块"(fuzzy agglomerates)所组成。可见研究语言并非只是孤立地从语言使用者和语言的功能角度研究,而应结合语境来研究。

三、Harweg(1968)的替换观

Harweg(1968)首先对篇章组织进行了大规模调查,他认为篇章是受"替换"(substitution)的机制所控制的。正像他(1968:178—260)在"代词链现象"这一章中所指出的那样,他的"替换"的概念是广义的、复杂的,包括再现、同义、类别/实例、次类/超类(subclasss/superclass)、原因/结果、部分/整体等概念。他强调替换的"定向性"(the directionality of substitution),也就是指替换的次序。虽然我们研究的模式和术语跟 Harweg 不同,但对他提出的篇章性的关系很重视。

从上面三位学者的研究看出,大致统一的看法是:篇章是大于句子的语言单位。有时,篇章的研究范围包括篇章的序列和情境。从篇章的结构来看,篇章结构一般较固定,较明显。前人对篇章的范畴和层次作了分类,但对篇章在社会行为中是如何使用的这方面的研究还不够。

这时人们认识到,由于篇章具有复杂性和系统的开放性的特性,传统的描写法已经不适合分析篇章。例如,人们现在能够掌握英语句子中语素的分布,但是还无法穷尽地分出所有英语句子的句型。现在人们接受了"转换语法"的语言模式,是因为这个模式能够解决语言的复杂性和系统开放性这两个方面的问题:用一小部分基本的语料再加上一套规则就可以推导出很多句式。

随着研究的深入,人们对篇章的看法也在不断更新:篇章并非仅仅是超句的单位,而是由符合语法的、有次序的句子组成的一个话语串。例如 Katz 和 Fodor(1963)认为,人们对句子的长度并没有限制,因此可以把篇章看作一个超长的句子,这个超长的句子通过节点而不是连接词组成的。这个观点明显跟传统语法的思路不同,人们在实践中也体会到,有些结构在单独的句子的序列中出现时,读者感到很别扭,而在一个单个长句子中出现时,却感到很正常。Katz 和 Fodor 已经发现了这些极为重要的篇章特性,但当时他们还无法从篇章性的角度来解释这类现象。

还有,Heidolph(1966)注意到,某个句子中的重音、声调和词序等因素都会受到相邻的句子影响。他认为,可以采用"提到的"信息和"未提到的"信息这样的概念来分析问题。Isenberg(1968,1971)沿着 Heidolph 的思路,列举了许多无法在单个句子内解决的问题,如代词、冠词、时态的序列等等,他还提出已知性、一致性、有指性(identifyiability)、一般性、对比等概念,他还提出要重视原因、目的、定指、时间等概念。

上述学者对篇章的研究,极大地推动了篇章研究的发展,后来,在德国 Konstanz 大学聚集了 Hannes Rieser,Peter Hartmann,Janos Petöfi,Teun van Dijk,Jens Ihwe,Wolfram Kock 等人为首的一大批篇章研究者,开始了"篇章语法"(text grammar)的研究。他们设计了一种抽象的语法和词汇,可以"生成"出类似 Brecht 写的题为"K 先生的宠物"的篇章,即,可以对这个篇章的句子进行结构上的描写。这个课题的研究结果显示:句子语法和篇章语法有许多不同点,但是还没有找出一条规则来判断篇章是否是"符合语法的"或"不符合语法的":为什么有些句子不能用其他的次序,采用其他的结构?人们只好把这些问题归到篇章的"词汇"之中。后来,Kummer(1972a,1972b)对以上的研究产生了怀疑,并和该课题组的其他成员进行了一场大辩论。

Konstanz 大学的这批篇章研究者的研究还是延续了 Harris 的"话语分析"思路,他们仍然采用传统语法的研究方法来对篇章进行研究,只是发现在某个篇章中,在某种语言的语法里,句子具有同样的结构特征,并没有发现区别篇章和非篇章的标准。

下面介绍一下 Petöfi,van Dijk,van Dijk(1972)和 Mel'cuk 的观点。

一、Petöfi 的观点

Petöfi(1971)早就预测到转换生成语法无法作为篇章研究的理论,他重新研究了首先生成句法结构,然后进行"语义解释"这一"标准"理论(Chomsky 1965)。他想要搞清楚,有没有必要为说话者建立一套语法,为听话者又建立一套语法。虽然说话者是先确定要表达意义,然后再生成句子;而听话者先接受句子,然后再回过头来推测句子的意义。

Petöfi(1971)提出了他的"篇章结构/世界结构理论"(textstructure/world-structure theory),他借助形式逻辑的表征法,把篇章的方方面面都进行了研究。随着研究的深入,该理论的内容日益增多,同时也越来越复杂。该理论的主要观点是,不应把重点放在人造的、孤立的篇章本身,而应把重点跟篇章的使用者联系在一起。例如,LEXICON 这个词,最早只是指词汇而已,而现在跟整个世界是如何组成的这一"常识"(commonsense knowledge)联系在一起。Petöfi 认为,人们只有考虑使用篇章者已经掌握的知识的互动性,篇章意义的逻辑形式才会出现。

Petöfi(1980)从各种角度来研究篇章。他根据逻辑的思路,在"自然语言"模式的基础上,提出了"标准"(canonic)的模式,在这些模式里,作者采用"构成、成分、结构、描写、互动、调动"等概念,提出规则和运算法则。作者还采用"世界-语义"(world-semantic)的成分来描写篇章中内容和现实世界中的物体或场景,也就是说,通过篇章结构和世界结构,作者把篇章内容和现实内容联系起来。

Petöfi 认为,如果采用一般逻辑式,那么许多篇章特征无法体现出来,如果把逻辑式进行修改,则可更好地用来描写篇章。Petöfi 还认为,真正的篇章和逻辑式所描写的篇章之间存在着各种复杂的关系。如果这种逻辑描写法成功的话,也就是说这种逻辑式能揭示篇章的特点的话,那么一种基本准确的、形式的研究法能用来描写人类日常使用的篇章。

二、van Dijk 的观点

van Dijk(1972)在他的论文"篇章语法面面观"里提出不同的研究法,他的着眼点放在那些传统语法无法很好解决的问题上。他主要研究文学篇章和诗歌,而传统语法无法很好地解释这些篇章的结构。他认为，一定有一种"文学法"（literary operations），如增加（插进某些东西）、删除（拿出某些东西）和置换（替换某些东西）等方法，可以用来描写篇章。

除了研究句子的序列外，van Dijk（1972）还提出了"宏观结构"的概念。他认为，生成一个篇章前，先有一个"主题"，然后再产生一个个表达各种意义的句子，组成篇章的方法有删除（deletion，直接去掉某些材料）、生成（generalization，通过某种综合的方法重新安排某些材料）、构建（construction，造出新的材料并加入到现成的材料之中），等等。这些现在看来是常见的组成篇章的手段，在分析孤立的小句中很少采用，所以，van Dijk 提出了涉及认知心理学的"过程取向"（process-oriented）的篇章模式。他跟 Walter Kintsch 合作，调查了人们在总结篇章（特别是故事）的概要时的一些选择方法，认为这些方法都是建立在宏观结构之上的：宏观结构既涉及篇章的宏观结构的本身，同时也涉及现实世界之中的事件和情境。

三、Mel'cuk 的观点

Mel'cuk（1974,1976）提出不同的观点，他认为意义和篇章之间的转换关系应该是最重要的，也就是说，要研究意义是如何在篇章中得到表达的，或者说，意义是如何从篇章中抽象出来的。意义可以定义为说话者用不同的方式来表达某个观点能力的"自我显示"（manifesting itself），也是听话人判断话语的意义的"自我显示"，因此，研究的重点应该放在"转写系统"（paraphrasing systems）上。

以上介绍显示，Petöfi, van Dijk 和 Mel'cuk 的篇章研究，想走的是一条跟转换生成语法不同的路。研究以前，他们认为句子和句子之间的结构跟句子内部的结构应该大致相同,只是有些小的地方不同。但是,研究以后,他们发现,两种结构基本上是不同的。Mel'cuk 模式修改了"转换"概念,在其中加进了转写的内容,这个模式将语言模式引向"用完全自动的方式来模仿人类行为"。为了实现这个目标,Mel'cuk 采用了一种新的意义再现方式,来反映语言的延续性。而 Petöfi 把转换的概念从描写句法的层次,扩大到不同的层次,以便观测语言中的一致性。van Dijk 则把转换应用到认知的过程之中。

值得注意的是,在研究篇章的模式和研究篇章语法中,很多人都在用"转换"这个概念,但这里的"转换"的概念跟 Chomsky 语法中的概念有所不同。而且,许多传统语法中的概念(如"句法自主"等)都在人类交际的研究中抛弃不用了,在 Petöfi,van Dijk 和 Mel'cuk 的研究都显示了这一点。

以上介绍了一些学者从不同的角度和方法来研究篇章的成果。可以看出"篇章"研究是如何一步一步走过来的,当然 De Beaugrande 和 Dressler(1981:14—29)的介绍是篇章研究的前期的情况,这个时期,基本上可看作摸索阶段,在这段时间里,研究者只是感到,研究语言不仅仅只局限在句子之内,还要研究超句子的结构,更为远见的是,这时研究者已经发现要研究语言和使用者的关系,在当时来说,这些思路都是很了不起的。

2. 陈平的介绍

下面简要介绍陈平(1991[1987]:55—62)提出的话语研究形成和发展的两股力量:理论语言学内部发展的力量和科学技术的发展。

2.1 理论语言学内部的发展

陈平认为,第一股力量是理论语言学内部的发展。1950年代末和1960年代初,以美国Chomsky为主帅的转换生成学派在同当时雄踞欧美语言学界的结构主义学派的论战中一步一步占得上风,赢得越来越多的语言学家,尤其是少壮派语言学家的青睐。1965年,Chomsky正式出版了《句法理论要略》(*Aspects of the Theory of Syntax*)。1968年Chomsky和M. Halle合著的《英语音系》(*The Sound Pattern of English*)定稿付印。这两部大著的出版,标志着转换生成学派正式取代了结构主义学派,成了语言学论坛上的主导力量。

这场学术界的变革结果是Chomsky大获全胜。"《句法理论要略》一书,在那个圈子里被奉为圣经,成了多数语言学系学生的必读书。在句法、语义、音系等问题上,Chomsky几乎所有的观点都得到人们的高度重视,以麻省理工学院为中心的一批语言学家,所有的精力都集中在Chomsky提出的语法理论上面,孜孜不倦地对他的观点加以进一步阐明、发展和完善。通过种种方式,这个圈子的影响越来越大,终于征服了几乎整个美国语言学界。当时的转换生成学派,其内部基本上是团结一致的。大家认为,照现在的这条路子走下去,把Chomsky提出的问题一一解决,把这套转换生成语法理论进一步完善一下,理论语言学就可以与牛顿的经典力学理论和爱因斯坦的相对论媲美了。"(陈平1991[1987]:58)

但从1966年开始,转换生成学派内部产生了矛盾,主要是对句法和语义的关系问题看法不一,两派各自坚持自己的观点,因此转换生成分成生成语义学派(generative semanticists)与词汇解释学派(lexical interpretivists)。这两个学派在一个时期内争执十分激烈,1970年代初达到高峰。后来,由于种种原因,生成语义学派的势头逐渐减弱,以 Chomsky 为代表的词汇解释学派慢慢地又占了上风。这样 Chomsky 又恢复了他在以麻省理工学院为中心的转换生成学派内部领袖的地位。但是,就美国和欧洲整个语言学界的情况来看,他在1965年那种几乎是一呼百应的盛况已经难以再现。虽然生成语义学派中也有一些人后来皈依 Chomsky 阵营,但大多数人却化整为零,各自在自己感兴趣的研究领域里勤奋耕耘,给语言学领域带来一派多元化的局面。正是在这些人当中,出现了一批埋头致力于话语分析工作的语言学家,大大地推动了话语分析理论和方法的发展。

下面用图来简要显示陈平所介绍的篇章语言学在语言学内部的发展轨迹:

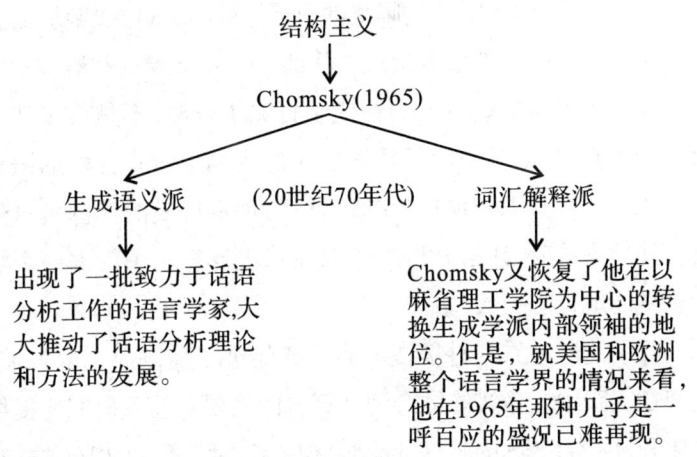

图2.1 篇章语言学形成轨迹

陈平的介绍使我们看到,在转换生成学派正式取代了结构主义学派之后,却在转换生成学派内部产生出了话语篇章分析的萌芽,语言研究就是在不断的变革中一步步地走向篇章研究。

2.2 科学技术发展的力量

陈平(1991[1987]:61—62)认为第二股力量是科学技术的发展。篇章研究的发展和形成,也得益于科学技术的发展,特别是计算机自然语言的处理,迫切要求语言学家更多地注重话语分析,以满足实践向人们提出的具体要求。陈平还举了个例子来说明计算机的处理有时需要篇章的知识。美国麻省理工学院的 Terry Winograd 于 1971 年左右设计了一个名叫 SHRDLU 的人机对话系统,供人利用自然语言向计算机发出指令或提出问题,模拟控制一只机械手,搬动外观各不相同的八块积木。Winograd 在这个系统中把句法分析、语义分析和知识推理有机地结合在一起,取得了举世瞩目的成果。Winograd 的成功,给了广大从事计算机自然语言处理工作的人工智能专家和语言学家们很大的启发与促进。人们在使用自然语言时,不是仅仅涉及狭义语法知识,而是动用了储存于人们头脑里各式各样的语言知识和非语言知识。现在,在研制任何稍具规模的计算机自然语言处理系统时,话语分析工作都在其设计思想中占据一个极为重要的地位。

陈平清楚地看到科学技术的发展促进了篇章研究的发展,我们在实践中也确实能体会到计算机的发展对篇章研究所提供的便利,例如 SPSS 的软件的出现和应用,对采用量化的方式来研究篇章时确实感到非常好用的工具。同时,我们也看到,篇章的研究成果,对人机对话、机器翻译和人工智能的研究都有一定的帮助。

3. 徐赳赳的介绍

徐赳赳(1995:14—20)简要回顾了话语篇章分析产生的历史背景,追踪了话语分析的发展历程,介绍了各个时期的不同特点。同时对一些理论问题的不同看法,诸如话语分析与其他学科的划界、话语分析的研究对象、研究领域等,也作了介绍和归纳。他还着重介绍了话语分析这门新学科的一些研究新动向。

3.1 历史背景

1952 年,Zellig Harris 写了一篇题为 Discourse Analysis(话语分析)的论文,刊登在 *Language*(《语言》)杂志上。此后,Discourse Analysis 这个术语逐渐为人们所熟悉,一批研究者相继步入这个领域,进行探索性的研究。在欧洲,Hartman, Schmidt 等人开始从事话语分析,捷克斯洛伐克的学者对 topic, comment 等概念很有兴趣,这引起了他们对话语结构的重视。由 Halliday(1970)发展而来的"系统功能语法",不只对句子的主题结构进行分析,而且还对句子和话语的关系进行分析。在美国,Hymes(1964)编的 *Language in Culture and Society*(文化和社会中的语言)问世,书中已经注意到"言语交际"的形式,并进行了"讲话形式"等课题的研究。Pike 对语言和人类行为语位的研究,也促进了话语分析的发展,他和他的追随者对土著语中叙述体的研究一直与话语分析紧紧联系在一起。

这段时间的研究是话语分析的萌芽时期,其特点是各自进行一些零星的研究,还未形成系统,其影响也不大。

3.2 形成和发展
3.2.1 形成阶段

1970年代(包括1960年代末),从事话语研究的学者越来越多,研究成果大批出现,一门新学科的雏形开始形成,在语言学界引起了重视。

一、大量论文、论文集和专著的出现

这段时期,研究话语的论文大量出现,专著和论文集也出了几十部。研究的课题主要集中在:reference(指称),deixis(指示),anaphora(回指),context(语境),topic and comment(话题和述题),cohesion and coherence(衔接和连贯),substitution(替换)等等。

有影响的论文集有:《篇章语法研究》(Petöfi 和 Rieser 主编,1974);《篇章和句子:篇章语言学的基本问题》(Petöfi 主编,1978);《衔接和语义学》(Stman 主编,1978);《话语论文集》(Grimes 主编,1978);《框架概念和篇章理解》(Metzing 主编,1979);Syntax and Semantics Vol. 12. Discourse and Syntax(《句法和语义》第12卷:话语和句法,Givón 主编,1979)等等。

这时期有影响的专著有:《超语段》(Lehister,1970);《篇章语法的若干问题》(van Dijk,1972);《话语的条理》(Grimes,1975);《话语的二难推论》(Wooton,1975);《英语的衔接》(Halliday,1976);《文学篇章的衔接》(Gutwinski,1976);《篇章和语境》(van Dijk,1977);《理解语法》(Givón,1979)等等。

二、"话语分析"形成的动力和原因

1970年代的研究相对1960年代来说,既有持续又有变化。传统的语法分析已受到挑战。话语分析者在传统语法分析中,加进语言的运用、语言的变异、言语行为、会话、独白、篇章结构、交际活动、认知和语境等等新的概念。这段时间的研究为1980年代话语分析的发展打下了良好的基础。

话语分析之所以在这段时间中形成,主要受以下一些因素的影响:①受语言研究中其他学科发展的影响。如计算机自然语言处理的研究。这个领域的研究者发现,许多问题在句内无法解决,只有借助话语分析才能解决。又如社会语言学的研究,Labov(1972)对黑人斗嘴的话语、讲述的故事的研究,也促进了话语分析的发展;②理论语言学自身发展的结果,使人们把眼光投入到比句子更大的话语形式(陈平 1991[1987]);③Austin、Grice 和 Searle 等语言哲学家关于言语行为的研究。

3.2.2 发展阶段

1980年代是话语分析的发展阶段,这段时期,无论从研究队伍、研究成果以及在语言学界的影响等方面来看,都胜于1970年代。下面是1980年代话语分析中的几件大事:

一、TEXT(篇章)杂志创刊

1981年,*Text* 杂志在荷兰创刊(该杂志现已改名为 *Text and Talk*),首任主编是 van Dijk 教授,其编委都是世界各地一流的话语分析专家(我国陈平研究员也被聘为编委)。从此,"话语分析"有了一块属于自己的领地,这也是话语分析成为一门独立学科的标志之一。

二、两本专著

这个时期有关话语分析的专著不断出现,其中有两本影响较大。一本是英国的 G. Brown 和美国的 G. Yule 合写的《话语分析》,本书于1983年由剑桥大学出版社出版,仅1984年就重印两次。本书写得深入浅出,内容丰富,对前人的研究作了很好的概括。还有一本是 R. Longacre 写的《话语语法》,由 Plenum 出版社 1983 年出版。这是本超句语法书,讨论独白话语和对话、谓语的组合、格、概念结构的层次,话语分析框架等等。这两本书的内容,从某种程度上来说,体现前一段时期的研究水平。

三、van Dijk 主编的《话语分析手册》

荷兰语言学家 van Dijk 约请世界各地研究话语的有关专家撰稿,于 1985 年编辑出版了《话语分析手册》。本书共分四卷,第一卷:话语的各个学科领域;第二卷:话语的各个方面;第三卷:话语和对话;第四卷:社会中的话语分析。这本手册的出版,是话语分析史上的一件大事,van Dijk 称,该手册"可以看做是这门新的跨学科独立和自我体系形成的标志"。

四、话语分析在第 14 届国际语言学家大会上的展示

1987 年 8 月 10—15 日,在前东德首都柏林召开了"第 14 届国际语言学家大会"。大会共分 19 个分组会议,这 19 个分会中,以讨论篇章和话语的论文最多,共 108 篇,占整个大会总篇数的 12%,列第一。陈平(1991[1987]:95)认为:"从会议听众出席的情况来看,篇章与话语分组会也是最吸引人的几个场合之一。与会者对篇章与话语问题表现出如此浓烈的兴趣,这成了本届大会有别于往届的一个显著特征。"陈平还解释了造成这种现象的原因:"一、近年来理论语言学的发展,以及各界从实际应用的角度向语言研究工作提出的要求,使得越来越多的人将注意力投向篇章和话语领域。二、同西方国家相比,苏联和东欧国家在这个领域里有着更为悠久的研究传统,对篇章与话语问题的探索多年来没有中断过。本届大会在东柏林召开,为

他们提供了一个将大批研究成果公之于世的便利机会。"

在这次大会中,话语分析在语言学界第一次面对面地展示了自己的阵容。

以上谈到的几件大事,标志着话语分析在语言学界已有了一席之地,可以看做是话语分析已初步形成了自己的研究框架,一门新的学科已经诞生。

3.3 一些理论上的看法

3.3.1 分歧的看法

一、对 Discourse Analysis 这个术语的理解

对 Discourse Analysis 这个术语有不同的理解,有人把 discourse 看做是口语,而把 text 看做是书面语。也有人把 discourse 看成既是口语又是书面语,至今没有统一。跟 Discourse Analysis 相近的术语有 text grammar,textlinguistics 等等。国内大多数人把 Discourse Analysis 译成"话语分析",也有人译成"篇章分析""语篇分析"。对这门学科,也有人称"话语语言学"或"篇章语言学"。

二、话语分析和句法的关系

关于话语和句法的关系,陈平(1991[1987])总结了四种观点:①篇章话语与句法决然无涉,句法研究根本不应考虑到篇章话语因素;②部分句法现象受篇章话语因素的制约,但那只体现在句法现象的一些非本质方面。从方法论的角度考虑,阐释句法特征时可以不理会篇章话语因素,虽然此举并不意味着否认后者的存在;③句法现象从成形到现状都受到篇章话语因素的制约,句法研究过程中若不考虑这些因素,势必无法得到理论上富于洞察力的阐释;④根本不存在相对独立于篇章话语的所谓

句法成分和句法规则。一般的情况是,大多数人赞成第二种和第三种折中的观点。极端的人不多,但也有一些,如 Tannen,早期的 Garc'ia 和 Givón 等。

在探索句法形成的篇章/语用原因方面,较有名的学者有:Sankoff 和 Brown(1976),Hopper 和 Thompson(1980),Du Bois(1987)等等。

三、话语分析和语用学的关系

语用学和其他学科的关系,廖秋忠(1991)作了很好的归纳,他列出六种有代表性的观点。其中主要是两种:①话语分析包含了语用研究,如 Givón 和 Thompson 等人,因为他们认为篇章话语是研究实际运用中的语言,研究篇章话语就是研究语用及源于语用因素的结构规律。语用研究包含在篇章研究之内。因此他们的著作中,语用篇章经常不分。②认为话语分析包括在语用学之内。

话语分析和语用学的界限还没有划清,实际上也是很难或无法划清的,因为话语分析是一门新的交叉学科,和语用学有许多交叉重叠的地方。

3.3.2 基本一致的看法

以下几种观点,人们的看法基本一致。

一、超句研究

话语分析主要研究超句现象,这里的"句",在书面语中,可以是 clause(小句),也可以是 sentence(句子,以句号作为标记)。陈平(1991[1987]:67)认为:"话语分析最典型的研究对象是超出单句长度的语段,由前后相连的句子构成的段落,如果在语言交际中表现为一个相对独立的功能单位,我们便称之为篇章(text)。"

二、研究自然语言,考虑语境

话语分析者研究的是自然的语言,使用的例句也很少是由作者自己想出来的。研究时往往考虑语境,当然人们对语境的看法也有各种不同,一般来说,分析话语时各种语境的因素都要考虑,但其侧重点有所不同。传统语法分析往往是脱离语境来研究词句,这一点与话语分析很不相同。

三、表现出对趋向性和选择性的考察

话语分析十分注重量化分析,关注实例(token)的多寡,很少判别哪个句子能说或不能说。话语分析经过对自然语言的量化分析,其结果往往表现出一种趋向性和选择性。陈平(1991[1987]:64)认为:"这种分析结果正是折射了这样一个客观事实:无论在语言系统里还是在语言运用中,对立的成分、格式、过程或者环境等等,很少表现为非黑即白,截然分明的两个范畴,在绝大多数情况下,它们呈现为一个由此向彼逐渐过渡的连续体(continuum),对立的两极之间存在着数量不一的中间阶段。"

4. 近些年来研究状况

4.1 "话语分析"的研究队伍

话语分析这门新的交叉学科,经过几十年的发展,现在已经有了一批比较稳定的研究队伍。近些年,在这个领域里比较活跃的有:van Dijk, T. Givón, S. Thompson, D. Tannen, J. Petöfi, W. Mann, R. Longacre, W. Chafe, E. Prince, M. Halliday, G. Brown, G. Yule, C. Snow, T. Rcinhart, B. Sandig, M. McCarthy, R. Wodak, F. Dane, D. Viehweger, B. Fox, M. Coulthard, P. Hopper 等等。

从研究力量看,美国最强,西欧次之,然后是澳大利亚、苏联及东欧等国,第三世界国家较弱。

4.2 各国研究"话语分析"的特点

各国的话语分析各有其特点。以美国和英国为例,美国的话语分析受传统人种研究法的影响较大,强调仔细观察在自然环境中人与人的交际,研究语言事件的各种类型。在对话分析(conversational analysis)中并不强调建立结构模式,而是强调仔细研究谈话中参与者的行为,不少人研究叙述文、研究谈话的准则、话轮的转变等等。英国的话语分析受 Halliday 的功能研究影响很大,Halliday 的研究框架强调语言的社会功能以及口语和书面语的主题结构和信息结构,主要遵循结构语言学的标准。英国伯明翰大学的话语分析者,用话语单位的不同层次对老师-学生、医生-病人、店员-顾客的谈话作了很多研究。

从个人研究的特点来看,许多从事话语分析的学者同时还研究其他领域,如:句法、语用、认知、机器翻译、人类学和社会学。也有许多学者进行多学科的交叉研究,如:话语和语法、话语和认知、话语和交际、话语和语义等等。

4.3 用话语分析的理论方法研究本国语言

由于话语分析能弥补传统语言研究的许多不足,许多语言学者用话语分析的理论、方法来研究各种语言。如研究 Swahili 语;研究古希腊语;研究 Malay 语;研究 Arabic;研究 Swedish 和 Yiddish 语;研究 French 语,还有研究日语、Sissala 语、Romance 语等。我国的廖秋忠、陈平等,在研究汉语方面做出了引人注目的成绩。

当然,从数量上看,以英语作为研究对象的为绝大多数,一是由于英语具有特殊的国际地位;二是由于主要的研究力量集中在讲英语的国家。还有一个值得注意的现象是,有些用话语分析的理论方法研究本国语言的论文、专著是用本国语写的,在本国语杂志上发表或在本国出版,不容易受到国际上的注意。

4.4 研究范畴的扩大

一、向大结构发展

在对指示、连接、信息结构等热门课题进行研究后,有一部分学者把眼光投入较大的结构,如对段落(paragraph)的研究(如 T. Hofmann, R. Longacre 等);对直接引语和间接引语的研究(如 H. Clark, R. Gerrig, A. Lehrer 等等);对篇章类型的研究,这里有两种情况,一种是研究某种话语或篇章的结构,如论证结构(argumentational structure)(如 van Eemeren, Naess, Gootendorst 等等),另一种是不同的话语篇章之间类型的比较(如 Sanding, Coupland 等等)。

二、向语音时态发展

一些学者把注意力集中到语音上(参看胡壮麟 1993)。在口语中,人们靠语音发出信息与接受信息,语音的分布也受到话语的制约。也有些学者研究时态和篇章的关系(如 S. Fleischman, D. Schiffrin 等),通常人们把时态看作句内现象,他们则发现,篇章话语的结构对时态有时也起制约作用,如在有的文学篇章中(如小说),尽管是叙述过去的事,却突然出现大批的用现在时态的句子。

三、向实用性较强的话语发展

以 van Dijk 为首的一批学者,研究新闻报道的结构、制作和理解,以及分析各种话语类型(教科书、新闻报道、对话)中所表现出的认知现象、种族歧视现象等等。

4.5 集中研究某种话语现象

有了较固定的研究队伍、有了学科的带头人，就有可能组织较大的研究阵容，研究某种话语现象，以论文集的形式显示其研究成果。这里举一个例子。1992 年，W. Mann 和 S. Thompson 主编了一本论文集，题目是《话语描写：一篇筹款文本的多样化语言分析》，论文集前附了一封信，这是美国"人口零增长组织"（ZPG）常务主任 Susan Weber 写的一封筹款信，信的内容大致是这样，这个组织对美国 184 个城市地区进行了调查，调查内容是拥挤程度、出生率、空气质量、毒害物质等等跟人口发展有关的因素，这些因素直接影响了城市发展、公众的健康和福利。这个组织希望大家捐钱，以便组织一批活动分子在各地建立一个网络，把调查结果传播给各级领导人，使大家认识到人口发展对城市的影响。对这样一封捐款信，Mann 和 Thompson 组织了一批世界知名学者从各个角度进行研究，这些学者是：K. Callow 和 J. Callow, B. Meyer, R. Longacre, E. Winter, M. Jordan, E. Pike, W. Chafe, E. Prince, M. Halliday, J. Martin, J. Benson & W. Greaves.

还有一些有影响的专项研究论文集，如 W. Chafe 主编的《梨的故事：叙述文的认知、文化和语言研究》(1980)；T. Givón 主编的《话语中的话题连续性：一种量化的跨语言学研究》(1983)；G. Aston 主编的《交易技巧：书店柜台前的话语研究》(1988)；R. Coulthard 主编的《口语话语分析中的进展》(参看王金娟 1996)。

4.6 注重口语研究

在话语分析中,书面语的研究相对来说比较好掌握,口语研究由于受到环境、设备、技术等条件的限制,不易掌握。近些年来,人们对口语的研究有所加强。比较引人注目的是 Text 杂志1993年第2期出的一本专集,题为 New Directions in conversation analysis(会话分析中的新方向),由 Anita Pomerantz 主编。专集共收论文6篇,都是用新的视野来研究口语,下面介绍其中的第一篇和第二篇。

第一篇是 S. Clayman 写的"重新组合问题:新闻采访和新闻发布会中回答或拒答问题的方法",这篇论文主要研究记者采访新闻人物时,这些人物是如何回答问题的。一般说来,碰到难回答的问题,人们通常采用两种方式:①"曲线"方式,不正面回答。这种回答往往会被人看做是无知或无能的表现;②改变话题。采用这种方式往往又会被人们看做是有"政治上的动机"。作者研究的是应该如何回答,才不被人们看做是"回避"。这种研究有三个特点:①研究人们以前忽视的东西和现象;②跟政治生活直接相关;③结合社会学、修辞、大众传播等进行。

第二篇论文是 E. Holt 写的"讣告的结构:积极地看待死亡",此文研究熟人之间如何传递某人(熟人)死亡的消息,研究的是"死亡通告"的结构。一般来讲,说话人先要准备传递这个消息,然后再进行"传递"这个过程。接受者的反应通常是悲哀,然后说话者介绍某人死亡过程,死者在临死前情况,接下去双方都开始讲一些具有积极意义的话,然后引出新的话题。这篇论文有三个特点:①死亡传播过程和传播行为两种类型的分析互为补充;②本研究说明了"关系"对谈话的设计和组织起了很重要的作用,这种"关系"不但包括参与者,而且包括谈话设计的各个方面(包括跟去世者之间的关系);③这种研究是跨学科的,是叙述文、类型分析、人际交流、人际互动等等的综合研究。

4.7 开始进入教学领域

近些年来,一些学者和教师把话语分析纳入语言教学的领域,出了一些话语分析教科书,如:M. McCarthy 的《话语分析教学参考书》(1991);E. Hatch 的《话语和语言教学》(1992);M. McCarthy 和《作为话语的语言:语言教学的观点》(1994)等等。还有一些教学用书跟话语分析很接近,如有关自然语言的交际(C. Brumfit;W. Rivers);语境的教学(J. Richards);口语的教学(G. Brown;G. Yule)等等。

5. 小结

尽管现在人们对话语分析这门学科还有许多不同的看法,但从目前来看,话语分析这门新的交叉学科正处于充满活力,向前发展的时期,研究领域不断拓展,研究队伍不断扩大,研究成果也迭出不穷,相信话语分析在语言学内扮演的角色会越来越重要,正如 McCarthy 和 Carter(1994)所说的:"人们一旦从话语的角度来理解语言,一个全新的世界将永远展现在自己面前。"

第三节 篇章语言学和相关学科

这节介绍篇章语言学和相关学科:篇章跟语用学的关系,篇章跟语法的关系,篇章跟风格的关系,篇章跟文学的关系,篇章跟人类学的关系,篇章跟社会学的关系,等等。

1. 篇章和语用学

跟篇章语言学关系最密切的学科,可能要算语用学了。

陈平(1991[1987]:70)认为:话语分析需要加强理论建设,最有希望为话语分析提供理论基础的是语用学。人们常常把两者自然地放在一起讲,合称话语-语用分析。其原因是话语分析中的许多工作原理,都可以由语用学的基础推衍出来。当然语用学也需不断完善和发展,如语用学尤其要同认知心理学和社会语言学两方面的研究结合起来,汲取它们的营养,这样语用学便会为话语分析提供更为坚实的理论基础。

廖秋忠(1992[1991]:192—195)用图来表示语言学家对篇章语言学和语用学之间关系的不同看法(垂线表示彼此有联系,箭头表示左右的方向),共六种(A—F):

廖秋忠是这样解释图2.2的:

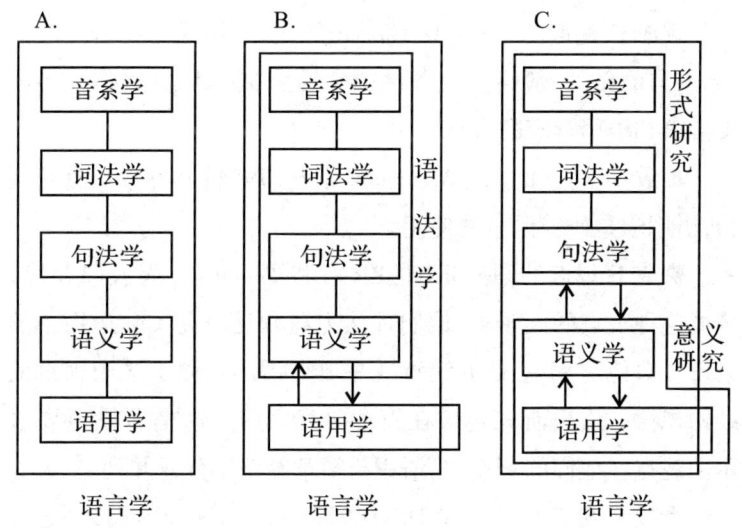

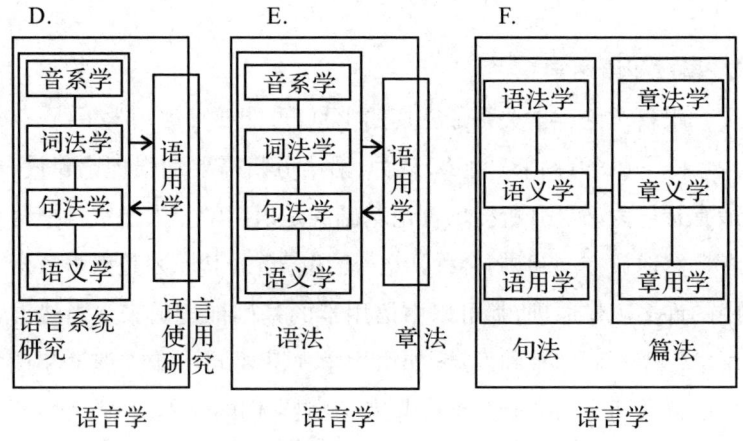

图2.2 篇章语言学和语用学的关系

赞成 A 观点的,是 Akmajian 等人(1984[1979])。此观点较早,比较简单,语言内部各个组成部件体现不同的结构层次。

赞成 B 观点的,是 Leech(1983)等人。语法与语用为语言的两个子系统,语用透过语义与整个语法系统发生相互作用。

赞成 C 观点的,是 Katz,Gazdar 等人,语用是意义研究的一部分,与语义(一般指真值条件或字面意义)对立,这是许多语义学家和语用学家的观点。

赞成 D 观点的,是 Akmajian 等人(1984[1979]),他们认为,语用学是研究语言的使用。

赞成 E 观点的,是 Givón(1984)和 Thompson 等人(1983),赞成这种观点的人较多,他们都认为篇章是研究实际运用中的语言。对他们来说,研究篇章就是研究语用及源于语用因素的结构规律。语用研究包含在篇章研究之内。这是 E 图所要显示的观点在他们的著作中,语用与篇章经常不分或并列。

赞成 F 观点的,是 van Dijk(1977)和 Longacre(1983)等人,

他们试图仿照句法研究的办法,将篇章研究分为三个层面的研究,即章法学、章义学及章用学。

廖秋忠还认为:语用学的定义最早是由哲学家把它作为符号学的一个分支领域给下的。在语言的语用学发展过程中哲学家就和逻辑家做了许多开创性工作,影响很大。然而,也正是受到了哲学家和转换生成语法家对语法研究的看法的影响,许多语用学的研究局限于孤立存在的、脱离实际语境的句子,重视与确定句子的真假值有关的现象,忽视语言运用中的实际问题,忽视与真假值无关的语句。其结果是,有些语用概念与语言运用的实际有些脱节,能说明的语用现象有限且不自然。

廖秋忠认为,不管如何给语用学下定义,也不管"语用学"这术语当初是否译得妥当,它必然要涉及语言运用的实际,或者说实际运用中的语言。而篇章分析又是研究实际运用中的语言,因此,研究语用学不能不研究篇章,而篇章研究包含了语用学的大部分内容,如果不是所有的内容的话。

2. 篇章和语法

我们在第一章 3.1"语法特征"一节中已经谈到一些篇章特征和传统语法不同的特征,介绍了陈平(1991[1987])的四点概括,以及 Thompson(1983:43—65)做的一项传统语法和篇章语法的对比研究,还介绍了 Blakemore(1988:245—249)研究的句子含义和篇章含义。这里介绍廖秋忠(1992[1991]:195—201)从另一角度来讨论的篇章与句法的关系:①篇章对句法结构形成的制约关系;②篇章对句式和句式变体的使用的制约关系;③句中的篇章现象。下面介绍他的主要观点:

一、篇章与句法结构的形成

1970年代中期以后,有一批学者,如 Du Bois, Givón, Hopper, Thompson,以及 Sankoff 等人试图从篇章的角度解释句法现象,他们特别关注句法范畴和句法结构的缘起。Garc'ia 和 Givón 等人早期认为句法是不存在的,是篇章的派生物,随着研究的深入,现在为大多数篇章分析学者所接受的观点是:句法是存在的,但是句法的形成大部分,如果不是全部的话,是在语言运用过程中形成的,是语言运用的结果,只是有些句法规则由于语言历史发展的原因,篇章-语用因素与句法规则的联系已不清楚、看不出来,已无法用篇章-语用因素来解释,从而使得有些语法规则看来是任意的。

在探索句法形成的篇章-语用原因较有名的研究包括 Sankoff 和 Brown(1976), Hopper 和 Thompson(1980), Du Bois (1987)等。Sankoff 和 Brown(1976)试图从混合语/洋泾浜的形成、使用及发展过程中解释关系从句的位置及其结构形成的原因。Hopper 和 Thompson(1980)涉及动词及物性的来源。他们认为及物性不是个绝对的概念,是个连续体,是从篇章中背景信息与前景信息的划分形成的。他们试图透过两个典型的篇章功能,即篇章中可操纵的事件的参与者与报道的事件,来分别解释语法范畴名词与动词的根源。下边以 Du Bois(1987)为例,介绍这类研究的方法。这个研究试图从篇章信息编排格局来解释作格格局(ergativity)的缘起或基础。

与 Du Bois(1987)的研究方法十分接近的另一个例子是 Fox(1987)关于句中名词性成分作为关系从句的中心词语的可及性顺序(NP accessbility hierarchy)的再研究。

二、篇章对句式和句式变体选用的制约

廖秋忠(1992[1991]:198)举了一个例子来说明发问的句式对回答的句式的制约,特别是对正面回答的句式制约。

(1)"是《华侨日报》编辑部吗?"

"是的,您是哪位?"

"我是龙绳文……"

(《中华儿女》1991年第1期38页,原文例6)

在例(1)这段对话里,龙绳文的回答句式受了前边问句句式的制约。在正面回答里一般是句式不变,只是在人称上作相应的变更,并填进所询问的信息。在这里不能用"龙绳文是我"这样的句式来回答,除非问句是,"龙绳文是谁?"

廖秋忠还介绍了 Fox 和 Thompson(1990)的一项研究:对英语口语里不同位置的关系从句的形式的选择进行了研究。她们发现,在英语口语里,当主-动-宾句中有关系从句时,非指人的主语倾向于有个宾语关系从句,而非指人的宾语则无此倾向。她们还发现,在存现句里,主语关系从句的数量大大超过宾语关系从句的数量。她们提出了六个与关系从句出现的位置和关系从句在不同位置上出现时的形式有关的制约因素。这些因素包括:①中心词语的信息地位;②中心词语信息背景化的方式;③关系从句中的名词性成分是否指人;④中心词语是否有定;⑤关系从句所起的作用;⑥中心词语与从句中指同的词语分别在主句与从句中的句法成分为何。前五个是篇章因素,最后一个是句法因素。

廖秋忠还讨论了篇章对句式变体选用的制约,他认为句式变体是指一对或一组能表达同样命题内容或具有相同的真值条件句子,例如汉语里的主动句与被动句和/或"把"字句可以认为是同一命题的不同句式变体。虽然它们表达的命题内容相同,但在具体运用中却受到了篇章因素的制约。廖秋忠举了两个例子(1992[1991]:199):

第一个例子是汉语主动句与被动句的选用。汉语主动句使用时受到的制约较少,一般只要求主语是有定的。然而,被动句的使用受制的篇章因素相对多些。看下面例句:

(2)史无前例的十年动乱刚刚开始,造反派到处揪斗"牛鬼蛇神",这一次杨献珍更是在劫难逃。在哲学研究所杨被戴上"三反分子"、"修正主义分子"的高帽,脖子上挂着沉重的铁牌子游街、罚跪、坐"喷气式",挨打受辱。1966年8月,"红霞公寓"的杨家被抄,杨献珍被揪走管制起来;他的母亲已是近百岁的老人,因无处存身,在贫病交加中惨死。1967年5月,中央党校造反派又把他从哲学研究所揪回党校囚禁,由曹轶欧主持斗争会,多次组织批斗。杨献珍白天被斗,游街示众,晚上在他们私设的公堂里受审……

(《问心无愧的长寿哲学家杨献珍》,载于《中华儿女》1991年第2期12页,原文例7)

在例(2)这段引文里出现了许多被动句。这与"杨献珍"是整篇文章,也是这段话的话题很有关系,同时也与施事不重要或不知道有关。

第二个例子是汉语主-动-宾句式与主-("把、将")宾-动(有时是宾-主-动)句式变体的使用。根据 Sun 和 Givón(1985)的研究表明,汉语主-动-宾格式是个中性的表达式,使用时没多少制约,而主-("把、将")-宾-动(有时是宾-主-动)格式却带有强烈的对比的味道。显然在使用这种句式时受到了这个篇章因素的制约。Sun 和 Givón(1985)的语料是连贯的篇章中的句子。在他们之前,Li 和 Thompson(1976)曾研究过这两种语序的差异。但他们的研究并非根据篇章中的句子,而是凭个人的语感。他们认为这两种语序的差异是用来表示不同位置上宾语的有定与无定。动词前的宾语表示有定,动词后的宾语表示无定。见下例:

> (3)所有这些文章,我并不全都喜欢。另一方面,我也并不全都不喜欢,正如做父母的对自己的子女喜欢的程度可能有所不同那样。有个别的篇章,我原来不一定很喜欢。但是,它在无意中经历过一番坎坷,受过那么一点挫折,我反而对它有了偏爱,对它特别喜欢起来。
> (《季羡林文集》334 页,原文例 8)

例(3)这段话里,"所有这些文章"与"有个别文章"都具有强调的意味,都是已知的或是可推导出来的已知信息。另外,"所有这些文章"及"有个别文章"所在的句子与后面那句话形成了对比。还有,在第一句里,把"所有这些文章"放在句首作为话题有利于将它在下句省略而又避免赘言。

三、句中的篇章现象

廖秋忠认为,许多出现在句内的篇章现象没有引起人们的注意,以为这些是句法现象,这是因为过去的研究是以句子为最大的语言研究单位,再加上有些篇章现象在句子层面上也有类似的表现,因而很容易把属于篇章现象或把可以在篇章中得到更好解释的现象一概作为句法平面上的现象来加以研究。这些值得研究的句内篇章现象如指称的有定与无定和句子成分的省略,还有连接成分,管领词语及其管界,代词与其他指同词语的解释等。

廖秋忠特别提到了有定无定的概念,他认为有定与无定基本上是个篇章现象,有定与无定的表达与确定在很大程度上是在篇章里进行的,脱离篇章语境,有定无定经常难以确定。还有,关于汉语主语与宾语的有定与无定的语感只能在篇章中来验证。许多学者,包括赵元任与朱德熙认为汉语主语大多数有定而宾语则大多数无定。如果只对能孤立存在的句子加以考察,这个说法大概不成问题。但是,在对篇章中的句子进行统计后却有新的发现,根据 Sun 和 Givón(1985)对某一局部篇章的统计,宾语有定的比无定的多,大概是三比一。徐朝晖(1991)对汉语几种书面篇章的统计结果是:主语有定占绝大多数,而直接宾语有定也占六成左右。Givón(1979)对英语书面语的统计结果也是如此,主语有定占九成以上,而直接宾语有定也占一半以上。

3. 篇章和风格

De Beaugrande 和 Dressler(1981:14—29)讨论了篇章语言学跟风格的关系,跟文学的关系,跟人类学的关系,跟社会学的关系。

我们先看他们对篇章和风格的看法。

公元一世纪时,有个叫 Quintillian 的雄辩家,提出四种风格:正确性、准确性、优雅性和合适性。不管 Quintillian 的观点是否正确,他说明了这样一种现象:人们在组成篇章时对材料处理不同,篇章在质量上也有所不同。

现在对风格的研究多种多样,语言学也介入对风格的研究。尽管有各种观点,但有一点是一致的:组成篇章时,风格显示了自身的特点。因此,人们可以看出某个篇章的风格,看出某个作者所有篇章的风格,看出某些作者的篇章的风格,看出某个时代的篇章的风格,甚至看出某种文化下产生的篇章的风格。

以前人们通常把句子看做是最大的研究单位,超出句子的结构,通常列入风格的研究范围,这显然没有反映出语言的特征。我们需要研究的是什么东西组成一个合格、可接受的句子,什么东西组成系列句子、组成段落、组成整个篇章。当人们把视线投入超句形式时,他们就会发现进入一个自由选择和自由变化的世界。举个例子来说,人们知道,英语的陈述句至少包含一个名词和形态一致的动词,看例句(原文例18):

(4) The man hit the ball.

　　这个男人击中了球。

我们来看一下例(4)加入后续句的情形(原文例19):

(5) a. The man hit the ball. The crowd cheered him on.

　　　这个男人击中了球。大家都为他喝彩。

　　b. The man hit the ball. He was cheered on by the crowd.

　　　这个男人击中了球。他受到大家的欢呼。

　　c. The man hit the ball. The crowd cheered the promising rookie on.

　　　这个男人击中了球。大家都为这个有前途的新手欢呼。

例(5a-c)的后续句显示,人们可以选择不同的词来再现

man 这个词,如例(5b)中用 he,例(5c)中用 promising rookie。同时人们可以采用不同的句式,如例(5b)用被动语态,例(5c)主动语态。当然,关于句式的选定是很复杂的,现在还没有完全弄明白。

廖秋忠认为,作为人类行为的篇章科学,这些区别并非决定性的。如果假设,各种的结构总是人们有意识的选择的结果,那么,甚至是各种单个句子也需经过选择,并非只是靠几条抽象的规则组成的。还有,有许多表层关系,如先出现名词,再出现代词。这种关系既可出现在句内,也可出现在句序列(sentence sequences)中。因此,在构建篇章科学时,人们就有把语言学跟风格学结合起来的动机。

4. 篇章和文学

在文学中,人们通常从体裁的角度对篇章进行研究,主要的研究重点是:

①描写某个或某群作家在某段时间或某个环境中的作品的形成;

②发现篇章中某些值得讨论的问题;

③评判各个篇章的价值。

现在也有研究者把语言学的研究方法引入文学研究,对篇章的形成、使用的条件等方面进行研究。篇章的某些研究的角度,最早来自于文学,如对互文这种现象的研究,最早就来自于文学,后引入语言学,在第五章中,我们还要详细讨论互文现象。

5. 篇章和人类学

人类学对篇章也有研究,主要是从文化的角度来进行研究。Malinowski(1966[1923])认为,要研究语言的意义,就应把语言看作是一种人类活动。Propp(1928)和 Lévi-Straus(1960)等人类学家借鉴语言学家对语言结构的分析法和描写法,对神话和民间传说做了很多研究。

人类学采用语言学中的 Magmemics 的研究法来研究鲜为人知的文化,如"空位-填充"法(slot-filler),这是一种由 Pike(1967)等语言学家发展起来的一种收集和分析资料的方法,也就是在篇章中,在某个位置里加进成分的方法。这种空位-填充法超出句子的界限,用来分析足球赛、宗教仪式等复杂的人类互动。空位-填充法是一种编码-断裂的基本技术,对事先对某些不了解的语言特别有用。调查者采用"语言抽取"(language elicitation)的方法,迫使说母语者说特殊类型的话。

人类学和语言学共同使用"语位"法,对研究边远地区濒危语言贡献巨大,对篇章科学的主要成就在于系统地认识到语言和交际情景之间的关系。然而空位-填充法对篇章性的研究显得比较死板。有许多空位的组织去填第一个位置时,一定有个选择的过程。还有,我们面临"发现和分析结构"和"选择和构建结构过程"的区别。

6. 篇章和社会学

社会学把会话(conversation)看做是社会结构和社会互动的一种方式。举例来说,说话者是如何转换话题的,社会学的分支学科民族方法学(ethnomethodology)研究说话者的句式和社会角色之间的相互关系。如研究在某个群体的交往中,人们是如何使用语言行为,说话的方式习惯是如何形成的、如何变化的,说话中的社会主宰是如何形成的,等等。

会话(conversation)研究对篇章科学来说是非常重要的。外部联系、内部联系、目的性、情景性、内部篇章性等方面的问题都在会话中得到体现。

第四节 结 语

本章介绍了两个方面的内容,篇章语言学发展的简史和篇章语言学跟邻近学科的关系。

从篇章语言学发展的简史中,我们可以看出篇章语言学是如何从最早的修辞学一步一步发展到今天的轨迹。这里有语言自身发展的规律,也有科学技术发展推动篇章语言学发展这一重要因素。谈到我国篇章语言学的发展情况,确实是天时地利,篇章语言学开始发展之时,我国已进入改革开放之期,这使我国学者能及时了解国际篇章语言学的发展情况,并开始结合汉语进行研究,从徐珺(2007:12)的统计出的论文数量可看出我国学者对话语篇章的关注程度:[1]

除了论文外,专著也不断出现,我所见到的涉及篇章研究的著作(2000年来)有:钱敏汝(2001)对篇章语用的研究,卫真道

---

[1] 徐珺(2007)的统计是从中国知网上得到数据,如果算上没有上知网的刊物,有关话语篇章的文章可能会更多。

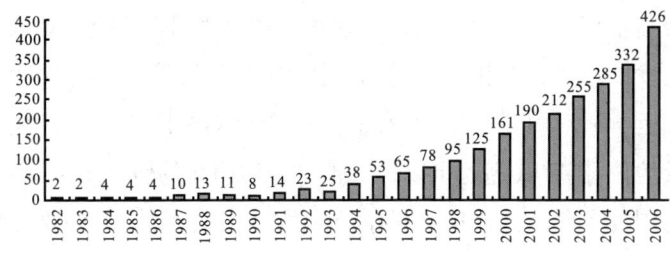

图 2.3　对话语篇章的关注程度

(2002)对篇章中主述结构和修辞结构理论等方面的研究,徐赳赳(2003)对篇章回指的研究,廖美珍(2003)对法庭话语的研究,郑庆君(2003)对小说结构的研究,张德禄(2003)对篇章衔接与连贯的研究,许余龙(2004)对篇章回指的功能语用研究,刘虹(2004)的会话结构分析,程晓堂(2005)对篇章连贯的研究,王秀丽(2008)对汉法话语范围导入词对比研究,娄开阳(2008)对汉语新闻篇章的结构的研究,徐燕青(2009)对汉语句型的篇章研究,许家金(2009)对话语标记的研究,等等。

从篇章的角度来审视语言,可以发现传统语法无法发现的一些语言的现象和规律。人们在人与人的交往中,人们在听广播,看电视,看书读报,所接受和使用的往往不是只是一个句子,而是由许许多多句子组成的语言体,这个语言体就是篇章,对篇章的研究和理解,有时更能看出语言作为交际工具的本质。现在篇章研究的成果展示给人们的是:篇章的整体含义,往往不是单个句子和句子的简单相加之和;语言在大脑里的储存形式也不是单个字或词,而是以语块(chunk)的形式储存的(Chafe 1980);对篇章的理解依赖于各种语境。

一门学科的发展,往往是和相关学科的发展相得益彰的,跟话语篇章相关学科和篇章语言学相互联系和相互借鉴,促进各自的发展。通过对相关学科的对比,通过分析篇章语言学和其他相近学科对篇章的研究,我们可以看出篇章语言学的研究特点及地位,同时我们还可以从其他学科对篇章的研究中,学到许多有用的东西。当前世界科学技术发展很快,我们不仅要密切注视篇章语言学的发展还要注意篇章语言学相关的学科发展。

第三章 篇章观

第一节 引　　言

　　这章讨论对篇章的看法，涉及如下内容：篇章的社会性，例如社会性别因素、种族因素、文化因素、社会话语分析以及批评话语分析等；篇章中所表现出来的意识形态，体现意识形态的因素有语境、话题、局部意义、语式、风格、修辞、互动策略和操纵等；篇章的认知体现，涉及两个内容，Givón 的篇章和认知观以及认知语言学中的话语研究；篇章和实际应用的关系，讨论两个内容，语言的研究兴起于日常交际需要、结合实际应用来研究语言；最后谈谈篇章分析的原则，如对话原则、社会实践原则、序列原则、结构原则、层次原则、规则原则、策略原则、认知原则等等。

第二节 篇章和社会

　　这节主要介绍 van Dijk(1985,1988,1997,1998)对篇章和社会的看法。van Dijk 研究话语多年，一直都很重视话语和社会的关系，提出了系列的话语和社会的观点。他认为人们在研究话语时，通常关注形式、意义、互动和认知，但常忽视语境的重要性,而语境又与社会密切相关。van Dijk(1997)认为,语境可以分为"局部语境"和"全局语境",局部语境结构指的是场景(时间、地点、环境)、参与者,以及参与者的各种交际的和社会的角色(说话者、主席、朋友等等)、意图、目的等等。全局语境结构指的是某个机构的行为和过程(如立法会、审判、教学、新闻报道等等)、参与者作为不同的社会群体成员和成员之间的一种互动(女人和男人、黑人和白人、年轻人和老年人、上级和下级;还有教育界、议会、法院和警署的参与者)等等。这里我们看出,van Dijk 所指的两种语境,都与社会有关,相对来说,全局语境更能体现社会和话语之间的关系,或者说,更能体现话语的社会性。van Dijk 还认为,话语的社会性是通过社会性别、种族、文化、社会话语分析和批评话语分析(critical discourse analysis)等方面表现出来的。下面我们介绍他所提到的与话语相关的社会因素(社会性别因素、种族因素和文化因素)以及社会话语分析和批评话语分析所表现出来的社会性。

社会性别因素

话语明显表现出社会性别的差异,如许多男人在和女人谈话时,或者男性之间谈到女人时,都会表现出一种性别歧视的态度,这种情况在男性群体中很常见。他认为这种性别歧视的态度可以通过话语来改变,如人们可以通过选择不同的篇章、不同的谈话方式,来改变传统的、以牺牲妇女为代价的状况,也就是说,可以利用话语来改变这种不平等的关系。

种族因素

在跨文化的话语和交际中,也会表现出种族的影响。如历史上的种族隔离、奴隶制度,还有现在仍然存在的种族歧视、文化的因素,这些都会形成特定的话语模式。研究显示,大多种族的群体有自己的说话方式,这些方式在群体内相互接受和采纳,但在跨群体的交际和理解中,有时会出现问题。

文化因素

社会中话语角色和文化中话语角色两者密切相关。人们在讲故事、完成命令的过程中所表现礼貌及转变话题的方式并没有一个全球的准则,也就是说,全世界的人都可用不同方式来进行交际。不同的文化有时也指不同的民族,不同的民族在社会中占据不同的地位,当不同的种族群体之间交际时,话语差异可能会被双方所接受、也可能会引起误解、有时会造成一种主流民族对边缘民族的排斥和压迫的现象。因此,跨民族的交流是多学科话语分析的一个重要领域。

社会话语分析

话语分析除了关注研究句子、连接、言语行为、对话的话轮、话题的转换之外,还要看到话语是社会行为这一事实,需要从社会层面来理解和研究行为。这就是社会话语分析(social discourse analysis),社会话语分析更能看出话语的社会性,

批评话语分析

话语是社会控制的一个重要工具,它既可以维持不公平的社会现实,也可以反对不公平的社会现实。如话语分析要具有批判性,就要把重点放在关注社会问题方面,而不仅仅只关注学科、理论和范式等等。也就是说,批评话语分析的任务是参与讨论社会问题,并帮助解决社会问题,而不只是讨论理论。批评话语分析者在观察话语和社会之间的联系的同时,还起到运用话语作为工具,来倡导社会变革作用。

第三节　篇章和意识形态

话语能体现意识形态,这是常识,但话语是如何具体体现意识形态的,却需要花时间研究。这节介绍 van Dijk 从话语的角度对意识形态的研究。从话语中看意识形态是 van Dijk 近些年来关注较多的一个问题,在他的《意识形态:跨学科的视角》(*Ideology：A Multidisciplinary Approach* 1998)一书中,较为集中地阐述了他对话语和意识形态的看法,这里只介绍他称之为"意识形态的话语结构"的一些主要观点。他认为:话语中的意识形态这个词,并非仅仅体现人们的信仰,意识形态还具有劝说的功能,也就是说,话语不但有表达自己信念的功能,还有用话语来改变别人想法的功能。他认为,语境、话题、局部意义、语式、风格、修辞、互动策略、操作等方面都和意识形态紧密相连,下面我们来看他的观点。

语境

语境在体现话语的意识形态方面起到很大作用,也就是说,有时同样一句话,在这个语境中,是一种意思,但在另一个语境中,表达的可能是另一种意思。举例来说,如果黑人自己说"黑鬼"(niggers)可能就没有种族歧视的意思,如果白人说"黑鬼",可能就有种族歧视的意思。语境中有两个制约因素跟意识形态密切相关:交际事件制约和参与者制约。

交际事件制约指的是交际事件不同的类型,如朋友间的非正式谈话、议会辩论、报纸上的文章都是不同的交际类型,如非正式的谈话常常会用俚语,而议会辩论用词就比较正式。还有,交际事件的不同,其目标和意图也不一样,同时也会影响到意识形态,如议会辩论、报纸上的文章和政治宣传手册意识形态就很强,而一些生活指南、色情文章、日常对话,意识形态的表现就比较弱。

参与者制约指的是在言语行为中,某些人群因为职业和身份的不同,决定了他们在话语中表现出来的意识形态的多寡,举例来说,政治家、经理、牧师或记者等,他们通常所关注的是社会问题,而木匠则通常关心如何做木工活。某些特定的社会群体的代表,如妇女、黑人、和平主义者、环保人士等,在谈论与自己群体有关的话题时,通常会表现出来很强的意识形态,而那些不代表群体说话的人,表现出来的意识形态就较弱。

话题

话题对整个事件的组织和过程都有很大影响。话题是通过宏观主题(macro-propositions)表现出来的,因此话题既表达观点,也表达意识形态。这些主题可能是在篇章中通过特殊的方式表达出来的,如通过某个篇章开始时出现的总结性话语,如:"我特不喜欢外国人不愿学习我们的语言。"又如新闻报道的题目:"黑人青年卷入犯罪事件",这个大标题中所蕴涵的意识形态较强,而日常邻里对话所含的意识形态就较弱。

局部意义

话题对某个话语既能起到整体连接的作用,又能起到激活相关知识和建立话语最高层次的作用,因此,局部意义的作用可能被人忽视,也有可能"降到"次级、不重要的地位,其实局部意义(某些信息)也表现出意识形态的内容。话语中的意识形态再现有两个原则,一是话语中某些信息的出现或不出现;二是信息出现不出现是由说者和作者的兴趣所决定的。第二个原则是一种意识形态交际策略,这种策略可以用 van Dijk 提出的"意识形态方块"(ideological square)的概念来说明,见下图:①

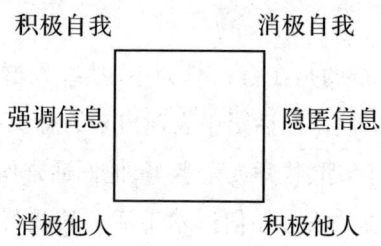

图 3.1 意识形态交际策略图

这个图指的是,当人们在传递或表达的信息靠近方块左边的两个角时(积极自我、消极他人),人们倾向采用"强调信息"的策略;当人们在传递或表达的信息靠近方块右边两个角时(消极自我、积极他人),人们倾向"隐匿信息"。

这些原则在运用时有下列具体表现:

①描写的详细性和层次性。对信息表达采取取舍的方法,有的信息表达了,但有的信息隐匿了。举个例子来说,某次事件,既有黑人暴乱,又有警察打人,但某个报道中,只讲黑人暴乱,不讲警察打人。还有,有的人不断强调某些信息,其目的是指出对方的不足,强化自己的优点,这些都是作者和说者对信息详略取舍的表现。还有在描写层次上也有不同的表现,如在描写对方不足时,描写的层次就很高,不惜笔墨;在讲到自己不足时,描写的层次就很低,一带而过。

---

① 这个图是我根据 van Dijk"意识形态方块"的概念介绍画的,以便读者理解。

②隐含性和明确性。在描写某件事时,作者可能有意不提某些信息,也可能故意突出某些信息,例如,在报道某个民族冲突时,对主流社会不利方面的内容(如贫困问题、歧视问题)就去掉了,而属于非主流社会的少数民族的不足(如吸毒、斗殴)的内容就得到强调。

③词汇化。词汇的选择很明显跟意识形态联系得很紧,处于不同的立场、不同的角度、受不同的意识形态的影响,就会对同样的事物有不同的描写,也就是说会采用不同的词语。如对同一个人,有的则称他是"自由斗士",而有的称他是"恐怖分子"。

语式

话语不但有全局的意义,还有全局的形式和语式。如故事通常有完整的叙述体的性质,有开始、完成和结果的图式,通常来说,由规范的语式组成的故事,就容易接受、容易理解、便于记忆。新闻报道通常有个标题、开始可能来个总述,接着再详细叙述,新闻报道题目的功能是表达某个主要的话题,使读者知道这则报道讲的是什么事,以便决定是否看这则报道。还有,话语语式具有认知的功能、社会的功能,当然还有 van Dijk 不断强调的意识形态的功能,如哪些信息作为标题,哪些信息不作为标题,某个报道中的总结和结论的内容等都具有意识形态的性质。

风格

前面谈到,如果带有某种观点的词汇贯穿整个话语,我们便可称为词汇风格。词汇风格和语法风格是人们用来表达他们的意识形态观点最常用的方法之一,如从句法结构来看,某个句子用主动语态和用被动语态表达的意思是有区别的,句子中谁充当施事者,谁充当受事者也起到突出某个成分或削弱某个成分的作用。还有,不同的词序、不同的小句结构或小句关系也可使某些信息处于突出的地位,某些信息处于不显著的地位。这些情况都跟前面提到过的"意识形态方块"有关,积极自我的内容,通常置于突出的地位,消极他人的内容,通常置于非重要的地位。男人和女人的谈话、医生和病人的谈话、主流社会的人和非主流社会的人的谈话、公务员和服务对象的谈话、教授和学生的谈话,其风格都是不一样的。

修辞

修辞的表现形式在语义层次上有隐语、委婉语、讽刺语和对比语等;在语音层次上有头韵和押韵等。修辞的结构和策略的主要功能是控制听者/读者的理解过程,并借此来控制对方的心理模式结构。比如,某人如果要强调对方某种负面的观点,他可能把对方描述成动物,如老鼠、狗、蛇、蟑螂等,或者夸张对方的负面特征,以达到强调对方负面特征的目的。还有,重复使用头韵、押韵和对应,也能提高读者/听者对话语中的语义特征的重视,从而使人们按照自己喜欢的方式将这些信息储存起来。同样,当我们在描述自己的缺点时,也会采用一些修辞手法,诸如委婉语、低调描述(打折扣的报道)等方法,来降低人们对自己缺点的关注程度。

互动策略

上述各种话语结构实际上都具有一种互动的性质,互动在话语结构中扮演了一个重要角色。首先,它具有意识形态控制的作用,从意识形态的角度来看,控制和不平等不仅表现在话语和篇章结构之中,而且反映在参与者的角色和行动之中。说话者总想控制话题和表达方式,还会控制话题的转换、话语连续性(如谁先开始或结束对话或者会议、停顿、笑等等)。权威人士在滥用权力时,会出现限制他人话语权的情况,人们常看到,妇女、少数民族、学生、求助者、普通人在社会上经常没有发言权,很多具体的对话分析研究结果也表明,这些社会不平等现象在日常的对话中经常出现。

其次,互动策略也会影响事件模式的建构。这一点在对意义的控制上表现得非常明显,比如,话题控制。同样,互动的控制也会影响听者/读者对事件模式的建构。例如,参与者的角色会影响沟通过程中的可信度。说话者的地位和权威在很大程度上,会影响听话者的信任程度。对话分析研究结构发现,人们的社会地位和权威并不仅仅是人们生来具有的东西,而是人们在互动过程中产生出来的一种结果。地位和权威具有情景性的特点,在不同的情景中,它们会以不同的方式得到再现,比如,身体所占位置的大小、说话者之间的距离远近、衣着、身体姿势,以及说话者控制话题的方式等。

最后,事件模式及其再现方式取决于谁说了什么。例如,当说话者说一些听者不喜欢的话题时,听者可能打断说话者的话。一些特定的言语行为(指挥和命令)会用来施加社会影响,同时也可用来强化对方的负面特征(如指责、批评受害者等)。互动策略就是通过这样的方式来表达、实施和传递说话者的意识形态的观点、看法和立场的,同时还根据说话者的喜好以及自己所代表的社会团体的利益,来影响听话者的事件模式。

操纵

操纵跟意识形态密切相关,操纵有不同形式,它通过不同的策略来控制公众的思想,试图来建立共识,或按照在社会中占据统治地位的社会团体的利益来捏造一种共识。现代权威和意识形态控制最成功之处就是获得了大众的认可和服从,从而按照统治者的意愿来行事,这样,权威和控制就具有合法性和常识性,成为自然而然的事情。操纵就是通过这种大众不太明确的方式来实施心理控制;通过建构人们的世界观,来影响意识形态的发展和改变;通过控制大众的认知和话语模式,来实现意识形态的控制和服从,最后达到霸权统治。由此可见,一些特别的话语结构和策略,如对话题的控制,风格和互动策略,如何影响人们的心理模式和再现形式,这样,人们得到的是不全面的认知,这些认知只对统治者和自己人有利,而这些认知会影响人们对世界的认识,从这个意义上来讲,这又是控制思想的最好方式。通过对话语的建构和控制,对对方不利的负面思想就变得"自然"而又"符合逻辑"。

第四节 篇章和认知

近些年来,从篇章的角度看认知,或者从认知的角度来研究篇章,都是一个新的研究视角。

1. Givón 的篇章和认知观

Givón(2005:65)在谈到认知表征系统时,提到四个方面:一、概念词汇;二、命题信息;三、多命题话语;四、词及命题和话语三者之间的互动。

一、概念词汇

人类的概念词汇是一个在时间上是相对稳定的、社会共享的、编码合适的知识库,所有这些就构成了人们经验世界的一个认知图:

外部的-物质的世界

社会的-文化的世界

内部的-心理的世界

时间上相对稳定指的是,知识变化不是那么快,具体来说,今天人们对"马"这样理解,明天可能人们对"马"还是这样理解。意义通常是渐变的,不是剧变的。

社会共享指的是,一旦进入交际,说话者就会认为,在他的交际圈内人们对词义的理解大致相同。

编码合适指的是,每个以词汇形式组成的知识块或多或少是独特的,至少是跟概念上的编码连得很紧。

二、命题信息

人们能把各种概念(词)组成有实体参与的状态和事件的命题信息(小句),这种状态和事件属于外部世界、内部心理世界、文化媒介世界。认知心理学家早就认识到去处理和储存主题信息的能力。

三、多命题的话语

个体的状态和事件可以组成相互有联系的句子,人类的话语通常是多命题的,也就是说,这种联系可以突破单个小句,多命题话语的好处是便于处理和储存陈述的情节。

四、词、命题和小句的相互关系

下面是词、命题、信息和小句的相互关系：

概念＝词

(1) a. drive　　　导致　　　　b. insane　　发疯的
　　c. constant　　经常　　　　d. abuse　　　虐待
　　e. maid　　　　女佣　　　　f. kill　　　　杀
　　g. butler　　　管家　　　　h. knife　　　刀
　　i. hide　　　　藏　　　　　j. fridge　　　电冰箱

小句＝命题

下面四个句子是由例(1)中 10 个词组成的：

(2) a. The maid was driven insane.

　　　这个女佣被逼疯了。

　　b. The butler constantly abused the maid.

　　　管家经常虐待这个女佣。

　　c. The maid killed the butler with a knife.

　　　这个女佣用刀杀死了男管家。

　　d. The maid hid the knife in the fridge last night.

　　　昨晚女佣把刀藏在冰箱里。

多命题小句

(3) Having been driven insane,

　　by constant abuse,

　　the maid killed the butler with the knife,

　　that she had hidden in the fridge the night before.

　　经常受虐，

　　变疯了，

女佣用刀杀死了管家,

那把刀事先藏在冰箱里。

例(1)中的 10 个词,如果只关注单个的词,那么每个词只是传递概念意义。也就是说,你只能用来问下面这类问题:

(4) a. What does *drive* mean?

drive 是指什么意思?

b. Does *drive* mean the same as *abuse*?

drive 跟 abuse 意思一样吗?

c. If someone is a *maid*, can she also a *butler*, or a *woman*?

如果某人是个女佣,她可能还是管家,或者是女人?

d. Is *kill* related in meaning to *die*, *slaughter* or *murder*, and if so how?

kill 在意义上跟 die, slaughter 或 murder 有联系吗?

如有联系,这种联系是怎样的呢?

例(2)跟例(4)不同,例(2a-d)每个词都参与了命题信息的编码。再看例(5):

(5) a. Was the maid driven insane?

女佣被折磨疯了吗?

b. Who abused the maid?

谁虐待女佣?

c. Who killed the butler?

谁杀了管家?

d. Who did the maid kill?

女佣杀了谁?

e. What did the maid kill the butler with?

女佣用什么杀管家？

f. Did the maid kill the butler?

女佣杀了管家吗？

g. Where did the maid hide the knife?

女佣把刀藏在哪里？

h. When did the maid hide the knife in the fridge?

女佣什么时候把刀藏在冰箱里？

例(3)中多命题的篇章,结合例(2)中的命题,具有"话语联系"的特征。还有,例(4)中概念意义的提问,以及例(5)中命题信息,人们可能会问有关形式的问题。

(6) a. Why did she kill him?

她为什么杀死他？

b. How come she had a knife?

她怎么可能有一把刀呢？

c. Why had the maid hidden the knife in the fridge?

女佣为什么把刀藏在冰箱里？

d. Could she perhaps have talked to him first before taking such a drastic step?

在采取这个极端手段的时候,她跟他谈过话吗？

e. Was her action reasonable? Was it defensible in a court of law?

她的行为理智吗？在法庭上可以辩护吗？

例(6)中的问句看起来跟例(5)中的问句相似,但是,如果知道例(2)中核心特征,便可回答例(5)中的每个问句,却没法回答例(6)中的任何问句。如要回答例(3)中这些多命题的问句,就需要多个命题知识,甚至整个篇章的知识。

通过"符合语法却不知所云"这类结构,我们可以看到概念意义和命题信息之间的不同之处。也就是说,每个具有明确意义的词所组成的句子,并非能组成合适的命题,看 Chomsky 的有名的例句:

(7) Colorless green ideas sleep furiously

  无色的绿色的思想在狂暴地睡觉

意义的不协调导致例(7)命题难以理解,colorless green, green ideas, ideas sleep, sleep furiously 这些词都属于个体词的语义特征,词汇意义和命题信息之间的关系是一种包容关系,或者说是一种单向的条件关系,也就是说:

"人们能离开命题来理解词的意义,但是如果离开了词义,就无法理解命题。"

通过把有信息的却无联系的命题串在一起,便能看出命题信息和话语联系之间的不协调性。举个例子来说,如果把例(3)进行无序重排,就变成例(8):

(8) a. Having killed the butler with the knife,

  用刀杀了管家,

 b. by constant abuse,

  经常受虐,

 c. the maid had been driven insane,

  女佣被逼疯了,

 d. and had hidden it in the fridge the night before.

  前一天把它藏在冰箱里。

例(8a-d)是个相互联系的话语,但是个不正常的句子,其原因是两点:一是缺少超命题的联系;二是使用不恰当的编码的语法形式。

人们相信,可以使例(8)相互之间有联系,但必须重新调整语法结构,如例(9)。

(9) a. Having failed to kill the butler,

　　　杀管家未成功,

　　b. despite the constant abuse,

　　　尽管经常受虐,

　　c. the maid was finally driven insane,

　　　[upon realizing that]

　　　女佣最后被逼疯了,

　　　[终于明白了这一点]

　　d. she had hidden the knife in the fridge the night before.

　　　前一天把它藏在冰箱里。

命题信息和话语联系之间的关系是一种"包含"的关系,或者说是单向条件关系,也就是说:人们能理解独立于话语以外的单个小句的意义,但是,如果人们无法理解命题,也就无法理解话语。

2. 认知语言学中的话语研究

下面介绍几篇结合认知的篇章研究的论文(徐赳赳 2002:317—319)。

1997年,在荷兰阿姆斯特丹召开了第五届国际认知语言学大会。会后,Karen van Hoek, Andrej A. Kibrik 和 Leo Noordman

主编了论文集《认知语言学中的话语研究》(*Discourse Studies in Cognitive Linguistics*),该文集 1999 年由 John Benjamins Publishing Company 出版。文集共收集了 9 篇文章,按内容分为三个部分:①话语中的所指;②话语中的信息结构;③话语标记。下面介绍四篇较为典型的涉及认知的篇章研究。

一、C. Emmott 包含在建构的世界中:叙述过程、知识再现和间接回指

该文所说的建构的世界,指的是以认知为基础的语境,间接回指主要是指某个篇章中没有先行词的代词。作者认为,要理解这类间接回指,需要两种知识:综合知识和关于特定篇章的知识。作者采用情节连接这一知识来确定间接代词回指的所指对象(referent),作者认为,篇章前面出现过的语境框架中有足够的篇章触发词,可以提供有关寻找间接代词回指的所指对象的信息。这说明,对间接回指的解释,不仅需要一般的知识,同时也需要读者自身的不断变化的想象世界的知识。作者探讨了读者在阅读叙述文时所构建认知"世界"的方法,并强调,对这类代词和其他名词的解释,不仅要注重该代词或名词同篇章其他部分的联系,还要注重读者想象的建构世界的功能。

二、A. A. Kibrik 所指对象和工作记忆:从话语角度看认知推理

作者所说的工作记忆(working memory),就是人们所熟悉的"短期记忆"和"初级记忆"(primary memory),指的是小量的、快速更新的信息储存。传统工作记忆的研究范围通常在以下三个方面:①能力:在某个时间内,工作记忆能储存多少信息;②控制:信息是通过什么机制进入到工作记忆的;③忘记:信息是通

过什么机制退出工作记忆中的。作者认为,工作记忆的主要特点是:①对所指对象,工作记忆能力是非常有限的(对某个回指对象大约三次最大激活);②回指对象通过注意力的控制机制进入到工作记忆;③回指对象通过衰减机制退出工作记忆。

Chafe(1994)提出三种所指对象激活的程度:活跃的、半活跃的、不活跃的。作者认为,激活指的是某个实体逐步接近工作记忆的中心的程度。当实体进入到工作记忆的中心时,激活就到了顶点。激活的程度可以用激活分(activation score)来表示:激活分处在0—1之间,也就是说,如果激活分是0,则表示在说话者工作记忆中根本就没有某个所指对象;如果激活分是1,则表示在说话者工作记忆中某个所指的激活达到了顶点。在0和1之间,共分为九等,0.1,0.2,0.3,…0.9。

作者研究的重点放在篇章中的代词所指对象上,采用实证研究法,探讨有关确定话语中所指对象的各种因素。

三、R. Epstein 角色、框架和定指

该文主要分析英语中定冠词使用中的常规角色的框架,作者发现,通过存在于话语中被激活的特殊的概念框架,定指的表达不仅是允许的,而且,定冠词的使用确实能够为读者和听者激活这种框架。

作者提出,对带 the 的间接回指词的理解,常规的知识并非是必需的,作者的语料显示,有时说话者会使用某个 the-短语来引进某个新的话语所指对象,在这种情况下,定冠词的功能显示某个话语的所指对象必须被解释为在某个框架中的"角色"才合适。作者还提出,定冠词的意义只有借助于一般的、动态的话语为基础的概念才能得到更好的理解,而不单纯地理解为"唯

一的特指性"(identifiability)。因此,定冠词应该被分析为是某个话语所指对象的"可及性"(accessibility)的标记,而唯一的特指在确定某个所指对象的可及性中只是一个因素。

该文初步探索了如何构建某个所指对象,以及如何把这个所指对象和其他的所指对象联系起来,如何把所指对象和大脑中的信息联系起来。文章还指出,不管把所指对象看做是角色或看做个体,都能促使建构一条可及性的道路。

四、Hans-Jörg Schmid 空壳名词的认知影响

几十年来,对名词的研究一直没有停止过,Vendler(1967,1968)提出"容器名词"(container nouns)的概念;Halliday 和 Hasan(1976)提出"综合名词"(general nouns)的概念;Bolinger(1977)提出"低容量名词"(low-content nouns)的概念;Francis(1986)提出"回指名词"(anaphoric nouns)的概念,到了1994年他又提出"标签词"(labels)的概念;Sinclair(1990)和 Chalker(1996)提出"用于回指语言片段的名词"(nouns that are used to refer back to pieces of text)的概念;Ivanic(1991)提出"运载名词"(carrier nouns)的概念;Winter(1992)提出"非特指名词"(unspecific nouns)的概念,等等。

该文从功能的角度对名词进行考察,提出"空壳名词"(shell noun)的概念,所谓空壳名词,指的是"寻找语境的名词"。从词法-语法模式来看,常见的空壳名词可以分为四类句式(例句中黑体的是空壳名词):

A. 空壳名词 + be + that-, wh- 小句,或不定式小句

The idea was that the United Nations arms embargo on ex-Yugoslavia should be lifted to enable the Bosnian Muslims to get the heavy weapons they need.

 B. 空壳名词 + 后置修饰的 that-,wh- 或不定式小句

  Body Shop rallied 6p to 230p following **news** that founder Anita Roddick may take legal action over the US business ethics row.

 C. 指称词 +（前修饰词）+ 作为名词短语的中心词的空壳名词

  Mr Ash was in the clearest possible terms labelling my clients as anti-semitic. I hope it is unnecessary to say that **this accusation** is also completely unjustified.

 D. 指称词充当主语 + be + 空壳名词

  I won the freshmen's cross-country.—Mm. That was a **great achievement**, wasn't it?

空壳名词同时具有三种功能：构成临时概念功能（temporary concept formation）、描述功能（characterization）和联系功能（linking）。空壳名词比一般的名词更依靠语境，更多样化。

空壳名词可分为五种次类：

事实类（factual）：fact, thing, problem, reason, result, difference, upshot, nag

语言类（linguistic）：news, message, report, declaration, order, rumour, legend

心理类（mental）：idea, notion, belief, knowledge, assumption, aim, plan, hope

语气类（modal）：possibility, probability, ability, obligation, need, truth, permission

事件类（eventive）：act, process, move, measure, reaction, attempt, trick

第五节　篇章和语言的实际应用

这节介绍陈平（1991，2006）的话语观：语言的研究兴起于日常交际需要、研究话语要紧紧结合语言的实际应用、话语研究的课题、话语研究的不足与研究方向等问题。

1. 语言研究的兴起于日常交际需要

陈平（2006）认为，语言的研究兴起于日常交际需要。他还认为，关于语言、思维和外部世界关系的抽象哲学和逻辑思辨，西方和中国的古圣贤都为后人留下了许多精彩的论述。古希腊时代有柏拉图学派和亚里士多德学派之争，中国有公孙龙白马非马的命题。但是，对词类和句子成分等语言本体的研究则起源于古希腊罗马时代。语言学研究同数学、化学和天文学一样，最初都是为了解决日常生活中面临的迫切需要而发展起来的。在这方面，古代西方人和中国人面对的具体问题很不一样。西方早期的语言学研究，在很大程度上是出于外语教学的需要。亚历山大大帝东征西伐，征服了大片的异族领土，当地人士为了与统治阶层交往，许多人都学习希腊语，促使学者对希腊语言的结构进行认真的分析研究，以利外人学习。后来的罗马帝国在军事扩张和迁徙过程中占据了更大的外族疆土，罗马帝国本土也常受外族入侵和占领，无论是作为占领者还是被占领者，日耳曼、凯尔特等异族都有许多人学习拉丁语，对语法书和其他教材有所需求。不同语言的密切接触,促进了语言的相互对比和相互参照。这种背景下发展起来的语言学研究很自然地具有两大特点,一是注重语言结构的成分和关系,二是注重语言之间的共性和差异。这样的研究传统在西方源远流长,有数千年的历史,一直延续到现在。

中国的情况是,数千年来,中国的学者对语言的研究兴趣几乎全部集中在汉字的音形义方面。汉字基本是表意文字。语义,更准确地说是字义,最早成为研究对象。由此发展起来的训诂学研究,是数千年间中国传统语言学家着力最勤的领域,最能体现西风东渐之间我们本土传统语法和语义研究的特点和成就。后来,传经和翻译实践,又促进了汉语音韵学的发展。相比之下,汉语普通词语的语法类别、句子成分和结构,以及句子意义与结构表现形式之间的关系,中国古代学术传统中很少有人关注,更不用说进行系统的研究了。陈平认为,主要的原因也许是没有多大显而易见的实际用处。

2. 结合实际应用来研究语言

陈平(1991[1987])认为,话语分析是一种语言研究的方法。自20世纪60年代末70年代初以来,日益受到国际语言学界的重视。话语分析最大的特点,就是紧紧结合语言的实际应用,探索语言的组织特征和使用特征,同时,从语言的交际功能和发话人与受话人双方的认知能力等角度出发,对有关特征作出合情合理的解释。

结合实际应用来研究语言,这在心理学、社会学、修辞学、文艺批评等涉及语言话语篇章的学科中,是一种具有悠久传统的研究方法。在很多情况下,话语分析是解决问题的唯一研究途径。在纯语言学(linguistics proper)研究中,这种方法也有先例可循。1920 年代崛起于欧洲的布拉格学派一直以其注重语言的交际功能而著称于世。这个学派的代表人物如 V. Mathesius 等人敏锐地抓住话语传递连续信息的特点,根据句子成分负载话语信息的典型格局,把句子分为主位(theme)和述位(rheme)两大部分。一般情况下,主位在前,标明发话人待传信息的出发点;述位在后,代表发话人对主位部分所作的评述。这种以信息传递功能为着眼点,把句子分为两大块的分析方法,又称作为"句子的功能透视"(functional sentence persperctive),最鲜明地体现了布拉格学派在句法研究上的特色。

英国现代理论语言学奠基人 J. R. Firth 也高度重视结合语言的实际应用来研究语言。他多次强调,语言从本质上来看是一种行为,因此,语言学家必须把语言置于实际使用的环境之中,研究话语的生成与理解过程,这样才能把握语言的实质。不过,Firth 在这方面说得不少,做得却不多,他的许多主张主要是通过他的传人 M. A. Halliday 的大力实践才得以流传开来。Halliday 创立的系统语法(systemic grammar)把语言的语法特征与功能特征有机地结合在一起,在对语言事实的描写广度和解释深度方面,超过了许多同类的语法理论。

结构主义美国学派也做过一些话语分析工作。L. Bloomfield 对他加禄语(Tagalog)的篇章结构做过比较详细的调查,布龙菲尔德之后学派的 Z. Harris 于 1952 年发表了一篇专论话语分析的文章,目的是把替换和分布那一套方法用于比句子大的篇章材料,试图比照音位、音素等,找出话语平面上的类似结构单位,从而确定篇章的结构组织。不过,Harris 的尝试进展不大。主要原因是那套方法本身具有较大的局限性。不积极利用语义音素,分析单句尚且费力,要研究主要是依靠语义关系联为一体的话语段落,就更难奏效了。

陈平认为,以上谈到的学派或人物所从事的话语分析工作,虽然也取得了高低不一的成就,但是,就1970年代以前国际语言学界的主流来看,话语分析的方法被淹没在崇尚机械式操作,脱离上下文对孤句进行研究的大潮之中。这股大潮的源头起自 Saussure 创建的结构主义理论。Saussure 主张明确区分语言和言语的观点,对 20 世纪语言学理论的发展有着深远的影响。自 Saussure 以后,一个普遍流行的观点认为,话语中包含了大量的与语言本身无直接关系的因素,语言是可以脱离使用环境独立存在的实体,要掌握语言系统中各个组成部分的性质及其相互关系,可以把句子从实际应用环境中抽象出来进行研究。这种看法是否符合 Saussure 的原意,语言学界仍有不同意见。

3. 重要的研究课题

陈平(1991[1987]:65—69)还提出了话语分析中最典型、成绩最显著的研究课题:

一、个别词语的用法

例如,"也、连、再、就、都、还"等副词或连词的用法,是话语分析的理想对象。这些词一般都有一个共同的特点:它们与预设、焦点、蕴涵(implicature)等语用概念有着极为密切的关系。这些词语的基本用法和派生用法大都建筑在这些语用因素之上。并依赖这些因素来沟通其间的联系。脱离了语境提供的信息,脱离了对语境使用者的语言心理分析,很难指望能把这些词语的用法讲清楚。

二、指代词语的用法

任何语言中都有特定的语言手段,可以用来指示或者代替语境中的某个成分,可以用于指代的语言手段往往不止一种,因此,在具体场合中发话人要对某个成分进行指代时会出现选择哪一种指代形式的问题。另一方面,在具体场合中往往不止有一个事物存在,受话人在碰到一个指代词语时也有一个确定其所指对象的问题。这类指代词语的选择和理解的问题,主要得通过话语分析来寻求答案。在计算机自然话语处理工作中,这类问题是阻碍我们取得突破性进展的少数难题之一。虽然近年来在这方面陆续取得了一些成绩,但是,要比较圆满地解决这些问题,还有相当长的一段路要走。

三、句子的主述结构

人们可以从句子的各种成分在推进整个话语展开的过程中所起的作用这个角度出发,分析句子的主述结构。句子的主述结构一般有两个组成部分,主位和述位。两者的区分一般通过语序或者特定的句式表现出来。通过分析话语句子的主述结构,我们可以阐明整段话语的主题及其展开方式。

四、信息结构

透过连续话语的表现形式,我们看到的是自发话人向受话人传递的一股连续信息流。为了便于发送和接收,这股信息流是以各种信息单位(information unit)的形式组织起来的。根据受话人对于单位成分所负载的信息熟悉程度,发话人把各个单位成分所传递的信息归为新信息和旧信息两大类。如果发话人认定受话人对该信息毫无了解,或者认定该信息同受话人的预期不合,或者想引起受话人对该信息特别注意,他便把它作为新信息传给对方,否则,便作为旧信息处理。话语成分在信息结构中的地位,直接影响到它的表现方式。在具体语言中,一般利用重音、语调、特定词语或句式来指示话语信息结构中的种种制约特征。这类指示信息结构特征的语言手段,是话语分析的一个重要课题。

五、篇章结构

话语分析最典型的研究材料是超出单句长度的语段。由前后相连的句子构成的段落,如果在语言交际中表现为一个相对独立的功能单位,便可称为篇章(text)。句子在篇章中的组织遵循着一定的原则。有的句子连用时表现了一个连贯的意思,如下面的例(10)(11);有的句子单用时语义十分清楚,但连在一起则令人莫名其妙,如我们在第一章里举过的例子例(12)(13)。

(10)假若祥子想不起孔圣人是什么模样,那就必应当像曹先生,不管孔圣人愿意不愿意。

(11)他的跑法可不好看:高个子,他塌不下腰去,腰和背似乎是块整的木板。

(12)一个队员倒挂金钩将球打入网内,吐一口痰罚五毛钱。

(13)他外出总带着保镖,花棚里到处都是萝卜味儿。

探索句子在篇章结构中的组织方式以及指示这种组织特点的语言手段,也是话语分析的一个重要研究方面。

主旨在于解释的话语分析,研究领域更加广泛。其主要研究课题一方面也包括上面所说的那些话语成分和话语组织特点,但侧重点是从语言的交际功能和语言使用者的认知特征来解释有关特征的起因和制约因素。另一方面,一般认为纯粹属于句法领域的许多语言现象,也都在这种话语分析的研究范围之内。试图通过话语分析,找出最终说明现存语法成分和语法现象的人类心理认知特征和语言作为交际工具的功能特征。这方面的研究近年来相当活跃,并且取得了不少很有价值的成果。下面,举一个英语中的例子。

许多人认为,篇章范围内,一个代词与另一个名词性成分是否指称同一个所指对象,涉及到的一般是语义因素和语用因素。但是,在同一个句子里出现的代词与另一个名词性成分两者是否有同指的可能,则取决于这两个语言成分在句法结构中的相互关系,纯属句法问题,与语义因素和语用因素无关。Chomsky, Lasnik 等人认为,如果代词在句子结构中位于名词之前,并且在结构上统御(command)后者(可以用树形图的形式显示),那么,两者不可能同指,请看下面例句:

(14) *It surprises him that John is so well liked.

　　　(him = John)

　　　令他感到惊讶的是,约翰如此招人喜爱。

(15) That he was unpopular was finally realized by Oscar.

　　　(he = Oscar)

　　　奥斯卡终于意识到他不受人欢迎。

例(14)中,代词 him 在句法结构中既在名词 John 之前,又统御后者,所以这两个成分不能指称同一个人物。而在例(15)中,代词 he 虽然在名词 Oscar 之前,但是从句法结构关系上来看对后者没有统御关系。因此,两者可以指称同一个人物。在这类句子中,代词和名词是否可以同指,完全由句法结构决定

(Lasnik 1976)。

　　但是，D. Bolinger 等人则认为 Lasnik 的这种观点只是一种皮相之谈。类似句(14)这样的句子之所以不能说，根本原因并不是有关代词和名词在句法结构关系保持不变，但在其他方面对句(14)稍加改动，代词完全可以与后面它所统御的名词指称同一个人物。请看下面例句：

(16) It surprised him that John was so well liked.

　　　(him = John)

　　　令他感到惊讶的是，约翰如此招人喜爱。

(17) It was obviously surprises him that John is so well liked.

　　　(him = John)

　　　很显然，令他感到惊讶的是，约翰竟然如此招人喜爱。

(18) Do it surprise him that John is so well liked?

　　　(him = John)

　　　约翰如此招人喜爱会使他感到很惊讶吗？

　　句法格式相同或者相近，但个别词语或者使用语境相异的句子，在意义上是有差异的。尽管这种差异有时表现得十分精细微妙，非目光敏锐者不能辨。对于这类现象，Bolinger 具有独特的辨析入微的审察能力。他详细分析了例(14)至(18)这类代词在前、名词在后的句子，令人信服地说明，在这种情况下代词与名词能否同指，与它们在句子组织中的结构关系没有必然的联系。实际情况是，发话人用了代词之后，在同一句中再次提及该所指对象时，根据语境中的种种因素（Bolinger 把它们归为四大类）考虑，决定是用名词形式指称，还是用代词形式指称。因此，归根结底，例(14)至(18)这类句子能说不能说，起决定作用的是语用因素。这是利用话语分析的手段来解释语法现象的一个著名例子(详见 Bolinger 1979)。

4. 话语研究的不足与研究方向

陈平(1991)认为,近二十年来,话语分析发展势头日益迅猛,运用领域不断扩大,同音位分析、语素分析、句法分析等一起,俨然成为语言研究中不可或缺的一个方面。但是,与此同时,话语分析也暴露了自身存在的不少问题,主要表现在以下几个方面。

在话语分析与句法分析之间的关系问题上,语言学界也有不同的看法,有过分强调话语篇章研究的,也有认为篇章研究和句法研究各自有其特点,主张相辅相成。涉及到篇章研究和句法研究的分工划界,并没有让人普遍信服的指导性原则。篇章研究能够解决什么样的问题,不能解决什么样的问题,还有待进一步研究。

陈平认为,语言研究中的抽象化、形式化有其生命力,对话语篇章研究者来说,不应过分拒绝,这是因为,任何有一定深度的科学研究都不可避免地要对研究对象进行某种程度的抽象,话语篇章分析者有时也需采用抽象化。关注语境重要,关注一定的理论抽象同样重要,当然,把握两者之间的关系并不容易。有些话语分析著作过分夸大语句对所在语境的依赖,忽略了长时期约定俗成的社会存在赋予它们的相对独立性,难免有时会给人一种随文释义、主观立说的不良印象,不仅使所得结论缺乏普遍意义,在理论上也往往无法自圆其说。

陈平认为,尽管话语分析在许多具体问题上,以及在一些专门领域里取得了许多令人鼓舞的成就,但是,从长远的观点看,话语分析领域必须建立一整套严密合理、自成组织的理论体系,不仅能够贯穿该领域中已经取得的成果,将它们分别纳入一个完整的理论框架之中,而且可以为研究工作的进一步系统化,条理化提供有力的理论指导,结束目前存在的折中调和(eclectic)的倾向。话语分析领域里仍然存在许多问题,这并不是件坏事。相反,它使话语分析工作更富有挑战性,更能激发人们的研究热情,并且吸引更多的研究人员投身到该领域来。

陈平提出今后应重视两个方面的工作:

第一,话语分析需要同其他语言分析方法,尤其是句法分析之间的联系,深入探讨它们在研究对象方面的分界与重叠,以及在研究角度方面的对立与互补,使话语分析更好地发挥自己的作用,在其他方法束手无策或收效甚微的问题上大展身手。

第二,话语分析需要加强理论建设。最有希望为话语分析提供理论基础的是语用学。事实上,人们常常把两者自然地联结在一起,合称话语-语用学。就目前情况来看,话语分析中的许多工作原理,都可以由语用学的基本原理推衍出来。不过,语用学本身也还有待于进一步成熟与深化。在目前和今后一段时期内,语用学尤其要同认知心理学和社会语言学两方面的研究结合起来,汲取它们的营养。随着这些方面的进步,语用学会为话语分析提供坚实的理论基础。

第六节　篇章分析原则

van Dijk (1997)认为,话语分析有原则,什么是话语分析原则,准确地说应该是"做"(doing)话语分析的原则。下面介绍van Dijk(1997)提出的原则。在他提出的这些原则中,"自然语料原则"和"语境原则"我们已在第一章中谈到过了,这里就不再介绍。下面来看他提出的其他原则:

一、对话原则

以前的话语研究,主要集中在书面语,现在开始注重口语研究,研究正式的和非正式谈话。对话(talk)是最基础的最原始的话语形式。

二、社会实践原则

指的是话语是人们的一种社会实践活动。从社会文化语境的角度看,口语和书面语都是社会实践的形式。因为,语言的使用者在使用语言时,并不仅仅是扮演一个个体的角色,而是充当某个团体、组织、机构和文化成员的角色。

三、序列原则

话语具有线形和序列的特性。每个层次,每个结构单位(句子、主题、行为)都和前面出现的内容有关。对于前面的成分来说,后面的成分可能具有特殊的功能。

四、结构原则

结构的单位有大有小,同时结构还有层次性。

五、层次原则

话语有层次,从语音、形式、意义到行动,各个层次之间都有联系。

意义功能原则:语言的使用者和语言分析者在理解和分析话语时,经常会问"这是什么意思?""在这种情况下,如何理解这句话?"之类的问题。这说明意义滞后的情况。这种原则在功能上和解释上的含义是:为什么这句话在这里说?为什么这句话在这里具有这种意思?

六、规则原则

语言交际和话语都受规则制约。篇章和谈话是人们共同具有的语法的、篇章性的、交际的和互动的规则的体现。在对实际话语的研究方面,也重点放在哪些规则是必须执行的、哪些是可以忽视的、哪些是可变的。

七、策略原则

为了有效地理解和完成话语,语言的使用者便会使用心理的和互动的策略。如拿下棋作比喻,下棋者首先要知道如何下棋,然后才采用下棋中的各种战略战术和策略。

八、认知原则

这里的认知指的是社会认知,也就是对篇章和谈话理解过程的认知,对此认知的基本角色人们并未充分认识。

第七节 结　　语

本章介绍前人对话语篇章的看法。这些看法和观点,都是篇章研究者在长期的研究中一点一点总结出来的,对篇章观察的角度不同,对篇章研究的目的不同,对篇章研究的方法不同,对篇章研究的侧重点不同,都会影响到研究的结论不同。因此我们在研究篇章时,要注意那些跟篇章密切相关的各种现象。我们了解了篇章和社会的关系,就可能从社会的角度来观察篇章的使用因素;看到篇章和意识形态的关系,就能理解篇章话语不但有表达自己信念的功能,还有用话语来改变别人想法的功能;认识到篇章和认知的关系,便可以从认知的角度来解释篇章的某些现象;懂得篇章的研究是起源于人们的日常交际需要,我们就应该结合实际来研究语言;掌握了篇章分析的原则,就对篇章有了深一层次的理解。

第四章　篇章类型

第一节　引　　言

对篇章可以从不同角度分类,如可以把篇章分为叙述文、说明文、政论文等等;也可以分为汉语篇章、英语篇章、俄语篇章等。本章从口语和书面语的角度来看两者的不同篇章特征,然后分析随着手机的出现而出现的短信篇章,再讨论随着电脑的出现而出现的既有口语特征,又有书面语特征的网聊篇章。

第二节　口语和书面语

1. 口语和书面语的历史

郭锡良(2005)和胡裕树(1995)对口语和书面语的形成和发展都有自己的看法。

郭锡良(2005:606—618)研究了书面语和口语的历史发展后认为,大约是在东汉初年,书面语跟口语开始分离。总的来看,从东汉到唐末,是汉语书面语同口语相分离的一段时期。处于文学语言正统地位的是骈文、古文这种仿古的书面语。而不被当时重视的译经、变文、语录等用的则是一种文白夹杂的书面语。宋代以后,汉语书面语存在一种情况:一是仿古的文言文,二是在当时口语的基础上进行加工的古白话,三是继承唐代以前文白夹杂的混合语。文言、白话的抗衡和消长,直到"五四"以后才得到解决。此后,汉语书面语又回到了"言文一致"的康庄大道。

胡裕树(1995:4—5)在谈到现代汉语形成的时候,专门谈到了现代汉语的口语和书面语,他认为现代汉语的形成和发展,经历了一个复杂的过程。现代汉语是在近代汉语的基础上形成的。从近代汉语的历史发展中可以看到,宋元以后有两种明显的趋势在北方话的基础上发生:一种表现在书面语方面,就是白话文学的产生和发展;一种表现在口语方面,就是"官话"逐渐渗入各个方言区域。

汉族在历史上长期用"文言"作为统一的书面语。这种书面语最初必定是建立在口语基础上的,但是后来同口语的距离越来越远,学习起来非常困难,能够使用的人只占全民中的极少数。因此,另外一种同口语直接相联系的书面语——"白话"就起来同"文言"分庭抗礼。这种"白话"就是我们现在的民族共同语书面形式的主要源头。

宋元以来,用"白话"写的各种体裁的作品非常丰富,其中有像《水浒传》《儒林外史》《红楼梦》等许多文学巨著。这些作品的语言虽然都或多或少带有地方色彩,但是总的说来,基本上属于北方话。它们流传到非北方话的区域,拥有广大的读者,并且促使非北方话区域的人也用"白话"来写作。因此这种白话文学大大促进了北方话的推广。

口语方面,大约在白话文学作品广泛流传的同时,以北京话为代表的官方话也逐渐取得了各方言区之间的交际工具的地位。由于北京既是元、明、清历代的政治中心,北京话也就成为各级官府的交际语言,并随着政治影响逐渐传播到全国各地。当时北京话被称为"官话",实际上它不是专为官吏阶层使用的官场雅语,而是全民的共同语。

到了 20 世纪初,特别五四时代,随着民族民主革命运动的高涨,上述的两种趋势就汇合为一,力量更加壮大,这就加速了现代汉民族共同语的发展过程。一方面,"白话文运动"彻底动摇了文言文的统治地位,使一向只用在所谓通俗文学上的"白话"取得了文学语言的地位;另一方面,"国语运动"又给北京话为中心的北方话以一种民族共同语的地位,通过逐字逐词定音的方式确立的现代汉语的标准音,称为"国音",在这个基础上确立了"国语",即现代汉语标准语,并且向全国推广应用。这两者结合起来,就形成了书面形式和口头形式上都有了统一规范的文学语言,改变了早先的言文不一致和方言并立的局面。至此,人们逐渐用"普通话"来代替"官话"这一旧称(在 20 世纪 50 年代以前"普通话"这个词还略有贬义,指不是很标准的国语,50 年代以后取代"国语"成了现代汉语标准语的名称)。在我国台湾所称为"国语"和新加坡及海外华人所称为"华语",指的其实就是普通话。"普通话"的"普通"是普遍共同的意思。这说明这时北方话已完全取得了"共同语"的地位了。

2. 口语的定义

《现代汉语词典》(2005)对"口语"这个词条的解释是:"谈

话时使用的语言(区别于'书面语')。"(785页)对"书面语"的解释是:"用文字写出来的语言(区别于'口语')。"(1262页)赵元任(2001:12)对"汉语口语"的定义是:"本书书名中的'汉语口语'指的是二十世纪中叶的北京方言,用非正式发言的那种风格说出来的。"从赵元任的这个定义中看出,他强调"非正式发言",这说明即使同是"谈话时使用的语言","正式的"和"非正式的"还是有区别的。

刘力坚、赵宝奇(2001:66)认为口语可以有狭义和广义之分:"'口语'这个概念一般有两种解释:狭义的解释认为,口语是用非正式发言的那种风格说出来的,也就是随口而出的那种语言形式;广义的解释认为,人们日常口头应用的有声语言就是口语。"

上面是不同的学者对口语和书面语的不同的定义。相对来说,对书面语的定义较容易,也易为大多数人接受,而对口语的定义则较复杂,也就是说,即使是经过口说出来的话,也有明显的不同,刘亚斌、李爱军(2002)的研究表明,"朗读语料"和"自然口语"在音节、声韵、副语言、篇章话题、话轮、韵律和音段音变七个方面有所不同:

一、音节出现频率:"你、我、他、这、那"几个代词在自然口语中出现频率较高," de0(的),le0(了),shi4(是),you3(有),bu4(不)"在朗读语料和自然口语中使用都较多。

二、声韵母出现频率:朗读语料与自然口语中的高频声母基本相同,而韵母则有较大不同。朗读语料中高频韵母较为平均的分别由单元音、二合元音和三合元音构成,而自然口语中的高频韵母则几乎全是由单元音和二合元音构成,其中二合元音居多。

三、副语言学现象：自然口语中的口语现象非常丰富，而朗读话语很少出现咳嗽、笑声、犹豫等副语言学和非语言学现象。

四、语篇话题：自然口语具有很强的随意性，话题转换较快，且呈非线性变化。

五、话轮转换方式：自然口语中出现了各种各样的话轮转换形式，并且有大量的叠接现象，大量叠接产生的原因是多方面的。

六、韵律的声学表现：自然口语的基频变化范围比朗读语料的变化范围大，上限的变化更大；口语的语速较快，在我们的语料中，自然口语的语速是朗读语料的4倍。

七、音段音变现象：和朗读语料相比，自然口语中存在大量的各种各样的音变现象，其中声母的音变率比韵母更高。

除了上面这些差异以外，另外一个很显著的区别表现在句法方面：口语中存在大量的省略句，而朗读语料中出现最多的句式是 SPVO(subject phrase + verb + object)。

刘亚斌和李爱军的研究也证实了有准备的口语和无准备的口语在许多方面有所不同。

顾曰国的"现场即席话语"跟"非正式发言"相符。

顾曰国(1999,2002)认为，现场即席话语指的是两人或两人以上在某一场合事先无准备的谈话。现场即席话语是一种目的取向的(goal-directed)社会活动，它具有以下七个特点：

①根植于某一时空间；

②是动态的、按时空间展开的一个人际间的互动过程；

③属于谈话人；

④是现场社会活动的一部分；

⑤受谈话人的当时的动机和目的的驱使；

⑥受谈话人的当时的大脑认知状态、情感等心理因素的支配和制约；

⑦生成一个人际间主观世界。

从以上介绍我们可以看出，赵元任提到的"正式的谈话"和"非正式的谈话"的区分确实非常重要。在日常对"口语"的观察中也能体会到：正式的谈话通常是有准备的，或者说是例行公事的带有模式特征的话语，这些话语通常带有较多的书面语特点。如我们在电视里看到的国家领导人之间正式会面的那些口语，电视台的新闻报道，还有电视剧或电影的人物之间的对话。这些话虽然是通过口语形式说出来，但通常都是精心准备，有的是事先背出来的，①这样有准备的口语跟事先没有任何准备的对话自然有很多不同点。

本节所探讨的"口语"篇章的特点主要是指"非正式谈话"，也就是"现场即席话语"。

3. 口语和书面语的特点

下面从词汇的应用、句法的表现、说者/作者的表达方式几个方面来讨论口语和书面语篇章的各自特点。

3.1 词汇的应用

口语篇章和书面语篇章的用词是有不同的。苏新春

---

① 娄开阳博士在看本书的成稿时，提供一个信息：有的电视播音员在播音时，采用"提词器"，类似投影仪，提示屏在镜头下方，这样观众还以为他在看镜头。播音员推着手下的稿子往前走，看着提词器读就可以了，不用低头。

(2002:202)的《汉语词汇计量研究》中,专门有一章研究口语词的"口语词研究",在这章中,他提到《现代汉语词典》第二版中,对口语词用〈口〉标出,但到了第三版,不标出口语词了:"《二版》共有口语词844例,其中整词为口语词的713例,如【挨个儿】〈口〉逐一;顺次。部分义项为口语词的131例,如【不许】①不允许:~说谎。②〈口〉不能(用于反问句):何必非等我,你就~自己去吗。这844例原有的'〈口〉'标注在《三版》都不复存在。"《现代汉语词典》的编撰者的解释是:一是语言变动的原因;二是分类的难度。苏新春认为,口语标注的难点主要有两点:一是口语词与方言词的纠缠,二是口语词自身所发生的变化。

《现代汉语词典》不标口语词可以从一个侧面看到,相对书面语词语来说,口语词是处于经常变化之中。

一、词类出现的比率

王永(2001:9)介绍了俄语中词汇使用情况见下表:

表4.1 俄语中口语和书面语词频统计

	名词	动词	代词
口语(据 Сторолва 的统计)	14.8%	17.2%	17%
书面语(据俄语频率词典统计)	26.7%	17.1%	13.3%

表4.1显示,在俄语中,名词在口语中出现的比例少,书面语中多,而动词和代词相差不大。

王璐(2005:2)在谈到英语的口语和书面语时,认为:书面语中"实词所占比例远远高于虚词比例"。作者没有提到口语中实词和虚词出现的比例如何,也没有提供英语口语和书面语中具体的实词(如名词、动词等)出现的具体比例。但作者介绍

了英语中的一种情况,即书面语中名词化的现象较明显。作者举了两个例句来说明这种现象:

(1) a. She became powerful and popular in a phenomenal way, and she became powerless and unpopular in a fantastic way and then she was made politically powerful and popular again even more rapidly and remarkably less than four years before she was assassinated in the autumn of 1984.

　　b. Her phenomenal rise to power and popularity was followed by a fantastic fall and then by an event more rapid and remarkable political resurrection less than four years before his assassination in the autumn of 1984.

例(1a)是口语,例(1b)是书面语,下表显示例句中名词化的情况:

表4.2　书面语中的名词化倾向

	口语(例1a)		书面语(例1b)
词	powerful	→	power
	popular	→	popularity
	assassinate	→	assassination
词组	became powerful and popular	→	rise to power and popularity
	became powerless and unpopular	→	a fall
	was made politically powerful and popular again	→	political resurrection

例(1)显示,书面语确实是有名词化倾向,不过这只是个个案,无法证实一般的情况。但是王璐的文章给我们提供了新的思路。

据许家金(2007)介绍,兰卡斯特汉语语料库(The Lancaster Corpus of Mandarin Chinese,简称LCMC)是肖忠华博士2003年建设完成的现代汉语平衡语料库。该语料库项目是由兰卡斯特大学语言学系承担,由英国经社研究委员会资助设立的。LCMC语料库是严格按照 Freiburg-LOB Corpus of British English(即FLOB)模式编制的汉语书面语语料库。

肖忠华提供的材料是,在100万词的汉语平衡语料库中(许家金注:LCMC语料库中,文本做了词语切分,即"中国"算一个词,而不是两个字。),名词有228,568,加上重复使用的名词22,600,共251,168个,约占25%;动词207,956个,加上重复使用的动词11,267,共219,216个,约占22%。这两项加起来就占了47%。

要说明的是,这里统计的数字指的是token(实例),不是type(类别)。token即某字/词出现一次计为一个token(一般译成形符数)。比如:"她爱我我也爱她",共有7个字,或7个形符。而type不同,重复的字计为一个type,所以,这个句子中有4个type(一般译成类符数),分别是:她、爱、我、也。

现在我们没有口语的有关数据来做对比,但就肖忠华提供的数据来看,名词在书面语中确实是占有较大的比例。

二、不同的词汇形式

冯胜利(2003:53)认为,汉语口语和书面语中各自有一套组词造句的规则,下面表4.3是他列出的两套词汇形式:

表4.3 汉语口语和书面语的造句规则

词类	语体	例词
名词（代词）	口语	爸爸、官儿、同学、不同、美国、美、选择、你、我、他（它/她）、什么
	书面语	父亲、官员、同窗、差异、美、抉择、本、贵、之、何
动词	口语	去、带(枪)、喝(茶)、写、坐(车)、丢、找、到
	书面语	往、携(枪)、饮(茶)、著(述)、乘(车)、失、觅、抵
形容词	口语	容易、怕、小、大、远近、闲、好、沉、一样、长
	书面语	易、惮、微、巨、遐迩、暇、佳、重、同、久
副词	口语	特别、很、仍然、不、没有、有些、都、越来越……
	书面语	甚、颇、依然/犹、未、无/未、略、皆/均、日益
介词	口语	在/从/到
	书面语	于
助动词	口语	必须、要、应当、应该、不能、能
	书面语	须、将、当、宜、不得、得/能够
连词	口语	跟、而且、还有、除了这个以外、也(要)、要是不这样、如果、但是
	书面语	与、且、以及、此外、并(将)、否则(不然)、若、但(而)

三、用词的风格

从我们的观察中发现，口语中词汇较自由较随便，书面语中词汇较庄重正式。白丽兰(2001:123)提到英语口语的情况也是如此:"英语口语存在于日常生活之中，人难免每日频繁使用，这使得其词汇趋于简洁和随便，例如:yeah = yes, cos = because 等。这些词可以看做是普通词汇的一种变体，是很随便的'口语词'。"

3.2 句式的使用

董秀芳(2005:22)认为:"任何语言的口语和书面语在句法形式上都会存在一些不同，现代汉语也不例外。由于汉字的悠久历史，汉语书面语的材料可以追溯到很早，历史文献中存在但在后来的口语中消失的一些语法形式在某种程度上积淀在现代汉语的书面语表达中,这一因素加大了现代汉语书面语与口语的分歧。"

谈到口语句式和书面语句式各自的特点,我们凭一般观察,大多能列出几条:口语的句子较短,而书面语的句子较长;口语的句子中省略的成分较多,书面语中各种组句成分相对较齐全;口语中,被动句用得较少,书面语中,被动句用得较多,等等。

Renkenma(1993:86—87)专门谈到口语和书面语的区别,下面我们简要介绍他对口语和书面语的看法。

"话语"这个词既用于口头交际,也用于书面交际,然而,口语和书面语之间存在着许多重要的差异。

Renkenma 提到 Chafe(1982)的看法:口语互动(verbal interaction)和书面语互动主要有两种差别,一是写的时间要比说的时间长;二是作家跟读者没有直接来往。Chafe 称第一种差别为"综合"差别,书面语中语言不能"支离破碎",而在口语中常会见到支离破碎的句子。这种综合差别的一个重要标记就是连词的使用,也就是说,在书面语中人们多用连词,而在口语中却很少用连词。第二种差别是"分离性"差别,指的是在一般情况下,在书面语中,作者跟读者没有必然关系,而在口语中,通常说话双方都参与。

口语和书面语的区别还可通过"环境"(situation)这个术语来区别。口语有包括说话者和听话者共有的环境,在这种环境里,信息可以通过非语言的方法来进行传递:如姿势、语调、手势等,而且,说话者能够对听话者的非语言的行为迅速作出反应。而书面语没有共同的环境。

对口语,可以从合作原则、礼貌策略、外部联系和内部联系、风格的变化等方面进行研究。

人们常常忽视篇章和对话之间一个相似之处,虽然作者无法直接得到读者的反应,但作者可以预见到读者的某些反应,看下面一个例子:

(2) 1. Discourse studies is not a separate science. 2. It can be seen from the discourse studies publications which have appeared up until the present that there are no common targets or goals which can be formulated from the various research topics. 3. This is the least that can be expected from researchers wishing to do work in a new field of research. 4. There are researchers who see in the concept 'breakdown in communication' a binding element, but even in this approach the theoretical underpinnings are at best rudimentary.

1. 话语研究不是一门独立的科学。2. 这一点可以通过到目前为止发表的研究性出版物中得到证实,它们反映出了各种不同的研究目的和研究主题。3. 至少这也表明,研究人员们希望在一个新的领域中从事研究工作。4. 有些研究人员认为"交际中断"这个概念是一个链接因素,尽管这样,这个方法背后的理论支柱最多也是基础性的。

如果把这段话变成对话,只是省略了问话一方。

(3) 1. Discourse studies is not a separate science.

  1a. How does the author reach this conclusion?

2. It can be seen from the discourse studies publications which have appeared up until the present that there are no common targets or goals which can be formulated from the various research topics.

2a. Is this really an argument?

3. This is the least that can be expected from researchers wishing to do work in a new field of research.

3a. There are other criteria for a separate science, aren't there?

4. There are researchers who see in the concept 'breakdown in communication' a binding element, but even in this approach the theoretical underpinnings are at best rudimentary.

1. 话语研究不是一门独立的科学。

1a. 作者是如何得出这个结论的？

2. 这一点可以通过到目前为止发表的研究性出版物中得到证实，它们反映出了各种不同的研究目的和研究主题。

2a. 这个论点站得住脚吗？

3. 至少这也表明，研究人员们希望在一个新的领域中从事研究工作。

3a. 对于什么是一门独立的科学有其他的标准来界定，是吗？

4. 有些研究人员认为"交际中断"这个概念是一个链接因素，尽管这样，这个方法背后的理论支柱最多也是基础性的。

这个篇章中的对话例子说明书面语也可从环境的角度来进行研究。

下面我们来看一下对汉语口语和书面语研究的具体情况。

一、变换句型

赵元任(2001[1979]:11)说:"有一个常被引用的例子:'庖有肥肉,厩有肥马,民有饥色,野有饿殍。'从语法上看最好都分析为'主—动—宾'句型。可是如果翻成现代口语,这四个主语必得都是处所词:'厨房里','马号里','百姓脸上','野地里'。"

朱德熙(1999[1987]:142)在谈汉语语法研究的对象时,谈到口语和书面语的区别:

"有的语法著作认为存现句句首的处所词语前边可以加上介词'在',举的例子(原例30—33)如:

(4) 在斜对面的豆腐店里确实终日坐着一个杨二婶,人都叫伊'豆腐西施'。(鲁迅)

(5) 远远地他看见了一个大的泥沼,在里面跪着许多艳装的女子。(巴金)

(6) 在电线杆上,在店铺门前,在墙壁上,都贴着标语。(同上)

(7) 在岸边上的槐树下睡着一头大花狗。(赵树理)

事实上这类句式只见于书面语,口语里是不说的。有的文章在讨论此类句式时说:一般没有这个'在'字……没有'在'是通例,不能认为省略了'在'。

这样说并不错,不过因为没有区分口语和书面语,只好笼统地说'一般'情况下没有'在'(特殊情况下可以有),没有是'通例'(有是变例)。"

赵元任和朱德熙的例子说明,书面语中某些句式,用口语表达出来,需变化其句式结构。

二、填补主语的位置

董秀芳(2005:22)发现现代汉语口语中有一种"他"的用法,可称为"傀儡"的"他"。她举的例子是:

(8) a. 我这个人,他能耕地吗?(原例17)

b. 有礼拜寺。他有这么个组织,现在更好了。现在更有这个组织了。(原例19)

作者认为,例(8a)中的"我这个人"和"他"在人称形式上并不匹配,可见"他"的出现不是以复指为主要目的,而是以占据主语的结构位置为主要目的。例(8b)中的"他"无所指,一般的书面语只说"有这么个组织","有"前面不出现主语,"有"的唯一论元在其后引出。

三、口语中失掉的句法格式

据冯胜利(2003:54)介绍,有些句法格式在口语中不存在,如:

A/V 而 A/V(少而精)

为 NP 所 V①

[NN]之 A(品种之多、质量之好,是近来少有的)

[ADV+V]为+VV(深为不满、广为流传、大为惊讶)

为 NP 而 V(为现代化而努力奋斗)

冯胜利(2003:54)认为,现代口语已经丢失了连接两个VP的连词(而),然而,书面语里仍然可用"而"来连接两个形容词。

---

① 这个格式冯胜利未给出例子。

例句是：

(9) a. 该方法的产品制造,不仅少而慢,而且质量低劣。

b. 四个现代化的雄伟目标,伟大而艰巨。

四、韵律制约

冯胜利(2003:56)认为：书面语色彩越浓,韵律的控制就越强,"2 求 2"的要求也就越严格。他的例子是：

表4.4　书面语和口语中韵律的控制

口语		书面语	口语		书面语
从美国过境	→	过境美国	从波黑撤军	→	撤军波黑
在中南海讲学	→	讲学中南海	在北京城火爆	→	火爆北京城
在山神庙收徒	→	收徒山神庙	在城外待命	→	待命城外
在陵云崖遇险	→	遇险陵云崖	在昆明湖荡舟	→	荡舟昆明湖
为亚运会备战	→	备战亚运会	与美国队激战	→	激战美国队
向国家队挑战	→	挑战国家队			

他认为,箭头后面的格式只见于书面语而不见于口语；同时,它们也不再是书面标题的表达法,而正以迅猛之势侵入正常的书面表达。譬如"此次比赛也是整个备战亚运会的重要环节"一类的句子日渐其多。当然,这种句式是古语的遗留,但它已进入现在书面语的句法系统,绝非传统秦汉意义上的文言文。无论如何,当代的书面语法既有别于古代汉语,也异于当代口语。

4. 小结

邢欣(2003:14—15)对口语和书面语的主要不同点作了较好的总结：

口语存在于人们日常随便交谈之间,用于面对面的交际场合,保持了生动活泼、感情自然、诙谐幽默、不拘形式、随意说出的特点。口语中的表达更加丰富多彩,更多地利用声音特征,如各种语调、语气词、拟声词等表达各种情感和情绪。其次,口语里还有大量的衬音或衬词。表示会话的连贯和话轮的转换,如"嗯、啊、这个、那个"等等。在句式上多简短句,省略句。还运用许多俗语、歇后语。说话时随想随说,在造成思维与会话脱节时,会产生颠倒语序、重复、省略、补充、停顿等情况。此外,口语中还有一种口误现象。口误不同于错误,错误是受知识水平所限产生的,如读错字音。而口误是口语中思维与话语脱节或强调焦点时潜意识里突出焦点词,造成语句不连贯,词语中谐音出错等。这种口误在口语中是避免不了的。它形成了口语区别于书面语的一大特色。如果说,播音员与主持人的区别是什么,应该是播音员的语言是播出已加工过的书面语,主持人的语言则以口语为主。因此,播音员不应该有口误,而主持人出现口误则是必然的。没有口误就不是真正的口语。

书面语主要靠文字来记录,用于正式场合。书面用语庄重严谨,字斟句酌,经得起推敲。用词成语多,典故多,可以使用古语词和文言词。句式上长句多,不允许重复、颠倒等。

口语和书面语的区别还反映在同义词的选用、同义句式的选用上。

第三节　短信篇章

短信篇章指的是用手机发的短信。如果探究短信的历史,也只不过短短的十几年,张薇(2008)介绍说:"世界上第一条短信只有四个字:'圣诞快乐',它诞生于英国,1992 年的圣诞节,距离现在刚满 15 年。当时的短信需要通过电脑发送到手机上。到 1999 年以后短信才以手机对手机的更简便方式迅速蔓延到世界各国。"

近些年,相对来说,老年人会发短信的不多,但对某些中青年手机用户来说,短信已成为日常交际中不可或缺的交流方法之一。据李小宇(2007:97)介绍:15—19 岁使用短信的占 83.3%,20—25 岁使用短信的占 89.0%。我觉得,现在这个比例有可能还在增加。

在交际中,短信有许多优点:速度快,在国内,几秒钟就到对方手机。对方关机的情况下,照样能存着,只要一打开,便能收到。短信能发英文,也能发汉语,还能发"彩信",也就是照片。还有,短信价钱便宜,发一条短信,有的一角、一角五分,有的只有几分钱,申请了群发的,价钱还便宜,电信公司为了争取顾客,还有短信礼包等,价钱自然便宜点。还有"飞信"(feition)等软件,便可在电脑上发免费短信。

由于短信的这些优点,短信发展很快,据张薇(2008)介绍:"2000 年下半年,中国移动推出中文短信业务,开始了中文短信的市场井喷。截至 2007 年,中国约有 4.55 亿手机用户,每个月,他们都制造约 330 亿条内容芜杂、千奇百怪的短信。2007 年除夕夜的一个晚上,仅北京市手机用户就发出了至少 4.5 亿条短信。"据新华网 2008 年 2 月 9 日介绍:"大年三十,北京的手机用户就发出了大约 6 亿条短信息,创下历史新高。"①短信使

---

① http://www.bj.xinhuanet.com/bjpd_sdzx/2008-02/09/content_12425623.htm(2008 年 2 月 9 日验证)。

用者的不断增加说明短信这种篇章,在人们的生活中扮演了越来越重要的角色。

1. 短信篇章的长短

顾名思义,短信的特点就是"短",那么多少字算短?一条短信最多70个汉字。据我观察,通常自己一个字一个字输入的短信,大多到不了70个字。如果我们把一条短信看做是一个篇章的话,那么最短的篇章就是一个字,如"好"。但是,随着短信功能的日益强大,在人们收入提高,短信价钱相对便宜的情况下,短信也在以其特有的形式在变"长"。

一、短信聊天使整个短信篇章变长。短信聊天使一次"短信交流"的篇幅变长了,你一个短信我一个短信,虽然每个短信的字数可能不多,但由于一次短信交流由多个短信组成,相对来说,这次交流的字数就增多了,如果把某次"短信交流"看做一个篇章的话,相对来说,这个篇章可能就是个"长"的短信篇章。

二、连续发短信也促使短信变长。既然是短信,电信公司对短信的长度就有一定限制,"飞信"便突破70个字的限制,发一次短信可以180个字。不管如何,短信是有字数限制的。但某个短信如果超出规定的字数,电信公司可以分成两个或多个短信发,收到短信的人有时可以作为几个短信先后收到,有时会自动把几个短信并到一起,以便读者阅读。这样不管是对发短信的人和收短信的来说,短信都在相对延长。当然,更有甚者,用短信来写书。张薇(2008)说:"2003年11月26日,意大利男子罗伯特·贝尔诺科利用上下班途中的时间,用手机写出了一部长达384页的科幻小说《旅行者》。贝尔诺科从事IT业,使用诺基亚手机,先在手机上写出原稿一段一段保存下来,回家后再下载到电脑上编辑校对,虽然用手机写成,但这部小说没有使用手机短信经常使用的简略表达法,而是采用标准的意大利语。"罗伯特·贝尔诺科的短信小说是否是个例?按张薇(2008)的介绍,好像写短信小说的大有人在:"2007年,手机小说占据了日本年度文艺类畅销书排行榜的前三名。《读卖新闻》最近连续发文,评述2007年日本手机小说的盛况,更有老牌文艺杂志称手机小说是在'谋杀作家'。"

三、短信跟计算机结合可使短信篇章变长。这表现在两个方面,一是用电脑发短信,因为用键盘输入速度加快,这样短信就易变长。据我自己的经验,如果用"飞信"发短信,每个短信的字数明显增多。二是网站中的现存短信可以传输到手机,由于免去用手机一个字一个字地输入,短信便变长了。现在有不少网站有许多短信提供给用户,用户只要上网操作,短信便可发到用户的手机上。如人们熟悉的新浪网中提供的短信,就分门别类,分为"嘘寒问暖、节日祝福、MSN签名、红尘情缘、幽默搞笑、天南地北、舞文弄墨、新新贺岁、开心生日、短信大赛"10个大类。① 这些大类中又有小类,像"节日祝福"就有"元旦、春节、元宵节、情人节、妇女节、愚人节、五一劳动节、五四青年节、母亲节、六一儿童节、父亲节、端午节、七夕节、教师节、国庆节、中秋节、重阳节、万圣节、感恩节、圣诞节"等20个节日几千条短信,可供用户选择,你如选中哪个短信,便可根据提示发个短

---

① http://bf.sina.com.cn/sinarc_php/yycqlist.php?aid=48&type=185&page=11&sort=2&from=403&key=&free=(2008年2月7日验证)。

信,几秒钟后你便可收到这个短信,2008年2月7日我在新浪网花0.5元当场收到一个自己看中的短信。当然有时网上也有免费的短信,像谷歌2008年2月就推出"从谷歌热榜挑选拜年短信,免费发送到你手机"的活动。短信成为商家挣钱的手段,有的网站就雇有专门给网站写短信的高手。①

2. 短信篇章的特点

2.1 修辞格使用

短信之所以被人们喜爱,有一个原因就是短信幽默好记。"尤其是节日短信,非常简短、有趣,比如我收到过圣诞祝福的短信:有一只公鸡和母鸡,公鸡对母鸡说'生蛋、生蛋',母鸡回答'快了、快了'。从语言的角度来看,这些文字的表达非常精彩、到位、一针见血,连语言学家都未必能写出这么精彩的语言。"(张薇 2008)精彩的语言得益于对修辞恰当地使用,看下面几条短信:

---

① "蚂蚁懒洋洋地躺在土里,伸出一只腿,朋友问你干吗呢? 蚂蚁:待会大象来了,绊他一跟头。"这就是戴鹏飞的作品,他被誉为"中国短信写手第一人",一是因为他是第一个以创作短信为职业的创作人,再者他短信总片1亿次的转发量在国内也无人能敌。北漂的戴鹏飞最早在新浪上开设了鹏飞手写短信专栏,预计自己的突破性职业应该能火了,没想到这个火来得太快,专栏开设8天之后,就有人出价10万买断他短信的版权。很快,他从当初的创作一条60元涨到一条1000元。据他自己说,最贵的一条短信曾经卖过2000元。"平均每百字让读者大笑一至三次",是他写短信的信条。不过现在他又开始忙活更多的事情——短信文章、专栏短信书籍出版、短信原创大赛、短信歌曲推广、短信体戏剧等等。他坚信短信有更多的前途:"一条短信最多70个字,把它扩展到几百字就是短文,写到几千字就是小说。"戴鹏飞写过一本短信体小说《谁让你爱上洋葱的》,就是源自一条短信:"黄瓜失恋痛哭,茄子安慰她:爱情不单只是甜美、只是沉醉,还有心碎、还有流泪。唉!谁让你爱上洋葱的?"(曲慧 2008)

比喻

(10) 人就像房子,朋友就像窗子,窗子越多越亮!我愿是你最大的那扇向阳窗:春天送花香,金秋送气爽,炎夏送凉风,寒冬送阳光。

杨祥平的例子(2007:150)

顶真

(11) 现代女人感叹男人:有才华的长得丑,长得帅的挣钱少,挣钱多的不顾家,顾了家的没出息,有出息的不浪漫,会浪漫的靠不住,靠得住的又窝囊。

毛力群的例子(2007:93)

排比

(12) 无论生活是苦是甜,让真诚永远;无论道路是直是弯,让善良永远;无论生命是长久是短暂,让美好永远;无论远在天边还是近在眼前,让幸福永远。

杨祥平的例子(2007:150)

比拟

(13) 白云不向天空承诺,但朝夕相伴;风景不向眼睛说出永恒,但始终美丽怡人;星星不向夜空许下光明,但努力闪烁;我不向你倾诉思念,但永远牵挂。格外想念你,祝新春快乐!

杨祥平的例子(2007:150)

其实在人们日常使用的短信中,可以说各种修辞格都在使用,还有一个短信中采用多种修辞格,这些修辞格使短信读起来朗朗上口,便于记忆,便于流传。

2.2 仿古典诗词

孟念珩(2007:77)认为:"大量优美的短信是对古典诗词的仿作,并且巧妙运用了多种古典诗词的创作技巧。"下面的例(14a)就是仿李煜《虞美人》,例(14b)是改写苏轼的《念奴娇·水调歌头》:

(14) a. 萨斯病毒何时了?患者知多少?小楼昨夜又被封,京城不堪回首月明中。

粮油蛋菜应犹在,只是不好买。问君能有几多愁?最怕当成疑似被扣留。

孟念珩的例句(2007:77)

b. 明月几时有,把饼问青天,不知饼中何馅,今日是蓉莲。我欲乘舟观月,又恐飞船太慢,远处不胜寒,起身发短信,祝福在人间。中秋快乐!

杨祥平的例句(2007:150)

2.3 仿民谣

(15) 每天工作累了点,工资确实少了点;想家时候多了点,你我相隔远了点;短信虽然短了点,联络感情深了点;想你念你有了点,愿你快乐久一点。

毛力群的例句(2007:91)

2.4 用电影名

(16) 《忘不了》您的《笑脸》,《遗忘》不了《青春》《厚重的记忆》。但愿《明月千里寄相思》,祝福您《好人一生平安》。

张天莹的例句(2007:125)

2.5 用数字

(17) a. 两车相撞,甲指着乙恶狠狠地说:瞧瞧我的车牌号!00544(动动我试试)!乙也不甘示弱:你瞧瞧我车牌号!44944(试试就试试)!

佟福齐、关立新、王敏之的例子(2007:21)

b. 52058456821777781223417987686587129955829475
(我爱你,我发誓,我要抱你一起去吹吹风,与你爱相随,一起走吧,去溜达溜达,不变心,与你卿卿我我,被爱就是幸福)

赵淑莉的例子(2007:171)

c. 20岁觉得漂亮真好,30岁觉得年轻真好,40岁觉得有钱真好,50岁觉得健康真好,60岁觉得儿孙真好,70岁觉得活着真好,80岁觉得杨振宁真好。

毛力群的例句(2007:92)

d. 6碰见9说:走两步就走两步呗,练什么倒立啊;0碰见8说:胖就胖呗,还系什么裤腰带啊;7碰见2说:行了别跪着了,再跪也不嫁给你;2碰见5说:几天没见隆胸啦!

黎海情的例子(2007:46)

3. 短信篇章的社会性

短信篇章的社会性之一,就是对社会上不良风气和丑恶现象的批判,由于这类短信高度概括,形象生动,人们乐于接受。"它的浓缩性太强了,总结性极强,语言幽默、有趣,即时表达民生和现实,对社会现象也有高度的概括。"(张薇2008)一般来说,越是总结得到位的短信,越获得人们认可的短信,往往也就是转发次数最多的短信。

下面是几例批判性短信,例(18a)是贪官的画像,例(18b)是批判社会上的不正之风,例(18c)是抨击某些缺乏职业操守的人:

(18) a. 台上讲话像孔繁森,台下做事像王宝森,见了群众像泰森,喝了酒像鲁智深,见了领导像和珅。

黄交军、谭珊丹的例句(2007:74)

b. 中国特色的错别字:检查宴收;提钱释放;酒精考验;白收起家;勤捞致富;得财兼币;择油录取;大力支吃。

毛力群的例句(2007:91)

c. 这年头,教授摇唇鼓舌,四处赚钱,越来越像商人;商人现身讲坛,著书立说,越来越像教授;医生见死不救,草菅人命,越来越像杀手;杀手出手麻利,不留后患,越来越像医生;警察横行霸道,欺软怕硬,越来越像地痞;地痞各霸一方,敢作敢为,越来越像警察;流言有根有据,基本属实,越来越像新闻;新闻捕风捉影,随意夸大,越来越像流言……

毛力群的例句(2007:95)

4. 小结

"社会节奏越来越快,生活的节奏紧张,人们不可能静下来看很大量的文字,短的语言刚好符合人们的生活节奏。手机和网络恰恰是培育这种短的语言的技术基础,这些都为短的语言提供了传播的平台。"(张薇 2008)短信篇章的特点是彰显个性,没有语文老师给你判分,没有作家帮你咬文嚼字,没有编辑部对你层层审查,短信使用者个个都是潜在的"短信作家":他可以创作和修改任何短信,然后发出,这种自由度给短信的发展提供了强大的动力。作为一种新的篇章形式的短信如此快速的发展,引起语言学界的注意,我从"中国知网"中收集到的有关讨论短信的文章共有 32 篇,其中,2004—2006 年,每年发表各 2 篇,共 6 篇,而 2007 年发表的就有 26 篇。

随着手机输入法的不断更新,人们掌握输入法的技术不断娴熟,短信作为一种新的交际手段,其使用可能会更加普遍。① 作为"短语文"的新的篇章形式,我们应该给予足够的关注。

第四节　网聊篇章*

本节讨论的网上实时聊天(简称"网聊")指的是用 QQ,MSN,Skype,Google Talk,UC,AOL,ICQ,OICQ 等网络聊天工具在网上用文字进行交流。文中偶尔也会提到文字聊天和语音聊

---

① 现在限制短信更为广泛使用的一个制约因素是输入较为麻烦,这可能是中老年人使用短信较少的原因之一。输入法的改变能提高输入速度,我发现各个手机制造商都在改进汉语输入法,以争取该款手机的用户。当然经常发短信的人的输入速度会明显提高。"2006 年 11 月,16 岁的新加坡中学生刷新了手机短信输入速度的吉尼斯世界纪录,成绩是 41 秒 52。他输入的是国际上专门用来衡量输入速度的标准短信:"The razor-toothed piranhas of the genera Serrasalmus and Pygocentrus are the most ferocious freshwater fish in the world. In reality they seldom attack a human."(食人鲳是地球上最凶猛的淡水鱼,但是事实上它们很少会攻击人类。)"(张薇 2008)

* 这节与许家金博士合写,主要内容在《汉语的形式与功能研究》(2009)登载。

天同时存在的情形,但主要讨论文字聊天的篇章特点。

不同的聊天工具的界面各有其特点,其功能也会略有不同,本文研究的语料都是来自 QQ/MSN,所以本文以这两个聊天工具的界面为主。下面图1是 QQ 网聊的界面:

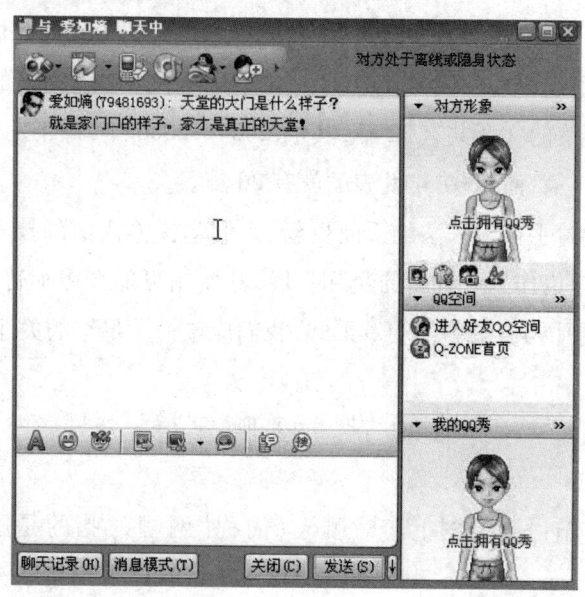

图 4.1　QQ 的聊天界面

图 4.1 是 QQ 的聊天界面,左下方空白框是当前电脑使用者输入文字的地方,左上方空白区域是显示对方和自己输入文字的地方(以不同颜色区分会话双方)。如果双方有摄像头,右下方"我的 QQ 秀"的方框是显示我方的影像(可以移出该界面),右上方"对方形象"是显示对方影像的地方。我们可以看到图 4.2 中 MSN 也有类似的聊天界面:

网络实时聊天是随着计算机技术的发展而兴起的。这种新出现的语言交流方式的出现,也只有十几年的历史。网聊既有

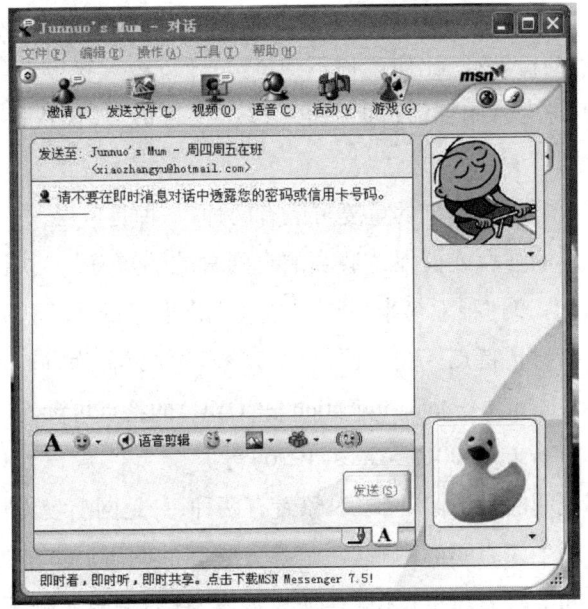

图 4.2 MSN 的聊天界面

口语的特点,也有书面语的特点。网络语言主要是以文字和符号形式出现的,它具有书面语特征不难理解。那么网络语言的口语特征从何而来呢？一般来讲,口语,首先应当是"说"出来的,有声的,因而是有韵律特征的,而且需借助语境化标记(contextualization cues)方能完全理解;其次,口语未必严格遵守以书面语为主要规范的语法规则,表现为多语气词,停顿,多附加成分,而且句子较短。从我们收集到的网聊语料来看,以下几点可初步概括网聊用语口语特征的体现。

一、句式零乱,多不完整句或短语,有时不合构词法或语法规则;

二、较多使用语气词:"报名了""报名喽";

三、以问号、叹号等各种标点符号(及其组合形式)来传达的语气、韵律特征,比如,"你不知道?""平安夜大餐报名";

四、评介性附加语(如:呼告语):"快告诉我,快快快!""小强,加油啊";

五、重复:口语中的重复可能有两种,一种是口误,另一种就是有目的的强调或催促:"我真的真的真的不知道","快说快说快说","你速速报上名来";同时也表现出明显的计算机自身所具有的高科技特点。关于网络语言(有时候也称为 netspeak 或 computer-mediated communication — CMC)的特点可参看于根元(2001),Crystal(2001),Yates(1996)等。

要说明的是:①从网聊对象看有两种,一是网上漫无目标寻找到的陌生人之间的网聊,一是熟人之间的网聊。本节讨论的是熟人间的聊天篇章;②从参加人数看,有的是两人聊天,有的是多人同时聊天。本节讨论的是两个人之间的网聊。

本节研究电脑网聊的篇章,先讨论网聊篇章的结构,讨论网聊篇章的话轮,网聊篇章的话题,网聊篇章的句式,再讨论使用网聊篇章的句式,讨论网聊篇章的用词,最后讨论网聊篇章的标点。

本节研究的语料是我们收集到的约 45 人同本节两位作者的聊天记录,约 10 万多字(其中不包括网名,只是指聊天内容)。

1. 网聊篇章的整体结构

引言中我们提到过,口语的一个主要特点是通过语音传达信息,书面语是通过文字来传达信息。网聊你一句我一句的结构,跟口语相似,具有实时交互的特点;从电脑键入文字及传送文字来达到交流的目的这种互动形式,又跟书面语相似。

网聊篇章的典型整体结构可以分为"开头→正题→结尾"三个部分,下面我们依次讨论。

1.1 开头

我们的语料显示,熟人之间的网聊开头通常不用人们见面时常用的"你好、您好"等常用语开头,常见的开头有三种:①称呼对方介绍自己;②直接讲引出某个话题内容;③以打开视频和语音系统等开始的综合开头。

1.1.1 称呼对方介绍自己

先看一个称呼对方的例子,请看下例:

(19) a. /xujiajin/ 2004－5－16 10:29:27 *

陈兴良

昆虫记 2004－5－16 10:29:45

shi

昆虫记 2004－5－16 10:29:45

yes

/xujiajin/ 2004－5－16 10:29:48

我买了个usb2.0扩展卡

b. RedApple * ˆ0ˆ 2005－6－14 21:16:27

叔我找到房子了在北大西门那里

Mr Bean 2005－6－14 21:16:57

Hi

---

* 本节语料截取自实际网聊,其错别字及标点疏漏保持原样。影响文意理解的错字在括号中订正。

Mr Bean 2005 – 6 – 14　21:17:41

北大西门？离你上课的地方远吗？

RedApple ＊^0^ 2005 – 6 – 14　21:18:40

7 月的那个近但是 8 月的在北三环那

Mr Bean 21:19:06

几个人一间？要注意安全。

c. 49294767　2005 – 6 – 14　14:30:10

徐老师，推荐一个网站 www.corpus4u.com,

49294767　14:30:38

我跟几个朋友一起做的

Mr Bean 2005 – 6 – 14　14:33:17

我进去看看

例(19a-c)显示，这三个都是称呼对方的例子。由于从对方的昵称或者签名就可以辨识出其身份，连上 QQ/MSN 后，首先发话认定对方认识自己，就直接称呼了对方，对方一旦确认首发方，对话便开始了。

例(19a)第一行中"/xujiajin/"是网名，"2004 – 5 – 16"是表网聊的年月日，"10:29:27"是下一行文字上传的具体时刻。需要说明的是，文字上传时间是以本电脑显示的时间，如果两个电脑时间不一样，就有可能先显示在屏幕上的文字时间迟，后显示在屏幕上的时间反而早。文中没有显示具体时间的例子都是 2005 年的网聊记录。

网名是"/xujiajin/"的一方一开始就直呼对方的名字"陈兴良"，待对方答应后马上开始进入交谈。

例(19b)中，网名是"RedApple ＊^0^"的一方叫了一声"叔"

(后面没有标点)后,没有等对方回答,就直接开始了讲述"我找到房子了在北大西门那里"。

例(19c)中,网名是"49294767"的一方一开始就是"徐老师,推荐一个网站 www. corpus4u. com",可能是对方反应慢,28 秒钟后,"49294767"就又接着上传了一句"我跟几个朋友一起做的",等网名"Mr Bean"回答"我进去看看",就开始进入正常交谈。

上面几个例子都是直接联系上的,也有经过确认的,看下例:

(20) 2327536　15:54:10

　　　　大伯

　　　2327536　15:54:14

　　　　再吗?(在吗?)

　　　Mr Bean　15:58:10

　　　　是钱晋吗?

　　　您已经请求与2327536进行 视频 对话。请等待回应或取消　该邀请　对方拒绝了您的请求!

　　　2327536　15:55:21

　　　　是我

例(20)中"2327536"先称呼"大伯",等了4秒钟后,没有反应,又问了一句"再吗?"(在吗?)还是没有回答,过了约4分钟后,大约是"Mr Bean"发现有熟人找他聊天,就确认一句"是钱晋吗?""2327536"回答"是我",两人接上头。

例(21)是自我介绍的例子:

　(21) Mr Bean 2005 - 08 - 02　15:17:53

　　　　我是舅舅。
　　　　爱如燏 2005－08－02　15:14:46
　　　　哈哈
　　　　爱如燏 2005－08－02　15:14:53
　　　　我 在搞保(指保持先进性教育)
　　　　Mr Bean 2005－08－02　15:18:32
　　　　你的新家可以上网了?

　　例(21)中"Mr Bean"先自我介绍"我是舅舅",对方用"哈哈"两字表示确认和高兴,然后进入正常交谈。
　　例(22)是先称呼对方,紧接着自我介绍。
　　(22)66 2005－08－17　20:11:06
　　　　老赵我是二姐
　　　　您已经请求与 66 进行 视频 对话。请等待回应或取消　该邀请
　　　　Mr Bean 2005－08－17　20:03:18
　　　　敲"接受"
　　　　Mr Bean 2005－08－17　20:03:30
　　　　我是老赵
　　　　Mr Bean 2005－08－17　20:04:10
　　　　敲"接受"

当然如果网聊者用了别人的网名,那就会使对方认错人:
　　(23)彩装孩童喜色泛,无心追忆儿时欢。南乡冬日寒胜北,层衫厚衾盼天暖。
　　　　2005－2－5　18:27:33
　　　　老马,你好

彩装孩童喜色泛，无心追忆儿时欢。南乡冬日寒胜北，层衫厚衾盼天暖。

2005－2－5　18:27:46

我的电脑里进了可乐

彩装孩童喜色泛，无心追忆儿时欢。南乡冬日寒胜北，层衫厚衾盼天暖。

2005－2－5　18:27:56

刚刚才修好

彩装孩童喜色泛，无心追忆儿时欢。南乡冬日寒胜北，层衫厚衾盼天暖。

2005－2－5　18:27:56

真是很不走运

bosen 2005－2－5　18:29:11

老马不在，我是他儿子

彩装孩童喜色泛，无心追忆儿时欢。南乡冬日寒胜北，层衫厚衾盼天暖。

2005－2－5　18:29:40

小马啊，代问你爸爸好。我是许家金

　　例(23)中，"彩装孩童喜色泛，无心追忆儿时欢。南乡冬日寒胜北，层衫厚衾盼天暖。"（简称"彩装"）一开始就确认对方是"老马"，于是就称呼了一句"老马，你好"，没等对方回答，就开始谈话，加上称呼语，一连上传了四句话。等"bosen"说："老马不在，我是他儿子"，"彩装"才知道人搞错了，好在他认识"老马的儿子"，就说："小马啊，代问你爸爸好。我是许家金"，开始了新的话题。

1.1.2 直接讲引出某个话题的话

既然双方都认为自己确认对方,有时就省去"确认"这一步骤,直接开始寒暄。下面是双方都没有称呼对方和介绍自己等"开场白"就直接开头的例子:

(24) 长风破浪会有时,隐忍蓄势待来年! 2004-12-7 21:50:05

难得一见啊

Cheer 2004-12-7 21:50:50

嗯,你好能聊啊

长风破浪会有时,隐忍蓄势待来年! 2004-12-7 21:50:05

是吗?怎晓得?

cheer2004-12-7 21:52:20

一个多小时前我上线你就在阿 我在装机断线了

嘿 你还在

例(24)的这种情况在我们语料中还不少,请看下例:

(25) a. 你现在在哪?

b. 现在还好吧?

c. 你在干什么呢?

d. 上线了

e. 有些日子没见了。可好?

f. 你来北京了吗?

g. 你在哪里上网呢?

h. 忙什么呢

i. 还没睡?

j. 我(为)什么我在我的 contact list 中看不到你呢,你能看到我吗?

1.1.3 综合开头

如双方有网络摄像机和麦克风,QQ/MSN 等网上网聊既可以看到对方的,也可以同时进行语音对话,这样网聊开头就并非一定要用打出的文字开始,有时就以打开视频开始,这种开头方式跟传统的口语和书面语中都不同,请见下例:

(26) 您邀请了 Meng 开始使用查看网络摄像机画面。请等待回应或取消(Alt+Q)该未决的邀请。

Meng 接受了您开始使用查看网络摄像机画面的邀请。

Jiujiu 说:

Hi

Meng 说:

你受到加加留得信吗?

例(26)中甲方"Jiujiu"先打开网络摄像机,对方"接受"了视频,然后"Jiujiu"才说:"Hi","Meng"说"你受到加加留得信吗?"(你收到加加留的信吗?)这样才进入正题聊天。

当然也有先"接上头",然后再打开视频的,如例(27):

(27) Jiujiu 说:

我是舅舅,昨天跟刘梦联系上了吗?

您邀请了 亮妈 开始使用查看网络摄像机画面。请等待回应或取消(Alt+Q)该未决的邀请。

您已经邀请 亮妈 开始音频对话。请等待回应或取消(Alt+Q)该未决的邀请。

Jiujiu 说:

看见我吗?

亮妈 接受了您开始使用音频对话的邀请。

Jiujiu 说：

Can you hear me?

亮妈 接受了您开始使用查看网络摄像机画面的邀请。

亮妈 说：

还没有

亮妈 说：

看见了,你能看见我吗?

Jiujiu 说：

昨天我和加加到外面吃饭,刘梦也没找到我。

Jiujiu 说：

你要敲一下上面的"网络摄像机"

亮妈 邀请您开始使用查看网络摄像机画面。您是要接受（Alt＋C）还是拒绝(Alt＋D) 该邀请?

Jiujiu 说：

我就能看见你了。

亮妈 说：

还没有,因为我想还是把考试考出再说,

Jiujiu 说：

好

亮妈 说：

看见我们了吗? 我还在家里,

Jiujiu 说：

你要敲一下你对话框上放的"网络摄像机"

亮妈 取消了您开始查看网络摄像机画面的邀请。

亮妈 邀请您开始使用查看网络摄像机画面。您是要接受（Alt+C）还是拒绝（Alt+D）该邀请？

您接受了开始查看网络摄像机画面的邀请。

Jiujiu 说：

听见我讲话吗

Jiujiu 说：

看见你了,很胖

您已经停止查看 亮妈 的网络摄像机。

您邀请了 亮妈 开始使用查看网络摄像机画面。请等待回应或取消（Alt+Q）该未决的邀请。

亮妈 说：

我没有装麦,所以不能听见

亮妈 接受了您开始使用查看网络摄像机画面的邀请。

Jiujiu 说：

你的图像不大会动

Jiujiu 说：

可能电脑太慢

Jiujiu 说：

以后装一个,就能讲话了。

亮妈 说：

不知道,我下次把话筒装好就能说话了

Jiujiu 说：

你现在在家吗？

例(27)比较复杂,先是确认,然后调视频,中间好像还出了点问题,后来,能看见人了,但声音还没有。经过一番折腾,到最后"你现在在家吗"才正式进入网聊。也就是说,在确认对方到正式进入正题,中间还多了个双方调节电脑的对话。

1.2 正题

  正题指的是一个完整的网聊中,除了开头和结尾之外,中间互相交流的部分。如果说,开头部分是为了"接上头",结尾部分是"结束网聊",那么正题部分是交流双方主要的交流信息。这部分结构的主要特点是:①从篇幅的长短来看,这部分可长可短,视双方的需要;②典型的结构是类似口语一个话轮接一个话轮;③话题的转换表现出其特征;④上传内容经常表现出延迟性,其篇章结构表现出复杂性。

  这些特点,在第三节中还要详细讨论。

1.3 结束

  下面是结束网聊的例子:

  (28) a. Mr Bean 21:38:28

    文章看好就跟你联系。

    49294767 21:34:57

    网特果然是天网恢恢,疏而不漏

    49294767 21:35:03

    好的谢谢

    Mr Bean 21:38:52

    88

    49294767 21:35:17

    8

  b. 茶香琴润书千卷!云白山清水一湾!天地一渔翁!

2004-7-14 10:45:45
对不起我要外出了
独行侠,双刃剑(人间),三省身,四壁空 2004-7-14 10:45:49
ok
茶香琴润书千卷!云白山清水一湾!天地一渔翁!
2004-7-14 10:45:50
晚点再跟您聊
独行侠,双刃剑(人间),三省身,四壁空 2004-7-14 10:45:52
886
茶香琴润书千卷!云白山清水一湾!天地一渔翁!
2004-7-14 10:45:53
8

例(28a)中,"Mr Bean"先说"88"(拜拜),"149294767"说"8"(拜)。双方就结束了交谈。

例(28b)中,"茶香琴润书千卷!云白山清水一湾!天地一渔翁!"先提出停止网聊的理由:"对不起我要外出了","独行侠,双刃剑(人间),三省身,四壁空"表示同意:"ok",接下来就双方"再见",一次网聊结束。

再看一个跟例(28)不同的结束的例子:

(29) 明天不一定更美好,但更美好的明天一定会到来!
2004-5-29 10:15:32
corpus-based 只是提供了一种更好的 methodology
明天不一定更美好,但更美好的明天一定会到来!

2004 – 5 – 29   10:15:56
you have real data to rely on
(ip)Wanyun 2004 – 5 – 29   10:16:33
DA 不就是分析 real language 的吗?
明天不一定更美好,但更美好的明天一定会到来!
2004 – 5 – 29   10:22:27
我正在和一个同学谈事,回头再跟你聊。你是在 UI-UC 吗?
(ip)Wanyun 2004 – 5 – 29   10:22:37
是啊
(ip)Wanyun 2004 – 5 – 29   10:23:01
好,下次向你请教:)
明天不一定更美好,但更美好的明天一定会到来!
2004 – 5 – 29   10:23:44
我在 UIUC 的 dividion of english as an international language 的 student page 上没找到你。
(ip)Wanyun 2004 – 5 – 29   10:24:23
我是到秋季才入学,而且我们系的这块已经有两年没更新了。

例(29)的特点是"明天不一定更美好,但更美好的明天一定会到来!"先提出准备结束本次网聊的原因:"我正在和一个同学谈事,回头再跟你聊。"但可能是又突然想起要问的问题:"你是在 UIUC 吗?"这两句话出现在同一个话轮里。"(ip)Wanyun"看到后,先回答第二个句子,即问话,说"是啊",没等对方回答,又上传第二个话轮,是对对方第一句话的回应,表示同意结束这次网聊"好,下次向你请教:)"。双方各又上传一句,然后就结束了这次网聊。最后没有88之类表再见的词出现。

下面是我们语料中一方先提出结束网聊的例子:

(30) a. 好了,不跟你饶舌了。我要睡觉了。88

　　b. 先聊到这吧

　　c. 那不打扰了,我先睡了,晚安

　　d. 先下了 明天还得早起练车!有空再聊!

　　e. 好了回头再聊

　　f. 先聊到这吧,不影响你了。

　　g. 我要下线了

　　h. 好了,我要下线,今晚有女排冠亚军决赛

　　i. peter,我要休息了,88

　　j. 先聊到这吧

　　k. 去一个老乡那。宿舍有电视也看不料(了)。没有有线,白搭。好了,美眉再见。

　　l. 我下线了,改日聊

当然也有没有结尾,就结束了网聊的情况,看下例(31):

(31) 莲叶田田! 2005－9－15　23:13:47

　　我正在上

　　莲叶田田! 2005－9－15　23:14:41

　　我通过你的身份验证了吗

　　天生我材必有用,富(腹)有诗书气自华。2005－9－15　23:14:44

　　是涟漪?

　　莲叶田田! 2005－9－15　23:14:55

似的(是的)

例(31)到"莲叶田田!"说"似的"就没了。在网聊中,有许多因素会导致没有出现有关结束的语句就停止了一次网聊:如突然断电,电脑关了;一方突然有事离开,对方等等没反应就关掉 QQ/MSN 等聊天工具;或电脑前出现"第三者",语料一方不想让"第三者"看到对话内容,就马上关掉了 QQ/MSN 等等。

2. 网聊篇章的话轮

在会话分析研究中,话轮是切分自然会话的基本手段,它通常以说话人的话语权的交换作为标志。Sacks, Schegloff 和 Jefferson(1974:700—701)中提出了话轮和话轮转换过程中的14个特征,例如:包含说话人的转换;绝大多数情况下同一个话轮通常只有一个说话人说话;两人同时说话的情况偶尔也会存在,但时间很短等等。

刘虹(1992,2004:45—64)把话轮分为话轮、半话轮和非话轮。对话轮,前人有较为完整的定义,下面看一下刘虹对半话轮和非话轮的观点。

刘虹(1992:21,2004:52)认为:"在会话过程中,有些语言形式既不符合话轮的标准,也不具有反馈项目的几个特征,它们不属于这两种类型的任何一种。我们把这些言语形式进行分析,分为三类:附属话轮、未完成话轮、听话人完成说话人的话轮,统称为半话轮。之所以称为半话轮,是因为它们既具有话轮的某些特点,也具有非话轮的某些特点。""非话轮即指反馈项目。""反馈项目是由听话者对说话者的反应形式,一般用来表示'我在听呢'、'你继续说吧'、'我同意你的看法'、'你说的跟我想的一样',或者'你说的事我以前不知道'、'原来这样'等意义。听话中再发出这样的反馈信息时,说话者的话轮并未中断,即并未发生听话者和说话者的角色变换,所以根据衡量话轮的条件,反馈项目不能算作话轮。"

在刘虹的半话轮和非话轮的讨论中,一个重要的指标就是"重叠",这在网聊中是不会出现的。上传的话语,在屏幕上总是按先后排列的。

根据网聊的特征,我们暂且把交流一方的打字的内容上传一次,哪怕是一个字,甚至是一个符号,显示在屏幕上,便算一个话轮,称为"网聊话轮"(简称"话轮")。看下面这个例句(例句右边标的数字是表话轮):

(32) Wanyun 2004-9-26　22:40:27

　　小,urbana downtown 就跟中国的小镇差不多,几条街道　　　　　　　　　　　　　　　　　　1

Wanyun 2004-9-26　22:40:32

　　没人　　　　　　　　　　　　　　　　　　2

　　不要懒到跟沙发和床融为一体! 2004-9-26　22:40:27

　　原来如此　　　　　　　　　　　　　　　　3

例(32)我们看成 3 个网聊话轮:"小,urbana downtown 就跟中国的小镇差不多,几条街道"、"没人"和"原来如此"。如果第二个话轮接在第一个话轮后面也通顺,如"几条街道没人",由于分两次上传,我们还是看成两个网聊话轮。

口语的话轮通常是以发话者的轮换为特征(未必是一人一句。可能是一人一字、一词,也可能是一人多句,Sacks, H., E.

A. Schegloff, and G. Jefferson 1974），下面是类似口语话轮的网聊话轮的例子：

  （33）星期四就是我的周末！2004－9－25 14：36：59
   好像你的硬盘上就有   1
   Asda 2004－9－25 14：37：11
   你是说移动硬盘上？   2
   星期四就是我的周末！2004－9－25 14：37：39
   就是那次拷扫描书的那次，你笔记本或者移动硬盘上，你找找看   3
   Asda 2004－9－25 14：39：04
   移动硬盘上是 SKYPE，笔记本上本来就有。 4
   星期四就是我的周末！2004－9－25 14：40：09
   我是指没有安装过的软件，不是指安装了的 sound-forge   5
   Asda 2004－9－25 14：40：09
   很奇怪，进入 SOUNDFORGE 时，先出现开始界面，接着马上就消失了   6

例（33）是"星期四就是我的周末！"一句，"Asda"一句。在我们的语料里，像例（24）中意义一一对应的情况反而不多见，大多情况不是一一相对应：

  （34）慧通虚拟主机 2005－12－01 14：50：37
   哦   1
   许家金 2005－12－01 15：06：59
   另一台电脑试了也不行   2
   许家金 2005－12－01 15：07：05

　　　　报错是一样的　　　　　　　　　　　　　3

　　　　许家金 2005-12-01　15:07:23

　　　　它说是 sockets 错误　　　　　　　　　　4

　　　　许家金 2005-12-01　15:07:36

　　　　但我用的是直接连接　　　　　　　　　　5

　　　　慧通虚拟主机 2005-12-01　15:07:34

　　　　如果是 SOCKERS 错误那应该是 PASV 没去掉吧

　　　　　　　　　　　　　　　　　　　　　　　6

　　例(34)中,"慧通虚拟主机"讲了话轮1后,"许家金"连续上传了话轮2—5,"慧通虚拟主机"才上传了话轮6(回答话轮4)。造成例(34)的情况可能是,"慧通虚拟主机"在考虑"许家金"上传话轮2,所以没有及时回答,当然也有别的可能。

　　再看一例:

　　(35) Mr Bean 16:33:25

　　　　上班后就忙了　　　　　　　　　　　　　1

　　　　爱如熵 16:34:00

　　　　是的,　　　　　　　　　　　　　　　　 2

　　　　Mr Bean 16:33:38

　　　　是这样　　　　　　　　　　　　　　　　3

　　　　爱如熵 16:34:21

　　　　不过医生说主要是心脏问题　　　　　　　4

　　　　爱如熵 16:34:41

　　　　他们让我告诉你的　　　　　　　　　　　5

　　　　爱如熵 16:35:04

　　　　好的　　　　　　　　　　　　　　　　　6

爱如熵 6:35:10

她没出国　　　　　　　　　　　　　　7

爱如熵 16:35:42

说话很清楚　　　　　　　　　　　　　8

爱如熵 16:36:24

好的 886　　　　　　　　　　　　　　9

例(35)中的话轮1—2是正常的对话,"Mr Bean"说了话轮3后,话轮4—9这六个话轮都是"爱如熵"讲的,从"爱如熵"这六个话轮看来好像在回答什么,但又没有见到问话。原来,看过整个网聊对话,才发现实际情况是,"Mr Bean"有话筒,他讲话,"爱如熵"听得见,但"爱如熵"没有话筒,他能听,没法讲,只好打文字。这种情况就形成了"Mr Bean"用话筒讲,"爱如熵"用文字回答,这就出现了连续上传六个话轮。

宁天舒(2003:80)观察到:"会话过程中计算机屏幕上所显示的对话不是按照逻辑序列排列,而是诸多话轮交叉(interwoven)在一起。例如,在一个只包括两个用户的网上聊天室内(聊天室的一种存在形式,即一对一聊天),在'问题-回答'(Question-Answer)这一序列中话轮可能会呈现出下面的情形(P1代表用户1,依次类推)":

(36)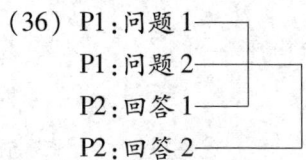

例(36)中,宁天舒观察仔细,发现了这种常见的网聊中问题-回答的模式,据我们推测,这种模式在口语中也有出现的可能,但不会太多。在我们网聊的语料中发现了比例(36)更为复杂的模式。我们这里讲的复杂表现在两个方面:①问题-回答的模式有多种;②这种交叉的模式并非只限于问题-回答。

我们来看几个我们语料中的例子:

(37) 思辨 2004－10－9　17:04:32
　　　你用过合并 word 和 txt 的工具吗　　　　1
　　　思辨 2004－10－9　17:04:41
　　　我查找过　　　　　　　　　　　　　　　2
　　　思辨 2004－10－9　17:04:41
　　　没有找到　　　　　　　　　　　　　　　3
　　　隐忍以行,戒骄戒躁。2004－10－9　17:05:02
　　　"文本文件合并器"只能合并 txt 文件　　　4
　　　隐忍以行,戒骄戒躁。2004－10－9　17:05:30
　　　但有把 word 自动转换的工具　　　　　　5
　　　隐忍以行,戒骄戒躁。2004－10－9　17:05:39
　　　如 doc2txt　　　　　　　　　　　　　　6

例(37)中的问题-回答的模式可以是例(37a),也可以是例(37b),"A 话轮"指例中第一个发话者,"B 话轮"指例中第二个发话者:

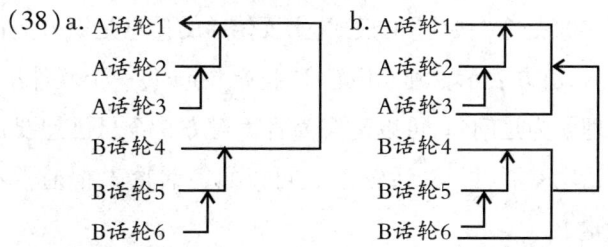

例(38a)可以看成。"A 话轮 2"是补充"A 话轮 1"的内容,

"A 话轮 3"是补充"A 话轮 2"的内容;"B 话轮 5"是补充"B 话轮 4"的内容,"B 话轮 6"是补充"B 话轮 5"的内容,"B 话轮 4—6"共同回答"A 话轮 1—3"。例(38b)是另一种理解。

在网聊中,有些话轮只起到"表示收到对方信息、赞同对方的意见"等作用,我们暂且称为"接应"话轮,并非是问题-回答,请看下例:

(39)隐忍以行,戒骄戒躁。2004-10-8 16:05:28
　　 小沈　　　　　　　　　　　　　　　1
　　 隐忍以行,戒骄戒躁。2004-10-8 16:05:57
　　 我让 peter 传一个软件给你　　　　　2
　　 隐忍以行,戒骄戒躁。2004-10-8 16:06:07
　　 我回头去拷一下　　　　　　　　　　3
　　 思辨 2004-10-8 16:06:19
　　 没问题　　　　　　　　　　　　　　4

例(39)的模式应该是这样:

(40) A话轮1
　　　A话轮2
　　　A话轮3
　　　B话轮4

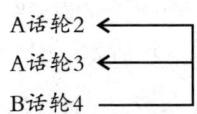

例(40)是个"接应"的模式,主要传递的信息是甲方上传某个信息后,乙方表示收到。话轮 3"我让 peter 传一个软件给你"不一定理解为是问句,可以理解为告诉对方一个自己想要做的行为。话轮 4 可以回答话轮 3,也可以回答话轮 2,但通常不能接应话轮 1。

造成话轮模式的多样性的原因,既跟计算机本身的特征有关(如不可能有口语中的重叠的情况出现),也跟网聊者本身有关(如上传速度的快慢、考虑问题的时间的长短等)。

上面谈的是网聊话轮的结构,从话轮的长短来看,我们的语料显示:最长的话轮有240个字,最短的只有一个字或一个符号。

3. 网聊篇章的话题

Hockett(1958:201)对谓词结构的特征进行描述时指出:这一结构由说话人宣布一个话题紧接着对此加以评论。Li 和 Thompson(1981:15)把汉语看成是"话题明显语言"(topic-prominent language)。屈承熹(2006[1998])认为对"话题"这个术语的理解,有两点已基本达成共识:①话题是话语的概念,而主语是句法的概念;②话题和主语并非相互排斥的。

本节的话题,指的是相对集中的内容,也就是在网聊中相对集中的内容,如谈论某个人/某些人、某件事等,这是因为:①在我们的语料中,我们发现,话题是个比较广泛的概念,可以是句内话题,也可以是篇章话题,篇章话题有时可以细分,或者说,某个话题可以分为"次话题"。举个例子来说,我们语料中有个网聊显示,话题是双方谈论有关"学习",在学习这个话题中,又可相对独立地分为"有关做博士论文"、"联系去国外读书"等次话题。本节的话题倾向于较小的单位。②上面提到的 Li 和 Thompson(1981)和屈承熹(2006[1998])所指的话题,既指书面语叙述体中的话题,也指口语的话题,引言中我们提到过,本节讨论的网聊的话题跟传统所讲的书面语和口语有所不同,表现出其特有的特征。

本节讨论的话题暂且称为"网聊话题"(简称话题),下面我们从话题的长短、话题的转换等方面来观察话题。

3.1 话题的长短

我们的语料显示,话题可长可短,长的话题可以有几十个话轮(最长的话题48个话轮),而短的只有两个话轮。例(41)是我们收集到的语料中最短的一个,只有两句话,也就是一个话题,互祝圣诞快乐。

(41)冬雪兆祥年,初霁圣诞前。甲申多斩获,鸡岁喜更添。

[小许一个愿] 2004-12-25 22:49:14

merry Christmas

Happy Birthday to Scott…yeah!!! 2004-12-25 22:50:37

圣诞快乐

3.2 话题的转换

在网聊中,双方往往不止讨论一个话题,这就需要从一个话题转到另一个话题。我们语料显示,网聊话题转换,主要采用三种方式:直接式、承上启下式、顺应式:

3.2.1 直接式

直接式话题转换指的是一方直接提出一个讨论新的话题,请看下例(右边标号是话轮):

(42) a. 人情好似初相见,到老终无怨恨心。

2005-3-9 17:21:55

这话听起来好像很"养耳"唉   1

人情好似初相见,到老终无怨恨心。

2005-3-9 17:22:05

pleasing to the ears   2

Luckystar

2005-3-9　17:22:12

这是事实啊　　　　　　　　　　　　　　　3

Luckystar

2005-3-9　17:22:14

呵呵　　　　　　　　　　　　　　　　　　4

人情好似初相见,到老终无怨恨心。

2005-3-9　17:22:27

好,放心等待　　　　　　　　　　　　　　5

人情好似初相见,到老终无怨恨心。

2005-3-9　17:28:36

主裁判一声哨响,全场比赛结束,深圳健力宝以1∶0战胜了日本磐田喜悦队,取得了2004—2005亚洲冠军杯的首场胜利!!!　　6

Luckystar

2005-3-9　17:22:53

呵呵 你在看电视直播吗　　　　　　　　　7

人情好似初相见,到老终无怨恨心。

2005-3-9　17:29:05

网上直播　　　　　　　　　　　　　　　　8

例(42)中,话轮1—5和上面没有显出来的话是一个话题,话轮6中,"人情好似初相见,到老终无怨恨心。"突然把话题转到"比赛",Luckystar猜到对方是在看电视"呵呵 你在看电视直播吗",两人开始谈论新的话题"比赛"了。

3.2.2 承上启下式

承上启下式指的是转换话题一方,先回应对方的内容,再提出新的话题,请看下例:

(43) 坐标 09:54:43

  你怎么改名了?我都不认识了   1

Mr Bean 10:01:18

  加加替我改的。   2

Mr Bean 10:01:32

  说是我向"豆豆先生"   3

  您已经请求与 坐标 进行 视频 对话。请等待

  回应或取消 该邀请

坐标 09:55:54

  有点,我没有视频   4

坐标 09:56:22

  我妈想看看你的房子   5

Mr Bean 10:02:46

  我有,你敲"接受",就能看见我。   6

例(43)中,话题1—3是谈论"改名"这个话题,话轮4中的"有点"是对话轮3的评价语,"我没有视频"是对 Mr Bean 发出的有关"视频"的请求的回应,如果说"坐标"上传的话轮4的功能是"承上"的话,那么"坐标"紧接着上传的话轮5就具有"启下"的功能,从这个话轮开始就转到另一个话题:谈论有关视频及通过视频所见到的东西。

3.3 顺应式

顺应式话题转变指的是一个话题在不断地推进中很自然的

转到另一个话题,没有一种唐突的感觉:

(44) 莲叶田田! 2005-10-2　13:54:26

昨天我突然下了,不好意思啊　　　　　　　1

xujj-2005-10-2　13:54:55

那时该睡觉了,应该的,没事的　　　　　　2

xujj-2005-10-2　13:55:01

不要紧　　　　　　　　　　　　　　　　　3

莲叶田田! 2005-10-2　13:55:38

不是,是爸爸催我了,他不喜欢我上网　　　4

莲叶田田! 2005-10-2　13:55:48

所以我草草下了　　　　　　　　　　　　　5

xujj-2005-10-2　13:56:02

家长说的话还是要听的　　　　　　　　　　6

xujj-2005-10-2　13:56:12

虽然不顺耳　　　　　　　　　　　　　　　7

xujj-2005-10-2　13:56:12

但总是好意　　　　　　　　　　　　　　　8

(省略16个话轮)　　　　　　　　　　　　17-24

xujj-2005-10-2　14:03:11

就是啊。其实这也是孝顺父母的一种办法。　25

莲叶田田! 2005-10-2　14:04:43

恩,顺从　　　　　　　　　　　　　　　　26

例(44)中,话轮1—5是谈论上次网聊为什么会突然结束的原因,是因为"爸爸"不赞成。从话轮6"家长说的话还是要听的"就很自然地转到新话题,对家长的看法,这个话题从话轮6

开始一直到话轮26,一共进行了27个话轮。

  我们发现在电台或电视的新闻节目中常可听到采用顺应式的播报法,举两个例子,一个例子是北京卫视2006年10月23日"现在读报"栏目的报道,先是报道一则找既便宜又管用的药的辛苦过程,后又报道一则某位病人治病的事,两则消息的话轮是这样过渡的:"……一边是药难找,一边是病难治……",非常顺利地从一则找药的消息过渡到另一条治病的消息,巧妙地把两则消息串起来,使人感到非常自然顺畅。还有一个例子是2008年4月30日中央电视台新闻台的"社区新闻",其中有则新闻是报道现在各行都办卡,连美发、洗车都办卡,接下来,新闻说:刚才报道的"卡"字还有一个读音叫qia(卡),说的是南宁有两辆大货车互不相让,结果两辆车qia在一起。利用一个字两个读音,从一则消息顺利地过渡到另一则消息,显示了新闻报道者的良苦用心。

4. 网聊篇章的句式

  从句式角度来看,我们主要考察一个话轮中句子的长短,句子的完整性。

4.1 句子的短长

  网聊的句子可长可短,从数量上看,没有一定的限制。短的句子可以是一个字、一个词、一个英语单词或一个符号:

  (45)a. RedApple * ˇ0ˇ 21:20:19

    哦

   b. 艾海洋 2005-6-22　0:12:50

    谢谢

  c. sophia2005－10－18　12:14:32

   yes

  d. cheer2005－8－25　22:43:23

   :－O

我们的语料显示,句子和话轮相对一般的书面语来说,都较短,这是由于打字要一定的时间,网上聊天也不需要逐字逐句地反复斟酌,所以倾向用短句和短话轮。当然,对长的句子和话轮,如有现成的可以往上贴:

(46)明天不一定更美好,但更美好的明天一定会到来!

  2004－5－31　23:57:58

  坝上在华北平原和内蒙古高原交接的地方陡然升高,成阶梯状,故名"坝上"。平均海拔高度1500—2100公尺,所在纬度为41度—42度之间。年平均气温约1.4—5度,它西起张家口市的张北县、尚义县,中挟沽源县、丰宁县,东至承德市围场县。坝上的风景最为美丽;夏季,这里天蓝欲滴,碧草如翠,云花清秀,野芳琼香;金秋时节,万山红遍,野果飘香;冬季,白雪皑皑,玉树琼花,这里就如一首首优美的诗,一幅幅优美的画。

4.2　句子不完整

  我们的语料显示,网聊的句子经常是不完整的。请看我们语料中显示的不完整的句子:

(47) a. Orange * delayed joy2004－7－11　23:36:08

   三,大家要去美国必考,无他

  b. cheer2005－9－27　21:28:19

我也不想想啊 越理智的人越会和感情

不完整的句子,或者是错句,在网聊中很常见,有时作者发现后,会做补救,重新上传,或者对方提问、指出。大部分情况下双方都不会理会,因为有些句子即使不通也能推出大致的意思,有些不懂也没事,因为不一定是重要的。

网聊的句子还有一个明显的特点是中英文夹用或拼音和文字混用,下面第5节中,我们还要讨论。

5. 网聊篇章的用词

网聊篇章中,用词有三个明显的特征:①使用网络用词;②不同语言、拼音、数字、标点和汉语混用;③错字多。

5.1 网络用语

网聊的一个明显的标记就是网络用语,也称为"网络语言",由于网络用语简洁、输入快捷、上传方便、生动活泼、含蓄幽默,深受网民喜爱。网络用语是网民在网聊中创造和发展起来的,其生命就是在应用,如果某个网络词没人再用了,那么这个网络词也就"死"了。在网聊中,掌握网络用语的多少是判别你是否是"菜鸟"(新手)还是"老猫"(老手)或"大虾"(大侠)的一个重要标记(徐莹 2006)。

网络用语可以分为数字、字母符号和文字三种。下面三种的用语都是我们语料中出现的。

表 4.5 网络用语—数字

网络用语	大概意思	备注
88	再见	白白,拜拜,bye bye,英语
886	再见了	拜拜了的谐音

续表

网络用语	大概意思	备注
7456	非常生气	气死我了的谐音
555555	哭的声音	表示难过

表4.6 网络用语——字母和符号

网络用语	大概意思	备注/例句
:)	笑脸,表示开心	同☺
:(	表示伤心或生气	同☹
:@	表示生气	
:D	大笑	笑得嘴巴开得很大
:-O	张大嘴露出惊讶的表情	哇,天才嘛!!!:-O
:P	吐舌头	
^_^	笑脸	
3q	谢谢	Thank 的谐音
3x	谢谢	Thanks
8o|	"咬牙切齿"或者"超级生气"的意思	
Cft	安慰	Comfort
Cu	再见	See you 的谐音
FYI	供参考	For your information
Ing	正在进行	感动 ing。。。。。;期待 ing
Lol	大笑	Laugh out loud
me 2	我也一样	me too, me 也 2
N	多次(引申为"麻烦")	想办个护照都 n 麻烦
Nod	表示点头同意	借用英文单词 nod
O	哦	
oic	哦,我明白了	O I see
thanx	谢谢	thanks
ttyl	回头再聊	Talk to you later 的缩略
U2	你也一样	you too

续表

网络用语	大概意思	备注/例句
url	网址	Universal Resourse Locator 首字母缩略词

表 4.7　网络用语—汉字

网络用语	大概意思	备注/例句
……的说	用在句尾	大致相当于"据说"
扁	揍	扁她
大牛	很厉害	形容某人比较厉害
东东	东西	我要吃东东
沙发	第一个回帖的人	坐个沙发先
晕	看不懂	我晕

5.2　汉字和外语及拼音合用

不同的语言夹用,在网聊中也很常见,当然前提是对方能看懂。下面是我们语料中的中英文夹用的例子:

下面是我们语料中收集到的汉语和英语、日语混用的例子:

(48) a. 你知不知道寒假期间国内有什么语言学的 conference 之类的

　　b. 但交 proposal 的 deadline 肯定过了

　　c. 是要老外做 tutor 吗?

　　d. 你把具体的要求告诉我, as detailed as possible, 我如果有机会找到老外的话,我会告诉你的。

　　e. 你可以在网上在 search 一下

　　f. 我本来想换一个更好的 therapist, 但是我的保险不能 cover, 无奈只好在学校做了

　　g. できる? DOWN

下面是我们语料中收集到的单用拼音,汉语+拼音夹用的例子(49):

(49) a. laoma

b. nihao

c. hao

d. hehe

e. taihaole

f. 我一共只申请了5个学校,所以机会不会很大 de

g. 有 d

h. 会买得话,应该可以便宜一两千 rmb

i. 一件一件来 ba

j. 我读成 zong3xing2 了

如果用英语的话,也常用简便写法:

(50) a. sorry, i misunderstood, i thought u will leave tomorrow!

b. where to go?

c. go to sleep, too late for u but not for me.

d. xu jiajia, what r u doing?

5.3 错别字

例(51)是我们语料中出现的错字,括号中是正确的字。在网聊中,错字是很常见的,有的错字作者可能没有察觉就上传了,上传后的错字,大多没有指出或更改,错字方可能觉得不更改,也不影响对方理解。

(51) a. 残(惨)哪

b. 我证(正)打算托人从日本带

c. 也想(向)你学习一些东西

d. 好,我仔细读度(读)

e. 我都快往(忘)了论文了

f. 沉住气,慢慢修改,相时而动吧(想时再动吧)

g. 最近我可能还要去北京,然后转道威海,倒是(到时)一起吃饭

h. 我整理了一下硬盘上的材料,什么时候帮我可(刻)两三张 DVD

i. 还有另外的一些可能要求寄到系荔(里)

j. 如果你照(找)了个不错的老公,你还想读吗?

k. 刚才给我老婆岩石(演示)了一下 msn 的新功能.

l. 我看不了懂满(动漫)

m. 受(收)到信息了.

n. 没办罚(法)

我们也见到自我修改的例子:

(52) a. 像 Carfield 一样生活 2005-3-25　21:06:22

这个怎么度啊

像 Carfield 一样生活 2005-3-25　21:06:22

读

b. 减肥 15 斤纪实 2005-6-5　21:46:13

让我自己都吓了一条

减肥 15 斤纪实 2005-6-5　21:46:18

跳

c. xujj-2005-5-8　21:28:00

我喝了同仁堂感冒充饥

xujj-2005-5-8 21:28:04

冲剂

d. 朱鹏霄 2005-3-20 23:02:19

主要是修改一下2-3个霄地方

朱鹏霄 2005-3-20 23:02:23

小地方

例(52)是更正词和词组的例子,下面例(53)是更正整句话的例子:

(53) a. [秋分]冷暖决今朝,此日割昏晓。原是秋分日,好友短信教。2004-9-23 22:50:50

你也不跟吱一声

[秋分]冷暖决今朝,此日割昏晓。原是秋分日,好友短信教。2004-9-23 22:51:36

你也不跟我吱一声

5.4 用词的随意性

例(54)有重复字母,重复标点,重复符号。还有看起来是用词不当,读起来不通的句子,也可能是故意这样写的。

(54) ummmm

??????

con~~~~~~~`

急!!!!!!!!!!!!!!!!!!!!

AGAINNNNNNNNNNNNNN

hey, heyyyyyyyyyyyyyyyyyyyyyyyyyyyyyyy, r u deaf?

严重恭喜

都是小事感觉

6. 网聊篇章的标点

2006年5月23日《新京报》报道了教育部的一项调查报告。调查发现,BBS中标点、符号的使用量为55.07%,超过了汉字使用量(44.73%)。不过在我们收集的网聊篇章中,标点用得不多。这可能是因为BBS是"异时"网络交流方式,发帖者有时间润色加工自己的文字,因而在文体上更接近书面语;而网聊是一种实时交互活动,更接近口语。我们的网聊语料中的标点使用情况主要有两种,一是小句和小句直接连着,一是用空格。例(55)是直接连着,例(56)是用空格:

用空格,不用标点的例子:

(55) 厚厚的你就中了

公安厅的说了如果不找单位开证明签证会有很多麻烦

(56) 才不　我机子土　什么都干不成　我晾一边

属于教务处嘛　还没查到 稍等(用空格)

赵毓琴(2002:101)统计了网聊中中英文标点出现的情况,表4.8是中英文各500个网聊句子中不同标点出现的情况:

表4.8　网聊中中英文标点出现的情况

	中国聊天室		英文聊天室	
有标点符号的句子	188		33	
带问号的句子	144	占76%	20	占60%
带感叹号的句子	27	占14%	12	占36%
带句号的句子	11	占5%	1	占3%
带逗号的句子	6	占3%	0	占0%

我们从表中看出:

① 在有标点的句子中,不论是英语还是汉语,数量多少的排列顺序是相同的(尽管比例有所不同):

多←――――――――――――→少

问号 —— 叹号 —— 句号 —— 逗号

② 不管从标点的总数看,还是从"问号、叹号、句号、逗号"这四种标点看,都是汉语比英语用得多。

赵毓琴(2002:100)认为:"一个不约而同的现象是,那些有标点符号的句子,其标点多数是问号和感叹号。在此,问号和感叹号的作用远远超出原来表达书面形式的内容,更多的是在表达口语会话中的一种感情色彩。它们的使用加强了书面语言会话形式的感染力。问号和感叹号的使用强调了说话者的语气和态度,可以说是聊天室语言口语体特征的一个组成部。"

7. 网聊篇章的贴图

马林(2004:37)认为:"语言的作用有时很穷,这个时候用图画来表情达意。在现实生活中你也许不是一个画图高手,但是在 QQ 世界里,QQ 贴图会给你无尽的方便。"图画有时确实会给人带来文字难以表达的作用,网聊中增加图画,会给聊天带来新的乐趣。这里的贴图,包括两个:静态的贴图和动态的动漫。

① 静态的贴图也就是发小图,如表示高兴,可以不用打出表示高兴的文字,只要上传一个表示笑脸的图(如☺)就可以了。

当然,静态贴图可以是自己的照片等,在聊天中上传贴图给人增添不少乐趣。

② 动态的动漫

MSN 有不同的"传情动漫"功能,供网聊者使用,见下例:

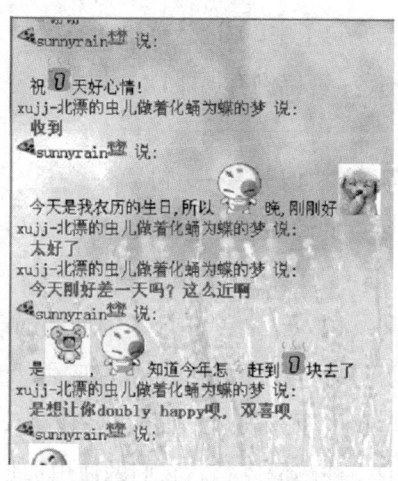

图 4.3　静态的贴图

(57) 天生我材必有用,千金散尽还复来 2005-4-24 16:51:01

发送了传情动漫"做鬼脸"

天生我材必有用,千金散尽还复来 2005-4-24 16:55:17

发送了传情动漫"做鬼脸"

(58) beautiful mind 2005-5-8 21:39:08

发送了传情动漫"Bouncy Ball"

xujj-2005-5-8 21:39:21

谢谢

现在 QQ 也能发动漫,也能"窗口抖动"。还有,上 QQ 到一定的时间,便能得到太阳,一旦得到太阳,便可用自己的照片作为 QQ 的人头像。各家聊天工具都在各显神通,竞争用户。当然得益的是广大的用户。

8. 小结

本节显示,网络篇章是随着电脑的发展和普及出现的新的篇章形式,网络篇章既表现较为明显的口语特点,也表现出较为明显的书面语特点,正如于根元(2001:58)所说:"网络现在主要是书面语表达的环境,不论新闻还是聊天,发出者需要把文字'敲'到屏幕上,接受者浏览用眼睛而不是用耳朵,信息主要用文字表述而不是声音和画面,网络语言受到'书写'的制约,其核心仍是书面语体,但受到口语体的影响,存在明显的两者相互渗透。所以,从整体上看,网络语言的语体是口语化的书面语。"

本节讨论的网聊的篇章特点,只是限于两人之间的网聊,并且是熟人,生人之间的聊天的篇章模式跟熟人之间的篇章模式可能会有不同,还有两人网聊和多人网聊之间的篇章所表现出来的各自的特征也有可能不同,这些都需深入研究。

第五节 结　　语

本章讨论了口语和书面语,口语和书面语,不管在词汇方面,语音方面,还是在句式方面都有很多的不同之处。要注意的是,在区别口语和书面语时,那些事先有准备的,甚至是背出来的口语,跟日常人们面对面的交流,也就是现场即席对话是很不同的。

短信确实是近些年使用火爆的一种文学体裁,使用的领域也在不断扩大,例如手机短信拜年成为一种时尚。现在我国社会生活节奏越来越快,平时来往不多的朋友在逢年过节时发条短信,能保持朋友间的联系,省时省力,受到手机使用者的喜爱。"长篇文学是少数人的工作,制造短语文,却是全民的乐子。你也许没有意识到,你也是这个时代语文的创造者。"(曲慧 2008)用一句流行的网络语言来描写,短信确实是"很好很强大"!

  谈到网聊篇章,确实是跟传统的口语篇章或书面篇章有很大不同的新的篇章。网聊篇章在交流方式上、在篇章的组织上都有其特点,值得我们语言研究者关注。这种篇章在今后的走向也很难预测,可能越来越普及,也可能出现新的交流形式逐步替代网聊篇章。但从现在看来,网聊篇章正处于走红趋势,青少年则是使用网聊的急先锋。

第五章　篇章现象

第一节　引　　言

廖秋忠(1992[1991]:183)认为:"篇章现象指的是语言使用时由于跨越句子而产生的语言现象。"他强调:①篇章现象到底有哪些,目前不完全清楚。因为篇章研究才开始不久,必然还有不少篇章现象没观察到;②不同语言的篇章现象也不尽相同,还有很多语言的篇章现象还没什么研究;③有些篇章现象在句法层面上也有类似的表现,容易将两个层面的现象混为一谈,作为句法现象来看待。

本章讨论下列篇章现象:引语、元话语、互文性、话语标记、管界、篇章焦点、前景和背景。

第二节　引　　语*

这节讨论引语这种篇章现象。引语是语言使用的一种特殊形式。语言中的特殊形式,一直引起一些语言学家的关注,一百多年前,Tobler(1894)就对引语的分类提出了自己的看法。近

---

* 本节主要内容在《语言教学与研究》(1996年第一期)刊登。

几十年来话语分析的发展,引起了更多的语言学家对引语的兴趣。从目前资料显示,直接引语具有普遍性,也就是说,各种语言都有直接引语(口语或书面语);而间接引语则不同,有些语言中没有间接引语,如 Paez 语,还有 Navajo 语和 Amharic 语。

本节从话语的角度,观察和探究现代汉语叙述文中的直接引语这种特殊的语言使用形式,调查数字是来自报刊上刊登的355篇叙述文。

1. 引语的种类

先看下列例句:

(1)张大妈越想越高兴,回到家拿了9900块钱赶回来,递给女青年说,"<u>我把家底都拿出来了,还向邻居借了许多,到时候你一定要还上。</u>"(《北京晚报》1995年5月25日)

(2)宣宗问他有何长寿的秘诀,老僧说:<u>他少小家贫,只是非常爱喝茶。今天的许多老寿星也都嗜茶。</u>(《北京晚报》1992年11月14日)

(3)王军霞的致谢辞只用了30秒钟说了两句话。她说:<u>我的荣誉归于我的祖国。感谢国际业余田径协会授予我的这个荣誉。我一定发扬欧文精神,争取更好的成绩。</u>(《体育天地》1994年4月5日)

例(1)-(3)中下画横线部分是引语。例(1)中引号内是直接引语,例(2)中老僧说的话是间接引语,对这两种分法,几乎没人提出异议。例(3)则不同,它既具有直接引语的特性(引语中用第一人称"我"),又有间接引语的特征,没有引号。这样就引起了一些语言学家的兴趣:除了两分法外,是否有必要再列一类引语?

Tobler(1894)认为,除了直接引语和间接引语外,还有一种介于两者之间的引语,即"由直接引语和间接引语组成的一种特殊的混合体";Kalepky(1899)承认有第三种引语存在,但并不认为是直接引语和间接引语的混合体,他认为第三种引语可称为"隐性引语"(veided speech);Bally(1912)认为可以从间接引语中派生出一种"自由间接引语"(free indirect speech,Coulmas 1986:7);Lerch(1919)认为,可以从直接引语中派生出一种"半直接引语"(quasi-direct speech);Lorch(1921)认为,"间接"是用词不当,他主张分成重复引语(re-peated speech)、经历引语(experienced speech)和转述引语(re-ported speech);Jesperson(1924)对 Lorch 的分法不以为然,主张在间接引语内分出"从属引语"(dependent speech)和"讲述引语"(represented speech)两种;Voloshinov(1973[1929])采纳了 Lerch 的半直接引语的说法,提出"替代话语"(substituted discourse),半直接话语(quasi-direct discourse)和间接话语(indirect discourse)的三分法。

从现在的研究看,多数语言学家倾向 Bally(1912)的分法:

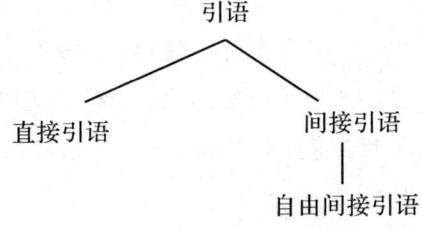

图 5.1 **Bally(1912)的分法**

按这种观点分,例(1)是直接引语,例(2)是间接引语,例(3)是自由间接引语。

从以上简单的介绍我们看出:

一、认为只把引语分成直接引语和间接引语这种两分法,过于简单;

二、持"有一种独立于直接引语和间接引语以外的引语"的观点的人不多,多数人主张从直接引语或间接引语中"分出"或"派生出"第三种引语;

三、对例(1)的引语定为直接引语基本无异议。

我们赞同 Bally(1912)的观点。我们对直接引语的主要衡量标准是:①不但在内容上而且在语言形式上都准确无误;②用引号引起。

2. 直接引语的结构

直接引语的结构有两种:结构重叠和结构分离。

2.1 结构重叠

请看下面例句(画线部分是第二层次):

(4) 随同张一起来的张的女儿事后说:"点滴之后,父说'胸闷浑身不舒服'要求将针拔掉。卢说'<u>不要紧,再观察一会儿</u>'。又过了一会儿,父的嘴唇、面颊和双手呈青紫色,而且全身开始抽搐……"(《北京晚报》1995 年 5 月 26 日)

(5) "格军爷爷临终前还惦念着你,说:<u>你一定会有出息的,一定会是一个真正的蒙古巴图鲁。可是你没有回来。</u>"她说不下去了,泪水滴落在花圈上。(同上)

(6)前不久,我听到一位朋友谈了这样一件事:他原打算为儿子办婚事买头猪,一位友人知道后劝阻道:"肥肉不能上席,最后到市场买后腿肉。"(《人民日报·海外版》1993 年 1 月 16 日)

例(4)是直接引语套直接引语;例(5)是直接引语里套间接引语;例(6)是间接引语里套直接引语。

在重叠的结构中,我们可以发现:

一、在笔者收集的语料中,单纯的直接引语套直接引语,只有两个层次,即:"……,'……'……。"这可能是由于:①汉语里只有两套直接引语的符号,第一层用双引号("……"),第二层用单引号('……')。在英语中,现在有一种用法正好跟汉语相反,第一层用单引号('……'),第二层用双引号("……")。英语中的这种开放的直接引语的符号,提供了三个以上层次的直接引语存在的可能性。但在实际运用中是否有三个层次还不知道,我推测,即使有也是极少;②超出两个层次的直接引语,容易引起读者的指代不清;③在我们实际的面对面的口语交际中,可能会有三个层次的直接引语,但一旦进入书面语,也会受到书面语的限制,采取不同的方法,清除第三个层次。

二、谈到直接引语和间接引语的套用,从理论上讲,可以达到三个层次,两个直接引语的套用,再加上一个间接引语,或两个间接引语套用,再加上一个直接引语。但在我们的语料里没有见到。想来即使有,也不多见。

2.2 结构分离

结构分离指的是一个话轮(turn)分成两个直接引语,中间插进其他成分(画线部分是直接引语):

(7)"说'见教',不敢。"他摆摆手,边思索边说:"相当多的产品质量是可以的,但假冒和劣产品也不少……"(《北京晚报》1992年10月29日)

例(7)如改成例(7a-b):

(7)a. 他摆摆手,边思索边说:"说'见教',不敢。相当多的产品质量是可以的……"

b. "说'见教',不敢。相当多的产品质量是可以的……"他摆摆手,边思索边说。

也可以,但从整个篇章看,①把说者及管领词(见3.3)置于直接引语之前、之中、之后,可以起到某些修辞的作用,如避免语言形式的呆板等。②例(7)中,"他摆摆手,边思索边说"置于两个直接引语之中,既可表现出说者的"摆摆手"的动作的时间,也可体现"边思索边说"的情况。

3. 直接引语的特征

我们从口语直接引语和书面直接引语、直接引语和指称、直接引语和管领词、直接引语和间接引语四个方面来看直接引语的特征。

3.1 口语直接引语和书面直接引语

在张三和李四面对面的口语交际中,如果张三向李四重述王五讲过的话时(直接引语),张三可以采取多种方法来再现王五讲原话(original speech)时的真实情况,以显示其生动性。通常采取两种方法。

一、模仿伴随动作:手势、做鬼脸、点头、皱眉、笑、扭动身体等等。

二、模仿语言:可以包括以下几个方面:

①腔调。音高(男性、女性、儿童),年纪(成年人、老人、孩子),音质(刺耳、鼻音、含糊),言语错误(口齿不清、结巴),感情状态(生气、嘲笑、挖苦、讽刺、激动)。

②语言。语类(汉语、英语、瑞典语),方言(吴语、闽语),语域(正式的、非正式的)。

③语言行为。言内行为(locutionary act,说出来的话),言外行为(illocutionary act)(疑问、回答、命令、道歉、解释等),命题词(表达出来的命题),会话行为(utterance,对话语的修改等)。

在书面直接引语中,很难想象有口语直接引语那样大的表现能力,无法直截了当地用动作、语音等表现原说话者的真实面貌,但也并非束手无策。通常采用某些办法进行弥补,下举几例(注意画线部分):

一、采用描述来表现说话时的动作和神情,如例(7)中的"摆摆手"。再看下面几例:

(8)郝大爷<u>瞪起了老花眼</u>:"那年大年初一,……"(《北京晚报》1992年11月1日)

(9)1991年万新良<u>当众跪下</u>,向恬妞求婚,并发誓:"此生此世永远只爱恬妞一个人。"(《文摘旬刊》1995年6月11日)

二、用拟声词。

(10)退伍的小李来到张尚震面前,"<u>扑通</u>"一声跪在地上,连称:"指导员,你是我的恩人啊!"

三、用外语。例(11)是用原文(英语),例(12)先直译,再译成汉语用括号括起置后。

(11) 她兴奋地说:"真过瘾,我用外语说了多遍,我就说'Please hand over the money of the room!'"(《人民日报海外版》1993年12月29日)

(12) 第二天一早,英迪拉向他告别,她双手合十,默默祝愿道:"印地秦尼帕伊帕伊。"(印度同中国是兄弟)(《人民日报海外版》1993年12月29日)

四、用方言。例(13)加注以避免误解。

(13) 其中一个又说话了:"该(解)放军同志,她爸爸是富农。"(《北京晚报》1992年10月28日)

五、无声的暂停

(14) 他微红着脸,说:"我活得累,活得苦,是吧?我懂爱惜身体,我也希望生活丰富多彩,我就……他们渴望活着,渴望生命,他们信得过我,手拽得很紧很紧……"
(《人民日报海外版》1992年12月26日)

六、表示感情的

表示感情的这类常见的词语有:"十分惭愧地说""并风趣地说""一脸愁苦地对我说""伤心地对朋友说道""高声喊道""最后斯文地说""大叫""关切地问""笑着说"等等。

3.2 直接引语和指称

Li(1986)对直接引语内的第一、二人称代词指称的定义是:"在一个直接引语里的第一和第二人称代词,分别跟直接位于引语外的那个小句中的说者和听者同指(co-referential)。"他举的例子是(右下角码相同表示同指):

(15) a. John$_i$ said to Mary$_j$, " I$_i$ love you$_j$." (约翰$_i$对玛丽$_j$说,"我$_i$爱你$_j$。")

b. John told Mary that Peter$_i$ said to Ellen$_j$, " I$_i$ love you$_j$. "(约翰告诉玛丽,彼得$_i$对艾伦$_j$说,"我$_i$爱你$_j$。")

例(15a)引文中的"我"(第一人称代词)跟引文外那个直接相联的小句中的说者"约翰"同指,引文中的"你"跟"玛丽"同指。例(15b)"约翰"和"玛丽"失去了跟引文中人称同指的原因是因为"约翰告诉玛丽"并非是引文外的直接小句。

Li 对直接引语中的第三人称代词的指称的定义是:"直接引语中的第三人称代词,一定不能跟直接位于引文外的那个小句中的说者和听者同指。"他的例句是:

(16) a. John$_j$ said to Peter$_k$, " He$_i$ was sick. "

（约翰$_j$对彼得$_k$说,"他$_i$病了。"）

b. John$_k$ said to Mary$_l$, "Peter$_i$ told Ellen$_j$ that he$_i$ loved her$_j$. "

（约翰$_k$对玛丽$_l$说,"彼得$_i$告诉艾伦$_j$他$_i$爱她$_j$。"）

c. A bout Peter$_i$, John$_j$ said to Paul$_k$, "He$_i$ was sick. "

（关于彼得$_i$,约翰$_j$对保罗$_k$说,"他$_i$病了。"）

例(16a)中第三人称"他"不跟"约翰"和"彼得"同指。例(16b)中的第三人称"彼得""艾伦""他""她"都不跟"约翰""玛丽"同指。例(16c)中的第三人称代词"他"跟"彼得"同指,(因为"彼得"既非说者,也非听者),不跟说者"约翰",听者"保罗"同指。

据我们观察,Li 的定义也符合汉语。还有一些情况,我们应注意:

一、如果引语中出现名词,而不是人称代词,在判别时,情况就各异。

(17)a. 听见我ᵢ喊,一个"执法者"连忙来到我ᵢ跟前小声哀求:"大姐ᵢ,大姐ᵢ,别嚷啊,让我们卖几副。"(《北京晚报》1992年12月15日)

例(17a)中的"大姐"跟"我"同指。

二、引文中的第一人称代词和"直接位于引文外的那个小句中的说者"的单复数,有时不一致。还用上例:

(17)b. 听见我喊,一个"执法者"ᵢ连忙来到我跟前小声哀求:"大姐,大姐,别嚷啊,让我们ᵢ卖几副。"

例(17b)引文中的"我们"(复数)跟"一个执法者"(单数)同指。根据这个例子的上下文可知,说话的这个"执法者"是代表了几个"执法者"说的,所以引语中用"我们"。

三、作者有时怕读者误解,有时为了向读者提供更多的信息,在引文中出现的人物后,加上注(画线部分):

(18)阿基诺夫人的老邻居们奔走相告:"科丽(<u>阿基诺夫人的昵称</u>)今天要回家啦!"(《文汇报》1992年9月22日)

(19)13天后,张副总从长坑乡打回一个怪怪的电话:"请陈华(<u>驻马店市检察院检察长</u>)、张桂平(<u>市公安局长</u>)赶紧送款来。"(《中国青年报》1994年3月29日)

3.3 直接引语和管领词

如果我们把某个引号内的直接引语看做是一个管界(scope)的话,那么引出这个引语的动词,就是管领词。(Tannen 1986,廖秋忠 1992[1987])称为引进词(introducer),如"说"字。这里提供两组数字,便可看出直接引语和管领词的关系。

一、由管领词引导的直接引语约占 70%，无管领词的约占 30%。看以下一例典型的无管领词的例子：

> (20)这不，开学才一个多月，我记不清儿子要过多少次钱了。"给十二块五，买小学生词典。""表哥不是刚送你一本吗？""不行，学校已经给买好了，您就拿钱来吧。""给 8 块钱，买口琴，音乐课用。""家里有一只口琴，挺新的。""不行．学校统一购买，您就给钱吧。""给四十五元，买运动服。""爸爸才给你买了一身运动服，穿那身就行了。""不行，服装得一致，您真是的。"(《北京晚报》1992 年 11 月 14 日)

根据 Tannen(1986)的研究，英语小说里无管领词的情况占 16%，希腊语小说里无管领词的情况占 19%。仅这个数字跟汉语比，可以看出汉语无管领词的比例大大高于英语和希腊语。

二、引出引语的管领词中，用得最多的前 4 个字是：

说(34%) > 问(15%) > 道(4%) > 喊(3%)

其他的管领词，如"骂、讲、告诉、叨念、解释、惊呼、称、答、想、写、认为"等等，占的比例就很少了。在英语和希腊语小说里，"说"也是用得最多的一个管领词，分别占 49% 和 69%（Tannen 1986）。从这里看，"说"字使用的频率比汉语高。

三、一个直接引语，如果是由某个管领词引出的，这个管领词可位于引语前，也可位于引语后，本节例(1)中的管领词"说"是位于引语前，下面例(21)的管领词"问"是位于引语之后，而且还可隔着两个小句：

> (21)"有没有人去了城市不回来的呢?"我仗着自己是外国人，假装不懂规矩，问了一个敏感的问题。(《人民日

报海外版》1992 年 11 月 6 日)

3.4 直接引语和间接引语

下面简述一下直接引语和间接引语的主要区别:

①标记区别:直接引语用引号(双引号或单引号),间接引语不用引号。

②数量区别:据我的语料显示,每篇叙述文中,直接引语平均有 1.72 个,间接引语平均是 0.38 个。

③性质区别:直接引语是一种例示(demonstration),一种复制;间接引语是一种重述(paraphrase),一种描述。

4. 直接引语的功能

根据前人(Clark and Gerrig 1990 等)的研究,这里总结出直接引语的 5 种功能:

4.1 逐字复制功能

直接引语具有逐字复制(verbatim reproduce)的功能,读者看到直接引语,便会认定引语的内容是逐字复制下来的,是真的原话(source sentences)。如果使用间接引语,人们就会怀疑,原话是否是这样说的。

4.2 责任分离功能

有许多不那么礼貌的、不合适的话或观点,作者不便说出来,但借助"别人的口"(直接引语)就能说出来。也就是说,直接引语能使一个引者"含蓄地传达不便直率传达的信息"(Clark and Gerrig 1990)。Goffman(1974)也认为,"通常不说某些禁忌语的人,可以引用别人说的禁忌语。"

Clark 和 Gerrig(1990)举了个"不便说"的例子。如果有个老板骂张三:"使劲点干活,你这个傻瓜。"张三转告别人时,可以这样说:"老板叫我使劲干活。"或者用直接引语:"老板骂我,'使劲点干活,你这个傻瓜'。"但张三一般不会这样说:"老板叫我这个傻瓜使劲干活。"

这说明作者(引者)和直接引语的内容两者的责任是可以分离的。张三引老板骂人的话,"你这个傻瓜",张三可以赞同老板的观点,也可以不赞同老板的观点。

4.3 同一性功能

在叙述文中,所引的内容往往是作者叙述的整个事件中的一个部分。这样,作者在引用某人说某句话时,往往考虑到读者的背景,也就是说,作者相信读者能理解引文的内容。用一句话来讲,就是"我所引的东西,我们双方都能正确地理解。"这就是同一性(solidarity)的意思。

4.4 不易描写的功能

有些内容,如重要的历史史实、文件、法律、重要人物讲的话、谚语、流行语、固定的说法,适合用直接引语来表达。如果采用描写法,换掉了一些字、词,即使内容大致相同,也会失去某些原文的精髓。又如,外文译成汉语,古汉语译成现代汉语,方言译成普通话,短期记忆的限制,无法记住说者所说的所有的东西。

4.5 吸引功能

从说者/作者的角度来说,如果用直接引语,就会有一种"事件重现"的感觉;从听者/读者的角度来说,通过直接引语,容易在脑海里建立一种活生生的形象,会有一种亲临其境的感觉。在书面语中,引号的本身在视觉上就感到很醒目,容易吸引读者。总的来说,采用直接引语要比间接引语更吸引读者。

Sternberg(1982)认为,吸引的作用对一个小说家来说是非常重要的,如果作者想要突出文中的"人物世界"(character's world),最好采用直接引语;如果作者想要突出说话者的思想和行为,最好用间接引语;如果作者想要从一个局外人的角度来反映"某个人物的内心世界",那么最好用自由间接引语。引语的用法,应从修辞的角度、需要的角度来考虑。

5. 直接引语的应用原则

5.1 转写原则

我们这里讲的撰写,指的是"口语→书面语"的过程。比如说,如果张三说了一段话,李四用文字把这段话记下来,这样"口语"(张三说的话)就变成了"书面语"(李四的文字记录),那么在口语和书面语之间,就会有一定的变化。也就是说,李四在记录张三的话时,可能会对张三的话根据各种需要做一些技术上的必要的修改,如去掉多余的、重复的字,改正语法错误,口误等等。在"转写"过程中的这些变化,是由各种原因造成的:①口语中有许多成分无法直接准确地记录下来(借助工具除外),而且有的成分也没有必要记录下来(除非特殊需要),如停顿、语法错误、口误、说者自我修正等等;②由于人类大脑短期记忆的限制,无法记住说者所说的所有的东西。Tannen(1986)说:实验证明,人类无法记住确切的字词,甚至是不长的时间。Lehere(1989)也说:20 世纪 60 年代和 70 年代的心理语言学家的实验显示,人类对意义的记忆能力很好,但对表面形式的记忆不那么好;③人们还有"再创造"的倾向。Clark(1986)曾做过一个试验:要求 16 位受试者把一段电影台词背出来,等这 16 个受试者都能逐字背出来后,然后分成两组,每组 8 人,要求其中 8 人重述台词,"越准确越好",结果 99% 的句子是逐字背出来的;对另外一组 8 人,只要求把台词告诉另一个人,结果只有 62% 的台词是逐字背出来的。

一旦李四转写完毕,那就是说,李四完成了从"口语原句"(spoken source sentences)到书面原句(written source sentences)的转变。王五如要用直接引语的形式从李四处引张三的话,在理论上只能逐字引用,除非王五自己重新做转写工作。

这种转写的原则也适合于 4.4 中我们提到的一些情况,如外语译成汉语,古语译成现代语,方言译成官方话,当然,这里的"译"我们也看做一种转写。

5.2 局部原则

指的是直接引语在某一篇章(如叙述文)中,是处于一个局部的地位,直接引语是组成篇章的一个部分,其篇幅不可能等同于该篇章。据我收集到的语料显示,报刊上的叙述文的篇幅大多在一千字左右,而大多直接引语的篇幅只占整个叙述文的 5%—10% 左右(有的叙述文中直接引语的篇幅大点,有的整个篇章就没有直接引语)。

6. 小结

本节以 355 篇近几年报刊上刊登的叙述文作为语料,用话语分析的理论和方法,对书面直接引语进行了分析。首先本文赞成对引语进行两分法:直接引语和间接引语(自由间接引语);然后观察了引语的结构:结构重叠和结构分离;列举了直接引语的 5 个功能:逐字复制的功能,责任分离的功能,同一性的功能,不易描写的功能和吸引的功能。最后提出了两条直接引语的应用原则:转写原则和局部原则。

第三节 元话语*

这节主要讨论:元话语(metadiscourse)的定义,讨论元话语的具体内容,元话语的功能。我们先来看一下前人对话语和元话语的定义。

1. 元话语的定义

Williams(1981:211—212)认为,元话语是"有关话语的话语,跟主题无关"。

Hyland(1998:437—438)认为,人们通常把元话语看做是"有关话语的话语",相对来说,这是一个新的概念,在写作、阅读,研究篇章结构等方面的研究中,这个概念起着越来越重要的作用。……元话语指的是话语的组织、作者对话语的内容和读者的看法和态度等有关篇章的方方面面。

Hyland 和 Tse(2004:157)认为,元话语是用于组织话语、表达作者的观点、涉及读者的一种方法。元话语包括各种连接篇章的手段,体现人际功能,使篇章跟语境结合起来。作者在篇章中所表现的各种语言手段,为的是使该篇章的读者群准确地理解篇章。对元话语的理解有狭义和广义之分,狭义的观点是,强调元话语的组织篇章的功能;广义的观点是,元话语体现了作者

---

* 本节主要内容在《当代语言学》(2006 年第 4 期)刊登。

在篇章中所表现出来运用语言和修辞的方法,以及把话语组织和话语的含义结合起来的方法。

Vande Kopple(1985:83)认为,元话语是有关基本命题信息的内容以外的话语,指的是引导读者去组织、分类、解释、评价和反应篇章所传达的信息的一套机制。

从上面的定义可以看出,对元话语的定义各有侧重,但元话语是用于组织话语、表达作者对话语的观点、涉及读者反应的一种方法这一观点是为大多数人所接受的。下面介绍元话语的研究现状,主要讨论元话语的具体内容,再介绍有关元话语的一些不同的看法。

2. 元话语的范围和分类

前人从不同的角度对元话语进行了研究,有从词汇的角度来讨论元话语的(Ifantidou 2005);有专门讨论标点等起到元话语功能的(Hyland and Tse 2004:157);有从功能的角度对元话语进行研究的,如 Vande Kopple(1985,1988)分析元话语的篇章功能和人际功能;有的从视觉角度来讨论元话语(Kumpf 2000)。

根据前人的研究,本节把元话语分为三大类:词语元话语、标点元话语和视觉元话语(visual metadiscourse),值得强调的是这三种元话语都是指书面语。

2.1 词汇元话语

词汇元话语包括词语和短语。Ifantidou(2005:1326)根据前人的研究进行综合,把词汇元话语分为下面几类词,见表1:

表 5.1 词汇元话语

词汇元话语	实例
话语连接词	but, therefore, so
推测副词	obviously, interestingly
情态词	might, possible
言语行为动词	suppose, claim, assume, suggest
心理动词	think, consider, believe, doubt
人称代词	I, we, my, their
篇章推进词	namely, for example, in other words, first, next, etc.

按照 Vande Kopple(1985:83)的观点,元话语是有关基本命题信息的内容以外的话语。表 5.1 中的这七类词或短语,都不单独显示基本命题,篇章中只是起到组织话语、表达作者的观点、预测读者反应的作用。

2.2 标点元话语

标点元话语指的是标点、括号和下划线等体现元话语特征的标记。

Hyland 和 Tse(2004:157)认为,通过使用元话语,作者就可以把单调的、零散的篇章组成相互关联的、读者所喜爱的篇章,元话语还可把篇章跟语境连起来,表达作者的人际意义,提高篇章的可信度,提高读者的阅读兴趣。从这个角度看,元话语是属于功能的范畴,因此,有些标点、句子排列的次序等都可列入元话语的范畴。下面是他们的例句:

(22) a. I admit that the term 'error' may be an undesirable label to some teachers.

我承认,有些老师是不喜欢"错误"这个词的。

b. The geography curriculum teaches about representative fractions, scales and ratios in Form 1 (age 12 +) whilst mathematics study does not deal with this topic until Form 2 !

地理课程在一年级(12岁以上)教数字比例尺,刻度和比率,而数学课要到二年级才涉及这个话题!

(23) The organization of this paper will be as follows. Chapter 2 is a review of Hong Kong air cargo industry. Chapter 3 is a literature review. Chapter 4 is a model on measuring the multiplier effects brought by air cargo industry to Hong Kong labour market. Drivers and constraints for future growth of Hong Kong air cargo industry follow in Chapter 5. And the last Chapter is conclusions and recommendations.

这篇论文的结构如下:第二章是香港空运业回顾;第三章是文献梳理;第四章是测量由空运业带给香港劳动力市场的乘数效应的模式;第五章讨论将来香港空运业增长的驱动力和制约因素;最后一章是结论和建议。

他们认为,例(22a)中的引号是元话语,例(22b)中的感叹号也是元话语,例(22)中的整个段落中的各个句子的排列次序都可看做元话语。他们认为,现在还没有一个统一的语言学标准来界定元话语这个术语,人们应该从功能得到角度来界定元话语。因此,应该把元话语看做一个开放的范畴,可以在元话语这个范畴里加进新的内容以适应作者的需要。

2.3 视觉元话语

Kumpf(2000:402)认为,人们对元话语的研究都集中在篇章的本身,给人的感觉好像篇章只是涉及词、句子和段落。其实,元话语应包括篇章的视觉成分,如版面、颜色和排版等等。

Vande Kumpf(2000:404)总结出了10种视觉元话语,见表5.2:

表5.2　Kumpf(2000)提出的10种视觉元话语

视觉元话语		
1.	第一印象	(first impression)
2.	分量	(heft)
3.	惯例	(convention)
4.	视觉块	(chunking)
5.	外部构架	(external skeleton)
6.	连贯性	(consistency)
7.	费用	(expense)
8.	吸引力	(attraction)
9.	解释	(interpretation)
10.	风格	(style)

下面我们来看一下Kumpf(2000:404—418)对这10种视觉元话语的简要解释,在解释每项视觉元话语时,除了第9项"解释"视觉元话语外,其余的都在解释开头带一个图,看起来,这些图是精心设计的,作者没有专门解释每个图的含义,作为读者我们理解这些图可能的作用是:作者讨论的是视觉元话语,通过图(也就是通过视觉)来抽象地反映文中的内容,这跟作者讨论的内容巧妙地结合起来,使读者对文章的印象更深。我们看"第一印象"元话语的图,作者想要说明的是读者看到图中左边的A和右边的A的印象是不一样的,因为两个字母的字体是不

一样的,这是一种直观的图。作者讨论"费用"这类视觉元话语时,用了一个表示美元的符号＄,一下子读者就联想到这个内容跟金钱有关。

要说明的是,Vande Kumpf 所列出的这 10 种视觉元话语,我们要理解的是他所举例讨论的某个文件(document)使人产生不同视觉的内容才是元话语。举例来说,为什么说第一印象是元话语,图中不同字体的对比才是元话语,使人产生第一印象的视觉手段才是元话语。

下面我们来看一下 Kumpf(2000:404—418)对这 10 种视觉元话语的简要的解释,要注意的是,作者在解释视觉元话语时,大多带有一个图。

①第一印象

Ａｖ．Ａ 第一印象指的是当人们看到某个文件(document)时第一时间所产生的概念。举个例子来说,如果我们看到一篇学生的"计划书"(proposal),我们就可能看到,该计划书是用白纸打印,塑料封面,如翻一下内文,就可能看到,文字是通栏排列的,2 倍行距。大约花 5 秒左右,我们就会对这个文件产生初步的印象。

②分量

▬ｖ．▬ "分量"指的是读者对某个文件长度和篇幅所产生的印象。比如,芝加哥郊区的电话本分量很重,墙上贴的告示分量就很轻。在许多时候,文件分量的轻重会影响到读者对该文件的接受程度。文件太长,有些人就不读了。例如,某人买了一辆未安装的手推车,如果此说明有 20 页,也就是说分量太重,此人可能怕阅读此说明太麻烦就不买手推车了。这个例子说明,消费者所需要的安装说明应是简明易懂,其分量可能一页就够了,在这页说明书上画上恰当的安装图,配上简要的文字说明就行了。但是如果是一个复杂机器人的装配图只有 1—2 页,其分量可能就太轻了。对某个文件来说,恰当的分量会使人产生良好的"第一印象",过轻或过重的分量会使人产生负面的"第一印象"。

③规约

"规约"指的是读者对文件外表的一种约定性期望。如果我们看一篇学生论文,我们所期待的常规是该论文需具有标准的《现代语言文摘》的格式:2 倍行距、单栏、单面打印等。还有,如果我们看某个办公室的备忘录,我们所期待的常规是第一页印有地点、日期、目录,其分量约 3 页左右。对商业广告来说,我们期望该广告印刷精致。常规的形成是建立在我们以前所见到过的模式之上的,某个文件的常规也会影响到读者的第一印象。

④视觉块

"视觉块"指的是读者对某个文件中的文字的一种视觉感受。如文章的段落的长短,会给人一种视觉上"块"的感觉。当然,视觉块的概念可以指某个文件的任何层次的视觉感受,如句子、段落、节、章。细心的作者会注意到读者读文章时所产生的视觉块的感受,会注意各个层次之间的视觉上的恰当安排,这种安排会帮助读者把内容相互联系的某个篇章分成不同的块,有不同的停顿,从而产生不同的视觉块,恰当的视觉块,会给读者一种视觉上舒适的感受。视觉块的产生,并非是篇章本身所必需的,而是作者从读者的角度考虑所作的安排,从这个意义上来说,视觉块体现了作者-读者的关系。

⑤外部构架

$\boxed{\begin{array}{l}A.\\ \quad A.\\ \quad\ \ a.\end{array}}$ 读者评估某个文件的结构时,要依靠其"外部构架",如页码的数量、标题、表格、页眉和页脚、段落前的空格、章节的标记等等。这些外部构架和其他的视觉元话语等于告诉读者此文件是如何组合的。外部构建的复杂性表现在文件的体裁上,例如,如果是一篇学术论文,外部构架就简单些,重点掌握好常规元话语和视觉块元话语等就可以了。而有关管理的技术报告的外部架构可能就复杂些。

⑥连贯性

$\boxed{\text{AAA}}$ 这里的"连贯性"指的是文件的整体性,内容上和结构上的一致性。连贯性包括第一印象中提到过的2倍行距、单栏、左靠齐等格式,这些规范的结构起到帮助读者往下读的作用,连贯性给读者提供了一种持续性,句子的结构也表现出这种形象的一致性,看下面一个句子:

(24) We must correct deficiencies in the primary slack time, identifying the problem, seeking possible recommendations, and implementing our chosen solution.

例(24)中的三个动名词(identifying, seeking, implementing)连用

也表现出一致性,作者可能为了取得一种平行结构,第一个修饰语用了动名词,那么后面两个修饰语也用了动名词。

⑦费用

[$] 这里的费用指的是在文件上花费的钱,包括纸张、印刷等的花费,抽象地讲可称为物质上的和美学上的花费。费用会影响读者对文件的接受程度,如某篇学生论文,如果用普通纸打印,和用高档的纸打印给人的感觉是不一样的,过分粗糙的打印和装订会给人一种此稿还在修改之中,不是最后上交的版本的感觉。所以一般的做法是,按照常规,在可能的情况下,恰当的花费,以提高读者的接受程度。

⑧吸引力

[I ♥ Text] 吸引力指的是读者对某个文件所产生的兴趣,这种兴趣的大小有时会影响到读者决定是否继续读这个文件,如读者一直保持兴趣,读者就可能读完这个文件。如某个学生在写论文时,如果学些写小说和写诗歌的技巧,运用恰当,便会提高读者的兴趣。这里谈的吸引力跟第一印象有所不同,吸引力的范围比第一印象大,程度也比第一印象深。吸引力的目的是吸引读者一段一段、一节一节往下读,最终目的是要吸引读者读完该文件,并掌握该文件的核心内容。谈到吸引力时,要注意的是不要画蛇添足,吸引的手段要掌握恰当。

⑨解释

"解释"指的是对文件中所采用的表格、图、照片等非文字的成分进行文字说明,解释的作用是把这些非文字的成分跟整个文字的篇章联系起来,换句话说,解释的作用就是把非文字成分融入到文件之中。有时没有具体的文字说明,读者不易了解图表所表达的意思。有些学生采用图时,只用一句"结果在下面的图中可以反映出来",这是不够的。图、表、照片等本身通常没有"自我解释"的功能,作者需要对它们进行解释:哪些是重要的,哪些地方读者应该特别注意等等。

⑩风格

$\boxed{A \text{ v. } \mathcal{A}}$ "风格"指的是篇章的风格,具体来说,指使用什么样的字体、正体还是斜体、采用什么颜色等特征。过去,在电脑普及前,人们只能用打字机,篇章的风格变化很小,用手写风格变化就更小了。现在人们可以借助电脑的帮助,将自己的文章变得形式多样,从字形字体到篇章版面设计等都可表现出各自的特色,以符合自己的篇章体裁,有些风格特征只能借助电脑才能完成。风格的表现要适当,不然反而会给人杂乱的感觉。风格要配合内容,风格是内容的外部表现,内容是风格的内在东西,风格和内容是同时存在的,是不能分开的。

3. 对元话语的讨论

3.1 对元话语定义的讨论

对元话语定义的讨论主要集中在两个方面:①元话语是否是"有关话语的话语"的讨论;②对元话语和命题的讨论。

3.1.1 有关话语的话语

Hyland 和 Tse(2004)认为,把元话语看成是"有关话语的话语"是不正确的。他们认为,元话语是有关研究和指导写作、阅读和篇章结构等方面的概念,作者通过话语来表现某个篇章的内容,通过话语来体现该篇章的潜在读者。篇章是作家和读者之间的社会和交际的结合点。由于元话语这种性质,话语的功能研究者对元话语很有兴趣,同时,语料分析者对超篇章的互动和联系的模式也很有兴趣。

3.1.2 涉及命题的讨论

在引言中我们提到过,Vande Kopple(1985:83)认为元话语是命题以外的内容和成分。Ifantidou(2005:1336)认为,把元话语看成跟命题无关的观点,或者说,元话语跟真值条件无关,这种看法是不全面的。他认为,如果按检验真值条件的标准来看,表证据的副词,如 obviously, evidently, clearly, 以及表据说的副词,如, allegedly, reportedly, admittedly 等等这些词都是跟话语的真值有关,也就是说这些词是表命题的。

3.2 对元话语分类的讨论

对元话语分类的讨论主要集中在词汇-短语类,从目前研究来看,主要有三种分法:①篇章元话语(textual metadiscourse)和人际元话语(interpersonal metadiscourse);②引导式元话语(interactive resources)和互动式元话语(interactional resources);③内部元话语(intra-textual)和外部元话语(inter-textual)。

3.2.1 篇章元话语和人际元话语

Vande Kopple(1985:83—87,1988:236—239)根据前人的研究,提出7种元话语,他参考 Halliday(1994)提出的三种元功能的观点,把这7种元话语分为篇章元话语和人际元话语两大类,篇章元话语指的是那些在篇章中主要起连接篇章的各个层次的成分,组词成篇的那些词和短语,人际话语主要体现作者和读者关系的词和短语。Vande Kopple 仔细地讨论了这 7 种元话语的功能特性和例子，Kumpf(2000:403)把这 7 种元话语归纳为表 5.3：

表 5.3　Vande Kopple 列出的 7 种元话语

编号	名称	注释	例子	
篇章元话语				
1.	表连接的词语	连接各级结构	first, next, however, as I noted in Chapter One.	
2.	表注释的词语	句内附加句		
人际元话语				
3.	表语力的词语	鉴别话语行为	I hypothesize that, to sum up, we claim, for example, we conclude, we recommend.	
4.	表确认的词语	评估命题真值的可能性	a. 模棱两可语	perhaps, may, might, often, usually, apparently.
			b. 强调语	clearly, undoubtedly, it is obvious that, of course, very, crucial.
			c. 归属语	"according to Einstein."
5.	表叙说的词语	让读者知道谁说了什么	"Mrs. Jones said…"	
6.	表态度的词语	作者对命题内容的观点	surprisingly, unfortunately	
7.	表评论的词语	对读者的直接评论	"The reasons for these choices are simple." "Most of you will oppose the idea that…"	

笔者注：Vande Kopple 在叙述中没有列出"表注释的词语"的例词，据他的定义，我们推测是指 namely, e.g., in other words, such as 等词语。

Dafouz-Milne(2008)在 Hyland(1998:442)等人研究的基础上又进一步细化,对篇章元话语和人际元话语做了更为细致的分类:

表5.4　**Dafouz 的篇章元话语**(2008:98)

篇章元话语		
大类	小类	例子
表逻辑	表附加	and/furthermore/in addition/moreover…
	表反义	or/however/but…
	表连续	so(as a result)/therefore/as a consequence…
	表归纳	finally/in any case
表序列		first/second/on the one hand,…on the other…
表提醒		Let us return to/as was mentioned before…
表话题		in political terms/in the case of the NHS…
表注释	括号	when(as with the Tories now)…
	标点	tax evasion：it is deplored in others but not in oneself.
	强调	in other words/that is/to put it simply…
	举例	for example/for instance
表语力		I propose/I hope to persuade…
表预告		there are many good reasons/as we'll see later…

表5.5　**Dafouz 的人际元话语**(2008:99)

人际元话语		
大类	小类	例子
表委婉	认识动词	may/might/it must be two o'clock
	可能副词	probably/perhaps/maybe
	认识短语	it is likely
表确认		undoubtedly/clearly/certainly
表来源		'x' claims that…/As the Prime Minister remarked
表观点	义务情态	have to/we must understand/needs to
	观点副词	unfortunately/remarkably/pathetically
	观点形容词	it is absurd/it is suprising

续表

人际元话语		
大类	小类	例子
表解说	认知动词	I feel/I think/I believe
	修辞问题	What is the future of Europe, integration or disintegration?
	当面说	You must understand, dear reader
	包括短语	We all believe/let us summarise
	拟人	What the polls are telling me/I do not want
	旁白	Diana(ironically for a Spencer) was not of the Establishment

3.2.2 引导式和互动式

Hyland 和 Tse(2004)认为,把元话语分为篇章元话语和人际元话语不很确切,这是因为,①篇章-人际的分法借鉴了 Hallidy(1994)的元功能的三分法,但 Halliday 的三种元功能是同时出现的,在理论上有其整体性,如果只借鉴篇章-人际两种,就有可能打破这种整体性;②现在人们已把对元话语的研究扩大到篇章的性质、参与者的互动、历史语言学、跨文化的变化、写作教学等等。从体裁来看,已涉及到日常自然会话、科普读本、中小学教科书、大学教科书、研究生学位论文,达尔文(Darwin)的《物种起源》,公司的日常报告等等;还有人研究不同文化背景下写的篇章中不同的修辞、研究中世纪的医学书、17 世纪的科学论文、二外学生的文章、劝说和论辩论文等等。随着研究范围的扩大,研究的深入,篇章元话语和人际元话语分法的不足之处越来越显现出来。

因此,Hyland 和 Tse(2004:169)认为把元话语分为引导式和互动式两种较能反映元话语的本质特征,引导式分为表转折的词语、表框架的词语、表内指的词语(endophoric markers)、表证据的词语、表注释的词语(code glosses);互动式分为表模棱两可的词语、表强调的词语、表态度的词语、表关系建立的词语、提及作者自己的词语,这些类别是他们从学术论文中总结出来的。

表 5.6 Hyland 和 Tse(2004:169)的元话语分类

类别	功能	实例
引导式	指引读者读完整个篇章	
表转折的词语	表达主句之间的语义关系	in addition/but/thus/ and
表框架的词语	指话语行为,序列,语义段的词语	finally /to conclude/my purpose here is to
表内指的词语	指该篇章其他部分的信息	noted above /see Fig /in section 2
表证据的词语	指的是来自其他篇章的信息	according to X/(Y,1990)/Z states
表注释的词语	帮助读者掌握概念成分的功能	namely/e. g./such as/in other words
互动式	帮助读者掌握论点	
表模棱两可的词语	减弱对命题的确定	might/perhaps/possible/about
表强调的词语	强调作者对命题的确定	in fact/definitely/it is clear that
表态度的词语	表达作者对命题的态度	unfortunately/I agree/ surprisingly
表关系建立的词语	建立和读者的关系	consider/ note that/you can see that
提及作者自己的词语	指作者自己	I/we/my/our

"引导式"类元话语指的是篇章中表现出来的某些特征,读者借助这些特征以达到作者所期望的解释,引导式元话语涉及作者组织篇章的方法,涉及作者对读者知识的评估。

表转折的词语主要指连词,用来表明话语中的增加、对比、序列等内容。

表框架的词语是指篇章的边界,或指表篇章语式结构的成分,如表示序列的词,表篇章的进程和阶段的词,这些词的功能是表示篇章的目的、表示话题转换。

表内指的词语指的是篇章中的某个成分跟篇章的其他部分之间的一种相互照应的关系,通过这两个部分的内容对比和理解,以利读者更易理解作者的用意。

表证据的词语指的是来自某个篇章以外的信息。

表注释的词语(code glosses)指的是用另外的方法重新陈述概念信息。

"互动式"类元话语显示作者和读者的互动关系,作者采用一些方法以提醒读者领会作者的命题信息。这里的元话语从本质上来说是评估性的、参与性的,这种元话语体现了读者和作者关系疏密的程度、表达了作者的态度,以及显示了读者参与的程度。

表模棱两可的词语(hedges)表示作者采用间接的方式来表达命题信息。

表强调的词语(boosters)隐含肯定和强调命题的意思。

表态度的词语表达了作者的对命题信息的评估,传递惊奇、承诺、赞同、重要性等信息。

表关系建立的词语通过强调以吸引读者注意力的方法,或者是通过使用第二人称、祈使句、问句、插入语等方法,显示作者正在跟读者互动。

提及作者自己的词语反映了作者以第一人称的方式出现在

篇章中。

3.3 内部篇章元话语和外部篇章元话语

Ifantidou(2005)主张把元话语分成内部篇章元话语和外部篇章元话语。内部篇章元话语涉及同一个篇章中的内部所指，或者说，内部篇章元话语指的是同一个篇章不同的部分之间的一种所指的关系；外部篇章元话语，指的是不同的篇章、不同的作者，或同一作者的不同时期的篇章所指关系。下面我们来看 Ifantidou(2005:1331)的具体分类：

表 5.7 Ifantidou 的内部篇章的元话语范畴

内部元话语	
类别	实例
表序列的词语	below, above, following, next, finally, first, second, third
表连接话语的词语	A. but, so, after all, therefore, nevertheless, furthermore, although
	B. in other words, for example, in short, that is, in addition to
	C. because, and, then
表证实的插入语	I believe, we suggest, I think, I agree, we doubt
表主句证实动词	We estimate that…, I suppose that…, we believe that
表证实的副词	clearly, obviously, evidently
表态度的副词	frankly, surprisingly, unfortunately, interestingly
表可能的副词	necessarily, possibly, probably, presumably
介词短语	by means of …, in comparison with…, in relation to…. as for … except for …, due to
情态词	might, perhaps, may, could

表 5.8　**Ifantidou 外部篇章话语类别**

外部元话语	
类别	实例
表附加内容的动词	they claim, X suggests, Z believe
主句动词	they claim that..., X suggests that..., Z believes that...
表证实的副词	apparently, supposedly, seemingly, clearly, obviously, evidently
无人称动词结构	it is estimated, recommended, suggested, assumed that..., it appears/seems that
介词短语	according to...along with..., owing to...away fmm... in comparison with...in relation to..., as for..., except for...
表传闻的副词	reportedly, allegedly

Ifantidou(2005:1328)对他的分类作了这样的说明：

一、两个表中列出的类型是广义的,没有穷尽和限制的意思；

二、这样分类,跟命题没有关系；

三、这样区分的话,元话语可以包括 Hyland(2000:111), Vergaro(2002:1214—1215), Camiciottoli(2003:4—6)所列出的各种词汇类别,见表 5.9；还有,这种分类可以包括较大结构的元话语,见例(25)中的斜体部分。

表 5.9 Hyland(2000:111)等人的元话语表

Hyland 等人的元话语表	
类别	实例
话语连接词	but, therefore, so
副词	presumably, obviously, interestingly
情态词	might, possible
言语行为动词	suppose, claim, assume, suggest
心理动词	think, consider, believe, doubt
人称代词	I, we, my, their
篇章推进词	namely, for example, in other words, first, next, etc.

(25) 01. $_1$ more intriguing, 2 to me at least, is the possibility that, (Chomsky,1975:4)

02. One reason for studying language-*and for me personally the most compelling reason*-is that it is tempting to regard language …, as "a mirror of mind." (ibid.)

03. I am not going to try to summarize the current state of knowledge in the areas of language study that I know something about, or to discuss ongoing research in any depth (ibid.:4—5)

04. I do not mean by this simply that…(ibid.:4)

05. the questions that I want to consider are…(ibid.:5)

06. I shall presently return to this point in some detail. $_1$ For the moment, $_2$ suffice it to suggest that…(Fodor,1975:66)

07. This is all true and well taken, but the present point is that it doesn't prejudice the notion that…(ibid.:62)

08. ₁*One can get into no end of trouble by confusing this point.* ₂*For example*,₃ *Dreyfus*(1972),₄ *if I understand him correctly, appears to endorse the following argument against the possibility of*...(ibid.)
09. *There have been reports of*...(DeCherney and Nathan,2003:267)
10. *The American College of Obstetricians and Gynecologists has recommended that*...(ibid. :268)
11. *As previously described*, it is possible that after appropriate pretreatment to stain metaphase spreads with special stains*...(ibid. :106)
12. *As has been stated*, nondisjunction may give rise to conditions of trisomy(ibid. :105).
13. *This section will be devoted to a brief discussion of* various autosomal abnormalities(ibid. :107)
14. *There are data to suggest that women* with infertility, whether treated or untreated, are at high risk of having a perinatal death. (ibid. :987)
15. *These findings are consistent with* the concept of variability in a woman's response to the menopause;...(ibid. :1029)
16. *Reports from community-based cohort studies have refined knowledge in* the area of mood, mentation and menopause(ibid.).
17. *The initial longitudinal report of the US. cohort*

found an increase in overall nonspecific symptoms...
(ibid.)

18. *Studies* using the opioid antagonist naloxone *have demonstrated that*...(ibid.)

19. *Of particular importance is* enhanced aromatization of androgens. (ibid. :1030)

20. *Many practitioners believe that* the most effective aspect of hospitalization is actually isolating the patient from the stressors of her life at home(ibid. :1081)

21. *The latter*(hyperemesis gravidarum)is a severe form of nausea that may occur at any time during pregnancy. (ibid.)

22. *There is some support for* an association with multiple birth and past pregnancy loss. (ibid.)

23. $_1$ *It is estimated that* nearly 50% of eclamptic patients who die have myocardial hemorrhages...$_2$ *It is obvious that* optimal anesthetic management of these patients during the intrapartum period must include a careful preanesthetic evaluation of the cardiovascular and central nervous system. (ibid. :493)

24. Some microorganisms are uniformly susceptible to certain drugs; if such organisms are isolated from the patient, they need not to be tested for drug susceptibility. *For example*, group A and B streptococci and clostridia respond predictably to penicillin.

(ibid. :751)

4. 小结

以上我们简要介绍了元话语的概念、功能及有关的争论。现在,人们除了对元话语的概念探讨的同时,已经开始用元话语来分析具体的篇章,如 Crismore 和 Farnsworth(1990)就发现篇章的不同体裁会影响到元话语的使用,Hyland 和 Tse(2004)就对硕士博士的学术篇章进行了细致的研究,并提出了学术篇章中的元话语模式。对研究的详细情况我们有机会再作介绍。

元话语在篇章中扮演了重要的角色,对元话语的研究还有很多工作可做。Hyland 和 Tse(2004:156)认为,近些年来,尽管人们对元话语进行了许多探讨,但还远远不够,到目前为止,元话语这个概念不管在理论上还是在实证上都还在探索之中,现在还无法很准确地定义元话语这个术语,分析者也还无法自如地用元话语这个概念来分析自然篇章。我们认为,除了 Hyland 和 Tse 提到的对元话语概念的研究外,还值得研究的课题有元话语和元语言的区分,话语跟元话语的关系,不同的词汇元话语在篇章中可能存在不同特点的连接作用等等。笔者认为,现在还有一项值得马上着手做的工作是对汉语的元话语进行全面系统的研究,比如汉语的词汇元话语包括哪些,这些词汇元话语在篇章中是如何分布的,汉语元话语跟上面提到的英语的元话语会有什么不同,汉语篇章的不同题材在多大程度上影响着元话语的使用,对汉语元话语的研究可以丰富国际上对元话语的研究成果。按照陈平(1991[1987]:70)的说法,这种学术上对某一领域研究的不成熟性并不是一件坏事。"相反,它使话语分析工作更富有挑战性,更能激发人们的研究热情,并且吸引更多的研究人员投身到该领域中来。"

第四节 互 文[*]

本节主要讨论下列问题:互文(intertextuality)的定义,有关互文的术语,回顾一下元话语这种现象的来龙去脉,互文的类别,互文的特征。

互文的概念出现在20世纪60年代,最早主要是作文论中的理论,后来引入语言学界,作为一种篇章现象来研究。

1. 互文的定义

黄念然(1999:15)认为:"'互文性'这一概念首先由法国符号学家、女权主义批评家 Kristeva 在其《符号学》一书中提出:'任何作品的文本都是像许多行文的镶嵌品那样构成的,任何文本都是其他文本的吸收和转化。'"

董希文(2006:200)认为:"Kristeva 还在其论著中多次对'互文性'做出一些补充性解释:'互文性'一词指的是一个(或多个)信号系统被移至另一系统中,但是由于此术语常常被通俗地理解为对某一篇文本的'考据',故此我们更倾向于取易位(transposition)之意,因为后者的好处在于它明确指出了一个能指体系向另一个能指体系的过渡,出于切题的考虑,这种过渡要

---

[*] 本节中使用的术语"互文"就是指"互文性",使用不同的术语的原因以后再讨论。

求重新组合文本——也就是对行文和外延的定位。"

王文忠(1999:41)认为:"叙事学家杰拉尔德在《叙事学词典》中给'互文性'定义如下:'互文性就是一个确定的文本与它所引用、改写、吸收、扩展或在总体上加以盖章的其他文本之间的关系,并且依据这种关系才可能理解这个文本。'"

从上面的定义显示,互文指的是篇章的内容互用的现象。我们要强调的是,尽管每个篇章都建筑在其他篇章之上,但总有自己新的东西。"除非作者是完全抄袭,一个篇章总是要有自己的新东西。当然,这个篇章是建立在旧信息之上,在某种程度上,转换了其他篇章的东西,但是,这个篇章还是有自己新的东西。也就是说,这个篇章可被称为具有信息性。"(卫真道 2002:16)

2. 有关互文的概念

下面简要介绍:一、互文的词源;二、互文的中译文;三、相关的几个术语。

一、互文的词源

李玉平(2006:111)认为,互文的拉丁语词源是 intertexto,意思是纺织时线与线的交织与混合。

二、互文的中译文

对于 intertextuality 的汉语译文,秦海鹰(2004:29)认为,"互文性"的法语词是 intertextualité,这是 Kristeva 自己造的词。"互文性"是这个词的各种中文译法之一,其他译法还有"文本互涉、互涉文本、文本互涉性、简文本性、文本间性"等等。

三、相关的几个术语

Interdiscursivity(篇际互文性),Fairclough(1992)首先采用

这个术语,指的是特定语篇中不同体裁、话语或风格的混合与交融。例如,在法律调解语篇中就存在当事人讨价还价、咨询仲调人以及仲调人提出调解、诊断三种体裁的混合(武建国、秦秀白 2006:32)。辛斌(2002:17)把 interdiscursivity 译为"结构互文性",他认为,这个术语可能来自 Pecheux 的"互文话语"(interdiscourse)。Pecheux(1982)认为每种"话语形态"(discursive formation)都处在相互关联的话语形态场中,他把这种场叫做"互文话语"。

Intertexte(互文本),这个术语指的是具有互文性的文本,有时"互文本"几乎是"互文性"的同义词,也是"文本"的同义词(秦海鹰 2004:28)。

Translextuality(跨文本性),Genette 称"互文性"为"跨文本性",在他看来,任何文学都是跨文本的,任何文本都是产生于其他文本之上的"二度"结构(黄念然 1999:16)。

pheno-text(现象文本)和 geno-text(生殖文本),现象文本指的是文本的语法和语义表层结构,文体学把这种表面结构视为文本最终意义,然而实际上它只是作为心理和历史活动较完美"形成"文本的残余。生殖文本指的是涉及到能指和讲话主体使原先由他人的价值观念和愿望构成的"语言组织"(tissue of language)产生错位并得到修正(罗婷 2001:11)。

Citation(引文)和 acte citationnel(引用行为),孔帕尼翁认为,"引文"既是一个名词也是一个动名词,不仅是指某一段被引的文字,而且是指"引用行为",即"引文的工作",他认为"引用行为"本身具有改造作用,某段文字一旦被引用到另一部作品中,即使是加引号,有出处、一字不差的引文,也必然由于"引用行为"的作用而在新的语境中产生不同反响(秦海鹰 2004：25)。

Paratextuality(类文性)，peritext(附文性)和 epitext(外文本)，Genette 认为，"类文本"是由"互文本"和"外文本"构成,附文本包括诸如标题、章节标题、前言和注释等要素；外文本包括处于被讨论的文本之外的诸如采访、公开宣言、批评家的评述和对评述的评论、私人信件、作者和编辑之间的讨论等要素(辛斌 2006：116)。

Metatextuality(元文性)，Genette 认为，"元文性"指的是一篇文本和他所评论的文本之间的关系(辛斌 2006：116)。

Hypetextuality(超文性)，Genette 认为，"超文"指的是通过简单转换或间接转换把一篇文本从已有的文本中派生出来，"超文性"指的是一篇文本的派生，超文性所关注的是文本间故意地、自觉地被赋予的关系(辛斌 2006：116)。

3. 形成和发展

下面简要来看一下互文理论的形成和发展轨迹。

黄念然(1999：15)认为：在 Kristeva 提出这一术语之前，"互文性"概念的基本内涵在俄国学者巴赫金诗学中已初见端倪。

辛斌(2000：14)认为：互文研究的历史恐怕与语文学的历史一样长。只是以前人们一直把它等同于语源研究(source study)，即为了解释某一语篇的意义而去寻找和确认与之相关的现存文献或语篇。

秦海鹰(2004：21—24)认为：自从 1966 年 Kristeva 在巴尔特的研讨班上第一次提出"互文性"概念以来，巴尔特便成为这个概念的热情宣传者和积极阐释者。他本人大约是在1970年出版《S/Z》一书中开始使用"互文本"一词,后来又在《从作品到文本》《文本的快乐》《文本理论》等多篇文章中谈到这个问题,其中《文本理论》一文是他于1973年为法国《通用大百科全书》撰写的词条。

从诗学和修辞学角度界定互文概念的最早迹象大约出现于1976年。这一年,Genette 和 Todorov 主编的《诗学》杂志第27期推出了"互文研究"专号,其中刊登的两篇重要论文明显表现出希望摆脱"如是"小组的意识形态语境的倾向。两篇论文的作者接受了互文这个术语,但没有直接收先锋派对它的阐释。他们重新定义了这一概念,力图使它更清晰,更具操作性,这就是构建互文理论的开端。

进入1980年代以来,法国连续出版了几部从诗学角度探讨互文问题的鸿篇巨著,标志着建设性的互文理论已进入成熟期。

1970年代到1980年初,美籍法裔学者里法泰尔也建立了一种自成一体的互文阅读理论和一整套相关术语,其理论和方法既不同于 Kristeva,也不同于 Genette,主要见于他的专著《诗歌符号学》《文本的生产》以及《互文本痕迹》等多篇法文论文或英语论文;他曾于1979年在哥伦比亚大学主持过一次题为"互文"的国际诗学研究会,但这次会议的论文集一直没有正式出版。

经过1980年代的调整和建设,互文已经成为一种形态多样,内涵丰富的文学理论和一种具有可操作性的文学研究方法。进入1990年代以来,这种理论和方法开始被广泛吸收到法国的各种文学教科书中,尤其是近几年来,以互文概念为中心问题的专著明显增多,如皮埃格雷·格罗的《互文性导论》、萨莫约的《互文性,文学记忆》、拉博的《互文性》等。这些论著一般都把 Kristeva 所代表的最初的互文理论当作一种带有论战色彩的意识形态话语而一笔带过,都把重点放在对互文关系的文学体研究和诗学研究上,从不同的角度展现了互文的前景。

4. 互文类别

4.1 显性互文和结构互文

Fairclough(1992:104)认为,互文可以分为两种,一种是"显性互文"(manifest intertextuality),另一种是"结构互文"(inter-discursivity)。显性互文指的是在篇章表面可以很清楚看出来的,如引号、某些有关报告的动词(reporting verb),还有采用重写原句的方法等等。结构互文在表面上没有明显的标记,结构互文是话语的各种成分的混合,涉及话语的社会性、话语的结构性、话语的类型等等。

4.2 Genette 的五分法

黄念然(1999:16)介绍了 Genette 对互文的五分法:①互文,指引语、典故、原型、模仿、抄袭等;②准文本,指作品的序、跋、插图、护封文字等;③元文本性,指文本与谈论此文本的另一文本之间的评论;④超文本,指联结前文本与在前文本基础上构成的次文本间的任何关系;⑤原文本,指组成文学领域各种类型的等级体系。

4.3 叙事结构互文和他人话语互文

王文忠(1999:43—45)认为,互文涵盖面很广,主要有两个部分,一是叙事结构互文;二是他人话语互文。

叙事结构指的是他人话语结构、话语风格、情节构架等。俄罗斯文学在长期发展的过程中，有些文学样式形成了独特的话语风格、句法手段和意向表现。文体式样的借用可以达到很好的修辞效果。

他人话语互文包括三个方面，一是成语互文，二是指的是名言熟语互文等，三是形象象征互文。

①成语互文。成语的组成要素一般是不自由的，也就是说，不能把成语的意义停留在字面意义的简单结合上，在创作过程中，作者往往恢复其理据性，加以改造。

②名言熟语互文。名言因其典型的概括意义而流传甚广，人们喜闻乐见，以此为互文本，意味深长。熟语更是一种常见的互文题材。

③形象象征互文。文学是形象的艺术，有相当一批文学形象具有高度的典型意义，家喻户晓，只揭示出某一典型特征人们就可以恢复整个形象。

4.4 强势互文和弱势互文

辛斌(2000:14)介绍了 Jenny(1982)的观点，即把互文分为强势互文和弱势互文。强势互文指的是一个语篇中包含明显与其他语篇相关的话语，如引言、抄袭等；弱势互文指的是篇章中存在语义上能引起对其他语篇联想的东西，如类似的观点、主体思想等。

4.5 水平互文和垂直互文

辛斌(2000:14)介绍了 Kristeva(1986)的观点，即把互文分为水平(horizontal)互文和垂直(vertical)互文两种。水平互文指的是一段话语与一连串其他话语之间的具有对话性的互文关系;垂直互文指的是构成某一语篇较直接或间接的那种语境,即从历史或当代的角度看以各种方式与之相关的那些语篇。

4.6 广义互文和狭义互文

秦海鹰(2004:24)介绍了前人的研究中把互文分为广义和狭义两种,"所谓广义就是用互文性来定义文学或文学性,即把互文当作一切(文学)文本的基本特征和普遍原则(正如把隐语性、诗性当作文学的基本特征一样),又由于某些理论家对"文本"一词的广泛使用,因此广义互文一般是指文学作品和社会历史(文本)的互动作用(文学文本是对社会文本的阅读和重写);所谓狭义,是用互文来指称一个具体文本与其他具体文本之间的关系,尤其是一些有本可依的引用、套用、影射、抄袭、重写等关系。"

4.7 被动互文和主动互文

啜京中(2007:52)认为,被动互文指的是语内互文,涉及话语上下文之间的关系;主动互文指的是语外互文,指文本之间的互文关系。

上面介绍了几种对互文的分类,这些分类都从不同的角度对互文进行了总结和归纳。随着研究的深入,分类会更加趋向合理。

5. 互文的评价标准

李玉平(2006:115—116)介绍了三种评价标准:程度标准、Pfister 标准和 Daniel Chandler 标准。

5.1 程度标准

李玉平(2006:115)用图来表示两个文本之间互文程度:

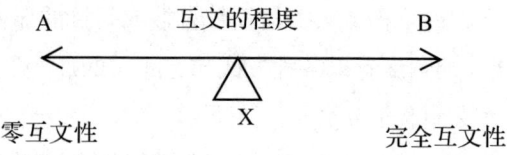

图 5.2　互文性程度标准

李玉平(2006:115)认为,图 5.2 显示,两个文本之间相互指涉(referentiality)、相互映射的程度是个变量(X),它在两个极端之间变动:一是两个文本没有一丁点儿相同之处(A),一是两个文本之间完全相同(B)。事实上,完全不同和完全相同都不是两个文本之间互文关系的常态,文本间的互文关系常见的是处于 AB 之间的状态。

5.2　Pfister 的质和量的标准

Pfister 把互文的标准分为质的标准和量的标准,见表 5.10:

表 5.10　互文的质量衡量标准

质的标准	解释
指涉性	是简单的引用还是有意地改换主题?
交流性	发送者的意图和接受者的理解之间的线路是否畅通?
自反性	是否有明显的互文标记?甚至互文成为当下的话题,成为元叙述。
结构性	句法结构等是否有明显的互文标记?
选择性	是简单指涉故事的主人公,还是大段引用原文?
对话性	两个文本之间的意识形态和语法张力。
量的标准	解释
密度与频度	…
数量与多样性	…

李玉平(2006:116)认为:Pfister 为我们衡量互文的程度提供了许多有益的标准,但是,这些标准操作起来存在一定的困

难,比如,互文的理解程度随着不同的接受者而变化,因此,交流性的标准就很难具体衡量。再如,互文是个动态发展的过程,随着新的文本不断涌现,互文本的数量也在不断变化,再加上读者个体的差异,互文的数量这一标准很难实行。

5.3 Chandler 的衡量标准

表 5.11 是 Chandler 提出的互文衡量标准:

表 5.11 Chandler 的衡量标准

评价标准	解释
反身性	指在大多程度上自觉地运用了文本互涉。
可选择性	就被用来互涉的文本资源而言,与互文性成正比例。
外显性	即对其他文本的互涉性明显与否(直接引语自然比间接引文明显)。
理解的重要性	即读者对互文的辨识有多重要。
采用的规模性	即在文本之内涉及或结合其他文本的规模。
结构的无限性	即文本在何种程度上是更大的机构的一部分。

6. 互文特征

下面从互文和文学作品/现实世界的关系,互文链和转换,显性互文(话语表征、预设、否定、元话语、讽刺),结构互文来讨论互文的特征。

6.1 互文和文学作品/现实世界的关系

李玉平(2002:12)用图介绍了语言和文学作品/现实世界的关系:

李玉平(2002:12)认为,图 5.3 说明,语言和文学都是非涉性的,即它们都不是直接指向现实世界,而是要先进入整个语言系统和文学网系。换句话说,文学作品必须进入整个语言系统和文学网系,在与其他文本所构成的互文网络中,才能产生意

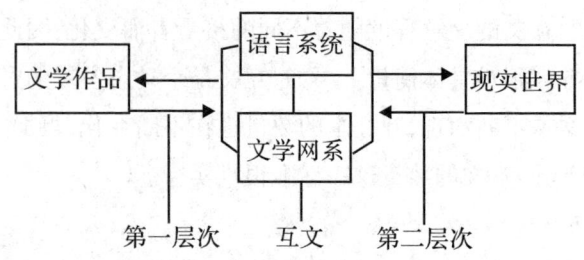

图5.3 互文和文学作品/现实世界的关系

义,指向现实世界。

6.2 互文链和转换

这里主要讨论互文链和转换的关系。Fairclough(1992:130)认为,互文链指的是各种类型的篇章组成的链,这里讲的转换,是指互文链中各个篇章类型之间的转换。正如焦亚东(2006:70—71)所说:文本通过彼此作用的关系形成形形色色的互文网链,就如同米勒所描绘的"寄生性存在的长长的链锁",在书的题目,开头和最后一个句号之外,在书的内部轮廓及其自律的形式之外,书还被置于一个参照其他书籍、其他文本和其他句子的系统中,成为网络中的结。

Fairclough(1992:130)认为,这些原来没什么关系的篇章通过转换变得相互有关联性。也就是说,某种篇章转换为另一类篇章。这些链具有序列性和结构性的特点,例如,如果把向医生咨询的材料和病历卡联系起来,这就是链。

从互文链的数量看,理论上讲应该有很多,但在实际中,只有很有限的几种。因为,不同的社会往往有自己独特的表达方式,社会结构制约着互文链的数量,从某个方面看,研究互文链就可以观察到社会结构的方方面面。

从互文链的性质看,确实很复杂。如戈尔巴乔夫总统有关国际间外交和军队的谈判的某个讲话,可能被世界上不同的国家转换成不同类型的篇章,可能被外交官转换成报告、分析材料、也可能被转化为学术书籍,学术论文,还可能被转化成转写过的形式、加上分析、评论等内容,等等。另一方面,某个日常谈话,听者可能把这个谈话重组,再表达出来。某个篇章,通过转化,在互文链中充当不同的角色。戈尔巴乔夫无法预测他的讲话会产生多少转化的篇章,但他期望自己的讲话能引起听众的关注。

在互文链中的篇章类型的转化,是多种多样的:有显性互文,如话语表征;也有结构互文的特征。对各种篇章所共有的常见成分的解释,可以在不同的层次上,用不同的方法进行。例如可从词汇的角度来解释,可从叙述性和隐语性的角度来解释,可以从语法的角度来解释,还可以用对话的形式来解释。

6.3 显性互文

Fairclough(1992:117)认为,下面几个方面显示了显性互文的特点:①话语表征,②预设,③否定,④元话语,⑤讽刺。

6.3.1 话语表征

Fairclough(1992:117)采用"话语表征"这个词,而不用"话语报道"(speech reportage)这个词,他的理由是:①当一个人"报道"时,他得选择一种表征的方法;②讲的话并非一定是传统概念上的"口语",可能是"书面语",也就是说,除了语法特征外,还有各种组织形式(discursive organization),事件的各个方面,环境,语调等等。

可以从话语的表达方式来看话语的类型,也可从所表达的话语的功能来看话语的类型。这样,布道、科学论文和日常会话之间的引用语便有不同,当然,这跟文化很有关系。

直接话语表征和间接话语都得考虑"界限保存"的程度,直接话语是尽量忠实地再现所引用的原文,间接话语并不追求原句的再现。

需要注意的是,对说出来的话语的意义必须通过整个正在表达话语的功能和语境来理解。对个别词或者个别词组用引号引出,这种用法可称为"惊恐引语"(scare quotes),如'probe into "girlie" spy plot'(探究"姑娘"间谍计划)中的 girlie 就是"惊恐引语",用引号引出。"惊恐引语"所起的作用是表明引出的词是一种"外在的声音"(an outside voice),以便把自己的声音和外在的声音区别开来。

6.3.2 预设

预设是篇章的作者提出来的命题。在篇章的表面构成中,存在着用正式的、暗示等不同的形式来表现出预设。例如,通过连词 that 引进小句的命题预设了 that 之前出现的动词可能是 forget,regret,realize 等,如 I'd forgotten that your mother had remarried(我忘记你母亲再婚了)。还有,定冠词所暗示的是"存在"意义的命题,如 the Soviet threat(苏联威胁)预设了有一种苏联威胁的存在,the rain(下雨)预设这正在下雨。

需要注意的是,不管是建立在上文的预设,还是建立在其他篇章的预设,都是可控制的、真实的。也就是说,作者可能为他人提出某个命题,也可能是由自己非真实地、出自控制他人目的而建立的命题。预设是控制人们的有效办法,因为人们很难挑战预设。在媒体采访中,被访者如果挑战采访者在某个问题中提出的预设,那么被访者只好搪塞这个问题。

6.3.3　否定

否定句经常用于辩论中,例如,有份《太阳报》,刊登了一个标题 I Didn't Murder Squealer! Robbey Trial Man Hits Out(我没杀告密者! 被审判的 Robbey 反击说),第一句是个否定句,预设这样一个命题,在其他的篇章里,报道了此人杀死了告密者。这说明,否定具有一种特殊的预设,这种预设具有互文的特点,跟其他的篇章具有不一致性,其目的是为了争辩,为了否认其他的有关篇章的观点和论述。再来看另外一种类似否定的句子 the Soviet threat is a myth(苏联威胁是个神话),这个句子在语法上虽然不是否定句,但在语义上却是否定的,此句可以变为语法上的否定句 the Soviet threat is not a reality(苏联威胁不是事实)。

6.3.4　元话语

元话语是一种显示互文的特殊形式,如果作者想在自己的篇章里区分不同的层次,把较疏远的层次看做是其他的篇章,外在的篇章。有许多办法能达到这个目的,办法之一就是使用"模糊词",像 sort of,kind of(这类)等,加上这些词往往带有负面的意思,例如,he was sort of paternalistic(他有点家长式作风);或用某个词来表示是属于其他篇章,如 as x might have put it(像某人说的那样),in scientific terms(用科学术语);或采用隐语,如 metaphorically speaking(用隐语的方法来说)。还有一种方法是采用"转写"(paraphrase)的方式来重新诠释一个词,如有个政府的部长在一篇谈到企业文化(enterprise culture)的演讲中说了这么一句话:Early in life we have an abundance of enterprise,initiative,the ability to spot an opportunity and take rapid advantage of it.(我们年轻的时候,充满了事业心,具有进取心,有能力去发现机会,并立即抓住机会。)他把这句话中的关键词,也就是原词 enterprise culture 诠释成了 enterprise(事业心)。

元话语还有一个特点是,元话语意味着"说话者"是置于自己的篇章之上,或置于自己的篇章之外,说话者是处于能够控制和操纵篇章这么一种位置。这里就反映了话语与身份(主体性)之间非常有趣的一种关系:它似乎违背了这样的观点,即人的社会身份决定了人们在某些类型话语中的地位。对于这一点,又有两个方面的含义:第一,元话语远离说话者自己的话语的可能性,又支持了这样的错觉,即说话者总是能够完全控制话语,也就是说,说话者的话语是个人主体性的结果,而非主体性是话语的结果。这一点是非常有意思的,元话语常见于这样的话语类型,即体现自己对话语的控制可能得到奖赏的时候,例如文学批判或者人文科学中的其他形式的学术分析。

另一方面,话语和主体性之间存在一种辩证关系,主体(subjects)决定了重建话语的结构(话语的顺序),而这些结构又反过来决定了主体的地位。这些重建包含了辩论和控制意图:上面提及的政府部长采用的"语义策划"方法,对"企业"这个词变为一个带有很浓的政治和意识形态色彩词,非常巧妙。

6.3.5 讽刺

传统观点认为,讽刺指的是"表面说的是一种意思,其含义又是另外一种意思"(saying one thing and meaning another),这种看法不全面,因为这种看法没有包括互文的内容:讽刺的话语经常"重复"(echo)其他人的话语。例如,有人说 It's a lovely day for a picnic(今天是野餐的好天气),然后大家去野餐了,野餐时,突然天下起雨来,另一个人却说 It's a lovely day for a picnic,此人说的重复了前一个人说的话,这句话就具有讽刺的意思。其表达的意思跟字面的意思正好相反,在讽刺的意思中,可能还包含生气、挖苦等意思。请注意,讽刺是建立在能真正理解其含义的解释者之上,建立在理解各种事实之上:话语表面的意思跟实际环境的关系(如"下雨"这个环境)明显的不符,这种不符在口语中通过语气暗示出来,在书面语中通过暗示方法(如用引号)表现出来。还有,听者通过分析说者的信仰、价值观等因素,便可推出某句话是否具有讽刺意义。

6.4 结构互文

结构互文指的是篇章中各种文体的互用:犯罪报告,日常相互间会话,等等,这些类型,通常称为"题材、风格、语域(register)"和"话语",也就是人们常说的,"面试题材、会话类型、烹饪书的语域、科学医学话语"等。这样分法的好处是,能够使我们看到话语成分和话语里结构互文之间的不同点,同时也可以很容易地分析数量较小的各个不同的范畴,人们用起来比较方便。不足之处是由于话语组织成分很复杂,有时不好归类,也就是说,太严格的分类有时反而看不到话语的复杂性。

Fairclough(1992:124)举了一个有关体裁的例句,想要说明各个体裁的篇章通常有自己的特征,但有些篇章出于各种需要,会融合不同的篇章风格。来看一下下面的例句:

(26) Using it's simple you don't even have to speak the language

Wherever you see a Visa sign you can present your Barclaycard when you wish to pay [1]. The sales assistant will put your Card and sales voucher through an imprinter to record your name and account number [2].

He will then complete the voucher and after ensuring that the details are correct, you just sign it [3].

You'll receive a copy of the voucher, which you should keep for checking against your statement, and the goods are yours [4].

That's all there is to it [5].

You may use your Barclaycard as much as you wish, provided your payments are up to date and you keep within your available credit limit (this is printed on the folder containing your Barclaycard) [6].

Occasionally the shop may have to make a telephone call to Barclaycard to obtain our authorisation for transaction [7]. This is a routine requirement of our procedure, and we just make sure that everything is in order before giving the go-ahead [8].

In an effort to deal more quick with these calls, Barclaycard is introducing a new automated system [9].

This will save time for you, but *please note that any transactions which could take a Barclaycard account over its credit limit could well be declined* [10].

It is important to ensure that your credit limit is sufficient to cover all your purchase and Cash Advances [11].

When you wish to take advantage of a mail order offer it's

so much easier to give your Barclaycard number rather than sending cheques or postal orders [12].

Just write your card number in the space provided on the order form, sign it and send it off [13].

Or if you want to book theatre tickets, make travel reservation or even make a purchase by telephone, just quote your card number and the cost can be charged to your Barclaycard account [14].

You'll find Barclaycard can make life a whole lot easier [15].

任何看到维萨信用卡标志的地方,你都可以用巴克利卡付钱[1]。店员会把你的卡和购物凭证在售货机上刷一下,以便记下你的名字和卡号[2]。

店员会打印你的购物凭证,如果你发现收货单的信息没有错,在上面签字即可[3]。

你会收到购物单的复印件,你要保存好这个凭证,以备查询,购物完毕[4]。

过程就是这样[5]。

只要你按时付款,不超出信贷限额(信贷限额印在卡上),你就可以用巴克利卡任意消费[6]。

有时商店会打电话给巴克利卡公司,以获得授权转账[7]。这只是例行公事,我们只要确认是否一切正常就可以了[8]。

为了尽快回应这些电话,巴克利卡公司采用了一种新的自动系统[9]。

这样可以节省你的时间,但请注意,如果转账数额超过了规定的信贷限额,转账就会被取消[10]。

重要的是要确信你的信贷限额足以支付你支付的数额和在取款数额之内[11]。

如果你要邮购,你只要提供自己的巴克利卡卡号就可以了,而不用寄支票或到邮局汇款[12]。

你只需在订购单上写上你的巴克利卡卡号,然后发出去即可[13]。

如果你想要订戏票,外出旅行预订等,或者是通过电话订购,只要报上你的卡号,费用就记在你的巴克利卡的户头了[14]。

你会发现,巴克利卡会使你的生活更轻松[15]。

这个例子是"金融知识介绍的语言"和"广告语言"结合在一起的篇章:介绍巴克利信用卡使用方法,同时在推销巴克利卡。这个例子可看作是"信息-宣传"(information-and-publicity)篇章,或称为"讲解-销售"(telling-and-selling)篇章。

这个篇章的标题像是广告,句[6]像是介绍金融规则。句[12]和[14]看上去不太像广告,也不太像在谈论金融规则。有时属于某种类型的篇章中间也包含了其他类型的篇章痕迹,例如,句[6]及后面的篇章,用"你"(you)这一直接称呼来称呼读者,在现代广告中,直接称呼"你"是非正式的。

看例(27)巴克利卡"使用条件"这一篇章,里面的话语类型是单一的,也没有直接称呼,跟例(26)的风格不一样:

(27) The card must be signed by the cardholder and may only be used [ⅰ] by that cardholder, [ⅱ] subject to the terms

of the Barclaycard Conditions of Use which are current at the time of use, [iii] within the credit limit from time to time notified to the principal cardholder by the Bank, and [iv] to obtain the facilities from time to time made available by the Bank in respect of the card.

卡必须由持卡者签名,必须由[i]持卡者使用,[ii]遵守巴克利卡的条款,在有效的时间内使用,[iii]注意不要超出银行定的信贷限额,[iv]注意银行提供给持卡人的各种服务。

下面看一下例(26)和例(27)的不同之处:

例(26)中句[3,8,13]和句[14]句有个单词 just(只是),这是广告语的风格,这对客户来说是一种婉转的用词法,表达 it's easy(很容易)的意思。在例(26)这种"讲解-销售"也就是 information-and-publicity(信息-宣传)语体中,要避免采用生硬用语。而在例(27)[iii]的使用指南中,读者需要的是非常明确的金融上的规定。

例(26)中句[10,11]中的斜体部分,都是谈规则,但口气却很委婉,句[10]中的内容都是直指客户的,但用词却很有策略,用假设的时态,如 could take, could be declined,而且在 could be declined 中加了个模糊词 well,也就是 could well be declined。还值得注意的是,这里用了被动语态,没有把施事者点出来,但通过上下文读者很容易推断出施事者是谁,也就是"银行"。句[11]中,作者不用带有命令的口气的句子 you must ensure(你必须确保),而用较为委婉的句子 it is important to ensure(确保是很重要的)。

7. 小结

我们把蒂费纳·萨莫瓦约(2003:137—140)的"文本思路简图"作为这节的结语:

一、一个不稳定的概念

互文是文学批评话语中新出现的一个概念,经历了各种定义。对这一概念的理解与这一理论的发展密不可分。

表5.12 各种互文性概念一览表

广义概念(某一文本中出现的多种话语,所有文本皆由此构成)	狭义概念(一个文本中的内容确实出现在另一个文本中)
巴赫金及其对话理论(dialogisme)	热奈特及其某些文本出现于另一些文本的形式论述
克里斯蒂娃接过巴赫金的思想,并提出了互文的概念	安东尼·孔帕尼翁及其对引文研究的论述
巴特及其引文的拼接艺术	洛朗·坚尼及其对变换方式的研究
里法特尔将这个概念向阅读转移	米歇尔·施奈德及其以心理分析的观点对"重提"所作的解释

二、对文学的记忆

通过研究作品中的互文,我们可以具体地理解文学是如何孕育自己的。"尽言矣",但如果意识到"人言",我们就可以"再言"。通过研究各种不同的互文手法,我们可以看到书海的影响,看到文化的深刻作用,或者与参考文本的表面对应关系。

表 5.13 互文性一览表

合并手段	粘贴手段
合并—建立： —引用 —准确参考	位于文本之上： 卷首题词
合并—暗示 —简单参与 —暗示	位于文本当中： 文本文件或非文本文件的粘贴
合并—吸纳 —暗含 —抄袭	

在《隐迹稿本》当中，Genette 区别了"共存关系"(互文)和"派生关系"(超文)。

表 5.14 互文和超文一览表

互文	超文
—引文	—戏拟
—参考	—仿作
—暗示	
—抄袭	

三、参考、参照性、联系

互文所说的文本参考是指文学如何通过自己参照自己远离任何与现实的直接联系。然而，对业已存在的文本以某种方式暗示或引用，此举可以被看成是文学和现实之间另一种形式的联系。

表5.15 以互文为途径,文学与世界建立的关系一览表

替换	切实存在
用引文代替对世界的描绘	对外部世界话语的直接再现
首先参照神话或历史,重组同样的故事	典籍作为外部世界的客体而切实存在
	将未经加工的现实片断(广告、报纸文本、图画)进行粘贴的过程

表5.16 互文行为一览表

愉悦	焦虑
欣赏	轻率
逆反	否定
玩味手法	伤感态度

因此,文本之间求同存异的效果可以按照四种方式产生:

——组合(configuration)

——重组(refiguration)

——歪曲(defiguration)

——改头换面(transfiguration)

第五节 话语标记

本节主要讨论下列问题:前人对话语标记的定义、有关话语标记的术语、话语标记研究的角度、话语标记的特征及判别方法、话语标记的功能、汉语话语标记研究现状。

1. 话语标记的定义

Maschler(1998:31)认为,可以从语义和结构两个方面来定

义话语标记,从语义上看,为了能够被称为话语标记,讨论的语句需从元语言的角度来解释语境,也就是说,不是要具备超语言特点,而是需要从元语言的角度跟篇章世界关联起来,跟话语的参与者连接起来,或者跟他们的认知过程连接起来。从结构的角度来讲,这个语句必须出现在语调单位的开始位置上,要么出现在换个说话人的时候,如果出现在同一个说话者的话语中,通常紧跟着的是一个语调的曲折改变,而不是语调的连续,当然也可能出现在一个语调连续的状态中,但是这时必须出现另一个标记。

Jucker 和 Smith(1998:174)认为,话语标记可以分为"接受标记"和"表达标记"两种,接受标记指的是对其他人说过的话语的一种反应,典型的接受标记是 yeah(是),oh(嗯)和 okay(好);表达标记指的是伴随和修饰说话者自己的信息,典型的表达标记是 like(像),you know(正如你所知道的那样),I mean(我的意思是)。表达标记还可细分为:信息为中心的表达标记,如 like,修饰信息的本身;受话人为中心的表达标记,如 you know,I mean,涉及到推测的信息。

Ariel(1998:223)认为,有的话语标记跟命题的概念意义有关,如 because(因为),有的话语标记在语义上没有什么意思,如 uh,只是表达一种过程的意思(procedural meaning)。

Fraser(1999:302)认为,从句法角度看,话语标记虽然可以归为连词、副词、介词短语等词类,但从功能看,并非体现这些词类的特征,它们不表示句子的命题,只表示话语中各种成分之间的关系。

高春明(2004:69)介绍了 Fuller 提出的两个判别是否是话语标记的标准:一个词或短语到底是不是话语标记呢? Fuller

指出,对话语标记语的确认有两个标准:第一,如果标记语从话语中移去,它所关联的语言成分仍具有原来的语义关系。看下面的例子:a) I lived in Peking when I was like five. b) I lived in Peking when I was five. 去掉 like 后,I 和 five 仍然保持主语和补语的关系。第二,移去标记语后的话语仍合乎语法。事实上,去掉 like 后的句子似乎更合乎语法。

2. 话语标记的有关术语

Jucker 和 Ziv(1998:1)认为,人们对"话语标记"的研究热情很高,但对其定义却还没有一致的看法,所用的术语也是各种各样:Schiffrin(1987)用 discourse marker(话语标记),Fraser(1999)和 Brinton(1996)用 pragmatic markers(语用标记),Schourup(1985),Abraham(1991)和 Kroon(1995)用 discourse particle(话语小词),Östman(1981)用 pragmatic particle(语用小词),Erman(1987)用 pragmatic expression(语用词),Blakemore(1987,1988)用 connective(连接词)。

许家金(2009:9)认为:英文文献中最常见的称谓有 4 种,分别是:discourse marker, pragmatic marker, discourse particle, discourse connective。其他说法还有 10 多种(参见表 5.17),但认同度较低。在前面的 4 种命名中,又以 discourse marker 使用最多。

许家金(2009:9)从《剑桥科学文摘》(*Cambridge Scientific Abstracts—CSA*)中的《语言学及语言行为文摘》(*Linguistics and Language Behavior Abstracts—LLBA*)1974 年至 2004 年的文摘数据库中检索到使用 discourse marker 的文献有 1,024 个,使用 pragmatic marker 的文献有 48 个,他列表如下:

表 5.17 "话语标记"家族称谓表(discourse marker 除外)

称谓	代表学者
Cue phrases	(Knott and Dale,1994)
Cue words	(Rouchota,1996)
Discourse connectives	(Blakemore,1987;1992;2002)
Discourse cues	(Oberlander and Moore,2001)
Discourse operators	(Redeker,1990;1991)
Discourse particles	(Schourup,1985;1999)
Discourse signaling devices	(Polanyi and Scha,1983)
Disjuncts	(Quirk *et al.*,1972;1985)
Phatic connectives	(Bazanella,1990)
Pragmatic connectives	(van Dijk,1979;Stubbs,1983)
Pragmatic expressions	(Erman,1992)
Pragmatic formatives	(Fraser,1987)
Pragmatic markers	(Fraser,1988;1990)
Pragmatic operators	(Ariel,1994)
Pragmatic particles	(Östman,1995)
Semantic conjuncts	(Quirk *et al.*,1972;1985)
Semantic constraints on relevance	(Blakemore,1987)
Sentence connectives	(Halliday and Hasan,1976)
Utterance particles	(Luke,1990)
etc	

3. 话语研究的角度

据 Jucker 和 Ziv(1998:4)介绍,话语标记的研究涉及"篇章的""观点的""认知的和互动的"三个方面。因此,可以从篇章结构的角度来研究话语标记,如标示话语的开头和结束;可以从表达观点的角度来研究话语标记,如标识说者-听者的意图和关系;可以从分析说过的话的过程角度来研究话语标记。

Maschler(1998:14)话语标记可以从人际关系、指称、结构和认知这四个方面进行研究。

4. 话语标记的特征及判别方法

Brinton(1996:33—35)从不同的角度提出了话语标记的功能:从语音的角度,从句法的角度,从语义的角度,从功能的角度,从社会的和风格的角度来看话语标记的特征,见表5.18:

表5.18 话语标记的特征

语音和词汇特征
较短,语音变弱
独立的语音组
有边界,很难列入传统的词类
句法特征
出现在句首
出现在句法结构之外,跟句子结合不紧
可选择的
语义特征
极少或没有命题意义
功能特征
多功能,同时在不同的语言层次上起作用
社会的和风格的特征
口语特征多,书面语特征少,非正式
出现频率较高
风格上体现明显的烙印
性别特征明显,较多体现女性话语特征

5. 话语标记的功能

话语标记虽然通常不表示命题的内容,但在话语中,却充当不同的功能。Jacker 和 Ziv(1998:1)总结了话语标记的功能:

表 5.19 话语标记的功能

话语标记的功能	
discourse connector	(连接)
turn-takers	(话轮转换)
confirmation-seekers	(求证)
intimacy signals	(表示亲密)
topic-switchers	(话题转换)
hesitation markers	(表示犹豫)
boundary markers	(边界标识)
fillers	(填充)
prompters	(提示)
repair markers	(修复)
attitude markers	(表明态度)
hedging devices	(表示模糊)

6. 汉语话语标记研究现状

近些年发表的有关话语标记的介绍和研究的文章来看,话语分析界对汉语话语标记研究有很大的热情。吴亚欣、于国栋(2003)研究了"事情是这样的、你听我说"等,高增霞(2004a,2004b)研究了"不是""回头",刘丽艳(2005)研究了"不是",陈振宇、朴珉秀(2006)研究了"你看、我看",颜红菊(2006)研究了"真的",许家金(2005)研究了"啊、唉、嗯"等。下面简要介绍吴亚欣、于国栋(2004:16)、刘丽艳(2005)、许家金(2005)和殷治纲(2007)的研究。

吴亚欣、于国栋(2003:16—19)提到的汉语话语标记有："据我所知、也就是说、确切地说、事情是这样的、我想讲的是、各位说吧、你听我说、告诉我、确切地说、其实、实话告诉你、说实话、这么说、看样子、如此说来、看来、也就是说、你是说、不过、所以、其实。"作者从五个方面对"事情是这样的、你听我说、告诉我、确切地说、老实说、这么说、看样子、就这样、顺便问一下"这些话语标记进行了分析，观察这些话语标记是如何反映说话人的元语用意识。

刘丽艳(2005)认为，在汉语北方方言口语中，存在一个起话语标记作用的"不是"，作者认为，在汉语中，可以分为四个"不是"，其中有一个"不是"是话语标记，其特点是：①多出现在句首，且相对独立，不跟前面或后面的任何语言单位结合构成更大的语言单位；②在句中没有词汇义和逻辑义，它既不表示否定判断，也不表示"过失、错误"等义，且有没有"不是"并不影响前面或后面的语句命题内容和真值条件；③在句中没有句法意义，并不参与前后语句句法成分的构建，也就是说，是否有"不是"，并不影响前后语句句法的合法性；④发音通常比较含糊，往往说成[pur]，有时后面可以有停顿；⑤具有某种标示功能，即标示了说话人当前所接受的信息与原有认知倾向的差异，以及交际状态的转换。作者经过研究发现，"不是"这个话语标记在会话中主要有两种功能，引发功能和反应功能，调查显示，以反应性功能为主。

许家金(2009:52)研究了即席会话中的话语标记，他研究的语料是8.22小时(转写成的语料文本总计141,619字)的现

场即席青少年自然口语语料中,下面是他的语料中所显示的话语标记出现的频率:

表 5.20　许家金的话语标记使用的频率表

话语标记（按音序）	出现频率	话语标记（按频率）	出现频率
OK	17	嗯	1,390
啊	598	啊	598
哎	105	哦	538
噢	44	那(个)	531
对	228	对	228
呃	38	然后	223
嗯	1,390	好	201
好	201	就	169
就	169	是	129
那(个)	531	哎	105
那么	9	这	48
哦	538	噢	44
然后	223	呃	38
是	129	行	29
我是说	7	OK	17
行	29	那么	9
怎么样	7	怎么样	7
这	48	我是说	7

许家金对频率最高并且功能表现较为灵活的 4 类话语标记（分别是"嗯、好、那[个]、然后")进行了细致的功能分析。

我们来看一下许家金(2009:59)对现代汉语话语标记"嗯"的功能分析,据他统计,"嗯"共计出现了1,390次,其话语功能经过分类被归纳为以下9大类:应声回执、简单确认、思索填词、开启话题、求证反问、话段结束、请求回答、自我反问、否定回答。见表5.21:

表5.21 "嗯"的篇章功能

码名	定义	出现频次	所占百分比
EN-1	应声回执	493	35%
EN-2	简单确认	371	27%
EN-3	思索填词	128	9%
EN-4	开启话题	190	14%
EN-5	求证反问	84	6%
EN-6	话段结束	27	2%
EN-7	请求回答	29	2%
EN-8	自我反问	24	2%
EN-9	否定回答	4	0%
EN-X	其他	40	3%

殷治纲(2007)从四个方面来研究"嗯、啊"类话语标记:话语的功能、话轮、情感心理和语音。下面我们简要介绍他从语音角度进行的研究。

殷治纲(2007:52—70)研究话语标记"嗯、啊"的语音表现形式(音色、音高、时长等),他的发现是:

一、话语功能层:"嗯""啊"类话语标记具有的话语功能和出现频率;话语功能和出现音节的对应关系;话语功能与人耳听辨调型的关系等。

二、话轮层:"嗯""啊"类话语标记的话轮功能及出现频率统计;话轮标记与话语功能的对应关系;话轮与使用音节的关系;话轮标记与出现位置的关系等。

三、情绪层:"嗯""啊"类话语标记的情绪级性和情绪激活度的状态与频率统计;情绪与话语功能的关系等。

四、认知-信疑层:"嗯""啊"类话语标记在认知-信疑层的状态和频率统计;认知-信疑状态和话语功能的对应关系;认知-信疑层和情绪层的对应关系。

五、接受-拒绝层:"嗯""啊"类话语标记在接受-拒绝层的状态和频率统计;接受-拒绝状态和话语功能的对应关系;接受-拒绝状态和情绪状态的对应关系;接受-拒绝状态和认知-信疑状态的对应关系等。

六、语音层面:"嗯""啊"类话语标记在口语对话中的出现率;常用音节和出现率统计;音色与上述各层面的对应关系;上述各层面内容对时长的影响;上述各层面内容对音高的影响;各类话语功能对应的音高时长模式等。

殷治纲还进行了主观听辨实验,对上面某些结论和结果进行了验证。

6. 结语

按照前人对话语标记的定义,话语标记虽然不表达命题,但话语标记在话语中所起的作用是不可忽视的。Maschler(1998:31)的一项研究以色列语话语标记显示,在 30 分钟的会话的语料中,发现有 336 个话语标记,说明在以色列语中话语标记出现的比例很高。我们可以想象,如果在人们日常使用的话语中,没有了话语标记,人们还能表达由话语标记所表现出来的各种话语的功能吗?

对汉语的话语标记已作了一些研究,但还有许多课题尚待研究,例如:①汉语话语标记的定义是什么?②汉语话语标记的判别标准是什么,也就是说,汉语中哪些语言成分是属于话语标记,根据是什么?③汉语话语标记到底有哪些主要类别?④汉语话语标记的功能主要有哪些?对功能的判别标准是什么?⑤我观测到这么一种现象,在无准备的口语中,使用话语标记的个体差异很大,有些人讲话时常带一个或几个"口头禅",我听到一位先生讲话时,反复讲"拿这个问题来说",也就是说,他讲几句话,就插入一句"拿这个问题来说",探究其功能,好像并非表示什么"命题",只是表示"思考,换话题"等功能。这样看来,是否需要研究书面语中的话语标记和口语中出现的话语标记的频率、分布、功能等有什么区别?

第六节 管 界

廖秋忠(1991[1987])提出了"管界"这种篇章现象,简单地说,管界指的是由某个"管领词"所控制的范围。看下面一个例子:

(28)(北京)市卫生防疫站有关人士希望:[主食不宜过精,适当选用一些杂粮,……。在优质食品中,请多选用豆及豆制品,压缩脂肪的摄入量……适当选食动物肝脏、乳、蛋及深色蔬菜……以补充和增加我们膳食中明显缺乏的维生素A,胡萝卜等。](原例3)

这个例子中的"希望"就是一个管领词,用下划线表示,它所控制的范围,用[   ]标出。

廖秋忠在这篇文章里,先讨论管领词的确认,再探讨确定管界的手段,也就是,说者和作者是如何告诉听者和读者某个管领词的管界是从哪里到哪里,听者和读者又是如何确定管界的。

1. 管领词

廖秋忠列出的管领词有:①谓语动词;②状语;③连接成分;④类话题短语。下面各举一例:

(29) a. 报载:[安徽省泾县邮电局陈村支局局长李大炎,利用工作之便,贪污公款一万四千多元。虽费尽心机竭力掩饰,然而,十六年以后,还是锒铛入狱,受到法律的制裁。] 这件事首先说明,在我们社会主义国家,只要对人民犯了罪,无论怎样伪装掩盖,都难逃法网。(原例2)

b. 17日上午,在崇文区安化南里,[一女学生突然晕倒在路旁,头被磕破,鲜血直流,女学生处于昏迷状态,情况紧急,……就在人们束手无策的时候,南面驶来一辆跨斗摩托车,车上两名民警同志见此情景,跳下车来,把女学生抬上,向医院驶去。]这辆车号(原文如此)是31-25034。(原例10)

c. [据专家认为,日常食糖量少,就不易患引起冠心病的动脉血管硬化、肥胖病和糖尿病。另外,食糖少会减少牙科疾患。专家们指出糖对人类的侵害是很难直接感觉到的,它的危害是逐步形成的。]因此,[一些发达国家流行的"戒糖"口号已被越来越多的人们所接受,特别是父母们在想方设法地改变孩子的嗜糖习惯。]"戒糖"和"戒烟"一样在一些发达国家大有发展之势。(原例19)

d.   关于作品的主题思想

  [关于《儒林外史》的主题,过去最流行的是"反科举"说,争议不大。近年来许多研究者指出,以"反科举"或"写儒林丑史"来概括《儒林外史》的主题是不全面、不深刻的……](原例21)

例(29a)是谓语动词"载"充当管领词。

例(29b)是状语"17日上午,在崇文区安化南里"充当管领词。

例(29c)是关联词"因此"充当管领词。

例(29d)是类话题短语"关于作品的主题思想"充当管领词。

2. 确定篇章管界的手段

廖秋忠(1991[1987]:101—102)认为,确定篇章管界的策略有两个,一个是依靠表示篇章局部连贯的语义和形式手段来确定某个管领词语可以延伸到某一点。另一个策略是依靠表达篇章连贯局部中断的语义形式手段来确定某个管领词语不可能越过某一点。这两个策略,或者说手段,以后者为主,前者为辅,同时运用,才能更好地确定某个管领词语的管界。这两个手段的有效性并非全都是绝对的,功能也强弱不一,适用的场合也有差异。

决定篇章管界的各种手段按语义和形式来分有以下几类较为常见：①语义的和谐与否；②主语的重现、更迭与省略；③同类管领词语的再现；④指称词的改变；⑤观点的改变；⑥回指管界的统称词语的出现；⑦篇章中的罗列连接成分的出现；⑧文体的差异；⑨关节终止的描述；⑩段落、章节边界的出现；⑪引文标志的出现。

第七节 焦 点

1. 引言

我们先来看前人对"焦点"的定义：

范晓、胡裕树（1992）："焦点是直陈句所传递的新信息的核心、重点。"

张伯江、方梅（1996:73）认为，一个句子的焦点是句子语义的重心所在。

我们再来看看对焦点的分类：

徐烈炯、刘丹青（1998:93）认为焦点可分为三种：自然焦点、对比焦点和话题焦点。自然焦点指的是句末焦点；对比焦点指的是强调句子某个成分，但句法结构毫无分别；话题焦点指的是不突出但有对比作用的话题。

张伯江、方梅（1996:73）认为，焦点可以根据预设的不同分为常规焦点和对比焦点。他们是这样解释常规焦点和对比焦点的：一个句子的焦点是句子语义的重心所在。由于句子的信息编排往往是遵循从旧到新的原则，越靠近句末信息内容就越新。

句末成分通常被称作句末焦点,这种焦点成分就是常规焦点。如果一个成分不用作引入新信息,而是在上文或语境里已经直接或间接地引入了的,是说话人出于对比目的才着意强调的,这个成分就是对比焦点。

张豫峰(2006:245)认为焦点可以分为:有标记焦点和无标记焦点、静态焦点和动态焦点。有标记焦点指的是由某个词来指出焦点,如"是、连",无标记焦点一般位于句末。静态焦点通常位于句末,动态焦点指的是句中的任何位置都可以是焦点。

下面我们从句法和篇章两个方面来介绍焦点的研究。

2. 句法焦点

我们这里简单介绍句法焦点,是为了能更好地理解篇章焦点。现在讨论得较多的句法焦点共四种:语序焦点,词汇焦点,否定焦点和疑问焦点。

语序焦点指两种:句尾焦点和一头一尾焦点

(30)他三十年来一直住在芜湖。

(31)a. 说句笑话解解乏你还不让Λ?

　　　b. 紧张也就是这五分钟。

例(30)是徐烈炯、刘丹青(1998:93)的例子,句中的画线部分是句尾焦点,也就是张伯江、方梅(1996:91)讲的常规焦点。例(31a-b)是吕叔湘(2002[1986]:459)的例子,他发现人们在表达中,有时会把某些成分移位,移到前面,就形成句头是重点,移到后面句子的重点就在后面。例(31a)中的焦点在头上"说句笑话解解乏",Λ表示可以移回去的位置。例(31b)中的焦点在尾上"这五分钟"。

词汇焦点,方梅(1995:281)认为,汉语中焦点标记就是"是、连"两个,举一个"是"的例句:

(32) a. 都开学了,他怎么还在家住着?

b. 他<u>是</u>没考上。

c. 可是我记得他考上了。

d. 他'<u>是</u>没考上。

方梅认为,例(32b)中的"是"焦点标记,因为没重读;例(32d)中的"是"是表示确认意义的副词。

否定焦点指的是位于否定词后的焦点,下面是于康(2004:15)的例子,画线部分是否定结构"动词+不得"后的否定焦点:

(33) a. 秃子,穿不得<u>大皮鞋</u>,穿这个试试!

b. 别急,打仗时当然少不得<u>你这员猛将</u>。

疑问焦点指的是疑问词充当焦点,下面是吕叔湘(2002[1985]:428)的例子,画线部分"怎么样、什么"是疑问焦点:

(34) a. 你能把他<u>怎么样</u>?

b. 你笑<u>什么</u>?

3. 篇章焦点

这里的篇章焦点指的是焦点的产生,涉及两个小句以上的语言单位。

3.1 对比焦点

所谓对比,顾名思义有两个东西才能进行对比,单一的东西无法进行对比,因此如果对比焦点涉及两个小句,便可把这类焦点看作篇章焦点。篇章对比焦点涉及两种:一种是隐性对比焦点;另一种是显性对比焦点。

3.1.1 隐性对比焦点

隐性对比的特点是,只出现一方,对比的另一方没有出现,但读者可以推出出现的对比另一方的主要内容。

徐烈炯、刘丹青(1998:92)认为,对比焦点的特征是"突出"和"对比"两点。"突出"指的是句子可分两个部分,突出部分和背景部分。对比指的是"针对上下文或共享知识中(尤其是听话人的预设中)存在的特定对象或所有其他同类对象而特意突出的,有跟句外的背景对象对比的作用。有些看似句法中的焦点,却决定了下面篇章出现的格式,从这个角度来说,这种对比焦点也具有篇章性,请看方梅(1995:282)的例句:

(35) a. 是<u>我们</u>明天在录音棚用新设备给那片子录主题歌。
(用于回答"哪些人")

b. 我们是<u>明天</u>在录音棚用新设备给那片子录主题歌。
(用于回答"哪天")

c. 我们明天是<u>在录音棚</u>用新设备给那片子录主题歌。
(用于回答"哪个地方")

d. 我们明天在录音棚是<u>用新设备</u>给那片子录主题歌。
(用于回答"用哪种工具")

e. 我们明天在录音棚用新设备是<u>给那片子</u>录主题歌。
(用于回答"给哪个片子")

例(35a-e)中的括号的部分就是说明"隐性"的对比成分,明确一点说,就是正因为出现例句中的画线部分这一焦点,才导致或者说可推测出回答句中的内容。

3.1.2 显性对比焦点

张国宪(1999)认为,对举式也是一种焦点结构,在通常情况下,对举式中词语相异的部分(对比成分)就是发话人要指明的信息焦点。

(36) a. 小孙没买摩托车,小张买了摩托车。
b. 小孙没买摩托车,小张买了摩托车。

例(36a)的对举成分是"小孙、小张",例(36b)的对举成分是"没买、买了"。

3.2 复句焦点

据莫红霞、张学成(2001:64)介绍,张学成(2000)谈到复句语义层次时认为:复句句式在反映认识关系的基础上还反映心理关系。例如:

句式一:"只有(除非)A,才 B"总是强调 A 句,表示条件的唯一性,"只有、除非"可以看作焦点标记。

句式二:"不但 A,而且 B""与其 A,不如 B""虽然 A,但是 B"等等,总是强调 B 小句。关联词后的成分就是全句的焦点所在。

莫红霞、张学成(2001:64)认为:吕叔湘(2002[1986])把汉语前果后因的复句叫做"释因句",把前因后果的复句叫做"纪效句",实际上揭示了汉语复句以后面分句为自然焦点的特性。

3.3 结构焦点

我们这里讲的结构焦点,指的是王琪、罗尚荣(2004:105)的多项机构复现焦点,也就是多项结构相同或相近的词组、句子或大于句子的语言单位在篇章中前后出现。看他们的例子(原例句1—2)是:

(37) a. 打倒帝国主义,打倒军阀,打倒贪官污吏,打倒土豪劣绅,这几个政治口号,真是不翼而飞……

b. 农民——这是中国工人的前身,将来还要有几千万农民进入城市,进入工厂。……

农民——这是中国工业市场的主体。……

农民——这是中国军队的来源。……

农民——这是现阶段中国民主政治的主要力量。……

农民——这是现阶段中国文化运动的主要对象。……

第八节　前景和背景

　　Ellis(1999:107)认为,篇章中的信息可以归为两类,一类是"前景信息"(foreground),另一类是"背景信息"(background)。前景信息指的是那些在篇章中突出的信息,背景信息指的是那些置于背后的信息。请看下面例句:

(38) a. The little puppy trod on a wasp.

小狗踩到了一只黄蜂。

b. The puppy was very upset.

小狗很难受。

例(38a-b)中,"小狗"是前景信息。

(39) a. The little puppy trod on a wasp.

b. The puppy was very upset.

c. It started to buzz furiously.

黄蜂开始拼命地嗡嗡叫。

例(39c)读起来别扭,因为这个句子不是对前景的回应,而是对非前景信息的回应。这个篇章的话题是小狗,读者读到例(39c),话题一下子变了,读者可能一时转不过弯来。这是因为,任何话语理论以及探讨读者是如何理解话语的,都必须涉及话题是如何进入前景,又是如何退出前景的。下面从两个方面来讨论前景的进退问题:

第一,从"明确焦点"和"隐含焦点"的角度来看前景信息和背景信息。

明确焦点的信息指的是前景信息,读者和听者都很清楚,这些信息可以用代词来回指,看例(40):

(40) The book was really very good. *It* was well written.

这本书确实很好,写得很好。

例(40)很好理解,因为"书"是前景,代词 it 指的是"书",指称很清楚。

再来看隐含焦点,如果前景信息里隐含着某个信息,那么这个信息是通过前景信息推出来的,而不是清楚地表达出来的,这个隐含的信息便是隐含焦点。例如,读者看到例(41)这个句子,便很容易理解,第一个小句中出现了"书"这个前景信息,有书便有作者,第二个小句中的"作者"在篇章中指的便是前一小句中出现的这本"书"的作者,这个"作者"便是一个"隐含焦点":

(41) The book was really very good. The author is very skilled.

这本书确实很好,作者确实有才华。

第二,判断某个信息是前景信息还是背景信息,是由读者的世界知识和解释篇章的能力决定的,读者在读某个篇章的时候,往往会用储存于自己头脑中的种种假设及模式来理解篇章,因此不同的人读同一个篇章会有不同的理解和不同的感受。

Anderson 和 Sanford(1983)有项研究,涉及人们是如何利用自己对事件的理解,通过对前景信息和背景知识的判断来理解篇章的。某个事件是多种因素和行为的聚合体。这项研究请受试者读下面的篇章:

(42) a. The children were all enjoying the birthday party.

孩子们在生日聚会上玩得很开心。

b. There was an entertainer to amuse them.

有个演员不断逗孩子们开心。

c. No expense was spared to make the party a success.

成功的聚会并不在于花钱多少。

d. One hour later energies flagged.

一个小时后,大家感到累了。

or(或)

Five hours later energies flagged.

五个小时后,大家感到累了。

人们凭着对生日聚会的过程的理解能预测到,生日聚会在一个小时后可能继续进行,也可能五个小时后还在进行。例(42)中的"孩子们"是前景信息。再来看接下去的叙述:

(43) Playing the games had exhausted them.

玩游戏累坏了他们。

(44) Organizing the games had exhausted him.

组织游戏累坏了他。

先读了例(42)中的句子,再读例(43)就很容易理解,因为

playing the game 扩大了例(42)前景信息,也就是说,不管是一个小时还是五个小时,孩子们都可能感到累。

再来看例(44),请注意,例(44)中有个代词"他",指的是一个非前景的信息,即例(42)中提到过的"表演者",而不是"孩子们"。如果读者先读到例(42d)中"一个小时后,大家感到累了"这个句子,再读到例(44)时,往往感到不易理解,因为按照读者自己的经验,假如生日聚会还在进行,孩子们仍然处于前景的地位,那么一个小时的生日聚会,孩子们通常不会感到累;如果读者先读到例(42d)中"五个小时后,大家感到累了"这个句子,再读到例(44)时,读者就会感到容易理解,因为生日聚会通常不会进行五个小时,五个小时后,因此,孩子们这时从前景转到背景,因为他们开始感到累了。

第九节　结　　语

本章讨论了常见的七种篇章现象:引语、元话语、互文、话语标记、管界、焦点、前景和背景。

引语,包括直接引语和间接引语,在语言中太常见了,可能因为这样,在我国语言学界关注的人反而不多。引语既表现出篇章结构上的特点,起码由两个以上篇章小句(徐赳赳 2003:61)组成,直接引语有明显标记,采用双引号,直接引语中再出现引语,用单引号表示,从直接引语的层次看,在我的语料中,只出现两个层次,未见三个层次以上;间接引语用冒号、逗号等表示。不管是直接引语还是间接引语,大多有表明引语的词,如"某某人说""据某某报纸报道"等等。直接引语要求被引用的内容一个字不差,而间接引语要求不那么严格,文字上可稍作变动,但不能改变原作者的主要意思。我们发现,引语跟廖秋忠(1991[1987])研究的"管界"现象很有关系,同时跟互文也关系密切。

元话语是近几十年才为我国学者熟悉的概念,一般认为,元话语不表达命题,元话语的基本功能是组织篇章、表达作者的观点、涉及作者的反应。本节把元话语分为三类:词语元话语、标点元话语和视觉元话语,当然这三种元话语都是指书面语。词语元话语指的是话语连接词、推测副词、情态词、言语行为词、心理动词、人称代词、篇章推进词等等;标点元话语指的是标点、括号和下划线等体现元话语特征的标记;视觉元话语指的是篇章的视觉成分,如版面、颜色和排版等等。现在还没见到对汉语篇章中的元话语进行过系统的研究,对汉语元话语的研究可以推进篇章研究的深入。

互文这种篇章现象表明,任何篇章都是互文的产物。互文揭示了篇章和篇章之间千丝万缕的联系,不管是隐性的联系还是显性的联系。从前人的研究看出,互文最早是作为一种文论进行研究的,进入语言学后,其研究重点跟文论自然不同:我们现在迫切需要研究的是,从语言学的角度看,或者说从汉语篇章来看,汉语的篇章中互文是如何具体表现的,跟其他语言篇章中的互文的表现有什么不同;作者是如何利用互文来组织篇章和表达自己的观点、读者又是如何借助互文来理解篇章的;在什么情况下作者会倾向于利用互文、在什么情况下作者不倾向利用互文等等,这些问题都期待研究。

话语标记是组织篇章不可或缺的成分,很难想象,如果在篇章中去掉所有的话语标记,人们是否还是看做是原来概念中的篇章。对现代汉语篇章中的话语标记,还有很多工作值得去做:话语标记出现的频率,话语标记的分布,话语标记的功能。当然,目前最值得做的一项工作是确定判断话语标记的标准:命题的概念意义是主要标准吗?在现代汉语篇章中,哪些真正称得上是话语标记?换句话说,哪些是成熟的、大家基本都接受的话语标记,哪些是似是而非的话语标记。在英语研究中,after all, you see, you know, let me see, I mean, for example, in other word, on the other hand, that is to say, moreover, so, well, but, then, because 等等都是为大多人认可的话语标记,那么这些在现代汉语对应的词或词组,是否也是话语标记呢?这些问题都值得思考。

　　管界现象是篇章中一个常见的现象,按照廖秋忠的思路,我们换一种简要的说法来描写这种现象,管界现象由两部分组成:管领词+管界语。管领词,在廖秋忠论述的基础上,我们可以这样理解,管领词是起到"引导"下文出现的那个词语,从这个角度来看,跟我们在第九章第五节研究的"启承结构"有密切关系。"管界语"指的是被管领词引导出来的,或者说被控制的那些语言成分。掌握管界的组成规律,对理解篇章的整个结构将起到重要的作用。

　　本章显示,焦点不但在句内有表现,在篇章中也有表现。简单地说,某个句内的焦点现象是受到前面句子的制约,对篇章焦点,无论是对比焦点、复句焦点还是结构焦点,都还没有深入研究,除了这三种篇章焦点外,还有其他篇章焦点吗?

　　前景是直接展示给读者或听者的部分,背景主要是衬托前景。两者在篇章中各有各的位置,各有各的作用。前景和背景在篇章中应用得当,会使篇章层次分明、详略得当。前景信息和背景信息跟回指、焦点等概念关系都很密切。在对现代汉语篇章的研究中,不应忽视对这两种信息的研究。

第六章 篇章话题

第一节 引 言

话题这个概念在最近几十年里,是人们关注较多的一个研究领域。特别是 Li 和 Thompson(1984[1976]:38)从主语和话题的角度提出语言类型后,更是引起人们对话题的研究兴趣。人们一般理解的话题有两种,一种是谈论或叙述的内容相对集中的某个主题,如两人谈论天气,里面可能包含许多小句,这些小句都是跟"天气"的内容有关,当然关系有紧有松;另一种是指某个名词性成分,是否在某个小句,或大于小句的成分中充当话题。本章讨论的主要是指后一种话题,关注的是从篇章的角度来审视话题。本章先讨论主语和话题的区分,句法话题和篇章话题,话题链等几个方面的问题,最后是结语。

第二节 主语和话题

主语的概念和话题的概念关系密切,这表现在有时主语和话题由同一个成分充当。这节我们先介绍文献中对主语的看法,然后介绍对话题的看法,再简要总结一下主语和话题的关系。

1. 主语的概念

在传统语法里,主语是个重要的概念,但什么是主语不好确定,所以曾引起大讨论。关于主语和宾语的问题,"1955年有过一次广泛的讨论,持续到1956年上半年,先后发表了好几十篇文章,可是没能得出一个一致或者比较一致的意见。"(吕叔湘2002[1979]:517)下面介绍吕叔湘、朱德熙、胡裕树的观点,从他们的论说中,可以看出确定汉语主语的复杂性。

1.1 吕叔湘对主语的看法

吕叔湘(2002[1979]:517—519)在讨论主语和宾语的时候,对主语问题作了较为详细的论述,他先提出问题,然后分析问题,最后提出自己的看法。

一、吕叔湘(2002[1979]:517—518)先提出问题:

主语宾语问题的症结在哪儿呢?在于位置前后(动词之前,动词之后)和施受关系的矛盾。在名词有变格的那些语言里,哪是主语哪是宾语不成为问题,因为有不同的格做标志。汉语里边,名词没有变格,区别主语和宾语失去主要的依据,只能在位置先后和施受关系上着眼。在多数句子里,代表施事的名词出现在动词之前,代表受事的名词出现在动词之后。把前者定为主语,把后者定为宾语,是没有人不同意的。但是多数句子不等于所有句子,在两项标准不一致的时候就会有不同的意见。优先考虑施受关系的人,遇到施事在后的句子,比如"门口站着解放军",就说这是"主居谓后",通俗点儿就叫做"倒装";遇到受事在前的句子,比如"这个会我没参加",就说这是"宾居句首",也是"倒装";可是遇到像"信已经写好了"这样的句子,就贯彻不下去了,不得不妥协一下,说这是"被动句","信"是受事作主语。

优先考虑位置先后的人,同样遇到这种情况,可是有人这样解释:凡是动词之前的名词都是主语,凡是动词之后的名词都是宾语。这种说法干脆倒是干脆,只是有个缺点:"主语"和"宾语"成了两个毫无意义的名称。稍微给点意义就要出问题,比如说"主语是一句话的主题"吧,有些句子的"主语"就不像个主题。例如"前天有人从太原来",能说这句话的主题是"前天"吗?"一会儿又下起雨来",能说这句话的主题是"一会儿"吗?

二、吕叔湘(2002[1979]:518)然后分析问题:

要解决这个矛盾,关键在于认清两个事实。第一,从语义方面看,名词和动词之间,也就是事物和动作之间,可以有多种多样的关系,绝不限于施事和受事。"施—动—受"的句子,论数量确实是最多,可是论类别却只是众多种类之一。下面的句子都是"施—动—受"以外的"名$_1$—动—名$_2$"句。其中有的是:名$_1$=施事,名$_2$≠受事;有的是:名$_2$=受事,名$_1$≠施事;有的是:名$_1$≠施事,名$_2$≠受事。

(1)a. 新来的同志都已经分配了工作
　　b. 这孩子种过牛痘没有?
　　c. 王冕七岁上死了父亲
　　d. 从此我们就断了消息
　　e. 我们明天考语文
　　f. 我只错了一道题
　　g. 他大我三岁

h. 棉衣换成单衣

i. 他后悔两件事……

j. 我送你的电影票你看了没有？

k. 这个问题一直存在两种意见

l. 事情可也不能都怪他

m. 下一步就要看你的了

例(1)的句子里边的名词，除代表施事或受事外，有的代表工具，有的代表原因，有的代表比较的对象，有的代表变化的结果，有的代表受到有利或不利的人物，等等。在这些例子面前，主施宾受的理论完全站不住脚了。

三、吕叔湘(2002[1979]:518—519)提出自己的看法：

必须认清的第二点，也是更加重要的一点，那就是：主语和宾语不是互相对待的两种成分。主语是对谓语而言，宾语是对动词而言。主语是就句子格局说，宾语是就事物和动作的关系说。主语和宾语的位置不在一个平面上，也可以说是不在一根轴上，自然不能成为对立的东西。主语和宾语既然不相对立，也就不相排斥。一个名词可以在入句之前作动词的宾语，入句后成为句子的主语，可是它和动词之间原有的语义关系并不因此而消失。不但是宾语可以分别为施事、受事、当事、工具，等等，主语也可以分别为施事、受事、当事、工具，等等。在一定程度上，宾语和主语可以相互转化。"写完了一封信"↔"一封信写完了"之类的例子不用说，更能说明问题的是下面这种例子：

(2) a. 西昌通铁路了｜铁路通西昌了

b. 这个人没有骑过马｜这匹马没有骑过人

c. 窗户已经糊了纸｜纸已经糊了窗户

d. 竞争和战争,争霸和称霸,充满了帝国主义的整个历史进程｜帝国主义的整个历史进程充满了竞争和战争,争霸和称霸

似乎不妨说,主语只是动词的几个宾语之中提出来放在主题位置上的一个。好比一个委员会里几个委员各有职务,开会的时候可以轮流当主席,不过当主席的次数有人多有人少,有人老轮不上罢了。可以说,凡是动词谓语句里的主语都具有这样的二重性。

在对上面所说的两点认识的基础上,可以提出两个问题来讨论。第一个问题:既然不能拿施受关系来分别主语和宾语,可不可以用位置先后做标准呢?这里边包含三个问题:①可不可以把谓语动词前边的名词都定为主语?②可不可以把谓语动词后头的名词都定为宾语?③通常在动词之后的名词,在一定条件下跑到动词前边,是不是由宾语变成主语?我们的想法是:①主语得像个主题,那些"望之不似"的最好不承认它是主语。在没有主语的情况下,也许可以承认它是一种"假主语"。②动词后头的名词性成分大致有表示事物,表示时间、处所,表示数量三类。现在的语法书,有的把这些全归入宾语,有的只承认事物的宾语,其余的是补语,有的说后者是居"副位",即作状语(大致如此,细节有出入)。我们觉得全看做一种成分好,但是不赞成叫做宾语。③对这个问题意见分歧最大,这里不能一一列举。吕叔湘先生认为:如果代表事物的"宾语"跑到原来的主语的前头,就得承认它是主语,原来的主语退居第二(这个句子变成主谓谓语句);不合乎这个条件的,原来是什么还是什么,位置的变动不改变它的身份。

1.2 朱德熙对主语的看法

朱德熙(1999[1984]:109—113)认为,可以从三个方面来看主语和谓语的关系:

主语和谓语的关系可以从结构、语义和表达三个不同的方面来观察。从结构上看,在正常情况下,主语一定在谓语之前(当然有例外),两者之间的联系,跟其他各种句法结构比较起来,要算是最松的。这主要表现在以下两点上:

第一,主语和谓语之间往往可以有停顿,而且主语后头可以加上"啊、呢、吧、嚜"等语气词跟谓语隔开。例如:

(3) a. 这件事啊,得好好商量一下。

  b. 价钱嚜,也不算贵。

  c. 我吧,从小就爱看小说。

第二,只要不引起误解,主语往往可以略去不说。例如:

(4) a. (我)昨天晚上到的。

  b. (这孩子)连他妈妈也不认识了。

  c. (这几本书)一共五块钱。

跟印欧语系的语言比较起来,汉语这个特点是很突出的。

从语义上看,主语和谓语的关系是很复杂的。拿动词组成的谓语来说,主语所指的事物跟动词所表示的动作之间的关系是各种各样的。有的主语指的事物是动作的发出者,即所谓施事;有的是受动作影响的事物,即所谓受事;有的是施事、受事以外的另一方,可以称为"与事";有的是动作凭借的工具;有的主语表示动作发生的时间或处所。例如:

(5) a. 花猫逮住了一只耗子(施事)

  b. 衣服已经缝好了(受事)

c. 这个学生我教过他数学(与事)

d. 这支笔只能写小楷(工具)

e. 明天他们上广州(时间)

f. 墙上挂着一幅画(处所)

注意不要把主语跟动作的施事混为一谈。"我们开会","我们"是主语;"车修好了","车"是主语。前一句的主语"我们"是施事,后一句的主语"车"是受事。"我们"和"车"之为主语,与它们是施事或受事无关。"下午开会"的"下午"是主语,"屋里开会"的"屋里"是主语。"下午"和"屋里"不是施事,也不是受事,但都是主语。

从表达上说,说话的人有选择主语的自由。同样的意思可以选择施事作主语,也可以选择受事或与事作主语。比较:

(6)a. 我们昨天开了一个会(施事主语)

b. 昨天我们开了一个会(时间主语)

(7)a. 他把电视机弄坏了(施事主语)

b. 电视机让他弄坏了(受事主语)

(8)a. 我用这支笔写小楷(施事主语)

b. 这支笔我用来写小楷(工具主语)

(9)a. 我给小王写了一封信(施事主语)

b. 小王我也给他写了一封信(与事主语)

例(6)-(9)这四组句子里相对应的(a)和(b)基本意思相同,只是所选的主语不一样。说话的人选来作主语的是他最感兴趣的话题,谓语则是对于选定了的话题的陈述。通常说主语是话题,就是从表达的角度说的,至于说主语是施事、受事或与事,那是从语义的角度说的,二者也不能混同。

说话的人选来作为话题的往往是他已经知道的事物。因此汉语有一种很强的倾向,即让主语表示已知的确定的事物,而让宾语表示不确定的事物。比如说"买书去","书"放在宾语的位置上,是不确定的;"书买来了","书"放在主语位置上,指的是已知的确定的书。再如:

(10) 来了一位客人～那位客人来了

例(10)中,我们只说"那位客人来了",不说"一位客人来了",但是可以说"有一位客人来了"。在句首加上"有","一位客人"由主语转为"有"的宾语,这就不会再跟主语表示确定的事物的要求发生抵触了。从形式上看,"有一位客人来了"是无主语的句子,可是从语义上看,它事实上的主语(逻辑主语)是"一位客人"。

强调事物周遍性的时候(即全都如此,没有例外),也往往把它放在主语的位置上。例如:

(11) a. 一切办法都试过了

b. 谁都知道

c. 什么地方都去过

d. 样样都会

e. 本本都经过严格的检查

在例(11)里,有的主语在意义上是受事,可是也只能放在主语的位置上,不能放在宾语的位置上,因为它们都是周遍性的。例(11a)"一切办法都试过了"不能说"都试过了一切办法"。例(11b-c)是用疑问代词表示周遍性,"什么地方都去过"如果说成"都去过什么地方",意思就完全变了。例(11d-e)的主语是量词重叠式。量词重叠式表示一组事物中的每一个,也是周遍性的,所以经常在主语位置上出现(作主语或主语内部的修饰语),不在句尾出现。

1.3 胡裕树对主语的看法

下面是胡裕树(1995:317-319)对主语的看法:

主语和谓语是主谓句组成的直接成分,主谓句是句子的典型。

语法学家对主语有三种不同的理解:一是认为主语对谓语动词而言。例如在英语语法中,subject 是对 predicate verb 说的,谓语动词的形态必须跟着主语变化,主语和谓语之间有一致关系。二是认为主语指陈述的对象。主语是被陈述的,谓语则对主语加以陈述。在这里,主语和谓语都是指"完全"的,即主语以外的部分是谓语,谓语以外的部分是主语。不管它们是词还是词组。三是认为主语指话题(topic)。话题是个广泛的概念,凡是句子叙述的起点,几乎都可以看作话题。

用不同的概念来确定主语,分析某些句子,其结果可以完全一样;但分析另一些句子,其结果则很有差异。例如:

(12)中国又爆炸了一颗原子弹。

(13)老王,我昨天还见到他。

分析例(12),采取第一种观点,确定"中国"是主语,"爆炸了"是谓语。采取第二种观点,则认为"又爆炸了一颗原子弹"是谓语。分析例(13),采取第一种观点和第二种观点,都不能把"老王"看作主语,但是采用第三种观点,则可以把"老王"看作主语。

这里讲的句子的主语和谓语,主要采取第二种观点,即认为它们的关系是陈述和被陈述的关系,对某些句子也采取第三种看法,即认为主语是"话题"。

在汉语里,一般的情况是主语出现在谓语的前边。例如:

(14) a. 太阳‖从东方升起。

　　　b. 东方‖升起了红太阳。

名词、人称代词、名词性词组充当的主语是最常见的。时间名词、处所名词有双重性质:一是事物性,一是时地性。体现事物性的时间名词、处所名词用作主语时,谓语说明时间或处所本身怎么样,或者说明时间或处所是行为的对象。例如:

(15) a. 一九七六年‖是难忘的一年。

　　　b. 北京‖我没有到过。

体现时地性的时间名词、处所名词指明事情发生或事实存在的时间或处所,它们也可以作主语。例如:

(16) a. 去年‖发生了几件大事。

　　　b. 这里‖有一些新书。

如果这种时间名词、处所名词放在别的主语之前,它们就成了全句的修饰语了。例如:

(17) a.(去年)世界上‖发生了几件大事。

　　　b.(这里)我们‖有一些新书。

当然,像"屋里坐吧"之类,因为是省略句,"屋里"不是主语。至于句子头上连接出现时间名词和处所名词的句子,如例(17),首先应该让处所名词作主语,即使说成"世界上去年发生了几件大事",主语仍旧是"世界上"。动词前边如果有几个名词性成分,须选择其中一个作为主语。选择的顺序是施事、工具、受事、处所、时间。但是,"在世界上去年发生了几件大事"当中的主语则是"去年"。这是因为在汉语里,介词结构不能充当主语。此外,别的实词(副词及助动词除外)、各种词组以及"的"字结构也可以用作主语。数词单独作主语多半用在表示数目计算的句子里,量词单独作主语,限于它的重叠形式。数量词组作主语,它指称的事物一般是上文已经出现过的。例如:

(18) a. 九十 ‖ 是三十的三倍。

b. (他对我讲了许多话,)句句 ‖ 都铭刻在我的心上。

c. (我国古代通往西域的大路有两条,)一条 ‖ 是从玉门出发的北路。

动词、形容词作主语、谓语一般是形容词,或者是不表示动作的动词(如"是、使、有"等)构成的动宾谓语、兼语谓语。例如:

(19) a. 说说 ‖ 容易。

b. 辱骂和恐吓 ‖ 决不是战斗。

c. 勤劳 ‖ 使人聪明。

动宾词组、主谓词组、"的"字结构也经常作主语。例如:

(20) a. 提高产量 ‖ 靠先进技术。

b. 群众教育群众 ‖ 是一个好办法。

c. 放光的 ‖ 不都是金子。

动词或形容词带上名词或人称代词充当的定语,整个词组就是名词性的了。这种名词性词组也常用作主语。例如:

(21) a. 会议的如期召开 ‖ 是大家努力的结果。

b. 教师的高明 ‖ 在于能使学生超过自己。

1.4 小结

总结上面的讨论,我们看到下列几点:

一、没有给主语下定义

吕叔湘、朱德熙、胡裕树三位先生在研究中,都没有对主语给出一个清晰完整的定义,直到现在,在讨论到主语时,同样没有见到大家认可的定义,常见的是列出一些主语的特征,曹逢甫(1995:36)认为:"①主语总是不带介词的。②从位置上来说,主语总是动词左边第一个有生名词组,否则就是紧挨动词前面的名词组。③主语与句子主动词总有某种选择关系。④主语一般是有特定所指的。⑤主语在下列同指代名词化或删略过程中起重要作用:反身,系列动词的结构,祈使,同等名词组删略。"屈承熹(2006[1998]:192)认为"一般认为主语包括三个特征:①同动词之间有动作执行(doing)或等同(being)的关系;②同动词之间有一致关系(agreement);③位于动词之前。"

二、判别主语标准的多样性

从以上吕叔湘、朱德熙、胡裕树三位先生的论述可以看出,由于只采用某一个标准往往难以贯穿始终,因此他们在判别主语时,采用的是多标准:对有些句子,可能一个标准就够了;对有些句子,可能要采用几种标准;对有些句子可能采用这几种标准,对另一类句子采用另几种标准。

三、主语跟主题(话题)关系密切

吕叔湘(2002[1979]:518—519)认为:"稍微给点意义就要出问题,比如说'主语是一句话的主题'吧,有些句子的'主语'就不像个主题。例如'前天有人从太原来',能说这句话的主题是'前天'吗?'一会儿又下起雨来',能说这句话的主题是'一会儿'吗?""主语得像个主题,那些'望之不似'的最好不承认它是主语。"朱德熙(1999[1982]:110)认为:"说话的人选来作主语的是他最感兴趣的话题,谓语则是对于选定了的话题的陈述。通常说主语是话题,就是从表达的角度说的,至于说主语是施事、受事或与事,那是从语义的角度说的,二者也不能混同。"胡裕树(1995:317)认为:"三是认为主语指话题(topic)。话题是个广泛的概念,凡是句子叙述的起点,几乎都可以看作话题。""对某些句子也来取第三种看法,即认为主语是'话题'。"

三位先生在论述主语时,都不约而同地提到话题,显示了主语和话题的紧密关系。而且,在他们的讨论中,他们都同样不约而同地把是否是话题看做是判断主语的一个标准。

四、确定汉语主语困难的主要原因

吕叔湘(2002[1979]:517)认为:"在名词有变格的那些语言里,哪是主语哪是宾语不成为问题,因为有不同的格做标志。汉语里边,名词没有变格,区别主语和宾语失去主要的依据,只能在位置先后和施受关系上着眼。"看来,汉语的形态变化不发达,是汉语主语难以确定的主要原因。

2. 话题的概念

尽管赵元任1968年就曾认为:"把主语、谓语当作话题和说明来看待,比较合适"(2001[1968]:45),在我国传统语法里,主要研究的还是主语,虽然也提及到话题的概念。近些年来,我们发现人们对话题的关注要超过对主语的关注。自Li和Thompson(1984[1976]:38)从类型学的观点出发,把是否是注重主语还是注重话题作为标准提出了四种语言类别后,一时引起语言学界大讨论。"'话题'这个概念,近二三十年来颇受语言学界的重视,尤其是在功能语法(functional grammar)及言谈分析

(discourse analysis)中,一致认为这是一个非常基本的,而且是具有普遍性的概念。"(屈承熹 2003:1)"今天我们都知道,话题是现代语言学的重要概念,它对汉语这样的所谓话题优先语言来说尤其重要。然而,在汉语语法研究的很长一段时间里,话题问题并未引起足够的重视。直到 20 世纪 80 年代,国内语言学界才开始把汉语话题当作语法研究的一个对象加以关注。"(刘丹青 2003[1998]:220)"国内外关于汉语话题和话题结构的论著,差不多可以用汗牛充栋来形容。不同的研究者依凭不同的理论,站在不同的角度,根据不同的材料,得出了不同,有时甚至是相对立的结论。"(袁毓林 2003:127)

下面介绍 Li 和 Thompson、曹逢甫、徐烈炯和刘丹青、屈承熹等人的话题观。

2.1 Li 和 Thompson 的观点

Li 和 Thompson(1984[1976]:38)认为:语言有四种基本类型:

一、注重主语(subject-prominent)的语言:句子结构便于主要用"主语-谓语"这种语法关系进行描写。

二、注重主题(topic-prominent)的语言:基本句子结构"主题-述题"之中语法关系进行描写。

三、主语和主题都注重的语言:包括两种同等重要而明显不同的句子结构,"主语-谓语"结构和"主题-述题"结构。

四、主语和主题都不注重的语言:所有句式中的主语和主题合二为一,难分彼此。

根据他们的调查,属于这四种类型的语言如下:

表 6.1 四种类型的语言

语言类型		语言
一	注重主语的语言	印欧语,尼日尔—刚果语,芬兰—乌戈尔语,闪米特语,达依巴尔语(澳大利亚土著语言),印度尼西亚语,马达加斯加语等
二	注重主题的语言	汉语,拉祜语(罗罗—缅甸语),傈僳语(罗罗—缅甸语)等
三	主语和主题都注重的语言	日语,朝鲜语等
四	主语和主题都不注重的语言	他加禄语,伊洛干诺语等

2.2 曹逢甫的观点

曹逢甫(2005[1990]:170,326)对话题的看法:

"一、在话题链中,话题总是出现在第一个小句之首;

二、通过以下四个表示暂停的虚词(啊[呀]、呢、么、吧),话题和句子可以分开;

三、话题总是定指或全指;

四、话题是超句概念,因此其语义可以超出小句;

五、在某个话题链中,话题既控制代词化,也控制名词化;

六、除了在话题兼作主语的小句中以外,话题在以下过程中不起作用:反身代词化、相等名词短语的省略或者祈使化。"

2.3 徐烈炯、刘丹青的观点

徐烈炯、刘丹青(1998:28—32)认为话题涉及三个因素:

一、语义方面:①话题是后面述题部分所关涉的对象,语义要素是所述,及通常说的"关联"(aboutness),这种认识跟国内汉语学界常见到的主语定义相当,所以话题主语等同说在国内还是有一定影响;②话题与句子主要动词短语的关系可以是施事、受事或其他关系的论元,也可以是非主要动词短语的论元或在语义结构中处于嵌入状态的成分,还可以是时间、地点等句子内容的环境要素。

二、句法方面:①位于句首;②前置(位于述题之前),前置当然包括句首的位置,但不限于句首的位置,实际上也允许出现在述语的位置;③可省略;④话题后可停顿;⑤带话题标记;⑥至少是被认为由句子中的成分提升而来的话题,可以在句中的原位出现复指成分;⑦话题不能是句子自然重音的所在处;⑧若干句子,甚至整个段落,可以共用一个话题。

三、话语功能方面:①话题必须是有定成分;②话题是已知信息;③话题是听说双方共享的信息;④话题是已被激活的信息;⑤是说话人有意引导听话方注意的中心;⑥与焦点相对,因此不能是焦点。

2.4 屈承熹的观点

屈承熹(2006[1998]:191—192)说:"'话题'这个术语最早是Hockett(1958)提出来的,用以表示一种内涵同主语的句法功能相似、但又不容易从句法角度下定义的语言学概念,因而多多少少看作是一种语义概念。Hockett(1958:201)说:'主谓结构的最一般特点可以从它的直接成分的名称'话题'和'说明'两个术语来认识:说话者提出一个话题,然后对之加以说明。'……这个领域的主要研究者澄清了两个最基本的事实:第一,话题是篇章概念,而主语是句法概念;第二,话题和主语并不是相互排斥的,即虽然话题独立于主语,但它也可起主语的作用,反之亦然。第一点说明,如果话题研究局限于句子之内,那就毫无意义;第二点说明,话题同时是主语的情况也是值得注意的。(过去,人们只是把注意力集中在孤立的、标记十分明确的话题之上,这样的话题明显地同主语有别。)这两点虽然显而易见,但是在过去的很多研究中,仍然被忽视了。"

屈承熹(2006[1998]:198)提出了汉语话题的三层特征:

A. 基本特征:

    a. 是名词性词语

    b. 用作小句间的连接

B. 次要特征

    a. 特指(specific)或有指(referential)

    b. 谓语句首或动词之前

C. 非基本属性

    对谓语动词没有语义上的选择关系

3. 主语和话题的区别

Li 和 Thompson(1984[1976]:39)提出区别主语和主题的六个特征,见表 6.2:

表 6.2　区别主语和主题的六个特征

区别性特征	解　　释
有定和无定	主题的主要特征之一是所指的事物必须是有定的,主语则不必是有定的。

续表

区别性特征	解　释
选择关系	主题的一个重要特征是,它同句中的任何动词无需有选择关系,就是说,主题不必是谓语成分的论元(argument);主语总是同句中的某个谓语有选择关系,诚然,某些句子的表层主语可能同表层的主要动词没有选择关系,但句子的主语总是同句中某个谓语有选择关系。
动词决定"主语"而不决定"主题"	如果动词同施事和其他名词短语一起出现,施事就变为主语,除非使用诸如被动式那样的"特殊"结构。如果动词是不及物的,那么根据是状态动词还是动作动词,分别由受事或施动者充当主语。如果是使役动词,则由使役者充当主语;主题不是由动词决定的,主题的选择不取决于动词。话语对主题的选择可能起作用,但在话语的制约范围内,说话者仍有相当大的自由来选择充当主题的名词短语,而不用考虑动词性质。
功能	主题是"注意的中心",它预告话语的话题,这就是为什么主题必须是有定的原因,主题的功能在于确立容纳谓语表述的框架,这就使得主题不可能是不确定的;考察主语的功能,可以看到两个事实,其一,某些名词短语显然可以定为主语,但在句中不起任何语义作用,这就是说,在许多注重主语语言中,句子中可能出现"虚位"或"假位"主语。其二,要是主语名词短语不是虚位,主语的功能在句子(而不是话语)的范围内就可以确定。主

续表

区别性特征	解　释
	语的特点可以归纳为：表明动词所表示的动作、经历和状态等的方向或着眼点。主语与主题之间在功能上的这种区别解释了一个事实，即主语总是动词的一个论元而主题则不一定是论元。
与动词的一致关系	许多语言中的动词同句子的主语表现出强制性的一致关系。然而，主题与谓语之间的一致关系则极为罕见，就我们所知，还没有一种语言普遍存在或非得有这种一致关系。其理由相当清楚：跟主语和动词间的相互联系相比，主题和述题间的关系要松散得多。
语法过程	主语在诸如反身代词、被动化、相同名词短语删除、动词系列化和命令句化等过程中起着重要作用。主题不介入这些过程，部分原因正如前面所述，主题在句法上不依附于句子的其余部分。

陆俭明（2005：252）认为：主语与话题，原是属于不同研究领域的概念术语，主语是句法学里的概念，它跟谓语相对；话题是语用的概念，它跟陈述（或称述题）相对。汤姆逊和李讷则把两套概念跟语言类型挂上了钩。先前肯南（E. Keenan）曾谈论过主语的普遍特征，而他们所以会想到这样做，在很大程度上是受了汉语事实的影响。

屈承熹（2006［1998］：192）认为：在英语里，主语和话题之间没有明确的分界线，反而两者还有重叠、交叉的情况：一个主语可能同时还是一个话题，反之亦然。认可这种情形，似乎会在理论或实际操作上引起冲突或矛盾,因为话题和主语是两个迥然不同的概念;但事实上不会引起,因为话题和主语不是在同一个层面上出现的——话题出现在篇章层面,而主语则出现在句法层面(因而具有句子特征)。

第三节 句法话题和语用话题

对话题类别,人们可以从不同的角度来看,徐烈炯、刘丹青(1998)认为,话题可以分为:话题、次话题、次次话题。彭宣维(1999:57)认为主题可以分为三大类:中心主题和非中心主题,背景主题和非背景主题,语篇中心主题和局部中心主题。这里我们讨论句法话题和语用话题。

1. 句法话题

Brown 和 Yule(1983:70)讨论了句子话题(sentential topic)和篇章话题(discourse topic),我们先来看他们对句子话题的看法:

"话题"跟句子结构有关,Hockett(1958:201)认为,"句子可以分为'话题'(topic)和'评述'(comment),说话者先提出一个话题,然后再说有关话题的事。英语和跟英语相似的语言,话题通常是主语,而评述通常是谓语。"

先来看两个句子:

(22) a. John/ran away

b. That new book by Thomas Guernsey/I haven't read yet

例(22a)中的"句子话题"跟"语法主语"相一致,例(22b)

中的"句子话题"跟"语法主语"就不一致。

Dahl(1969)和Sgall(1973)等语法学家把"话题"看做是语法的术语,并探讨句子的结构的组成成分。转换生成语法也从转化的角度来解释例(22b),称之为"话题化"(topicalisation)。Grimes(1975)将话题运用到了篇章研究中,研究了不同的语言中,用什么方法来标记"话题成分"。Givón(1979)认为,句子的主语来自于"语法化的话题"。

Brown和Yule(1983:70)不把"话题"看做是语法的结构,他们觉得把"话题"看做是会话中"所谈论的事"较合适,话题并非是句子的一个部分。

陈平(1996:27)认为,句法话题(syntactic topic)[①],可以分为三类,话题化(topicalization)句法话题,左置(left dislocation)话题和汉语式句法话题,它们之间的差异是建立在句法话题和话题结构的其他部分之间的句法关系之上的。

三种句法话题:

一、话题化句法话题

话题化句法结构的特征是句子的其他部分有一个空位(gap),句法话题能够回到句子中去而不影响句子的命题内容。看下面例句:

(23) *This proposal*, the review committee does not like _____ at all.

这个计划,审查委员会完全不喜欢。

[①] 陈平在读本书书稿时提醒我,要注意句法话题和句子话题的区别,句法话题是结构/语法的概念,而句子话题是语用/话语的概念。

(24) a. 香蕉我很爱吃＿＿＿

　　 b. 那几封信他快写完了＿＿＿

　　 c. 这些事我从来没听说过＿＿＿

二、左置话题

左置句法话题结构中句子其他部分中没有空位，却有一个代词跟句法话题同指。请看下面例句：

(25) John I haven't seen him for a long time.

　　 约翰我很长时间没有见到他了。

(26) a. 那件事，你最好把它忘掉

　　 b. 那个人我以前见过他吗？

　　 c. 你说的那些人，他们都来了

三、汉语式句法话题

(27) a. 这本书我读得很累

　　 b. 那场火幸亏消防队来得快

　　 c. 象鼻子长

汉语式句法话题既没有句法话题的句法上的空位，在句子的其他部分也没有同指的代词。对话题结构的其他部分的谓语动词来说，句法话题在语义上既可以是个参与者，如"这本书"；也可以是一个场景，如"那场大火"；也可以没有直接的语义关系，如"象鼻子长"中的"长"是"鼻子长"，而不是"象长"。如果这类句子话题在英语中有对应的表达式的话，那经常是由介词短语充当。跟典型的、由话题化句法话题和左置句法话题表现出来的"英语"式的话题相对立。

2. 语用话题

陈平(1996:32):提出汉语的三种语用话题,事例话题,框架话题和范围话题。他所说的语用话题更能体现篇章的特性。下面我们来看这三种话题:

一、事例话题

事例话题是对它作出断言并进行评估的一个事例,它通常是语境中全部所指实体的认知总藏中的一个定指的实体。请看下面例句:

(28)老李我们已经请出来了

二、框架话题

框架话题指的是提供时空和具体框架的话题,在这个框架里,由话题结构其他部分表达的命题(通常是对句子中另一个成分——一般为主语——作出的断言)为真。请看下面例句:

(29)上次郊游孩子们都累极了

三、范围话题

范围话题指的是划定作为断言对象的一个变项范围的话题。请看下面例句:

(30)物价纽约最贵

陈平认为,在过去研究中,人们已经清楚地区分了事例话题和框架话题,但没有区分框架话题和范围话题,也就是说,过去的某些研究中,框架话题和范围话题是混为一谈的。下面是他发现的框架话题和范围话题的不同之处:

框架话题和范围话题都具有界定句子其他部分中的断言为真的特性,但两种句子的话题结构却不相同。还有,具有通常的语调和重音升降曲线时,带有一个框架话题的话题结构具有新信息的范围不定的特性,而带有一个范围话题的话题结构必须解释为新信息范围是固定的。带有一个框架话题的话题结构能对多种问题作出合适的回答,换句话说,它的新信息范围可大可小,而带有一个范围话题的话题结构,正好相反,并未表现出这种灵活性。

(31) 这次考试小李错了三道

(32) a. 这次考试小李错了多少?

　　b. 这次考试小李怎么了?

　　c. 这次考试怎么了?

例(31)带有一个框架话题的话题结构,用于例(32a-c)的语境都很合适。

(33) 水果他买了香蕉

(34) a. 水果他买了什么?

　　b. #水果他怎么了?

　　c. #水果怎么了?

例(33)是个带有范围话题的话题结构,用于回答例(34a)很合适,用于回答例(34b-c)不合适。

范围话题的话题结构的特点是焦点范围狭小,这个特点,明显反映在汉语话题结构中的"是"(或者是疑问式"是不是")所处的位置。作为汉语焦点标记,"是"用于句子成分前,以标示该成分是新信息的焦点,请看例(35)(36):

(35) 他租了两套公寓

(36) a. 他租的是两套公寓

　　b. 他是租了两套公寓

c. 是他租了两套公寓

在 Li 和 Thompson(1981)和 Teng(1979)研究的句法制约因素里,"是"在框架话题结构里出现相当自由,如下例(37)(38a-d)所示。然而在带有一个范围话题的话题结构里,"是"局限于提供变量的值的名词词组之前这个位置,如下例(39a-d):

(37) 这次考试小李错了三道题

(38) a. 这次考试小李错的**是**三道题

　　b. 这次考试小李**是**错了三道题

　　c. 这次考试**是**小李错了三道题

　　d. **是**这次考试小李错了三道题

(39) a. 水果他买的**是**香蕉

　　b. ?水果他**是**买的香蕉

　　c. #水果**是**他买了香蕉

　　d. #**是**水果他买了香蕉

人们一旦认识到,像例(33)这类带有一个范围话题的话题结构的主要功能,是在句子其他部分内指明一个话题规定的范围内的最高成员,那么,由例(39a-d)所描述的固定的焦点也就正在意料之中了。另一方面,由于框架话题的话题结构不受这种特殊功能的限制,因此它不受焦点信息的位置这种制约因素影响。

第四节　篇章话题和话题链

不管是句法话题或者是语用话题,一旦进入篇章,我们便可从篇章的角度来审视话题,一旦发现此话题带有篇章性质,我们便可把此话题看作篇章话题。下面讨论篇章话题和话题链。

1. 篇章话题

  Brown 和 Yule(1983:71—73)认为,是 Keenan 和 Schieffelin(1976)最早提出了"篇章话题"的概念,是为了区别语法学家所说的句子话题(sentantial topic),Keenan 和 Schieffelin(1976)他们并非把"篇章话题"只看作简单的名词性成分,而是看成主题(proposition)。Brown 和 Yule(1983:71—73)还提到 Bransford 和 Johnson(1973)进行了系列实验,想要证明,对英语篇章的理解,不仅仅依靠语言知识,而是需要超语言的知识,如语境。Bransford 和 Johnson(1973)发现,如果受事者在阅读某个篇章前,事先告诉受事者这个篇章的话题,受事者对篇章的理解就更为快捷和准确。Bransford 和 Johnson(1973)还发现,话题跟篇章题目关系密切,有时话题跟篇章的题目相当。当然,同一个篇章,可以有不同的题目,也就是说,可以用不同的方式来表达话题。

  我们很同意 Keenan 和 Schieffelin 区分句法话题和篇章话题,在我们看来,不管是句法话题还是语用话题,只要进入篇章,起到篇章的作用,表现出篇章的特征,就可以看做是篇章话题。

2. 篇章话题链

  如果带有话题的句子进入篇章,而这个话题又再次出现在同一个篇章中,那就会形成一个链。下面先讨论"链"的概念,再简要分析汉语话题链的一些基本特征和作用。

2.1 链的概念

篇章中我们可以发现各种不同的"链"(chain),这些链在组句成章中,起到不可忽视的作用。徐赳赳(2003a:8—9)介绍了 Halliday 和 Hasan(1980)有关"链"的论述:

Halliday 和 Hasan(1980)发现,在某个篇章中,某些具有相似特征的词汇项可以组成一个链。在某个篇章中,可以有不同的链。这些链最重要的功能是起到衔接作用。下图是他们列举的不同的链。

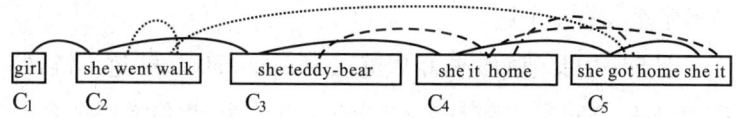

图 6.1 篇章中各种链

Halliday 和 Hasan 的链图 6.1 中每个长方形表示某个篇章中小句中组成链的成分(C = 小句)。这些成分分别属于不同的链。图 6.1 中有 4 个链:

链$_1$ 用实线表示,其成员有 girl, she, she, she, she;

链$_2$ 用点线表示,其成员有 went, walk, got;

链$_3$ 用短线表示,其成员是 teddy-bear, it, it;

链$_4$ 用点和短线表示,其成员有 home, home。

Halliday 和 Hasan(1980:49)是这样解释图 6.1 的:图 6.1 显示了为什么用这种隐语的表达方式,即"贯穿整个篇章的延续性的线"能够准确地描述构成篇章的多元整合性要素的运作过程。每一个链都可以看成是一个结构;因此,一个正常的篇章应由若干个这种结构构成的,而多种结构的总和就构成了篇章的整体性。

谈到关系,Halliday 和 Hasan(1980:50)把图 6.1 中的链分成两类:同一链(identity chain)和相似链(similarity chain)。

图 6.1 中的链 1(girl, she, she, she, she)属于同一链,他们认为:同一链的各个成员之间的关系是同指(co-reference)的关系,这个链中的每个成员指的是同样的东西、事件,等等,例如链 1 中的所有的成员指的是同一个女孩。这种特殊的同一链具有一种"篇章的贯穿性"(text-exhaustive),也就是说,链是贯穿了整个篇章。因此,链体现了较短的叙述文的一种特征:这类篇章通常至少有一个链。

图 6.1 中其他的链是相似链,如 went, walk, got 这个链,便是相似链。Halliday 和 Hasan(1980:51)认为:相似链中的各个成员的关系就是同类关系(co-classification),或者说是同延关系(co-extension)。也就是说,相似链中的各个成员的关系都是非同一的成员,但是属于同类事物或事件等等。

Halliday 和 Hasan(1980)的研究表明了三点:①篇章中有各种链,可以分为同一链和相似链;②链的作用是构建联系性;③有的链在篇章中是局部的,有的是贯穿整个篇章的,这一点跟 Matthiessen(1995)的"全局链"(global chain)的概念有相似之处。

2.2 话题链

石定栩(1999:22)认为:主题链本来是个话语分析的概念,牵涉到的是话语话题(discourse topic),意思是一个语片中各个句子的话题相同,使整个语片连成一体,像一环扣一环的链条一样,因而称作话题链(topic chain,参见 Givón 1983)。由于话语话题和句子主题通常都简称为 topic, topic chain 就常常兼指话语话题链和主题链。

曹逢甫(2005[1990]:i)把话题分为三级:一级话题,二级话题和三级话题,这样看来,这样的话题组成的链就是链中的每个成分不一定在小句中充当"话题"。他的例句是"张先生$_i$,ø$_i$事业做得很成功,ø$_j$太太$_j$又贤惠又漂亮,ø$_j$还烧得一手好菜,ø$_i$是本地人人羡慕的对象"。(曹逢甫 2005[1990]:i)例句显示,"事业做得很成功"中的"事业"自然是话题,而"张先生"跟"事业"是所属的关系。

王建国(2007)从英汉对比的角度,对话题链做了研究。他从话题的语义延续性和话题的语义非延续性两个角度对话题链的类型进行了归纳,讨论了汉英话题链类型之异同,以及汉英话题链的形式和功能的相似性。作者认为,话题链在构建篇章中都起着非常重要的作用。

本研究把曹逢甫(2005[1990]:i)所说的话题链看做是"篇章回指链",我们的话题链指的是把两个以上具有回指性质的成分①,在每个小句中充当话题的成分,连在一起组成话题链。

3. 汉语中的话题链

不同的语言在句子结构和篇章结构的表现可能不同,这就使得话题链的表现形式可能不同。下面探讨汉语篇章话题链的一些特点。

3.1 根节点和子节点

按照徐赳赳(2003:6)对"回指链"的思路,我们可以把汉语

---

① 这里"回指"有广义和狭义之分,广义包括"联想回指成分"(徐赳赳 2003b,2005),狭义指所指完全相同。

篇章话题链中的各个成分,称为话题链的节点(node)。请看下例:

(40) 前天,(怀柔雁栖学校五年级学生)信振北为救落水同学宋春阳而坠落水中,宋春阳得救,但(12岁的)信振北溺水身亡。(《京华时报》2007年5月4日)

例(40)中的"(怀柔雁栖学校五年级学生)信振北"和"(12岁的)信振北"可以看做两个节点。在话题链中第一次出现的节点,可以称为"根节点",如"(怀柔雁栖学校五年级学生)信振北"就是根节点;其他的节点可称为"子节点",如"(12岁的)信振北"就是子节点。话题链中所有的节点,都由话题充当。

下面我们讨论一下根节点:

一、零形式充当根节点

在篇章中我们看到,根节点可以由名词(如上例)充当,也可以由零形式和代词充当。下面看一个零形式充当话题链中根节点的例子:

(41) a. 我认识卢学尧$_i$,/ø$_i$长得又高又瘦,/ø$_i$成天眯着个眼,/ø$_i$说起话来/ø$_i$吐沫乱飞,/没完没了,/人人见了都讨厌。[石定栩(1999:25)的例句]

b. 　　　　老赖不腾房辱骂执行法官
　　　　5名男女妨碍法院执行被拘15天

ø$_i$不愿给前妻腾房,/王先生$_i$纠集多名亲属/ø$_i$围攻前妻,/ø$_i$并声称要"活埋执行法官"。/因构成妨碍执行生效判决的行为,昨天,朝阳法院对王某等5人处以15天的司法拘留,另外一名违法情节轻微的人员,则被给予口头训诫。(《京华时

报》2007年6月6日)

例(41a)显示,话题根节点是零形式,指的是前一个小句中充当宾语的"卢学尧"。后面一连出现三个零形式。第一个零形式是根节点,另三个零形式是子节点,这四个零形式构成一个话题链。这里我们要说明的是,这个例子里的第6个小句"没完没了"的零形话题暂且看做是"话"。这个例子从信息结构的角度可能得到解释,第一次引进篇章的某个名词性成分,往往是以新信息的身份进入篇章的,如"我认识卢学尧"中的"卢学尧",再谈论这个成分时,通常以旧信息的身份出现,而旧信息所出现的位置,又往往是话题最可能出现的位置,这样有时根节点就有可能是以零形式的身份出现。这个例子中的话题零形式的所指就出现在前一个小句之中,两个小句紧密相连,为根节点是零形式更是创造了一个合适的条件。

例(41b)是一个小故事的开头,根节点是零形式,第一个子节点是名词"王先生"。这种表达方式在小故事中常见。如这个例句改为用名词作根节点,好像也可接受:"本报讯(记者王阳 通讯员刘妍)王先生$_i$ 不愿给前妻腾房,/并 Ø$_i$ 纠集多名亲属/Ø$_i$ 围攻前妻,/Ø$_i$ 并声称要'活埋执行法官'……"

虽然例(41a-b)的根节点都是零形式,但不同的是例(41a)中的根节点的所指在上文出现,而例(41b)中的根节点的所指沿着下文找。

二、代词充当根节点

常见的代词充当根节点的情况有两种,一是以作者的自叙,用"我"(我们)充当根节点,二是以陈述他人,用"他"(他们)。请看两例:

(42)　　　　　黑包子

年初,我ᵢ被调往外地一个项目/担任主管。/工期很紧,/我ᵢ每天在工地上四处奔波,/Øᵢ日晒雨淋,/Øᵢ十分辛苦。/Øᵢ特别是长久不能与家人团聚,/Øᵢ只能在电话里互诉衷肠。

前两天我ᵢ回了家。/一打开门,/老婆和女儿欣喜地迎了上来。/老婆接过我手里的包,/仔细端详了我一会儿/说:/"看来你ᵢ在外面真是辛苦,/脸晒黑了,/不过倒是长胖了,/乍一看,/有点像电视剧里的包青天包黑子。"/女儿嘴一撇:/"老妈,您真是不会形容,/老爸ᵢ才不像包黑子呢。"/"呵呵,还是女儿向着我。"/我ᵢ正得意,就听/女儿接着说:/"老爸ᵢ脸上还添了些皱纹,/我看倒像是个黑包子。"/(韦耀武)

(《京华时报》2007年6月5日)

(43) 他,不是孩子了,已经20岁了;他不稚嫩了,身高1米87,体重达110公斤。尽管这样,他毕竟还是个孩子,总喜欢做梦,总是想看那71米08的纪录,总是盼着超过这个纪录。怨谁呢?谁叫他爱上了链球?一个优秀运动员谁不想破纪录、拿金牌?这是很自然的事。这就是<u>毕忠</u>。这就是他的链球梦。(徐赳赳例句2003:109)

例(42)是以"我"作为话题引进篇章,然后又出现同指的零形式和"你",后来才出现同指的名词"老爸"。

例(43)是以"他"作为话题引进篇章,连出现四个"他"后,才出现同指的人物"毕忠"。

三、名词充当根节点

我们初步调查了人物根节点的情况,发现有三种常见情况:光杆名词,同位语形式和带修饰语。

光杆名词指的是只有一个人名或一个指人的名词。见下例:

(44) a. 白庆利用高毒杀虫剂将大量麻雀毒死准备出售。昨天,白庆利被大兴法院以非法狩猎罪判处1年徒刑。据悉,这是首起因狩猎麻雀被判刑的案件。(《京华时报》2007年6月19日)

b. 老妈要去外地的姨妈家探亲,不知买什么礼物好,我想起有个朋友是开内衣店的,就自告奋勇把这个任务揽了下来。(《京华时报》2007年6月11日)

同位语形式指的是根节点一个是指人的名词或人名,一个是表示此人身份、职务等的名词(用波浪线表示),两者都是指同一个人,看下例:

(45) a. 昨天,在市一中院,被控雇凶杀害自己的妻子、妻弟,51岁的中国地震局副处级干部盖连华被押上刑事法庭受审。(《京华时报》2007年6月19日)

b. 6月17日下午4时多,韩先生5岁的儿子康康(化名)出门后失踪。5时01分,绑匪打来电话索要30万元赎金。韩先生夫妇报警。(《京华时报》2007年6月20日)

例(45a)中的"被控雇凶杀害自己的妻子、妻弟,51岁的中国地震局副处级干部"指的就是一个叫"盖连华"的人。例(45b)中的"韩先生5岁的儿子"指的就是指一个叫"康康"的人。

带修饰语的形式指的是根节点带有修饰语,请看下例,修饰语用括号括出:

(46) a. (自认为"命硬克子",为让子孙摆脱困境,年过六旬的)王兴恩砍死老伴后举刀自杀,后经抢救脱离生命危险。昨天,王兴恩因犯故意杀人罪被昌平法院判处13年徒刑。(《京华时报》2007年6月22日)

b. 不一会儿,(一个)服务员大声喊:"谁要的芹菜馅的?"没人吱声,又叫了好多遍,依然没人吱声,我一边吃,一边偷着乐。(《京华时报》2007年6月9日)

例(46a–b)中的"自认为'命硬克子',为让子孙摆脱困境,年过六旬的"和"一个"都是修饰语。

我们收集到的59个以人物为节点的例句中,光杆根节点是9个,同位语根节点26个,修饰语根节点24个。同位语根节点和修饰语根节点出现多的情况可能是作者通过同位语和修饰语形式给读者提供更多的有关人物根节点的信息,用光杆根节点的形式进入话语有时给人一种较唐突的感觉。

3.2 严式和宽式

汉语篇章话题链可以分严式和宽式两种。严式是指Halliday和Hasan(1980)的同一链。既然是同一链,那么链中的成分是同指的。如例(40)中的"(怀柔雁栖学校五年级学生)信振北"和"(12岁的)信振北"是同一链,两个成分之间的关系是同指的关系。

宽式指的是不但包括同指关系,也包括互指成分之间的关系是联想关系(徐赳赳 2005:195—204),联想关系包括上下义关系和关联关系。请看下例:

(47) a. 孙女士说,(气愤)她脱下高跟凉鞋砸中保安,双方发生了第一次冲突。(《京华时报》2007 年 6 月 03 日)

b. "我觉得他们像看动物一样。"虽然事隔多年,李亚乾回忆起那一幕,眼眶瞬间红了。(《京华时报》2007 年 6 月 5 日)

(48) a. 陈仲义人高马大,长相一般,穿着随意,朴实得不能再朴素,木讷得近乎迂腐,属于内秀型。(《法制文萃》2004 年 4 月 1 日)

b. 双侧坏死是非典后遗症最严重的情况。
赵珉再度倒下。
在医院的"家"中治疗
健康两次被恶狠狠地夺走,让赵珉无法接受。
(《京华时报》2007 年 5 月 13 日)

例(47a)中的"孙女士"和"双方",是上下义关系,从语境得知,"双方"指"孙女士"和"保安";例(47b)中的"李亚乾"和"眼眶"也是上下义关系,这里"眼眶"指的是"李亚乾"的眼眶。

例(48a)中的"陈仲义"和"长相"是关联关系;例(48b)中的"赵珉"和"健康"也是关联关系。

3.3 链的长短

任何一个话题链,至少得有两个话题,也就是两个节点(一个根节点,一个子节点)。一个孤立的话题,无法构成链,最短的话题链自然是由两个话题组成,那么最长的话题链呢,从理论上讲没有限制,但在实际上,话题链的长度是受到制约的,常见的制约因素有:①篇章的长短。一般来看,整个篇章,如整个叙述文的长短,是制约着话题链长短的一个因素,篇章短,话题链可能短点,篇章长,话题链可能长些;②作者的个性。在叙述中,作者对话题链的组织方式可能不同,用不同的句式,话题句的分布等都会影响到话题链的长短;③篇章的结构,或者说是叙述的内容。内容有时也制约着话题链的长短,如谈几个方面的问题跟谈一个方面的问题,其话题链的长短就可能不同。

3.4 话题链的词性表现

从所指的表现形式来看,话题链中节点,可以是名词,可以是代词,有的是零形式。

(49)之后,夏某$_i$发动停放在大门内侧的汽车冲向法警,Ø$_i$当即撞翻一名法警、撞伤多人。由于夏某$_i$用力过猛将油门线拉断,才使车辆停住。他$_i$下车后,Ø$_i$仍挥舞菜刀向法警乱砍,虽然他$_i$最终被法警制服,但多名法警被刀划伤,血迹斑斑。(《京华时报》2007年6月3日)

例(49)中"夏某→Ø①→夏某→他→Ø→他"组成一个话题链,如从所指的表现形式看,就是"名词→零形式→名词→代词→零形式→代词"。

3.5 话题链的数量

在一个典型的篇章中(如一个典型的叙述文),至少有一个

---

① 当然,这个零形式也可以看作是"汽车"。

话题链。实际上,我们可以看到,一个典型的叙述文中的话题链通常不止一个,而是多个话题链。

3.6 局部话题链和全局话题链

话题链可分局部话题链和全局话题链。全局话题链中的话题通常是这个叙述文主要叙述对象。看下面例句[/代表小句的界限,划分法按徐赳赳(2003:61—73)的标准]:

(50) 变勤快了

太太$_i$疏于柴米油盐,/平常日子,厨房内大小家务皆由我一手承包。/

一天下班回家,/忽见厨房内擦拭一新。/望着太太腰束围裙,香汗满腮的情景,/我兴奋之余心生爱怜:/"宝贝,什么风吹得你一下子变勤快了?"/太太$_i$白了我一眼:/"有个勤快的太太还不好?/哪来那么多废话。"/我当即点头如鸡啄米:/"是是,/勤快不需要理由。"/

不过,太太的勤快如一颗流星,/不几日便又成甩手掌柜。/到后来,别说让她/Ø$_i$主动搞卫生,/就是让她帮忙/她$_i$也能找来理由推托。/

昨天,太太$_i$加班,/我照例在厨房里忙得热火朝天。/女儿$_j$盯了我良久,/Ø$_j$才悄声对我说:/"爸爸,有件事我告诉您,/您得先保证不要生气,/另外,不许告诉妈妈。"/我一一答应之后,/女儿$_j$才说:/"您知不知道/妈妈$_i$为什么那天在厨房大搞卫生?/她$_i$将您刚买回来的一桶食用油弄倒了,/为了不被您骂,/她$_i$偷偷去超市/Ø$_i$重新买回一桶。/为了消除痕迹,顺便将

整个厨房的卫生都搞了。"/

(《京华时报》2007年6月3日)

这个例子共有四个自然段,其中"太太"这个话题的节点出现在四个段落中,是个全局话题链,"女儿"这个话题只出现在第四个段落,是个局部话题链。

我们讲的全局链并非一定要在每个段落中出现,一般来说,文章越长,段落越多,段落的字数越少,某个话题链的节点在每个段落中出现的可能性就越少。我们观测到的话题链的分布情况是,根话题通常在第一二段出现,其他节点在文中也出现,在最后一二段也出现。

一般来说,全局链,或者节点最多的那个链,最有可能成为该篇章的主要论述对象。

3.7 句法话题和语用话题

不管是句法话题还是语用话题,都有可能进入篇章话题。看下面例句:

(51) a. 香蕉ᵢ,我很爱吃,因为香蕉ᵢ营养丰富。
b. 那个人ᵢ,我以前见过他吗?我怎么觉得,此人ᵢ鬼头鬼脑,不像好人。
c. 象ᵢ鼻子长,因为象ᵢ没有手,长长的鼻子就是象的手。

(52) a. 老李ᵢ,我们已经请出来了,可是他ᵢ就是不说话。
b. 上次郊游ᵢ,孩子们都累极了,可是Øᵢ确实使人增长知识。
c. 物价ᵢ,纽约最贵,这是因为纽约生活水平高,物价ᵢ自然就高上去了。

我们在陈平(1996)的例句上,加了一些句子,就形成了话题链,例(51a–c)是句法话题构成话题链,例(52a–c)是语用话题构成话题链。

3.8 节点之间的距离

石定栩(1999:23)发现:"话语分析里的话题链是个相当松散的概念,同一个话题链里的句子并不一定紧密相连,话题并不一定要出现在句首,话题的实际形式也不一定完全一样。"他的发现跟我们的观察一样:在篇章中根节点和子节点之间的距离,子节点之间的距离并非都相等。有的节点是连续出现的,有的是隔了一个小句,或者是隔了几个小句出现的。

第五节 结 语

本章我们介绍了主语和话题的概念,句法话题和语用话题,篇章话题和话题链。最后还探讨了汉语篇章话题链的一些特点。按照类型学的观点,汉语的话题确实有其特殊的地方,不然就不会"多年来各种文献中引用的'汉语式主题句'多得不计其数"(石定栩1999:7)。本章我们的重点是两个方面,一是汉语的话题;二是进入篇章的话题,也就是篇章话题。在这两个方面的基础上,还有下列工作可以做:

一、主语和话题的区分

第二节中介绍了前人对主语和话题的讨论,好像问题并未解决,两者的界定和区分还有许多工作值得做。石毓智(2001:90)提出的主语和话题的区分标准,可供参考:

表6.3 石毓智的主语和话题的区分标准

主语	话题
1. 可以加焦点标记"是"	1. 不能加焦点标记"是"
2. 可以用疑问代词提问	2. 不能用疑问代词提问
3. 所在结构可以用于句子和从句	3. 只能用于句子层面
4. 行为动作的施事或者性质状态的主体	4. 指示有定的事物

二、汉语式主题句的类别

石定栩(1999:7)总结了前人的研究,认为按主题和述题之间的关系来分析,可以把汉语式主题句分为六类:

①以主语和述语之间的关系来分析,例句是"那场火幸亏消防队来得快"。

②双重主语句,例句是"他肚子饿"。

③不经转换而直接生成的主题(Huang1982),例句是"他们你看我,我看你"。

④主题跟述题两者的关系是"有关",例句是"那种豆子一斤三十块钱"。

⑤句首名词跟动词没有关系,例句是"这件事情你不能光麻烦一个人"。

⑥范围话题,例句是"物价纽约最贵"。

除了这六类,还有其他类别的汉语式主题句吗?陆俭明(2005:254—255)发现还有。那么这六类话题汉语式主题句,进入篇章后,会有什么不同的表现?

三、进入篇章的句法话题和语用话题

陈平(1996)所列的句法话题和语用话题,进入篇章中各自的表现可能不一样。看一个经过改编的话题化的话题例子：

(53) a. 香蕉$_i$我很爱吃,因为香蕉$_i$营养丰富。

b. 香蕉$_i$我很爱吃,因为它$_i$营养丰富。

c. 香蕉$_i$我很爱吃,因为Ø$_i$营养丰富。

这三个句子看起来都可接受,给人的感觉是例(53a-b)出现在书面语中的可能性较大,而例(53c)出现在口语中的可能性较大。

再看一个左置话题的例子：

(54) a. 那个人$_i$我以前见过他吗？唔,好像见过,此人$_i$鬼头鬼脑,不像好人。

b. 那个人$_i$我以前见过他吗？唔,好像见过,那个人$_i$鬼头鬼脑,不像好人。

c. ?那个人$_i$我以前见过他吗？唔,好像见过,他$_i$鬼头鬼脑,不像好人。

d. ?那个人$_i$我以前见过他吗？唔,好像见过,Ø$_i$鬼头鬼脑,不像好人。

例(54a-b)中第二个同指的话题都是名词性成分,都可接受,我的感觉是例(54a)比例(54b)更为顺畅。例(54c)中的同指的话题是个代词,读起来不顺畅。例(54d)中的同指的话题是个零形式,感觉读起来也不顺畅。

这两个例子在英语中都有,进入篇章后,有不同的表现,那么,陈平举的"汉语式话题"的例句的情况如何呢,还有陈平列举的三种语用话题,这些不同种类的话题,进入篇章后,可能会有不同的表现,有什么制约因素在起作用？这些问题都待研究。

四、汉语话题链的特征

本章列出了一些话题链的特征,除了这些特征外,还有什么特征,这些特征在篇章中起到什么作用,作者和读者是如何利用话题链来构筑整个篇章的。这些问题都值得进一步探讨。

第七章 篇章回指

第一节 引　　言

陈平(2003:序)认为:"作为指称研究的一个组成部分,回指现象最早是哲学家和逻辑学家的关注对象,在西方学术史上有比较悠久的研究传统。哲学家和逻辑学家的许多重要发现和理论思想,后来都被语言学家接了过来,成为语言学研究的重要组成部分。例如,语言学教科书常常提到的所谓'驴句'(donkey sentences),最早就是英国逻辑学家 Geach 于 1962 年提出来的。回指现象成为现代语言学理论研究的中心课题之一,是从二十世纪七十年代开始的。到了今天,语言学家至少已经调查了 500 多种自然语言中的回指现象,在研究深度方面也取得了可观的进展。虽然无论是在理论前提和研究目的方面,还是在观察角度和侧重对象方面,形式学派和功能学派都有很大的歧异,但他们都对回指研究倾注了大量的精力,则是当代理论语言学研究领域里的一个显而易见的事实。语言学家研究的目的往往并不局限于回指现象的本身,而是试图通过对回指现象的研究,探讨有关句法结构和话语篇章结构的特点,以及句法、语义和篇章及语用因素之间的相互关系。心理语言学家和计算语言学家同样对回指现象深感兴趣。在语言的习得、生成和理解过程中,回指现象都是关键问题之一。他们在数十年研究中得出的一些成果,同样对语言学的其他分支领域产生了重要影响。"

陈平的论述显示两点:①回指现象并非只是语言学家感兴趣;②语言学家对回指倾注了大量的心血。其他学科对回指感兴趣是因为回指现象涉及多个学科,语言学家之所以重视回指的研究,是因为人们在语言的实际使用中,回指的使用太普遍了,对回指的理解,直接影响到读者/听者对话语和篇章的理解。〔参看陈平(2003,2004,2009)〕

篇章回指指的是从篇章的角度来观察回指现象,或者说观察回指的篇章特性。徐赳赳(2003b)研究了现代汉语篇章回指,本章在此基础上,对篇章回指的类别和功能再作一归纳,重点探讨现代汉语的联想回指。

第二节 篇章回指的类别

所指性质和各种表现,是体现篇章性的一个重要方面。我们可以从不同的角度来看所指,下面介绍几种不同分类:

1. 外指和内指

下面是 Halliday 和 Hasan(1976:33)列出的所指图(见图7.1):

Halliday 和 Hasan(1976:33)这样解释所指图的术语:
外指:指先行词存在于篇章以外的现实世界或心理世界。
内指:指先行词可在篇章内部找到。

回指:指先行语位于篇章的上文。

前指(反指,下指):指先行语位于篇章的下文。

这几个概念清楚地区分了不同的所指的性质。

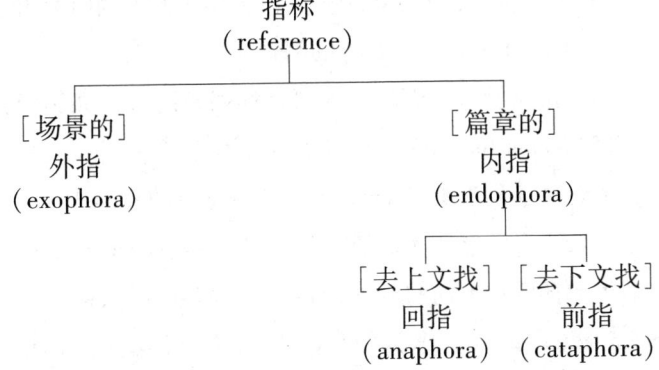

图 7.1　Halliday 和 Hasan(1976:33)所指图

2. 句内和篇章

句内回指(intra-sentential anaphora)指的是只研究小句内的回指现象,也就是研究回指是如何受到句法约束的。

下面介绍陈平(1991[1987]:17)举的一个 Chomsky 研究句内回指的例子:

先看一个例句:

(1) Which chicken do you want to eat?

Chomsky 发现,例(1)具有两种意思,如例(2)和例(3):

(2) Which chicken do you want to eat _____?

(3) Which chicken do you want _____ to eat (something)?

如果按照例(2)解释时,是"你要吃哪一只鸡"的意思。如果按照例(3)解释时,是"你要哪一只鸡吃食?"的意思,或者"你要喂哪一只鸡?"的意思。

那么,按照例(2)解释,例(4)便可用来回答例(1)的问句。

(4) I want to eat the fat chicken.

如果按照例(3)解释时,便可这样回答例(1),如例(5):

(5) I want the skinny chicken to eat.

为解释这种现象,Chomsky 提出,例(1)的 want 与 to 之间实际存在着一个没有任何语音表现的"空语类"(empty category),空语类包括四种不同的成分,NP-语迹(NP-trace)、wh-语迹(wh-trace)、PRO 和 pro。作例(2)解时,这个空语类是 PRO。作例(3)解时,这个空语类是 wh-词语前移后遗留下来的 wh-语迹。有什么证据认定这儿存在着不同的两种看不见摸不着的空语类呢? 有。英语中有那么一条规则,want 与 to 可以缩合而成 wanna,如下面例句所示:

(6) I want to leave → I wanna leave.

Chomsky 注意到,如果把例(1)的 want to 换成缩合式 wanna,如例(7):

(7) Which chicken do you wanna eat?

这样,例(7)只有作例(2)理解这一种可能。Chomsky 解释说,这是因为只有空语类 PRO 在 want 与 to 之间时,这两词才能缩合为 wanna,如果是空语类 wh-语迹,那就会阻止这种缩合。因此,例(7)的来源只会是 want 和 to 之间是 PRO 的例(2)不可能是 want 和 to 之间是 wh-语迹的例(3)。

上面举的是句内回指的例子。

篇章回指是从篇章的角度来观察回指现象,只要涉及到两个小句以上的语言片断的回指关系都可列入篇章回指的研究范围。

3. 书面语和口语

只要稍微观察一下书面语和口语内的篇章回指,我们就会发现,两者在许多方面是有不同的。书面语通常是经过再三的思考和调整,句子精炼符合语法,结构严密句子较长;而口语句子的结构较松散,通常较短。典型的口语指的是面对面的会话,当然,电话会话、电视访谈等都可归到口语中,只是要强调的是,越是事先没有准备的口语,就越能体现我们通常理解的口语的本质。我们在第四章提到过,有些口语,如电台和电视台的新闻播送,通常是经过精心准备的,有的是"背出来的",甚至是"读出来的",自然较少体现口语的本质。书面语和口语在篇章中所有这些不同的表现,都会导致在回指方面的不同的表现。

从国内的研究来看,研究书面语篇章回指的较多,研究口语中的篇章回指相对较少。

4. 同指和联想

同指(co-reference)回指指的是,两个语言成分是指同一个人或者物;联想回指(associative anaphora)是指没有先行词的一种回指现象,在第五节中,我们要详细讨论。

5. 代词、名词和零形式

从词类来分类,回指可以分为,代词回指、名词回指,还有一种是没有词汇形式,称为零形回指。这三种不同的回指形式,在篇章中的表现是不一样的,从句子的位置来看,出现在主语位置,宾语位置,介词宾语位置上的三种回指形式可能不同;从出现的频率来看,这三种回指在篇章中各自出现的频率可能不同;从话题延续性的角度看,三种回指形式的值的大小(也就是相互回指成分之间相隔的小句的多少)也不同(徐赳赳 2003a:108)。

第三节 篇章回指的功能

本节从连句成篇、简洁生动和显示人际关系三个方面来看篇章回指的功能。

1. 连句成篇

篇章回指有联句成篇的功能,这是篇章回指从结构上看的基本功能。在本书的第六章篇章话题,以及第九章篇章推进结构都较为详细地探讨了回指的这项功能。

2. 简洁生动

回指的各种形式应用的恰当,能使篇章的结构简洁,表达准确和生动。陈平(1991[1987]:61—62)举一个人机对话中采用指代词的例子。

美国麻省理工学院的 Terry Winograd 于 1971 年左右设计了一个名叫 SHRDLU 的人机对话系统,供人利用自然语言向计算机发出指令或提出问题,模拟控制一只机械手,搬动外观各不相同的八块积木。Winograd 在这个系统中把句法分析、语义分析和知识推理有机地结合在一起,取得了举世瞩目的成果。这个系统里专门有一个推理程序,称作 SMIT,用以分析指代词所在的上下文,以便确定它们的所指对象。同当时计算机自然语言处理领域里研制的其他系统相比,SHRDLU 的话语分析程序,有些句子便无法生成或理解。例如,在实验中,Winograd 先命令计算机把一块大的红色方块积木、一块大的绿色方块积木以及一块小的红色方块积木依次相叠,计算机遵命完成任务之后,Winograd 发问:

(8) How did you do it?
　　你是如何完成的?

计算机回答:

(9) By putting a large red block on the table, then letting go of it. Then putting a large green cube on it; then letting go of that cube. Then putting the red cube on that cube, then letting go of that cube.
　　抓一块大的红色积木摆在桌子上,然后把它放开,然后抓一块大的绿色方块积木摆在它上面,然后把那块方块积木放开,然后把那块红色方块积木摆在那块方块积木上面,然后把那块方块积木放开。

Winograd 指出,要是计算机不用 it 和 that,答话将是以这种形式出现:

(10) By putting a large red block on the table, then letting go of a large red block, then putting a large green cube on a large red block, then letting go of a large green cube, then putting the red cube on a large green cube, then letting

go of the red cube.

抓一块大的红色积木摆在桌子上,然后把一块大的红色积木放开,然后抓一块大的绿色方块积木摆在一块红色积木上面,然后把一块绿色方块积木放开,然后把那块红色方块积木摆在一块大的绿色方块积木上面,然后把那块方块积木放开。

这样一来,光听这段话,在堆叠积木的过程中,机械手到底搬到了几块积木,我们很难讲清楚。显然,没有以话语分析为基础的指代词研究,无法指望 SHRDLU 系统能圆满地完成预定的任务。

徐赳赳(2003b:86)也举了一个例子,说明用三种回指形式应恰当,不然就会给人拖沓的感觉:

(11) a. 大夫只用几十秒钟大夫做完检查大夫下笔大夫开处方……

b. 大夫只用几十秒钟他做完检查他下笔他开处方……

例(11a)中的子节点是全用名词回指,例(11b)的子节点全用代词,这两个句子都难以被人接受,现实中也难以见到这样的句子。

3. 显示人际关系

当我们在用名词回指时,经常会用到作者采用异形名词性成分作为节点,这些节点往往能体现一个人在不同的环境下不同的血缘关系和社会关系。如同一个人,在家可以是"爸爸"和"丈夫",在单位可以是"王主任、李老师",在社会上可以是"张

三、李四"。这些同指的节点串在一起,我们就能看到一个活生生的动态的人物。

马博森(2005:5—6)研究了现代汉语人称代词使用的情况,下面是他讨论的人称"活用"的情况:

大多数语言都存在着由三个人称构成的人称代词系统。在由三个人称构成的人称代词系统中,第一和第二人称的基本用法是指说话人和受话人。这一点正如 Schegloff(1996)所说的那样。作者指出,如果不考虑称谓和呼语,只考虑指称,那么 I 和 you 是指称说话人和受话人的最主要形式,而名词短语(如果用的话)只是它们的替代形式而已。当然,例外也时有发生。一方面,I 和 you 有时不一定用来指称说话人和受话人,如,you 有时会被用来指说话人而不是受话人。另一方面,说话人可用 I 或 you 以外的其他形式来指自己和受话人。

马博森(2005:6)还举了个例子:美国前总统 Richard Nixon 在竞选加州州长失败后的记者招待会上的名言 You won't have Richard Nixon to kick around any more 便是一个说话人用 I 以外的其他形式来指称自己的典型例子。这种用法不仅限于名人,如,母亲常用 Mom 来指称自己。再看一个说话人不用 you,而用其他形式来指称受话人的例子:《纽约时报》曾报导 Harry Truman 一次过生日时,Lyndon Johnson 与他之间的对话。在该对话中,Truman 前面一直用 you 来指称受话人 Johnson,但最后一句用 the President 和 he 来指称受话人。与用其他形式代替 I 来指说话人一样,用其他形式代替 you 来指受话人也不限于指公众人物。如,在说话人甲和受话人乙的会话中,甲可用乙的名字来指受话人乙(Schegloff 1996)。

第四节　篇章回指的制约条件

篇章回指在使用中会受到各种因素的制约,具体到三种回指形式,在使用各种回指形式时,会受到不同的因素制约。下面简要介绍已经发现的一些制约因素。

1. 零形回指制约因素

零形回指可分篇章零形回指和句内零形回指两种。

先看篇章零形回指的情况。

陈平(1991[1987]:185)在谈到零形回指的制约因素时,他认为,如果人们谈到零形回指的使用条件是什么,出于直觉,人们一般会这样回答:因为零形回指本身并没有任何实在的表现形式,所以,所指对象所在的语言环境和非语言环境必须能提供足够的信息,保证受话人不至于对回指对象的身份感到费解或者产生误会,否则,发话人便违反了语言交际一要明确二要经济的基本原则。这当然没错,陈平认为,如果我们想要提高对这个问题的认识,使它超越直觉和常理水平,我们就必须准确地判定导致受话人对回指对象的身份作出正确判断的所有因素,条分缕析地研究这些因素各自的性质和评价标准,研究它们之间的相互关系。

陈平认为,人们生成和理解话语的生理—心理活动,包含着一系列极其复杂的判断和推理过程。在这些过程中,往往要调动储存在我们头脑里的各个方面的语言信息和非语言信息。确认零形回指对象的先行词,涉及到受话人对于相关词语和句子

的各种词汇、语义、句法、语用知识,是多种因素交互作用的结果。他发现的篇章零形回指的制约因素有微观连续性和宏观连续性:

一、微观连续性

所指对象的微观连续性本身受到两方面的因素制约,一是先行词的启后性,二是回指对象的承前性。启后性和承前性越强,所指对象的微观连续性也就愈强。这种现象同话语内容的展开方式密切相关。话语组织的基本单位是句子。句子与句子首尾相连,前后呼应,构成话语的篇章段落。

二、宏观连续性

所指对象的宏观连续性取决于先行词所在的句子与回指对象所在的句子两者在话语结构中的联系。这种联系表现在两个方面,一是句子与句子之间的线性顺序,二是句子与句子之间的层次关系。

线性顺序的制约因素是,先行词和回指对象各自所在的句子前后邻接时,宏观连续性相对较强;中间插入其他句子时,宏观连续性相对较弱。

层次关系的制约因素是,句子与句子之间的层次关系可以分为两种,一种是句法结构中的层次关系,另一种是语义结构中的层次关系。人们常常观察到这种情况:先行词与回指对象各自所在的句子里,从线性顺序上看,中间隔着其他句子,但是,从层次关系上来看,插入句同前后有关句子不属于同一个层次。在这种情况下,虽然插入成分对所指对象的宏观连续性也有影响,但与位于同一层次的插入成分相比,它所造成的削弱作用要轻微一些,回指对象往往仍然可以以零形式出现。

再来看句内零形回指的情况。

这里的句内回指指的是多动词句子中的零形回指现象,如果我们把多动词句子看成是由多个小句组成的语言体,那就可以列入篇章回指的范畴。

徐赳赳(2003b)发现的句内零形回指的制约因素有:

一、指称距离:指的是零形子节点跟先行词的距离较近。统计证明,名词回指,代词回指和零形回指三项中,零形子节点跟先行词之间隔的小句最少。

二、词汇意义:这里讲的词汇意义主要是指动词的词汇意义,也就是说动词的词汇意义对句内出现的零形回指产生的制约。

2. 代词回指制约

徐赳赳(2003a)在研究代词回指时,发现的制约因素有:

一、人物制约。指的是如果有两个以上人物出现在同一段落或篇章里,而且变化频繁,则趋向于用名词来进行回指。

二、情节制约。指的是这么几种情况:①如果一个人物引进篇章后,接着叙述这个人物的几个情节,那么在每个情节的开头都趋向于用代词和名词;②如果一个故事内分几个情节,一个情节叙述某人,然后另一个情节主要叙述另一个人,接着又重新回到那个情节,重新叙述前面那个人物,那么,第三个情节的人物就趋向于用代词和名词;③如果叙述文中有对话,某人讲话完毕,又重新提这个说话者,趋向用代词或名词。

三、时间制约。时间词是给一个事件时间上的限定,可以是时点,也可以是时段。篇章中,在一个时间词的后面,往往是叙述一个新的事件的开始,紧接着出现的篇章小句的主语,趋向用代词或名词。

四、连词制约。根据统计,从出现频率较高的六个连词(但是/但、可是、然而、于是、不过、因为)看,连词后的小句主语趋向于用代词。

五、结构制约。在篇章中,有时为了求得某种修辞效果,在结构整齐的篇章里,常常在篇章的某个特定位置上,都用代词,或都不用代词。

3. 名词回指制约

廖秋忠(1992)在研究同指回指时,发现的制约因素有两大类,一类是指同表达式类型的选择的制约条件,还有一类是指同表达式加或不加修饰成分的制约条件:

一、指同表达式类型的选择的制约条件

这里有几种情况:

①原形较长的表达式用同形表示指同的可能性小,用局部同形、统称词和指代词的可能性大;原形较短的表达式,特别是专有名词和泛指的光杆名词用同形、指代词和零形式表示指同的可能性大,用其他形式的可能性小。

②原形是描写性的名词短语结构时,常用局部同形或指代词来表示指同;当原形是专有名词时,常用同形、指代词和零形式表示指同。

③在同一个段落里,如果原指与重指或两个重指表达式所在的句子之间结构相当紧密,那么后面的这重指表达式趋向于直接用指代词;当整个段落没有次一级结构层次时,指同表达式

有逐步简化、抽象化的趋势。这种趋势在较大的段落里有周而复始的现象。

④在一个段落里,如果有两个或几个对象需交叉重提时,同时用异形(指示代词除外)表示指同的可能性不大。

⑤并列对象重提时,趋向于用单一统称词或指代词指同形式,少用并列同形或局部同形指同形式,不能单一同形或单一局部同形表示指同。

⑥当某个或几个对象由带有数量词"一"或不定量的部分数量词"有些、一些、许多"等的名词短语引进篇章时,它(们)的指同表达式不可能是原形,除非是对词语本身的解释。

⑦除非被附属结构隔开,头一个统称词指同表达式通常得紧挨着原形出现的句子或段落;专有名词或泛指名词指同时没有这么严格的限制。

二、指同表达式加或不加修饰成分的制约条件

指同形式(指代词除外)与原形之间的形式和语义差距愈大,愈需要加上修饰词来表示指同。

徐赳赳(2003a)在研究名词回指时,发现的制约因素有:

一、形式制约:同是名词性回指,可以有同形、部分同形和异形之分,而读者在寻找先行词时,不同的形式会导致读者寻找先行词的时间的长短不同。一般来说,同形名词回指所需的时间最短,部分同形次之,异形最长。当然,具体到个例,情况可能会有不同。

二、中心词语义制约:这种制约指的是如果读者碰到某个名词回指成分,而该词又有多种意义,那么读者首选"典型性高的成员"(high typical member)去找先行词,如找不到,然后再用"典型性低"的成员去找。

三、修饰词制约：指的是回指链中子节点的使用，受到根节点修饰词的制约。如根节点中修饰词多，子节点便会采用简洁形式。

四、语境制约：指的是人们在使用某个子节点时，会受到上文中某个成分的制约。

第五节　联想回指[*]

人们在使用语言时，经常会用到具有回指性质的词，如零形式、代词、名词性词组等等，对回指的理解，直接影响到读者/听者对话语和篇章的理解。从目前对回指的研究来看，对同指（co-reference）的回指研究较多，也就是说，现在大部分的研究都集中在作者/说者是如何使用同指这种语言手段，读者/听者是如何在语境中寻找到先行词的。请看下例：

(12) 今年 6 月 14 日，<u>李俭芳</u>来探望霍某。霍给了<u>李</u> 5 元钱，请求<u>他</u>帮自己买农药自杀。<u>李俭芳</u>感到霍某确实痛苦，<u>Ø</u> 便答应帮这个忙。

(《法制文萃报》2003 年 11 月 24 日)

例(12)是人们较熟悉的同指回指，例中的实例"李、他、李俭芳、Ø"指的是在第一句引进话语中的某个人。

这里研究另一种回指现象，暂且称为联想回指（associative anaphora），请看下面例句（外文例句中画线部分译成汉语，整个例句不译为汉语）：

---

* 本节主要内容刊登在《中国语文》2005 年第 3 期。

(13) A letter was awaiting Sherlock Holmes. The envelope was crumbled, the stamp was half off and the postmark indicated that it had been sent the day before. (Charolles 1999:312 的例子)

(14) a. 就在此时,有一名男子从隔离带跳了下来,直奔奥迪车冲过来,另几名男子将车围住,一人拉开(驾驶室)门和徐先生争抢方向盘,趁徐先生惊愕之时,另一人拉开副驾驶室门盗走了徐先生装有一万多元的书包。

(《京华时报》2003 年 11 月 23 日)

b. 儿子自不用说,那小眼睛早盯上了家里的统治权,恨不得把老爸老妈永远踩在脚下,所以极力赞成。

(《京华时报》2003 年 11 月 22 日)

Charolles(1999)认为,例(13)中的"A letter(信)"和"The envelope(信封),the stamp(邮票),the postmark(邮戳)"之间的关系是一种联想的关系。大家知道,在英语等形态相对比较丰富的语言里,第一次引进篇章的具体名词,通常是以不定名词的形式引进的,如英语用不定冠词 a,再次提及时,就不再用不定冠词,而用定冠词 the 或所属名词等来表示该词是定指的名词。例(13)中的 A letter,是符合常见的第一次引进篇章的要求的,用了不定冠词 a,但接下来出现的几个词 The envelope,the stamp 和 the postmark 都是第一次引进篇章,但都采用了定冠词,用表示定指的方式引进篇章。读者可以看出,对 The envelope,the stamp 和 the postmark 的理解,是建立在 A letter 之上的,A letter 起到了先行词的作用。

例(14a)和(14b)是汉语例句,汉语不像英语那样有较为明显的和较为固定的形态来表示初次引进或再次引进,汉语中的联想关系主要是通过两个词的语义来判断的。

例(14a)中的"(驾驶室的)门、副驾驶室门、方向盘"都是第一次引进篇章,在"(驾驶室的)门"中的"门"前有一个表所属的词"驾驶室的"(但没有显示是"哪辆车的"驾驶室),"副驾驶室门"这里暂且看成一个词,"方向盘"前没有表所属的词。根据前文中出现的"车"所提供的信息,读者可以判断,"(驾驶室的)门"和"副驾驶室门"是那辆"奥迪车"的门,"方向盘"是那辆"奥迪车"的方向盘。因此,"车"和"(驾驶室的)门、副驾驶室门、方向盘"两者是通过人们在认知上的联想而建立起来的关系。这个例子中两个通过联想而建立起来的实例,从语义看,是一种上义和下义的关系,"车"是上义词,"(驾驶室的)门、副驾驶室门、方向盘"是下义词。

例(14b)中的"老爸老妈"前都没有类似英语的定冠词或所属词来表示该词是定指,但通过前面出现过的"儿子",可以判断出"老爸老妈"是这个"儿子"的"老爸老妈"。"家"通过"儿子",也可以判断出是"儿子的家",这例中的"儿子"和"家、老爸老妈"的关系也是联想回指的关系。从这个例子看出,两者的关系,通过人们存在大脑中的认知模式而建立起来的一种联想的关系而得以确立。①

---

① 我们这里提到的这种回指的现象,在前人研究中,主要采用两种术语,一是"间接回指"(indirect anaphora, Erkü and Gundel 1987; Consten 1993; Apothéloz 1999 等),另一种是"联想回指"(Charolles 1999; Kleiber 1999; Miéville 1999 等),本文采用"联想回指"这一术语。

Hawkins(1977)和Cornish(1986)把这些起到先行词作用的词(A letter,车,儿子)称为"触发词"(trigger),Corblin(1987)和Apothéloz等(1999)称为"源词"(source),Fraurud(1990)称为"锚"(anchor)。本节采用Hawkins和Cornish的术语,把起到先行词作用的词称为"触发词";而把借助触发词引进篇章的、具有回指性质的名词称为"联想回指词"。①如例(13)中的The envelope,the stamp和the postmark,例(14a)中的"(驾驶室的)门、副驾驶室门、方向盘"和(14b)中的"家、老爸老妈"。本文在例句中,用波浪线表示"触发词",用实线表示"联想回指词"。

下面两种情况不在本节研究范围。

一、触发词和联想回指词并非只由名词充当。我们来看下面两个例句:

(15) a. Mary dressed the baby. The clothes were made of pink wool. (陈平的例句14b,2004)

b. Joe bought a used car yesterday, but the seller later claimed that he didn't get the money from Joe. (陈平的例句12,2004)

(16) a. Paul went to the theatre. They were playing Shakespeare. (Kleiber 1999:339的例句)

b. I bought a Golf because they are solid. (同上)

例(15a)的联想回指词The clothes(衣服)是以加定冠词的形式引进篇章的,触发词是动词dressed(给……穿衣)。例

---

① 我们这里的"联想回指词"是广义的,因为在本文中,联想回指词并非只是指词,有时是词组,有时包括修饰词和中心词。

(15b)的联想回指词是 the seller(售货员)和 the money(钱),触发词是动词短语 bought a used car(买了一辆旧车)。

例(16a)中的触发词是 the theatre(剧院),是个单数,而间接回指词是 They(他们)是个代词,复数。例(16b)中的触发词是 a Golf(高尔夫球),是个单数,而间接回指词是代词 they(他们),是个复数。本文分析现代汉语中触发词和联想回指词都由名词充当的联想回指现象。

二、暂且只讨论不带由触发词或触发词的代词充当修饰语的联想回指词,如例(17):

(17) a. 儿子在石凳前运了口气,鼓足勇气跳了一下。但没跳上去,(他的)腿磕在石凳的沿上了,非常痛苦地蹲在了地上。

(《京华时报》2004 年 3 月 16 日)

b. 那天课间,儿子正在和同学做游戏,猛地被另一个高速跑来的同学撞倒在地。(儿子的)脑袋起了一个鸡蛋大的包,当时就号啕大哭。(《京华时报》2004 年 3 月 11 日)

对上面两类回指,我们以后有机会再讨论。

1. 名词回指的框架

下面我们谈一下联想回指的定义,以及我们提出的整个名词回指的框架,从这个框架中,可以看出联想回指在其中的位置,着重讨论联想回指。

1.1 联想回指的定义

据 Charolles 和 Kleiber(1999)介绍,是 Gundel 和 Zacharski

(1993)最早提出"间接回指"(indirect anaphora)这一概念(也就是本书采用的"联想回指"的概念)的。现在经过十年的研究,对联想回指的概念越来越清晰,下面我们介绍前人对联想回指的定义。

Apothéloz(1999)认为:联想回指有两个特征:①联想回指词指的是出现在话语中的某个新的所指,这个新的所指在前面的话语中没有明确地提到过;②这个联想回指词只有借助前面话语中出现过的话语进行解释(这种出现过的话语称为"先前信息"(prior information))。

Charolles 和 Kleiber(1999)认为,联想回指指的是这样一种现象:某些在篇章中定指的名词事先并未引进篇章,这些定指的名词通过其他词而推论出来。

Kleiber(1999)认为,联想回指是一种间接的篇章所指的现象,某个新的所指不是由"先行词"直接引进篇章的,而是借助"先行词"引进篇章的。

Consten(2001)认为:联想回指指的是没有明确先行词的回指现象。

根据以上介绍的定义,我们可以看出,在联想回指中,某个作为定指形式名词引进篇章时,①没有先行词,或者说没有类似同指回指中的先行词,但②对联想回指词的理解靠的是"前面话语中出现过的、起到先行词作用"的某个词。

1.2 名词回指框架

各位学者从不同的角度对联想回指进行研究,有涉及动词和名词之间的间接回指的研究(Apothéloz and Reichler-Beguelin 1999),有重点讨论"部分—整体"的(Miéville 1999),有讨论研究联想回指是如何生成的(Gardent and Striegnitz 2000)。在前人研究的基础上,我们列出汉语名词回指的框架(图 7.2),

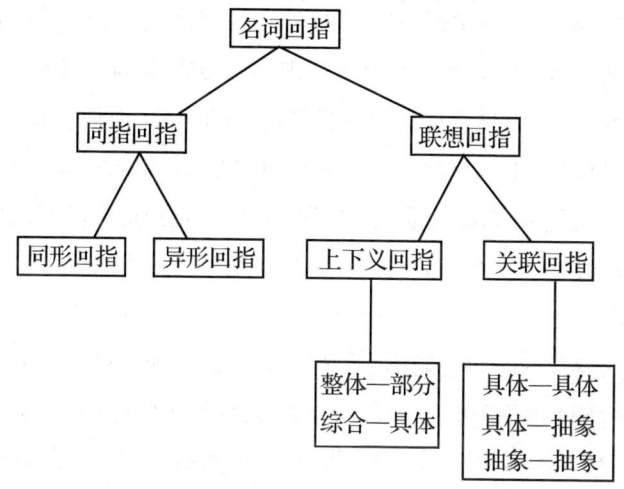

图 7.2 名词回指框架

图 7.2 是名词回指框架,我们把名词回指分为同指名词回指和联想名词回指。同指回指分为同形回指和异形回指(廖秋忠 1992;徐赳赳 2003b),联想回指分为上下义回指和关联回指。谈到同指回指和联想回指时,有两点值得注意:

一、陈平(2004)介绍了 Lyons(1999)对 definite(定指)的看法,Lyons 认为定指可分为简单定指(simple definites)和复杂定指(complex definites),简单定指的语言有英语、法语、德语、罗曼语等,用类似英语的定冠词 the 来表示定指;复杂定指的语言有汉语、日语、捷克语、俄语、伦巴第语、印地语、印度尼西亚语、Warlpiri 语、Ik 语等语言,通常用专用名称、指示词、人称代词和物主代词,以及词序等语法手段来表示定指。按 Lyons(1999)的分法,属于复杂定指的汉语,自然没有类似英语 the 类的词来表示联想回指词,也就是说,不管是判别同指回指或联想回指都是以名词所具有的意义为主要根据。

二、徐赳赳(2003b:156)提到,在联想回指中,判断同形回指或异形回指的时间长短通常有所不同,McKoon 和 Ratcliff 在 1980 年,做了一项有关读者寻找先行词的实验,他们发现,如果先行词是 burglar(夜贼),名词回指词是同形(direct repetition),也就是说还是 burglar,那么,读者在阅读中碰到这个名词回指词 burglar 时很快就会找到先行词;如果先行词是 burglar(夜贼),而名词回指词是同义(synonym)的话,如 criminal(罪犯),读者就要花较长的时间才能找回到先行词。这说明判断异形回指要比判断同形回指复杂。据陈平(2004:13)介绍,Haviland 和 Clark(1974)一项实验显示,读者对联想回指的判断时间有时要比同指回指长。如在 We got some beer out of the trunk. The beer was warm. 这个句子里,判断 some beer(啤酒)和 the beer(啤酒)之间同指回指关系的时间较短;而在 We checked the picnic supplies. The beer was warm. 这个句子里,判断 the picnic supplies(野餐物品)和 the beer(啤酒)之间的间接回指关系的时间就较长。判断时间的长短可以从一个角度说明,判断联想回指有时比判断同指回指要复杂。

下面谈一下图 7.2 中联想回指下面所分的上下义回指和关联回指的定义和概念。

1.2.1 上下义回指

我们这里的上下义回指是指触发词和联想回指词之间有上下义的关系,请看下面例句:

(18) a. 我这座房子(A)相当讲究。门(B)是楠木做

的,……(廖秋忠的例子1992[1985]:40)

b. 昨天上午10点左右,记者在现场看到,两只白色大鸟栖落在一棵20多米高的杨树上,<u>大鸟</u>和天鹅差不多大小,<u>全身羽毛</u>以白色为主,<u>嘴</u>长约30cm,嘴有一个袋囊。

(《京华时报》2003年11月23日)下

廖秋忠(1992[1985])认为,(18a)中的"(这座)房子—门"是框—楔关系,"(这座)房子"为框,"门"为楔,我们把(18a)中的"(这座)房子"看做是触发词,"门"看做是联想回指词,两者构成上下义联想回指的关系;(18b)中的"大鸟"是触发词,"全身羽毛、嘴"是联想回指词,两者也构成上下义回指关系。

1.2.2 关联回指

关联回指指的是读者借助某个篇章所提供的具体语境,通过相互具有的"关联"特性而建立起来的触发词和联想回指词之间的关系,这种关系并非是上下义的关系,但触发词和联想回指词两者之间的关系极为密切。请看下例:

(19)最后上了一艘名叫"裕亿祥"666号的渔船,……可是星期一后<u>渔船</u>出海,厄运就来了。<u>船长</u>、<u>大副</u>、<u>二副</u>还有<u>(一些老)船员</u>,动不动就暴打我们。

(《法制文萃》2004年2月16日)

虽然例(19)中的"船长、大副、二副、(一些老)船员"前没有所属的修饰词,根据常识,人们知道"渔船"和"船长、船员"等词之间关系密切,读者通过语境可以推断出"船长、大副、二副、(一些老)船员"都是属于"渔船"的,准确地讲是属于"(一艘名叫'裕亿祥'666号的)渔船"的。如果"船长、大副、(一些老)船员"属于另一艘船,语境便会提供新的信息。上面举过的例子(14b)中的"儿子"和"老爸老妈"也是关联关系。

我们需要强调的是,这里讲的"关系密切"是指一般人认知中的常识,因为在现实社会里,个体的差异有时是很大的,张三认为某两个词关系密切,李四可能认为并不密切。

2. 汉语联想回指关系类别

这里的关系类别指的是触发词和间接回指词之间所建立的各种关系。下面分别看一下上下义回指和关联回指的关系类别。

2.1 上下义关系类别

我们先来看两个例子:

(20) 去过辽阳动物园的都知道,那里有两只非常温顺、可爱的大鸵鸟,如今只剩下一个。几天前的一个早上,饲养员和往常一样给动物喂食。可是来到鸵鸟笼旁一看,这只身高1.8米的雄鸵鸟趴在笼舍里一动不动,长长的脖子也低垂在地上,双眼一眨一眨地看着眼前的饲养员,一点精神都没有。雌鸵鸟对自己伴侣的异常举动非常焦急,在雄鸵鸟的身边来回走动。(腾讯网:动物园雄鸵鸟死亡 胃里竟有游人"喂"的打火机)

(21) 我因搬入新居认为窗户都是铝合金的,通风透气性能较差,就把米兰摆放在门边过道上,结果一个冬天下来,所有的叶和嫩梢都被冻坏,后因及时抢救才保住米兰性命。(广厦房网:家庭养花成败经验)

例(20)中的触发词是"大鸵鸟",间接回指词是"动物",两者的关系是上下义关系。例(21)中的触发词是"米兰",联想回指词是"嫩梢",两者的关系也是上下义关系。Halliday(1994:332)认为,例(20)是综合-具体的关系,"动物"是"综合","大鸵鸟"是"具体"。例(21)是整体-部分的关系,"米兰"是"整体","叶、嫩梢"是"部分"。

Halliday(1994)谈到词汇连接(lexical cohesion)中的"同义重复"(synonymy)连接时,认为有两种同义重复连接,一种是"有同一所指"(with identity reference)的同义重复连接,另一类是"无同一所指"(without identity reference)的同义重复连接。他所谈的有同一所指的同义重复连接跟本文谈的同指回指类似,他所谈的无同一所指的同义重复连接跟我们上下义回指类似。

本文采用Halliday(1994)的观点把上下义回指分为综合-具体关系和整体-部分的关系,见表7.1:

表7.1 上下义间接回指关系类别

上下义回指		
关系类别	综合—具体关系	整体—部分关系
实　　例	森林—松树	房子—门

2.2 关联关系类别

关联关系类别按触发词和联想回指词的性质来分,可分为具体—具体类、具体—抽象类和抽象—抽象类三大类。具体—具体类包括亲属关系和依附关系等,具体—抽象类包括质地关系、身心关系、特性关系等,抽象—抽象关系包括溯源关系,这几种关系都是从联想回指词的性质来考虑的。需要说明的几点是:①表7.2中列出的六类关系是按联想回指词的性质划分的;②这里谈的类别是常见的一些类别,没有穷尽的意思,类别具有开放性;③这几类联想关系只是一个大致的类别,不排除某个实例有跨类的特征。

表7.2 联想间接回指关系类别

	联想间接回指					
	具体—具体类		具体—抽象类		抽象—抽象类	
关系类别	亲属关系	依附关系	质地关系	身心关系	特性关系	溯源关系
实 例	父亲—儿子	汽车—司机	罐头—材料	老李—精神	小李—美貌	定理—发现

3. 间接回指的推进方式

这里的推进方式指的是触发词和联想回指词之间推进的方式。我们发现,上下义回指和关联回指的方式有所不同,上下义回指以"层次"推进为主要推进方式,关联间接回指以"网状"为主要推进方式。

3.1 层次推进

我们谈层次,通常有两种理解:①某个自然物件,从大到小或从小到大表现出层次,本文暂且称为"自然物件层次"。严格来说,自然物件的层次也可以粗分和细分。②上下文语境提供的层次,可能跟现实中实体的组成层次一致,也就是说,人们对现实中的实体有几个表现层次的对象的理解,语境也提供这几个表现层次的对象;语境提供的层次也可能跟现实中的实体的组成层次不一致,这种不一致指的是语境可能只提供某个物体的某一个或几个部件,本文暂且称为"语境层次",语境层次的一个特点就是临时性,这种临时性指的是同样谈到某个物体,在这个篇章中可以提及这几个层次,在另一个篇章中可能提及另外几个层次,甚至在同一个篇章,在不同的地方可能提及不同的层次。请看下面例句:

(22)原来朋友买了台<u>彩色喷墨打印机</u>,动不动<u>墨水</u>就没了,两个月已经换了两次墨盒,墨盒的价钱都快抵上大半台打印机的价格了。

(人民网 2002年12月02日)

例(22)中的"墨水"是"彩色喷墨打印机"中的一个部分,但按一般人们对打印机的构造层次的理解应该是:彩色喷墨打印机→(墨盒)→墨水,这样看来,例(22)少了"墨盒"这个层次,"墨盒"这个层次反而出现在"墨水"之后。

(23)快开学了,这个时候如果希望给<u>电脑</u>换一块"<u>芯</u>"也非常合时,因为最近 CPU 的价格可谓降"疯"了,一个接一个的低价信息几乎让我也有换"芯"的冲动。

(《中国电脑教育报》2003年9月9日)

例(23)比起(22)更复杂,缺了两个层次"主机"和"主板":电脑→(主机)→(主板)→芯。

例(22)(23)显示,不管是缺了某个实体的一个层次,还是两个层次,读者在理解中一点没有觉得困难,并未感到少了什么层次。Charolles(1999)认为可以用"显著性"(salience)来解释这种现象,显著性指两种情况,一种是人们可以直接用眼睛看到的,如在 There was a bicycle in the yard. The spokes were bent. 这个句子中,The spokes(轮辐)和 a bicycle(自行车)之间少了"轮子"这个层次,但人们能直接看到"轮辐",也就不觉得少了什么层次;还有一种是虽然不能直接看到,但联想回指词是触发词中重要组成部分,如例(22)中的"墨水"是装在"墨盒"里的,通常是不可见的,但"墨水"是打印机的重要部件,人们也就不觉得两者之间少了什么层次,例(23)也是一样,"芯"是装在主机里的,通常是不可见的,但"芯"是"主机"的重要部件。

上面是从自然部件的构成角度来解释层次的,下面看一个涉及语境层次的例子。

(24) 长城是中国古代伟大的军事防御工程……八达岭长城为明代初年重建,是明内边城墙的重要隘口之一……岭口上设有雄伟的关城一座,关城呈梯形,有东西二门,门额题名为"北门锁钥"和"居庸外镇"。

(徐赳赳例句 2003b:153)

如我们把例(24)中的实例用图标出,其层次便更为直观:

图 7.3　上义到下义的层次的推进

从联想回指看,"长城"和"八达岭长城"这对实例中,"长城"是触发词,"八达岭长城"是联想回指词,是整个"长城"的一个部分,"八达岭长城"可看成是第一个层次;从"岭口"和"八达岭长城"这对实例看,"岭口"是"八达岭长城"的一个部分,"八达岭长城"是触发词,"岭口"是间接回指词,"岭口"可看成低于

"八达岭长城"一个层次,依次类推。

谈到层次要注意以下几点:

一、从图 7.3 看,"长城"和以下的 5 个实例可以组成一个"联想名词回指链",具体到例(24)这个间接回指链可以称为"长城—联想名词回指层次链"。在这个层次链中,"长城"可以称为"根触发词"(root trigger),"八达岭长城、岭口、关城、东西二门、门额"这些实例既是上一个层次的名词回指词,又是下一个层次的触发词,带有双重身份,可暂且称为"双重身份词"。这个层次链中的最后一个词"东西二门",就是单纯的联想回指词。

二、对某个层次的间接回指词的理解,通常是借助于上一层的联想回指词。如果语境层次中缺少关键的层次,有时会令读者无法接受。下面是 Miéville(1999:328-329)的例句:

(25) a. We arrived in a village. The church was closed.
    b. *We arrived in a village. The candelabras of the altar were remarkable only for being absent.

Miéville 认为,例(25a)是可接受的,也就是说教堂在西方村庄里是常见的,读者能判断 The church(教堂)就是坐落在 a village(村庄)里的教堂。而(25b)是无法令人接受的,因为,The candelabras of the altar(祭坛的烛台)只是 a village 的"部分的部分",The candelabras of the altar 和 a village 之间缺少必要的层次。按 Charolles(1999)的说法,对 a village 来说,The candelabras of the altar 并非具有"显著性"的特征,因此读者无法接受。

三、对某个层次的联想回指词来说,并非一个层次只有一个词,有时一个层次有多个间接名词回指词。我们再来看下面的

例子:

　　(26)投票站设有登记验证处、代笔处、解说处、发票处、书写处、秘密写票处、投票箱等,还明示了投票时间、开箱计票时间和地点、候选人名单,以方便选民投票。

　　　　　　　　　　　(《北京晚报》2003年12月6日)

例(26)中的"投票站"是触发词,"登记验证处、代笔处、解说处、发票处、书写处、秘密写票处、投票箱"是处于同一层次的联想回指词。如用图表示就是:

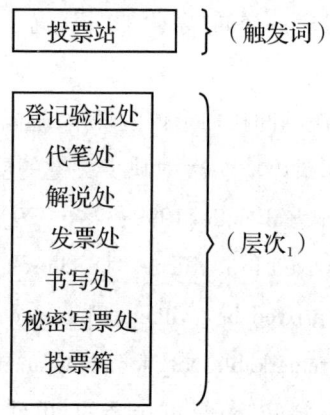

图7.4　同一层次多个联想名词回指词

　　四、上面谈到的例(22)是先出现上义词,再出现下义词,表现在层次上,就是先出现高一级层次,再出现低一级的层次。在篇章中,我们还可看到例(20)的情况,即先出现下义词,再出现上义词的情况,这时,表现在层次上,就是先出现低一级的层次,再出现高一级的层次,详细分析可参看徐赳赳(2003b:154)。

3.2　网状推进

　　跟上下义回指不同,关联回指的推进是呈网状,我们暂且用

第七章　篇章回指　359

"关联网"这个词来描写这种推进方式。

(27) a. 16 时 47 分,大巴在距离福州高速公路收费站大约五百米的地方停下来,女售票员走过来把(超载的9 个)乘客叫下车,……

(《法制文萃报》2004 年 2 月 9 日)

b. 投票站设有登记验证处、代笔处、解说处、发票处、书写处、秘密写票处、投票箱等,还明示了投票时间、开箱计票时间和地点、候选人名单,以方便选民投票。

(《北京晚报》2003 年 12 月 6 日)

```
        (超载的9个)乘客         开箱计票时间和地点
  女售票员                 投票时间
      ( 大巴 )                ( 投票站 )——候选人名单
                                          ——选民
(潜在间接回指词₁)│(潜在间接回指词ₙ)
    (潜在间接回指词₂)   (潜在间接回指词₁)(潜在间接回指词ₙ)
```

图 7.5　例(27a)和(27b)的关联网

例(27a)中的触发词是"大巴",联想回指词是"女售票员、(超载的 9 个)乘客"。尽管这两个联想回指词在篇章中是第一次出现,而且在这两个词前没有任何表示定指的和所属的修饰语,但是读者还是能推断出"女售票员"就是这辆"大巴"上的售票员,"超载的 9 个乘客"也是这辆"大巴"上的乘客。从理论上讲,人们在大脑里建立的"大巴"这张关联网可能不止"女售票员、(超载的 9 个)乘客"两个联想回指词,只是读者通过篇章这两个联想回指词在大脑中被激活了。语境提供的实例,也就是被激活的实例用实线表示。语境没有提供的实例,也就是未被激活的实例暂且称为"潜在的联想回指词",图中用虚线表示。

例(27b)的触发词是"投票站","投票时间、开箱计票时间和地点、候选人名单、选民"都是间接回指词,这5个实例构成了一张关联网。

这里我们看出,我们所指的关联网有三个特征:①关联网中的间接名词回指词数目是不定的,如例(27a)这个关联网由3个实例组成:一个触发词和两个联想回指词,而(27b)这个关联网由5个实例组成:一个触发词和四个联想回指词;②关联网具有临时性,是由特定的篇章决定的。也就是说,同样是相同的"触发词"在不同的篇章中可能会有不同的联想回指词,组成不同的关联网;③关联网中联想回指词体现了触发词的典型特征。例(27a)"售票员、乘客"都是作为汽车的种类之一的"大巴"的典型特征。

3.3 两种推进方式交叉出现

在自然篇章中,我们经常可以看到层次推进和网状推进同时出现的情况:

(28)事发的是一辆牌号为辽A49717的大客车,当天下午12:30从八王坟发车开往沈阳,事故地点位于京沈高速路出京方向37公里处。

下午2:50记者赶到现场,事发现场惨不忍睹。客车整个翻倒在沟底,四轮朝天,变形的车顶卡在高速路的斜坡于平地交接的一道沟渠内,前后挡风玻璃全部破碎。120和999的急救人员正试图将最后(两名)乘客从车内拉出,20分钟后,一男一女两人被急救人员用手从(侧面的)车窗拖出,女子满脸是血,无力说话,男乘客看样子伤势较轻。

急救人员证实,当场有3人死亡,(绝大部分)乘客均不同程度受伤。

(《京华时报》2004年3月16日)

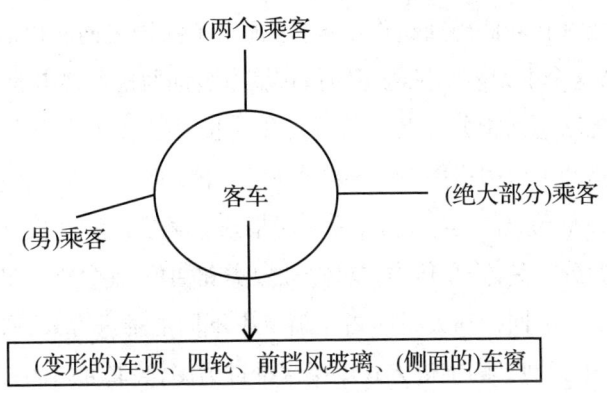

图 7.6　两种推进方式交叉

图 7.6 中的"客车"和"(变形的)车顶、四轮、前挡风玻璃、(侧面的)车窗"是上下义回指推进;"客车"和"男乘客、(两个)乘客、(绝大部分)乘客"是关联回指推进。两种推进方式套在一起。

4. 小结

由于汉语没有发达的形态标志,所以判断名词联想回指主要靠名词所表现出来的语义,以及名词之间建立的联想关系。从理论上讲,当读者看到出现在篇章中的任何一个名词时,如有需要,都会在脑子里"激活"与这个名词"关系密切的"某个词或某些词,关系越密切的词就越容易激活。"我们生成和理解话语的生理-心理活动,包含着一系列极其复杂的判断和推理过程。在这些过程中,往往需要调动储存在我们头脑里的各个方面的语言信息和非语言信息"(陈平 1991[1987]:185)。这些语言信息和非语言信息是读者理解和判断间接回指的基础。

本节分析和探讨了现代汉语名词联想回指这一篇章现象,对同指回指和联想回指作了区分,提出了汉语名词回指的分析框架,这个框架显示了联想回指在篇章名词回指框架中的位置,本节把联想回指分为上下义回指和关联回指,分析了汉语上下义回指和关联回指关系的不同类别,上下义回指可以分为整体-部分关系、综合-具体关系,关联回指根据触发词和间接回指词的特性分为具体-具体类,具体-抽象类和抽象-抽象类。最后探讨了上下义回指和关联回指在篇章中不同的推进方式,研究显示,上下义回指的推进方式以层次推进为主,关联回指的推进方式以网状推进为主。

第六节 结　语

本章主要讨论4个问题:篇章回指的类别、篇章回指的功能、篇章回指的使用制约条件和联想回指。

篇章回指的类别包括外指和内指:外指指的是篇章中某个成分指的是该篇章以外的东西,内指指的是篇章内部出现的成分,可能是回指,也可能是前指。句内和篇章:讨论句子内部成分之间的关系,如移位等,把回指置于篇章中考虑可称为篇章回指。书面语和口语:回指现象在书面语中和口语中表现可能不同,这是由于书面语的特征和口语的特征所决定的。从国内对回指的研究来看,研究书面语回指较为成熟,研究口语回指现象的相对较少。同指和联想都是回指现象,但性质不同,同指回指指的是某个语言成分跟其先行词同指,而联想回指指的是没有先行词的一种回指形式。零形、代词、名词:这是从词汇角度来看的三种语言形式,三种形式都有自己的特性。

第四节讨论了组句成篇,简洁生动和人际关系三个方面的功能。

第五节从零形回指、代词回指和名词回指三个方面来探讨使用篇章回指的各种制约因素。

最后讨论联想回指这种形式,联想回指的形式相对同指回指来说,在我国讨论还不多。这节初步讨论了联想回指的形式及功能,还有很多工作可做,比如对这种现象的解释方面还可下点工夫,如 Ellis(1999:107)认为可以用"隐含焦点"来解释这种现象,"隐含焦点"指的是,如果前景信息里隐含着某个信息,那么这个信息是通过前景信息推出来的,而不是明确地表达出来的,这个隐含的信息便是"隐含焦点"。例如,读者看到这个句子 The book was really very good, The author is very skilled.(这本书确实很好,作者确实有才华。)便可能这样理解,第一个小句中先是出现了"书"是个前景信息,有书便有作者,第二个小句中的"作者"在篇章中指的便是前一小句中出现的这本"书"的作者,这个"作者"便是一个"隐含焦点"。解释这种篇章现象给人一种理论上的探讨这种印象,而判别联想回指便显得更为靠近语言实际运用。

第八章　篇章层次结构

第一节　引　　言

　　篇章是有层次的,这点在我国老一代语言学家早就已经注意到,并已用图来显示了这种看似线性排列文字。黎锦熙(2000[1924]:262—282)在 1924 年的著作里,就专门列"段落篇章和修辞法举例"一章,较为详细地用图例来显示篇章的层次,他(2000[1924]:262)说:只要研究者做"一番精细而正确的图解功夫",那么"作者思想的层次"就会"曲折活现于纸上"。请看下例:

　　(1)一天早上,阿菊被他的父亲送进一个光明、空阔透气的地方,他仿佛从一个世界投入别一个世界里。他的家里只有一张桌子和两条破坏的长凳,已使他的小身躯回旋不得;半截的板门撑起,微弱的光线从街上透进来,——因为对面是典当里库房高墙,——使他从不曾看清他母亲的面庞;门外墙脚,是行人的小便处,时常有人来那里图一己的苟且的便当,使他习惯了不良空气的呼吸。现在这个境界在哪里呢?他真投入了别一个世界了!(原例 263 页)

下面是这一段话的分析图例(263页):

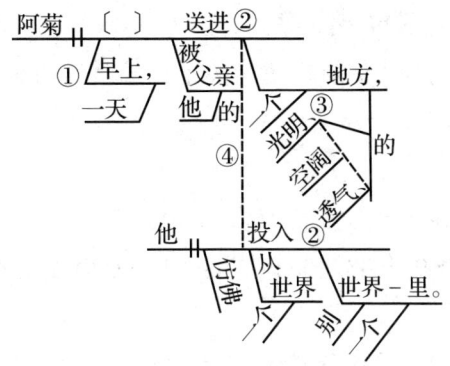

图 8.1 黎锦熙的分析图

从黎锦熙那时的研究到现在,八十年过去了,人们对篇章层次的研究日趋深入,描述更为精确。本章讨论的层次结构有:传统结构,段落结构,三元结构,论证结构,故事结构,宏观结构,修辞结构。

第二节 传统结构

这里传统结构指的是我国传统语法中所谈到的从句子开始,从小到大的语言结构,涉及的术语有句子、段落、节、章、篇章。

1. 句子

句子是个比较大的概念,如果再仔细分析,有各种句子。有我们比较熟悉的概念:小句、单句、分句、复杂句、致使句、连动句、紧缩句、兼语句、主句、从句、把字句、被字句、是字句、复句等等;也有我们现在不大熟悉的概念:大句、简句、繁句、包孕句(母句、子句)、零句、整句等。

下面讨论跟我们层次建构关系比较密切的有关句子的概念。

1.1 句子

下面是各位语法学家对句子的定义:

王力(2000[1943]:35)认为:"凡完整而独立的语言单位,叫做句子。"

赵元任(2001[1968]:41)认为,"句子是最大的语法分析上重要的语言单位。一个句子是两头被停顿限定的一截话语。"

吕叔湘(2002[1979]:482)认为:"一般认为比短语高一级的单位是句子,句子有单句复句之分。"在《现代汉语八百词》里,他(2002[1994]:6)又认为:"句子是语言的实际使用单位,一个句子的末尾有一定的语调标志,在书面语上有句号(或问号、叹号)。"

朱德熙(1999[1982]:28)认为:"句子是前后都有停顿并且带着一定的句调表示相对完整的意义的语言形式。"

胡裕树(1995:313—314)认为:"什么是句子? 简单的回答是:句子是语言的基本运用单位。在交际和交流思想的过程中,词和词组只能表示一个简单或复杂的概念,句子才可以表达一个完整的意思。""句子的特点在于它是人们用来交流思想的语言的基本运用单位。""一个句子不仅具有一定的结构成分和结构方式,为了适应具体环境中的交际需要,它还必须有特定的语调。"

1.2 小句

赵元任(2001[1968]:63—64)在讨论复杂句时,提到"小句"的概念,如:"小句做宾语""形容词性小句""副词性小句作主语"。

吕叔湘(2002[1979]:482)在讨论复句时,就分析用"小句"这个概念还是用"分句"这个概念:"叫做分句好还是叫做小句好?叫做分句是假定句子是基本单位,先有句子,分句是从句子里划分出来的。叫做小句就无须作这样的假定,就可以说:小句是基本单位,几个小句组成一个大句即句子。"

吕叔湘(2002[1979]:482)还提到的一句话须引起我们注意,他说:"用小句而不用句子做基本单位,较能适应汉语的情况。"他接着解释了他提出这个观点的理由:"因为汉语口语里特多流水句,一个小句接一个小句,很多地方可断可连。试比较一种旧小说的几个不同的标点本,常常有这个本子用句号那个本子用逗号或者这个本子用逗号那个本子用句号的情形。"

1.3 单句

单句,顾名思义是"单个句子",这点好像没有什么争议,实际上什么样的句子算单个句子却看法不一,因为有些句子到底应该归为单句,还是归为复句,在传统语法里,还是有争论的。"我吃饭。"这个句子是个单句好像不会有异议,但"他呀,一天到晚写,写,写"(吕叔湘(1992[1979]:351)的例句),这个句子到底归入单句还是复句看法不一。

1.4 复句

复句是由两个以上的句子组成,或者说是由两个以上的分句组成。赵元任(2001[1968]:61)把复句分为两种:一种是句子和句子的关系是并列关系;另一种是句子和句子的关系是主从关系。关于复句,本章第八节还要详细讨论。

2. 段落

在一个典型的篇章里,如某个完整的叙述文,通常会有段落出现。在第三节里,我们详细地讨论段落的各种特点及功能。

3. 节

节的概念,通常出现在较长的篇章中,如长篇报告文学、中长篇小说。节通常比段落大,也就是说,节下面通常有多个段落。

4. 章

章的概念比节要大,也就是多个节组成一个章。章通常出现在专著和长篇小说中。

5. 篇章

在本书的第一章导言的第二节中,已经较为详细地讨论了篇章的定义及所指。我这里只是强调的是,典型的篇章是两个相互有联系的小句以上的语言结构,这个语言体便归入篇章研究的领域了。当然,篇章有大有小,有典型非典型,有书面语有口语。

6. 小结

上面介绍了一些在表现篇章层次方面比较重要的有关

"句"及篇章的概念,基本能体现我国语法学前辈对篇章层次的探索成果。单句和分句其实跟小句重叠的地方较多,至于节和章,在较短的篇章中并不出现。

根据上面的研究,我认为典型的(常见的)篇章的层次可以分为严式和宽式两种:

严式:小句→复句→段落→节→章→篇章

宽式:小句→复句→段落→篇章

第三节 段落结构*

研究篇章,就要研究篇章结构。研究篇章结构的一个重要任务,就是要找出各种文体的结构要素,以及这些要素是如何组成篇章的。谈到篇章结构及其组成要素,就要谈到段落(paragraph)。Longacre(1979)认为:任何语言中,独白篇章都有层次性结构(不同的语言可能会有差异),如语素、词干、词、短语、小句、句子和篇章。他认为不管在书面语或口语里都应该承认有段落这个篇章单位。Brown 和 Yule(1983),Chafe(1980)等人也发现,在口语中,从语调的高低对比、停顿的长短对比中也显出有段落这个单位。Van Dijk(1972)很少使用 paragraph 这个术语,但他强调,篇章并非由句子直接组成的,篇章是由句串(sequence of sentence)组成。也就是说,他认为在句子和篇章之间,还有一个层次。

我们同意廖秋忠(1992[1991])的观点,即假定篇章的基本

---

* 本节主要内容曾在《中国语文》1996 年第 2 期刊登。

单位是句子,在句子之上、整个篇章之下有"段落"这么一个结构单位。列出"段落"这么一个中间单位,主要是考虑需要它来说明句子之间语义联系或功能联系疏密不同,一般的篇章都不止两个句子,而且它们之间的语义/功能联系通常也不是等距离的,需要有段落这样的单位来建立篇章的层级结构。一般来说,篇章愈长,内容愈复杂,则篇章的结构层次愈多。例如,在长篇著作里,通常先分章、节,再分段。我们发现,常见的篇章在句子与篇章之间通常有段落这一层次。

对于段落,通常有两种理解,一种是"自然段落",书面语中另起一行,缩进几格等等形式表现出来的语言单位。一种是"语义段落",Langacre(1979)称为"主题单位"(themantic unity);Hofmann(1989)称为"逻辑结构"(logical structure),语义单位表达某个话题或主题的语言单位。不管是自然段落还是语义段落,都是从认知的角度出发进行段落划分的,因此两者之间必然表现出"重叠性",部分或全部重叠;同时也表现出"任意性",同是某个语言片断,不同的人会有不同的看法。从形式上看,自然段落(用 P 表示)和语义段落(用 S 表示)的相互关系,通常有三种:A 类、B 类、C 类(见图 8.2 自然段落和语义段落的关系):

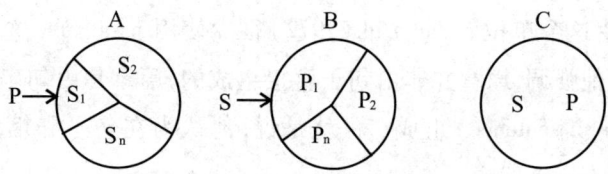

图 8.2 自然段落和语义段落的关系

A 类:圆圈是自然段落(P),里面包括了 2……n 个自然段落(S)。B 类:圆圈是语义段落(S),里面包括了 2……n 个自然段落(P)。C 类:圆圈重叠,也就是自然段落(P)和语义段落(S)重叠。

本节研究的是自然段落,如无特殊指出,"段落"即是自然段落,用的语料是在报刊上收集到的结构完整的 1008 篇叙述文。

1. 段落的标记

Longacre(1979)和 Hinds(1977)的研究发现,在所有的语言里,都有程度不等的表示段落边界的标记。我们来看一下汉语的情况,顺便跟英语作些对比。

1.1 典型的段落标记

汉语典型的段落标记是另起一行,缩进两格,作为段落的开头,如例(2)。

> (2) 1983 年秋,我考进了县一中。人们都说:进了一中,半个脚儿就进了大学的门槛。确实不假,这儿学风特好,连周末晚上都上自习。(《中国青年报》1992 年 11 月 9 日)

英语典型的段落开头,是另起一行,缩进 1—4 个字母。据我们观察以缩进 2—3 个字母为多见。看来,英语中典型段落标记比较灵活。

1.2 非典型的段落标记

非典型的段落标记指的是典型段落标记的变体。请看下面两例:

> (3) 鲁迅先生珍惜时间,……
>
> **养鱼** 鲁迅先生对金鱼有着浓厚的兴趣。一

次,日本内山完造先生送给他 30 尾金鱼,鲁迅特地从远处买来一只素白的浴缸,和夫人许广平一起,小心翼翼地喂养。

　　骑马　鲁迅先生青年时代就很喜欢骑马。……
（《人民日报海外版》1993 年 12 月 12 日）

(4)　安溪人待客茶当酒,茶杯一端就是好朋友。

　　褒茶歌　每到采茶季节,茶山上蝶舞蜂飞,人影幢幢。采茶的村姑、跳青的小伙们便情不自禁地唱起茶歌,互相逗趣,沉寂的茶山便热闹非凡。

　　赏茶艺　"绿叶红镶边,七泡有余香"……
（同上）

　　例(3)原文共有 9 个段落,第一个段落是总叙,是典型的段落标记。第 2—9 段,都是以开头两个字用黑体,然后空一格,再进入正文。例(4)跟例(3)不同的是,还在黑体的字上,加了一个框。这些段落开头的黑体字,实际上起着段落标题的作用。

(5)　拍摄《第一生产力》的记者在访问大邱庄农工商联合公司总经理禹绍敏时,一眼便注意到他穿的那身西服。禹不无得意地扯着衣服说:"这是皮尔·卡丹,2000 多块哩!"（《中国青年报》1992 年 11 月 22 日）

　　例(5)中"拍"是整篇文章第一段开头的第一个字,虽然前面空了两格,但用字特大,接下去每个段落又恢复正常。

　　《北京晚报》(1991 年 9 月 2 日)刊登了一篇题为《头上的世界》的文章,共有 28 个自然段落,其中 24 个段落是以特大字顶格开头,占两行(没有特大字开头的是2、3、4、14段,还不清楚为什么这4个段落不用特大字开头)。我们看一下开头和结尾两个段落:

(6)**8**月10日这一天,京城爆出两条不大不小的新闻,都与人们头上的世界息息相关。

……

置身在京城的滚滚红尘,放眼望去,也许人们会赞同记者的观感:头上的世界很精彩!

段落开头第一个字特大(顶格或不顶格)的形式,相对来说,以例(5)为多见,例(6)为少见。作者可能借这种形式使段落或篇章更加醒目、突出,给人一种新鲜感,以吸引读者。这种非典型段落标记在英语中常可见到,汉语中是原来就有的,还是近些年从国外传进来的,我们还不清楚。

英语中还有两种常见的非典型段落标记:①整个篇章的一个段落以顶格开始,以后各段开头恢复缩进1—4个字母。可能作者认为整个篇章的第一个段落顶格不会跟其他段落相混;②每个段落都以顶格开始,但每个段落之间空一行,以示区别。这两种情况,在我们收集的汉语语料里都没有见到。

从典型的和非典型的段落标记看出:段落标记是区分段落的一种手段。在标界清楚、不会引起读者误解的条件下,标记的形式可以根据作者的需要,进行一些变化。

2. 段落的不确定性

书面语中我们会碰到一些较为特殊的情况,是否称为段落,

可能会有不同的看法:

(7) 屋子幽暗,四摞砖头支撑着一块木板,上面躺着个黑衣黑裤、皮肤粗糙、绿豆小眼、50 开外的男人,他就是鼎鼎大名的"神医",京城里,他贴的广告最多。广告是这样写的:

　　人间生奇病　世上有神医

　　特效保治　一次根除　永不复发

　　阳痿　早泄　淋病　梅毒　尖锐湿疣

　　狐臭　癫痫　类风湿　糖尿病

　　各种疑难病症

　　地址:(省略)(《北京日报》1992 年 11 月 14 日)

(8) 月光如银的晚上,夜风摇曳着芭蕉和椰子树,这时村寨外面的林间小路上,或寂静的田野里……一个小伙子这样唱给羞涩的女孩子:

　　请不要用双手遮住你的脸,

　　只求你轻轻看我一眼,

　　只要你看我一眼呀,

　　就能看出我如火的思恋。(《光明日报》1992 年 11 月 13 日)

例(7)的广告词从"人间生奇病"至"地址",每行都缩进两格;例(8)的 4 句歌词,也是一句一行,每句都缩进两格。为了研究和统计方便,我们把例(7)的 6 行广告词看作一个段落,把例(8)的 4 句歌词看作一个段落。

(9) a."你过来!"

　　哨兵平时很稀拉,他晃里晃荡地走进囚室:

"你叫我干什么?"

黄克诚见他如此稀拉,便厉声说道:

"看你这熊兵……"

哨兵也不示弱,反驳说:

"我熊兵。我是熊兵看老将。看咱俩谁熊……"

黄克诚气得腮帮子直鼓,说道:"这蚊帐不行,太热,不透气,有稀的没有?"

哨兵说:"稀的? 渔网稀,不挡蚊子,给你,你要吗?"

(《文汇报》1992年9月22日)

例(9a)是对话,是"哨兵"和"黄克诚"的对话,前面7行是说者跟说的话都另起一行,而第8—9行是说者和说的话在同一行,本文暂且把例(9a)看作9个段落。

在学术论文中,我们常常会见到如下例子:

(9)b. 我们认为在汉语方言分类上,计算的基本单位应当是语素……"爷爷"这个亲属称谓,在下面四个吴语点上的表现形式有如此分布:

苏州	宜兴	宁波	上海
阿爹	爷爷	阿爷	老爹

这四个词汇形式若以词为单位来看,个个都不同……

(《中国语文》1992年第2期)

例(9b)跟例(9a)不同的是,以段落的形式列出两行后(注意这两行前空四格),"这四个词汇……"是另起一行,以顶格开始。作者的用意可能是把"我们认为……"至"这四个词汇形式……"看做是语义紧密的一个语义段落,虽然中间专门用两行列出需强调的四个吴语点的不同读音。这种情况在学术论文中很常见。在我们收集的叙述文语料中没有见到这种情况。

3. 段落的特点

我们从篇章中段落的分布、叙述文的段落跟政论文的段落的比较、段落和段落的呼应三个方面来看段落的特点。

3.1 篇章中段落的分布

我们对 1008 篇叙述文进行了逐篇段落分布调查,结果显示,由于每篇叙述文(篇章)的长短不一及各种复杂的原因,每篇中所分的段落是不一样的,有的整篇只有一个段落,有的有几十个段落,最多的是 49 个段落。但以 1—13 个段落为绝大多数,篇章中分 1—13 个段落的情况见图 8.3:

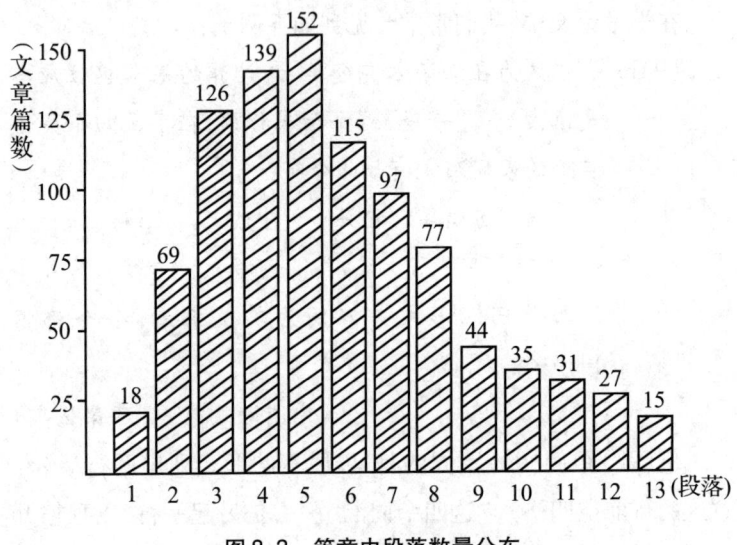

图 8.3　篇章中段落数量分布

图 8.3 中我们看到,篇章中段落数多少的分布,如塔形。1—4 个段落呈上升趋势,5 个段落为塔顶,6 个以上段落开始走下坡路,以 13 个段落为最低。不同的是:14、15 个段落各 8 篇;16 个段落 6 篇;17 个段落 5 篇;18 个段落 9 篇;19 个段落 2 篇;20 个段落 4 篇;21、22、23、25 个段落各 3 篇;24、26、30、33、36、40、45、47、49 个段落的各 1 篇。从我们对段落分布的统计中,我们得到如下事实:①我们的语料显示出报刊上刊登的叙述文以分 2—8 个段落最为常见,占总数的 76.88%;②以 5 个段落为最多,占 15.08%;③1008 篇叙述文中,共 6743 个段落,平均每篇的段落为 6.69 段;④1008 篇共 92 万字,平均每个段落为 136.44 个字。

3.2 叙述文的段落跟政论文的段落比较

我们知道,每种文体都有自己较为明显的特点,以此来区别于其他的文体。先看一下政论文的情况。我们统计了 1992 年 8 本《求是》杂志中的政论文,共 64 万字。结果如下:总段落是 1203,每个篇章平均 18.80 个段落,每个段落平均 340.81 字。

这样我们就能看出两种文体在段落方面分布的一些不同的地方:首先,政论文篇幅较长(平均 6000 字左右),平均段落也比叙述文多(政论文 18.80 段,叙述文 6.69 段);其次,平均每段的字数也相差很大(政论文是 340.81 个字,叙述文是 136.44 个字)。造成这种差别的可能原因是:政论文是说理文章,力求客观陈述,结构严谨,句子较长,一个段落往往有一个叙述中心,所以段落较长。叙述文是记人叙事的文章,文学色彩浓,句子可长可短,所以段落相对较短。

3.3 段落与段落的呼应

许多语言学家的研究证实：世界上许多语言都有表示段落开始或结束的各种特征，借此进行段落与段落的呼应。

据 Stebbins(1990)介绍，古希腊人用"¶"表示一个新的话题的开始，用一条线表示对话中话轮的替换，他们称这些标记为 paragrahos。拉丁语中也有类似的标记，英语是到 17 世纪才出现现在式样的段落。

Longacre(1979b)研究证实，许多语言中的小词，经常起到暗示段落开始或结束的作用。如墨西哥的威考语(Huichol)中有一些"段落标记语"(paragraph introducers)，如 mérikʌ，相当于英语的 well(好)；hiikʌʌ 相当于英语的 then(然后、那么)。在秘鲁的希普波语(Shipibo)中，jainoasr 和 jainsron 大致相当于英语的 thereupon(于是)，这些词出现在段落开头的一个词的位置。还有，在叙述文篇章中，场景(setting)经常用于重新安排新段落的时间和地点。篇章中主要人物的变换或时间的变化也往往表示段落的结束或开始。可能有一批能在句子开头出现的状语，这些状语可以看做是"话题-转换"的可能标记。Quirk(1972)列出了一批这类状语，包括：附加状语(adjunct)，联加状语(conjunct)和外加状语(disjunct)。

Kaplan(1966)年认为：英国人写作喜欢在段落开头用"话题句"(topic sentence)，而德国人在段与段之间喜欢用"起桥梁作用的句子"(a bridging sentence)，即承上启下的句子。

在现代汉语中，好像没有如 Longacre(1979)所述的那类比较明显的、起到暗示段落开头和结尾的小词，如果有，用法也不会像 Longacre(1979)所述的那样固定。Longacre(1979)提到的场景变化,也就是时间和地点的变化,在现代汉语叙述文中,往往是一个段落的结束和一个段落开始的标志,当然实际情况要复杂得多。在下面"划分段落的制约因素"中我们还要详细讨论。Kaplan 所述的"话题句"和"起桥梁作用的句子"在现代汉语里也有,据我们观察,政论文比叙述文要多。

4. 段落和话题

我们这里的话题(topic)指的是叙述文篇章的主题。有的叙述文的题目,就是这个篇章的话题,如《黄经理失算记》《大墙内的忏悔》《六条小生命的控诉——从假药夺命案说起》等等。我们调查了 92 篇叙述文,从题目能基本了解文章内容的,也就说,能较直接体现这个篇章话题的,有 83 篇,占 90%。当然这是一种直觉,不同的人会有不同的看法。有的题目较隐晦,仅凭题目无法确定整个篇章所述的大致内容,如《沉重》《繁星点点》等等。

4.1 段落的第一个句子和话题

一篇叙述文,有一个话题,篇章中有的段落起到次话题(sub-topic)的作用。Brown 和 Yule(1983),McCarthy(1991)都认为:有些篇章通过每个段落的第一个句子,可大致了解这个篇章的话题。我们来看一篇叙述文中每个段落的第一个小句:

(10) 张学良迁往台北后,(生活中的一件大事是与于凤至办了离婚手续,正式与赵荻结婚,这是 1964 年的事。)

从 1937 年到 1940 年张学良被囚禁在沅陵凤凰山这段时间里……

于凤至离开凤凰山后……

人们传说张学良与赵荻举行婚礼是由于基督教教规所定……

1964年7月4日,张学良与赵荻在台北杭州南路一个美籍华人家中举行婚礼……

张学良每移一地……

在台北,张学良在家中养了两百多盆兰花……

在台湾,张学良物质生活优裕……

1980年10月20日,在台湾"国防部"副参谋长马安澜的陪同下,张学良夫妇去金门参观……

大约在1987年,张学良曾对来看他们的儿孙谈起"文化大革命"……

侨居旧金山的葛友松与张学良是世交……

1990年6月3日是张学良的九十初度……

(《文汇报》1992年9月22日)

从这12个小句中,我们得到如下信息:①出现的人物有(第一段括号内的人物不统计在内):张学良(10次)、张学良夫妇(1次)、于凤至(1次)、赵荻(2次)、马安澜(1次)、儿孙(1次)、葛友松(1次)、美籍华人(1次)。其中"张学良"出现次数最多,可推测叙述的中心是张学良;②叙述的时间:1937—1990年,地点主要是台北;③还有一些次重要的信息:"迁往台北""被囚""结婚""养花"等等。根据以上信息,我们可作如下推测:该文主要叙述张学良迁往台北后,到1990年6月3日的生活。这个推测跟体现该文话题原文题目《张学良在台湾》大致吻合。我们在研究中发现,大部分叙述文,可以通过每个段落的第一个小句,大致了解到该文叙述的内容。但也有一些叙述文无法做到这一点。

4.2 段落、次话题和人物

一般来说,我们可以把叙述文分为"记人为主"和"叙述为主"两种,记人为主的叙述文是以记录"某个人/某些人"为主,"某个人/某些人"出现频率较高,往往贯穿整个篇章的始末。叙事为主的叙述文是以记叙事件为主,这类叙述文随着事件的进展或描写的推移,可能会出现不同的人物,即在不同的故事情节里,出现不同的人物,并非一定有某个中心人物贯穿整个篇章。不管是哪种叙述文,人物都和整个篇章的话题紧密相连,人物和段落的关系也同样紧密相连。

我在研究第三人称代词时发现(徐赳赳 1990b):主题段(指在篇章中第一次引进主要人物的那个段落)中第一次出现的人物是名词约占90%,代词"他"约占10%。主题句(是指一个段落中第一次出现叙述人物的那个句子)中第一次出现的人物是名词的约占71%,代词"他"约占29%。因此,我们提出以下假设:整个篇章有一个主要的"话题",而一个典型的段落在整个篇章中经常起到"次话题"的作用,因此,一个典型的段落具有相对的独立性。正因为这种相对的独立性,在一个新的段落开始时,作者可能考虑到人脑短期记忆、段落的格式、段落的次话题角色等原因,倾向在主题句中用名词,而不用代词。我们再举个实例来证实我们的假设:"如果我们引进'零形式单位'这个概念(即一个名词或代词再加上紧跟着的一个或若干个零形式,到同指的名词或代词再次出现为止),那么,这种'零形式单位'的循环,比'代词单位'循环范围是要小一些的。'零形式单位'的循环一般在段落内进行,很少有超段落的。一个'零形

式单位'大多数跟一个句子(以句号为标记)相当,超出一个句子的为数不多。"(徐赳赳 1990b)

以上论述可以说明两点:①叙述文中人物和段落的关系密切,人物往往能起到把段落"串"起来的构成篇章的作用。②一个典型的段落的次话题角色和相对独立性的性质,可以通过人物以不同的形式(名词形式、代词形式和零形式)而体现出来。

5. 划分段落的制约因素

我们前面说过,划分段落是作者的认知过程,因此划分段落的任意性是显而易见的。但人们在划分段落时,有意无意地受到各种因素的制约,因此才有可能出现基本特征相似的段落。早在 1866 年,Brain 就总结了前人的经验,提出英语划分段落的 6 个规律:①所指清楚;②平行结构;③话题句;④连贯的安排;⑤综合的整体;⑥所属性。Becker(1967)认为:大多数段落是规约的单位(conventional unit),并非完全任意的,也就是说,段落是通过语法的、语音的(朗读的话)、词汇的、修辞的,以及标点符号等等特征表现出来的。Becker(1967)的观点,跟我们平时观察到的情况一致。

下面我们来探讨一些划分段落的主要制约因素。

5.1 字数

我们在研究中发现,字数的多少是作者划分段落的一个重要的因素。Longacre(1979)认为,在一页或数页上连续写得太多,而不分段落,就会使作者和读者在视觉上感到不舒服或不雅。我们同意这个观点,也就是说,作者在写作中,觉得字数再多就不顺眼时,就趋向采用新的段落。我们从两个方面来证实

这个观点:

5.1.1 篇章长短和段落

先看一个我们 1008 篇语料中篇章(一篇叙述文指一个篇章)长短分布情况,看下面图 8.4(篇章大小分布显示)。

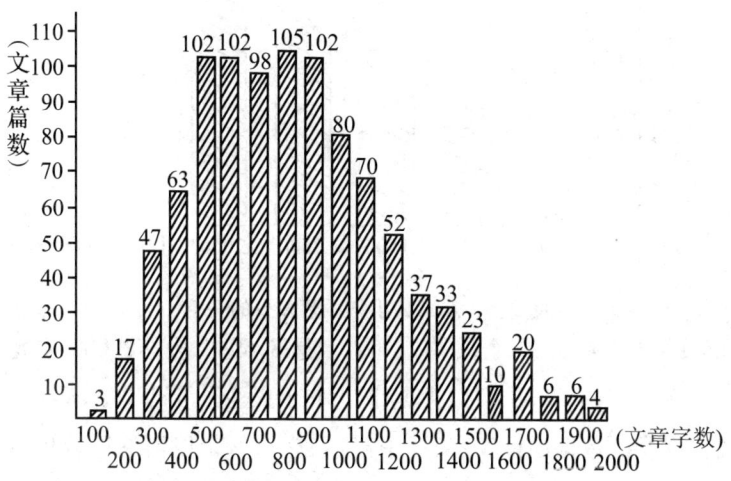

图 8.4 篇章大小分布

图 8.4 中的 100 字指的是整个篇章在 100 字之内,200 字指的是整个篇章在 101 个字至 200 个字之间,以此类推。图 8.4 显示:以 500—900 字的篇章为最多,有趣的是这 5 根"柱子"几乎是同等高。图 8.4 中篇章大小相对集中在 500—900 字之间的原因,除了作者编者的需要、时间的重要性等因素外,还受到这些篇章以外的因素——报纸版面的影响,因为一般的情况是一个版面通常包括两个以上的篇章。而篇章的大小又直接影响了段落的多少。

再来看下图,图 8.5 显示:篇章越长,段落就越多。

图 8.5 证实,篇章越大,段落就越多:500 字是 2.66 个段

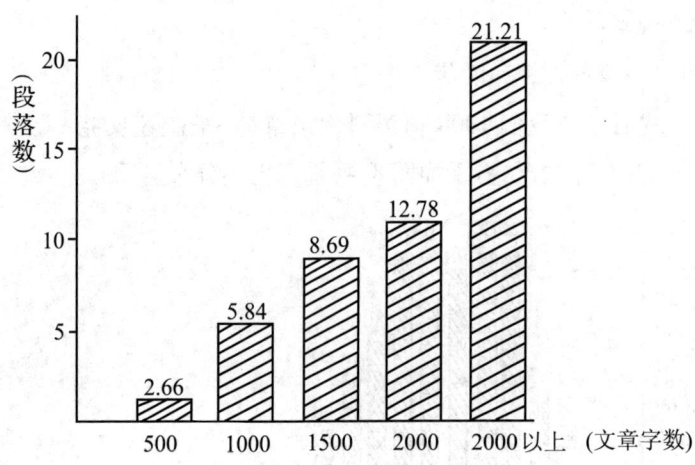

图 8.5 篇章大小与段落多少的关系

落;1000 字是 5.84 个段落;1500 字是 8.69 个段落;2000 字是 12.78 个段落;2000 字以上是 21.21 个段落。下节"段落与字数"提供的数据还证实:篇章中段落越多,每个段落的字数也就越多。整个关系就这样一环套一环:

     制约   制约   制约
报纸版面 → 篇章大小 → 段落多少 → 每段字数多少

5.1.2 段落与字数

  从我们语料分析中还显示一种情况(见表 8.1),总的趋势是,篇章越大,平均每个段落的字数也就越多。尽管篇章 2000 字中段落的字数(156)比篇章 1500 字中段落的字数(163)要少。

表 8.1 段落和字数—1

篇章大小(字)	500	1000	1500	2000	2000 以上
平均每段字数(字)	126	148	163	156	239

为了进一步证实以上的分析,我们还做了一个小调查。我们挑选了两个"极端"的篇章,一个是《圣诞情思》(《人民日报(海外版)》1992年12月22日,共764字),段落很少(2段),平均字数很多(382字);一个是《前面有情况……》(《北京晚报》1993年2月3日,共698字),段落很多,平均字数很少(约39字)。

调查对象共19人,18人系中华女子学院社工系教师,1人是中国社会科学院语言所编辑。我们同时发放两篇文章,都没有段落,请被调查者独自完成段落划分。调查结果如下:

表8.2 段落和字数—2

	《圣诞情思》					《前面有情况……》					
划分段落数(段)	3	4	5	6	8	0	2	3	4	5	6	16
人　　数(个)	5	5	5	3	1	1	4	4	6	2	1	1

原文和调查结果对比如下:

表8.3 段落和字数—3

	《圣诞情思》		《前面有情况……》	
	段落数	段落字数	段落数	段落字数
原文	2	382	18	39
调查结果(平均)	4.53	169	4.00	175

"段落数"4.53和4.00如此相近;"段落字数"169和175如此相近,并非偶然。调查结果说明:一般来说,段落的划分跟字数多少密切相关,段落的字数趋向平均,我们推测段落的字数过多或过少主要是作者个性的表现。

5.2 话轮(turn)

叙述文中出现的对话,大致有那么几种情况:

一、两个或几个人的对话,处于同一个段落内,其特点是话

轮一般不多,以 2—3 个为常见,但也有多的:

(11) 这不,开学才一个多月,我都记不清儿子要过多少次钱了。

"给十二块五,买小学生字典。""表哥不是刚送你一本吗?""不行,学校已给买好了,您就拿钱来吧。""给八块钱,买口琴,音乐课用。""家里有一只口琴,挺新的。""不行,学校统一购买,您就给钱吧。""给四十五元,买运动服。""爸爸才给你买了一身运动服,穿那身就行了。""不行,服装得一致,您真是的。"

(《北京晚报》1992 年 11 月 14 日)

例(11)是两人对话,如两人以上,就需增加信息量,如"某某说",以避免读者指称困难。

二、一个话轮列为一个段落,如例(9a)。但也有不同的情况,如例(9a)中前 7 段,是"说的话"为一个段落,"某某说"为一个段落,而 8—9 两个段落时"说的话"和"某某人说"合为一个段落。

三、是一、二两种情况的混合,也就是说,在同一个篇章里,有时是几个话轮并在同一段落里,有时又把一个话轮列作一个段落。这种混合,据我们观察,没有什么明显的规律可循。

一个话轮列为一段,具有作者/读者能清楚区别每个话轮的优点,故话轮常被用来作为划分段落的一种手段。

5.3 情节(episode)

如果我们把整个叙述文看作一个故事(story),那么组成故事的最大单位就是情节。一个情节的结束和一个新情节的开始,往往是一个段落的结束和一个新段落开始的征兆。

(12) 某中学 4 名初一男生,今年 3 月份的一天,每人从家里拿走几百元钱,登上了开往南方的列车。

一路上几个孩子构想着梦中的世界……

(《北京日报》1992 年 11 月 12 日)

(13) 一只母鸡失踪了 65 天后突然返回家里,还带了 11 只小鸡。这是发生在青浦环城乡的一件趣事。

去年 11 月 2 日,环城乡农户乔志柱家里一只下蛋母鸡突然失踪……

(《北京日报》1992 年 11 月 12 日)

(14) 1 月 18 日下午,大连市西岗体育馆,建设"教师大厦"责任状签字仪式正在这里举行,当代市长薄熙来与四位区长分别在责任状上签字时,体育馆里爆发出热烈的掌声。

一纸"军令状",凝结着党和政府对广大教师的情怀。近几年,大连教育的软硬环境都有所改善,但许多教师的住房问题尚未解决……

当薄熙来代市长在责任状上签字后,他把自己刚刚用过的笔递给中山区区长陈立新,郑重地说……

(《光明日报》1993 年 1 月 27 日)

例(12)是顺叙,两个情节两段;例(13)是倒叙,两个情节两段;例(14)是插叙,"市长签责任状"这一情节中,插进了另一有关"教师住房困难"的情节,故分 3 段。当然人们对情节的看法并不一致,而且有时一个情节会出现在同一个段落里,或一个情节分布在几个段落里。但是,情节与情节之间经常作为段落的分界线是显而易见的。值得注意的是,情节的变化经常是用时间词和地点词作为开头。

5.4 标题

　　标题有时也会对整个篇章段落的划分产生影响。如有篇文章,题目是《白云山风景区三奇》(《人民日报(海外版)》1992 年 11 月 25 日),全文共 4 段,第一段是总述,接下去是"一奇"一个段落,如果题目是"四奇",就有可能全文 5 段(一段总述,然后"一奇"一段)。又如《"Dollar"" $ "和美元》(《语文建设》1993 年第 6 期)一文,共 3 个段落,一个段落讲"dollar"(239 个字)一个段落讲" $ "(394 个字),一个段落讲"美元"(588 个字),这里段落的划分,跟"字数趋向平均"的原则相背,明显是受到题目的影响。但如果某个段落字数继续增加,作者觉得"无法忍受"了,也会突破题目的限制,增加段落。如《竹楼·文身·对歌——西双版纳风情》(《光明日报》1992 年 11 月 13 日)一文,由于介绍内容多,段落就远远突破"竹楼""文身""对歌"3 个段落,全文共 13 个段落(每个段落平均 158 个字)。

5.5 强调

　　有时作者为强调某个句子,便把这个句子专门列为一个段落,以引起读者注意,这些被强调的段落,往往具有"个性",缺乏"共性",同样的句子,换个人,也许就不专门列为一个段落了。

　　(15)初冬的一个星期天傍晚,郭友军、牛卫华刚放下电话。

　　　　窗外,暮色已朦胧。

　　　　　他们是同事,同在一个研究所。

　　　　　他们是夫妻,结婚只有 10 个月。

　　　　　他们是咨询员,值班总在星期天。

> 作为医学心理学毕业的硕士生……
>
> (《中国青年报》1992年1月21日)

例(15)第2—4段完全可以并入第1段和第5段内,为达到强调效果,就专列成段。

以上谈的是划分段落时的几个主要制约因素,在这些制约因素里,互相之间是有重叠的,也就是说,有时是一个因素起作用,有时是几个因素同时起作用,这里面存在着许多复杂的情况。作者在划分段落时,是凭自己的语言直觉,但是这些制约因素不可抗拒地、潜意识地起着某种重要的作用。

6. 小结

本节谈了段落的概念,介绍了 Langacre 等人对段落研究的情况。从段落的形式标记开始,介绍了典型段落和非典型段落的情况,谈了段落的各种不确定性。然后从三个方面分析了段落的特点,并探讨了段落和话题的关系。最后详细地讨论了划分段落的种种可能的制约因素。本节的结论是:①在小句和篇章之间,有"段落"这么一个层次;②划分段落是一种复杂的心理过程,受着各种因素的制约。

第四节 三元结构

这节讨论的三元结构指的是陈平(1991[1988]:142)提出的现代汉语的时间系统的三元结构:时相结构(phase structure)、时制结构(tense structure)和时态结构(aspect structure)。下面介绍陈平的主要观点。

这三种结构的具体定义是：

句子的时相结构指的是：体现句子纯命题意义内在的时间特征，主要由谓语动词的词汇意义所决定，其他句子成分的词汇意义也起着重要的选择和制约作用，其中宾语和补语所起的作用尤为显著。

句子的时制结构指的是：指示情状发生的时间，表现为该时间与说话时间或另一参照时间在时轴上的相对位置。

句子的时态结构指的是：表现情状在某一时刻所处的特定状态。

1. 时相结构

陈平谈的时相，既不同于马庆株（1981）中的单个动词，也不同于邓守信（1986）中包括时制和时态标记的整个句子，而是将所有表示时制和时态特征的语法标记排除在外的句子。

陈平认为，在决定句子时相结构的过程中，各类成分的力量并不相等。按照它们所起作用的大小，将主要几类句子成分依次排列如下：

①动词
②宾语和补语
③主语
④其他句子成分

这个排列说明，动词是最重要的因素。

划分有关情状类别的三个标准是：

①［±静态］（static）
②［±持续］（durative）

③[±完成](telic)

我们把情状沿时轴自零点向前展开的过程看作为该情状在时轴上占据一个时段的过程。如果情状在这个时段中的所有时点上呈现出来的状态都是相同的,称之为静态情状。也就是说,静态情状具有一种均质(homogeneous)的时间结构。静态情状句中最常用的动词有"属于、姓、等于、适合"等属性动词,"相信、知道、爱、恨"等知觉动词,以及"坐、站、睡、躺"等姿态动词。不符合上述条件的情状,称为动态情状。

持续是与动态情状相关的特征,静态情状则没有持续与非持续的区别。有的行为动作所占时间很短,从它们的时间结构上来看,这类情状的起始点和终结点在时轴上靠得很近,或者几乎可以说是重合的。它们在时轴上占据的是一个时点,或者是非常短的一个时段。因此,情状本身很难包容一个相对稳定的持续阶段。具备这种特征的情状称作非持续情状。这类情状句中常用的动词有"爆炸、跌倒、找到、眨眼"等等。另外一类动作的起始点和终结点在时轴上则有明显的距离,整个情状因此可以有一个持续过程。这类情状称作持续情状,其中常用的动词(及宾语)有"跳舞、唱歌、看电影、读《阿Q正传》"等等。显而易见,对于持续性情状来讲,可供观察的角度要多于非持续性情状。

完成与非完成取决于情状有无自然的终结点以及有无向该终结点逐步接近的进展过程。有些情状的语义构成具有内在的自然终结点。情状一旦开始,便一步一步地朝着这个自然终结点演进。抵达终结点便意味着情状的完成。举几个例子,"听贝多芬第九交响乐、读这两篇文章、看一场电影"等等情状都伴随着一个内在的自然终结点,不太可能无休无止地持续下去。换句话说,这类情状在时轴上所占时段的长度已经为情状本身的语义内容所框定,它们的延续时间有一定的常规界线。例如,"贝多芬第九交响乐"的演奏时间一般为一小时左右,于是,时轴上自零点后过一个小时,便是情状"听贝多芬第九交响乐"的自然终结点。如果这类情状在抵达自然终结点之前中途停止,便不能算作为一个完整的情状。具备这种性质的情状,称之为完成性情状。另一方面,有些情状没有内在的终结点相伴。在时轴上,它们可以在位于起始点之后的任意一个时点上结束,从理论上讲也可以无休无止地延长下去,无论在起始点之后的哪一个时点上结束,这类情状都可以看做完整的行为动作。具备这种性质的情状,称之为非完成性情状。含有诸如"听音乐、读书、跑步"一类动词(及宾语)的句子常常表现非完成性情状。另外,瞬时性行为动作一般也属于非完成性情状。它们虽然有内在的终结点,但却缺乏一个自起始点向终结点逐步接近的中间过程。

陈平根据这三对区别性特征的各种组合方式,将汉语句子表现的情状分为五种类型,并对每类情状作了详细的分析:

表 8.4　五类情状

		静态	持续	完成
一	状态	+		
二	活动	−	+	−
三	结束	−	+	+
四	复变	−	−	+
五	单变			

2. 时制结构

陈平举了几个例子来说明时间系统中发生的时间、说话的时间和时轴上的另外一个时间(参照时间)的时制结构,E 代表情状时间,S 代表说话时间,R 代表参照时间。它们在时轴上的前后关系可以呈现多种多样的格局(原例172页):

(16)他学过几年日文。

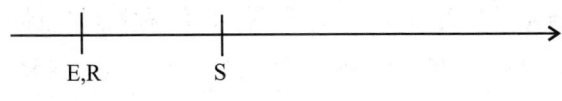

E:学日文

(17)大家赶到车站时,车已经开出了。

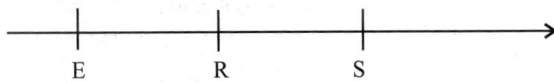

E:车开出　　R:大家赶到车站

(18)老王上个月来信说要调到深圳去工作。

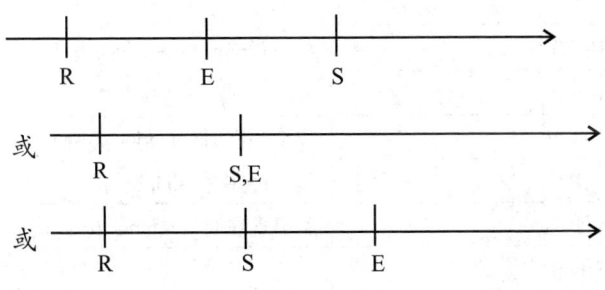

R:来信说　　E:调到深圳去工作

根据 Reichenbach(1947)的分析,对于 S,R 和 E 在时轴上的相对位置,有两种观察方法。一是以 S 为基点,确定它同 R 的相对位置。一共有三种可能:R 在时轴上先于 S,称之为过去时(past);两者同时,称之为现在时(present);R后于S,称之为将来时(future)。二是以E为基点,确定它同R的相对位置。也有三种可能,E在时轴上先于R,称之为先事时(anterior),两者同时,称之为简单时(simple),E后于R,称之为后事时(posterior)。第二种观察方法所得结果,一般被看做所谓次级时制(secondary tense)。至于S和E在时轴上的相对位置,一般认为对语法形式没有直接的影响。这样一来,虽然就S,R和E三者在时轴上的位置而言,一共可以排出13种格局,但将上述三种初级时制和三种初级时制相乘,可以得到9种基本形式,以此统摄所有的格局,陈平将Reichenbach(1947:297)所得排列结果排列如下:

表8.5 九种时制结构

时制结构	名称
E-R-S	先事过去时(anterior past)
E,R-S	简单过去时(simple past)
R-E-S	后事过去时(posterior past)
R-S,E	
R-S-E	
E-S,R	先事现在时(anterior present)
S,R,E	简单现在时(simple present)
S,R-E	后事现在时(posterior present)
S-E-R	先事将来时(anterior future)
S,E-R	
E-S-R	
S-R,E	简单将来时(simple future)
S-R-E	后事将来时(posterior future)

以上只是一种逻辑分类,并不是就此断言现代汉语中有相应的9种语法时制,而只是为深入探索汉语的时制系统提供一个起参照作用的坐标。

3. 时态结构

时间系统的第三个方面是情状的时态结构,如前所述,时态表现的是观察有关情状的种种方式,指示情态所处的特定状态。对于相同情状,可以有形形色色的观察角度。因此,在讨论时态类型时,首先要判明分类的标准和层次,在这样的前提下确定具体时态在整个时态系统中的地位。图8.6是一个结束类情态为例,说明有关时态的特点:

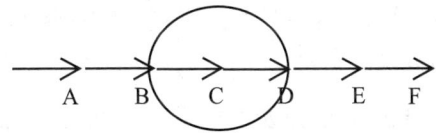

图8.6 结束情态图

时轴上的字母代表情状的各个发展阶段,其中B和D分别为该情态的起始点和终结点。

发话人从该情状的表现角度着眼,可以对其内部时相结构不加分析而把它表现为一个整体性情状,也可以把它表现为一个正处于持续状态或进行过程之中的情状。我们称前者为完全态(perfective),后者为不完全态(imperfective)。

发话人也可以从情状的各个发展阶段着眼,表现情态本身所呈现的存在方式,其中又可分为两种主要的类别。

一是以B为界,B以前的状态称为未然态,B以后的称为已然态。

二是以 D 为界,一组表现情状在到达 D 以前所处的各个阶段,常用的时态助词有"了、起来、下去、着"等等;另一组则表现情状到达 D 以后所呈现的各种状态,常用的助词有"过、来着、了"等等。

值得注意的是,有关语法手段在指示特定时态意义的同时,也往往会有一些延伸性用法,所表现的语法意义可以同它的主要意义有比较密切的关系,也可以同后者有相当大的差距。这种现象并非仅见于汉语。英语中的 to be + V-ing 通常都被看作进行时态的表现形式,但它有时也并不表示正在进行中的动作。例如,I am leaving tomorrow(我明天动身),现在进行时态的语法形式,表现的却是未然动作。"了、着、过"等在现代汉语中使用频率最高的时态标记,在哪些场合下能用?哪些场合下不能用?什么是它们的核心语法意义?什么是引申意义?在什么情况下表现什么样的语法意义,以及这些意义之间有什么样的有机联系?诸如此类问题,是我们考察现代汉语时间系统时的主要兴趣所在。结合句子时相特征和时制特征进行研究,为解答这些问题提供了一条途径。

4. 小结

这节介绍了陈平提出的现代汉语时间系统的三个组成部分:时相结构、时制结构和时态结构,陈平重点分析了时相结构。作者根据句子的时相结构特点分出五种情状类型,同时确定了相应的语法形式特征。陈平列出了充任各类情状句谓语的典型动词、动宾结构和动补结构,证明句子的情状归类取决于所有句子成分词汇意义的总和,其中动词是基础,其他句子成分也起着重要的选择和制约作用。

陈平认为,现代汉语时间系统的全貌,目前还远未被人们所认识,"了、着、过"等助词错综复杂的用法、变化多端的意义,常常引出许多悬案,带来无穷困惑。解答这些问题的前提是——辨析分解汉语时间系统的组成部分,确定各个部分中的基本成分和结构关系。然后从考察对象与时间系统内其他成分的种种关联中把握其内在的规律。换句话说,只有从系统的观点出发,才能全面阐释现代汉语中与时相、时制和时态相关的各种语法现状。

第五节　论证结构

廖秋忠(1992[1988]:116—32)专门研究了现代汉语篇章中的论证结构,论证结构的特点就是体现篇章的层次性,下面就简要介绍他的研究。

廖秋忠(1992[1988]:117)把论证结构定义为:"篇章中处于同一层次的两个语段如果它们之间存在着论题与论据的功能关系,那么它们便构成了一个基本的论证结构。"他认为,这里的"论题"指的是"真实性需要证明的命题","论据"指的是"立论的根据"。论题和立论这两个部分是论证结构的必要成分,缺一不可。如果只有命题而没有论据,那么这个命题只是个陈述而不是论题。另一方面,论据的前提是论题,因论题而有意义。有两点要值得注意:①论证结构的论题有时是蕴涵在篇章中,没有明确的字眼表达出来。同样,有些论据也是蕴涵着的,特别是在推论里;②篇章中的论题和它的论据经常是相邻的,但有时是非相邻的。

我们来看一例廖秋忠举的例子：

(19) 我方的中心论点是北京市乘车难的原因在于人与车之间的尖锐矛盾，即客运量大于现在各种公交工具实际的运载能力(S_1)。这种运载能力既包括车的绝对数量，也包括它的周转速度(S_2)。兴许大家都有这样的体验，那就是久等车不来，有车上不去，车上人挤人，到站下不来(S_3)。现在北京人语言也大大丰富起来了，"把人挤成相片"这样形象的比喻可谓是创举了(S_4)。我方认为，人与车的矛盾从以下这四个方面造成了北京乘车难(S_5)。第一，北京每天高达900万人次的客运量给公交运输造成了难以想象的困难，给社会生活的正常运转带来了沉重的压力(S_6)。第二，北京现有的运输能力严重不足，长期处于超负荷运转状态(S_7)。法国巴黎规定公共汽车每平方米最多载客5人，伦敦4人，而北京呢，在早晚高峰时竟达13人(S_8)。第三，北京的运输能力，远远赶不上客运量的加速增长(S_9)。以承担了96%客运量的公交公司为例，去年仅有车4033辆，今年由于报废车辆。绝对数还减少了72辆(S_{10})。第四，北京人与车之间的尖锐矛盾由来已久，积重难返(S_{11})。当然，乘车难还涉及到道路、交通、城市管理、布局等等因素，但是这和人与车之间的尖锐矛盾是根本不能相提并论的(S_{12})。

(《宣传手册》，1987年8期53页)

他用树形图来表示论证结构，其符号如下：

S	=	篇章的结构单元,句子。S右边的数字表示句子在篇章中的序位。在引文里,S和序号置于句后的圆括号里。引文与相应的树形图中的S的序号一致。
T	=	整个篇章
A	=	论证结构
P	=	论题,即论点或论断
E	=	论据
Pos E	=	正面论据
Neg E	=	反面论据
I	=	引言
C	=	结尾
Cl	=	澄清
Q	=	问题
Ans	=	答案
⌒	=	连接
△	=	相关语段的层次结构不再进一步分析

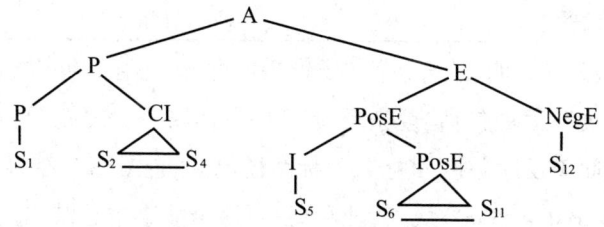

图8.7 廖秋忠的论证结构图

第六节 故事结构

1. 故事结构的定义

这里的故事结构指的是故事语法,什么叫故事语法,Gonzalez(2000)的回答简明扼要:语法是描写语言的一种方法,故事语法就是描写故事的方法。所有的语言都由句法、形态学、音韵学等方面组成;相同,故事语法由场景(setting)、主题(themes)、情节(plot)和解决(resolutions)等方面组成。

2. 故事语法的模式

Rekema(1993:122)介绍了故事语法的规则(story grammar rules):

故事语法规则

表 8.6 Rekema 的故事语法规则

故事	→	场景,情节
情节	→	开始,发展,结束
发展	→	复杂反应,目标路径

表 8.6 说明,故事包括"场景"和"情节";情节包括"开始"和"发展";发展包括"复杂反应"和"目标路径",复杂反应可以分为"简单反应"和"目标",目标路径包括"企图"和"结果"。

Gonzalez(2000)从"狐狸和乌鸦"这个故事中总结出的故事语法的模式是:

表 8.7　Gonzalez 的故事语法模式

场景	+	主题	+	情节	+	解决
人物		目标		次目标		行动
地点		事件		问题		感情
时间				解决问题的步骤		道德
				结果		

3. 实例分析

下面介绍 Mandler 和 Johnson(1977)对具体实例的分析：

(20) Dog Story

狗的故事

01. It happened that a dog had got a piece of meat

　　有只狗碰巧得到一块肉

02. and was carrying it home in his mouth.

　　准备把肉叼在嘴里带回家。

03. Now on his way home he had to cross a plank lying across a stream.

　　在回家的路上，它必须走过架在小溪上的木板。

04. As he cross he looked down

　　当它走上木板时，往下一看

05. and saw his own shadow reflected in the water beneath.

　　看见自己在水中的倒影。

06. Thinking it was another dog with another piece of meat,

它认为是另一条狗,嘴里也叼了一块肉,

07. he made up his mind to have that also.

它下定决心要抢到那块肉。

08. So he made a snap at the shadow,

因此它对着倒影扑过去,

09. but as he opened his mouth the piece of meat fell out,

但当它张开嘴时,肉从嘴里掉了出来,

10. dropped into the water,

掉到水里,

11. and was never seen again.

再也看不见了。

下面是《狗的故事》的结构图:

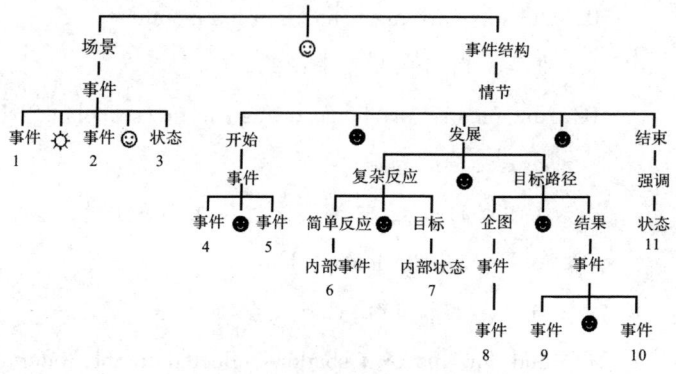

图 8.8 《狗的故事》结构图

图中的数字指的是例(20)中的句子编号,图标☺,●和✿指的是事件之间关系的类型:☺表示"和",●表示"原因",✿表示"然后"。

Mandle 和 Johnson(1977)认为,为什么人们能容易记牢故事的某些部分,他们叫受事者重述"狗的故事",结果发现,例(20)中的句 01、02、03、09、10 容易记住。他们对其他的故事进行"重述"试验时,发现读者对场景、开始、反应、试图、结果、结束这六个因素容易记牢。Mandle 和 Johnson 根据试验,认为可以把这六种因素看做是组成故事结构的主要成分。

Wilensky(1983)从心理语言学的角度,提出"故事看点"(story point)的概念,这些故事要点容易吸引读者的注意力,来看一下他们举的例子:

(21) John was hungry. He went to a restaurant and ordered a hamburger. When the check came, he paid it and left.

John 肚子饿了,他走进一家饭店,要了一个汉堡。账单来了后,他付了钱便离开了。

(22) John loved Mary and he asked her to marry him. She agreed and they got married. Then one day John met another woman and fell in love with her. John didn't want to hurt Mary's feelings because he still felt a great deal for her and they got along well. But day after day he could think of nothing but his new love.

John 爱上 Mary,并向 Mary 求婚,Mary 同意了,两人便结了婚。后来有一天,John 遇见另一妇女,并爱上了这个妇女。John 不想伤害 Mary 的感情,因为他还是爱着 Mary 的,而且他和 Mary 两人相处很好。但是,日复一日,John 越来越想他后来爱上的那个妇女。

例(21)还称不上是故事,因为例(21)中没有"看点",没有吸引读者的地方。而例(22)有吸引读者的地方,所以可以称为故事。当然,例(21)也可变成故事,比如说,加上一些内容,如汉堡中有毒,也就是说有人放毒,等等。

　　Mandle 和 Johnson(1977)认为,"目标因素"是故事中一个看点,例(20)中的 07. he made up his mind to have that also. 就是目标因素,当然,有时判别是否是目标有些困难。

　　Renkema(1993:120)介绍了 Labov 和 Waletzky(1967)的一项研究。

　　Labov 和 Waletzky(1967)从社会语言学的角度来研究故事,他们探讨的问题是:"在日常生活中,人们是如何相互传递故事的?"他们想要发现故事传播者的社会因素和故事结构之间的关系,他们搜集了在不同社会阶层流传的故事。

　　Labov 和 Waletzky(1967)问了 600 个人"是否曾碰到过危险",然后收集到他们回答的"故事",下面来看两个他们收集到的故事:

　　(23) A: Have you ever been in mortal danger?
　　　　　　你碰到过致命的危险吗?
　　　　B: 01. ye I was in the Boy Scouts at the time
　　　　　　碰到过,那时我还在童子军
　　　　　02. and we was doing the 50-yard dash
　　　　　　我们准备 50 码短跑
　　　　　03. racing
　　　　　　比赛
　　　　　04. but we was at the pier, mark ed off
　　　　　　我们在码头上,画上了起跑线

05. and so we was doing the 50-yard dash
    所以我们准备进行 50 码短跑
06. there was about 8 or 9 of us, you know, going down, coming back
    我们约有 8—9 人正在来回跑
07. and, going down the third time, I caught cramps
    第三次往下跑,这时我抽筋了
08. and I started yelling:"Help!"
    我大声喊:"救命!"
09. but the fellows didn't believe me, you know,
    但是我的同伴不信我,
10. they thought I was just trying to catch up, because I was going on or slowing down
    他们想我是想赶上他们,因为我跑得越来越慢了
11. so all of them kept going
    所以所有的人继续向前跑
12. they leave me
    就留下我一人
13. and so I started going down
    我只好一人往下走
14. scoutmaster was up there
    童子军团长在那里
15. he was watching me
    他看着我

16. but he didn't pay me no attention either

    但也没有注意我

17. and for no reason at all there was another guy, who had just walked up that minute…

    不知怎么回事,另一个人正好过来,那时……

18. he just jumped over

    他跳过来

19. and grabbled me.

    一把抓住我。

(24) A: Have you ever been in mortal danger?

    你曾碰到过致命的危险吗?

B: Yes

    是

A: What happened?

    发生了什么事?

B: I'd rather not talk about it

    我还是不讲了吧

A: Could you tell me as much as possible?

    能尽可能讲得详细一点吗?

01. Well this guy had been drinking too much

    嗯,那个家伙酒喝得太多了

02. and he attacked me

    来打我

03. and my friend came in

    我的朋友进来了

04. and ended it.

　　这事才结束。

在分析中，Labov 和 Waletzky(1967)注意到受试者讲述的次序和实际发生故事的次序有时是不同的，例(24)是叙述的次序，例(25)是按事情的经过的实际发生次序排列(例中的 1.2.3.4 是受试者原来叙述的次序)：

(25) 3. My friend came in

　　我的朋友进来了

4. just in time to stop

　　正好阻止了

1. a guy who had too much to drink

　　酒喝得过多的那个家伙

2. from attacking me.

　　打我。

例(25)不是故事，而是按事件实际发生的次序排列的一个报告。Labov 和 Waletzky(1967)观察了事件实际发生的次序和叙述者叙述的次序的不同点，总结出一般故事结构的五个要素：

(26) Labov 和 Waletzky 的故事结构

　　　a. Orientation　　　（定位取向）
　　　b. Complication　　（综合情况）
　　　c. Evaluation　　　（评价评判）
　　　d. Solution　　　　（问题解决）
　　　e. Coda　　　　　　（故事结束）

"定位取向"指的是人物、地点、时间和情境，如例(23)中的 01—07 句。当然定位取向并非是强制性的，例(24)中就没有定位取向。Labov 和 Waletzky(1967)发现,如果叙述的话语不多,不管是孩子还是成年人的叙述中,定位取向经常不出现。

"综合情况"是故事中不可忽视的要素。例(23)的 07—13 句,可归入这个要素。综合情况这一要素通常出现在结果这一要素之前,如例(24)中的 3 句。Labov 和 Waletzky(1967)也感到,有时很难从故事中找到"结果"这么一个因素。

一个完整的故事,通常有"评价评判"这个要素。在例(23)中,如果这个故事在第 13 句就结束的话,就使人感到故事未完,14—16 句作者强调了故事的重要性,同时也提供了解决"综合情况"的方法,评价可以跟解决综合情况联系起来,如果讲故事的人说"Well, I almost got killed"(啊,我差点被杀了),这句话便可看成是一种评价。

例(23)中 17—19 句,可以看做是"问题解决"。如果某个故事把"I almost got killed"(我差点被杀了)这句作为故事结束句,那么这句就是问题解决,也就是说,第一人称的说话者"我"还活着。还有一种情况就是,叙述又回到开头,这也是一种结束句,如"Well, that's the way it happened"(嗯,情况就是这样)。

Labov 和 Waletzky(1967)的初衷是想发现说故事者的社会特征和故事结构之间的关系,但他们没有发现两者之间有什么关系,但他们发现的故事结构却给后人研究篇章结构提供了便利。

第七节 宏观结构

上面第六节我们谈了故事结构,下面我们要谈宏观结构。从宏观结构的理论中,我们可以看到故事语法的一些影子。宏观结构(macrostructure)是 van Dijk(1980b)提出来的,用于分析篇章的层次。1987年刘鸿绅在介绍篇章语言学的发展及其研究领域中,有一节提到了宏观结构理论,第二年,钱敏汝(1988)对该理论作了较为系统的介绍。下面是刘鸿绅和钱敏汝的介绍:

1. 刘鸿绅的介绍

刘鸿绅(1987:128—129)把宏观结构译为"篇章大结构"。他说,以前研究语义的接应,大多限于两个相邻的句子之间的语义接应。还有研究较大的篇章单位之间的语义接应,这些大的语义单位,就是篇章大结构。

篇章大结构首先是由信息单位(propositionen)相互连接而构成。这种大结构,有其独特的篇章片断之间的联结关系。这种联结关系,可以看做是语用接应,也可以看成是语义接应。例如,有一份仪器使用说明书,里面有许多由相互接应的句子组成的信息单位,其中,有一个确定篇章目的的信息单位,即仪器的使用方法,同时还必定有一些语义单位,组成语义场。下面看一段家用血压计说明:

(27)　　　　A. 自量血压
　　　　　　　缚袖带
露出左臂,注意勿使衣袖压迫手臂上部,把血压计袖带套到左臂上方,听筒置于上臂内侧动脉血管上,然后收紧袖带,到食指尚可插进为止,袖带的下端应离肘部2厘米。

例(27)中,决定目的的语义单位,是一连串命令式动词

(缚、露出、注意等等)构成,要求使用者逐步完成。动词的命令式显示了交际关系——仪器制造者与仪器使用者。这段篇章的语义接应是通过技术名词(袖带、听筒)以及有关人体的名词(血压、上臂、动脉、食指等等)来体现,"量血压"则作为各种动作的全过程的总括。时间助词"然后"以及逐个排列的动词,组成一个时间框架,使每个动作的顺序明确起来。

篇章的构成有多种可能,因此篇章大结构的形式也多样化;小说篇章的语义接应不同于说明书,商业信件不同于剧本。

从事篇章语言学研究还有一个任务,就是要在复合的篇章构成中,发现篇章外部构造和内部分段的各种可能。某些篇章大结构可以是复合篇章结构(初级结构)的内部结构(次级结构)。如在报纸、广播或电视评论中,可以观察到下列的篇章大结构(P 指信息单位):

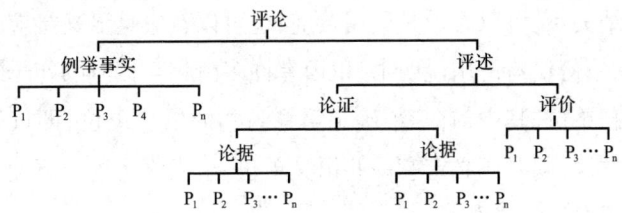

图 8.9　宏观结构图—1

图 8.9 显示,每一个篇章片断都是由许多信息单位($P_1 P_2 P_3 \ldots P_n$)组成,它既可被看做独立的篇章大结构,也可以作为复合大结构的内部结构。

2. 钱敏汝的介绍

钱敏汝(1988:87—93,128—131)认为 van Dijk 的语义宏观

结构包括微观结构、宏观结构和宏观规则这几个部分,微观结构主要讨论线性排列的相邻句子的关系,下面主要介绍宏观结构和宏观规则。

2.1 宏观结构

钱敏汝(1988)认为,van Dijk 的贡献在于他进一步提出了建立在话语更高层次上的宏观结构。宏观结构研究的不是句列之间的线形排列的内部关系,而是研究把这些句列看成一个整体。van Dijk 认为,只有具有宏观结构的这些句子,才能在理论上称为话语,也就是说,宏观结构抽象地体现了话语整体意思的结构。

van Dijk 认为,话语有一个总体关系,宏观结构就立足于高于信息单元的平面上。在某个话语中的微观结构可以在另一个话语中成为宏观结构,同样,在同一话语中也可能存在不同等级的宏观结构,图 8.10 是建立在不同平面的多等级形式图:

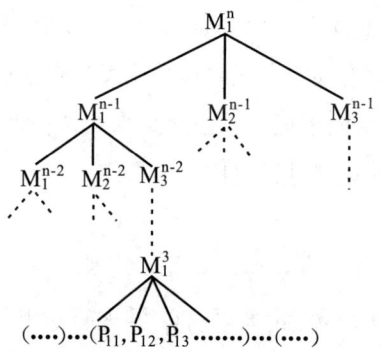

图 8.10 宏观结构图—2

图 8.10 中 M 表示宏观平面上的信息单元,M 右上方的数字表示级别。全图展示了从微观平面上的信息单元(位于图形最低

层)直至对高级别的 M^n 的多层次结构。在某些情况下，n 也可以等于零，即微观结构和宏观结构重叠，这种现象往往出现在一个话语只由很少几个句子甚至一个句子组成的情况下。

van Dijk 认为，宏观结构是一种超结构，超结构不是任意的，而是反映了话语交流中各种认知思维、语用或社会性的功能。超结构是一种模式，能决定一个话语各个部分的编排顺序，因而超结构具有一定的常规性质，至少有一部分超结构在某些自然语言中有较固定的形式。探讨超结构的目的就在于要弄清它们在某种自然语言中是怎样较常规地固定下来的，并对这种常规模式作形式描写。

第八节 修辞结构[*]

本节讨论修辞结构理论(Rhetorical Structure Theory，RST)指的是 W. C. Mann 和 S. A. Thompson 于 1986 年创立的理论。在研究该理论时大家会发现修辞结构理论跟我国传统研究的复句有很多相似之处，下面一方面介绍修辞结构理论，同时也跟我国传统语法中的复句进行对比。

1. 复句

新中国成立以来，我国语言学界进行过几次大讨论：一是 1953—1954 年关于词类的讨论；二是 1955—1956 年关于主语宾语的讨论，三是 1957 年关于单句和复句的讨论。从第三次讨

---

[*] 本节主要内容在《语言教学与研究》1999 年第 4 期刊登。

论看出,我国语言学界对复句的研究时间较早,也较重视。

1.1 复句的定义

王力(1957:127)的定义:"凡句子,由可以用语音停顿割断的两个句子形式构成者,叫做复句。"

黎锦熙、刘世儒(1957:20)的定义:"凡句子和句子,以一定的逻辑关系,用(或者可能用)和逻辑关系相适应的连词或关联词语联结起来,因而具有巨大的(或可能是巨大的)意义容量的语言单位叫复句。"

周祖谟(1983:154)的定义:"如果一个句子是由两个以上的意义相关的句子组成的,彼此分立,互不作为句子成分,这样的句子我们称之为'复句'。"

刘兴策(1983:148)的定义:"复句是由两个以上相对独立的分句组成的句子。首先,复句是句子。一个复句是一个句子。一个复句只能有一个统一全句的语调,整个复句末尾才有比较大的停顿,书面上用句号或问号、感叹号表示。其次,复句由两个以上的分句组成。分句之间的停顿书面上用逗号、分号等表示。组成复句的分句可以是主谓句,也可以是无主句或独词句……第三,复句里的分句是相对独立的。所谓'独立',是指:甲分句不作乙分句的成分,乙分句不作甲分句的成分,它们彼此间没有谁包含谁、谁被谁包含的关系。"

从以上的定义看出,对复句有不同的定义。王力强调语音停顿,黎锦熙、刘世儒强调逻辑关系和连接词,周祖谟强调分句,刘兴策强调停顿、分句和句式。其实这些不同的定义主要表现在单复句的分界上。

1.2 单复句的划界

在 1957 年单复句大讨论中,郭中平(1957:1)总结了各家对单复句的不同看法,他认为下面这类句子,大家都看成复句:

(28) 我不再望着你那发音的嘴,我望定了远天。

(29) 天依然是蓝的,飘着的云朵却烧成红的了。

(30) 妈妈不打他,我不依。

但对下列句子就有不同的看法,下面还是他的例子:

(31) a. 袭人进来,见这光景,知是梳洗过了,只得回来自己梳洗。

b. 尤老二在八仙桌前面立了一会儿,向大家笑了笑,走进里屋去。

(32) a. 我并没说什么,不过说了几句硬话。

b. 我忽而看见他眼圈微红,但立即知道是有了酒意。

(33) a. 他们爱祖国,爱人民,爱正义,爱和平。

b. 孙中山欢迎俄国革命,欢迎俄国人对中国人的帮助,欢迎中国共产党和他合作。

(34) a. 他……扔掉粪筐就往回跑。

b. 待张材家的交清再发。

(35) a. 对于车座儿,他绝对不客气。

b. 关于各项具体政策,中央曾经陆续有所指示。

郭中平(1957:2)观察了当时有代表性的五家(黎锦熙、王力、吕叔湘、语法小组、张志公)对例(29)—(33)类句子的看法,发现"同一类句子,表中的五家的看法竟没有完全一致"。

二十几年后,1979 年吕叔湘(2002[1979]:87)又谈到了单复句的划分,他认为:"单句复句的划分是讲汉语语法叫人挠头的问题之一。1957 年曾经在刊物上展开讨论,最后也没得出比较一致的意见。区分单句和复句,涉及三个因素:一,只有一个主谓结构,还是几个主谓结构?二,中间有没有关联词语?三,中间有没有停顿?这三个因素正负交错,能有八种情况,加上有时候主语不好确定,问题就更复杂了。"

周祖谟(1983:156)认为:"在研究汉语语法结构方面,对于复句与单句的划分存在一些困难的问题。这就是一个句子以某种形式出现时,是一个单句;同样的意思,前后稍微移动一下,就变为复句了。还有,有的语言学家认为某种形式的句子是单句,另外一些语言学家则认为应该归到复句中去,产生了不同的意见。"

单复句的划分,至今还有分歧。但这并不影响我们拿复句跟修辞结构理论做一对比。在我们看来,复句已进入篇章研究的范围,因为它是大于小句的结构体,特别是多重复句,篇章的特征更是明显。

2. 修辞结构理论

1986 年 8 月 19—23 日在荷兰召开的第三届国际篇章生成研讨会上,W. C. Mann 和 S. A. Thompson 提交了一篇论文"Rhetorical structure theory: Description and construction of text structure"(《修辞结构理论:篇章结构的描写和建构》),初步提出了 RST 理论的框架。1987 年,在美国南加州大学信息科学研究所内部发行的刊物上,他们又发表了近百页的论文"Rhetorical structure theory: A theory of text organization"(《修辞结构理论:篇章结构理论》),系统地阐述了该理论。有关 RST 的一些内容

我们在第一章第二节讨论"篇章的三个特征"时已经提到过,这里再简要总结一下其理论要点:

2.1 关系性(relation)

RST 理论认为,一个篇章中的各个小句,不是杂乱无章地堆在一起的,这些小句与小句之间,存在着各种各样的语义关系:①各种语言都有一套数量不一的语义关系;②在这套语义关系中,其中某些关系使用的频率很高,某些关系则很少出现;③绝大部分的语义关系是不对称(asymmetry of relation)的,也就是说,绝大部分的关系是"辅助"(satellite)的和"核心"(nucleus)的关系。

2.2 功能性(function)

RST 理论认为,篇章的整体性(unity)和连贯性(coherence)都源于功能性,因此 RST 理论研究句子与句子之间的关系是从功能的角度考虑的。"RST 理论着眼描写那些使得篇章成为人类交际有效的和能理解的工具的功能和结构"(Man, et al. 1992:43)。

2.3 层次性(hierarchy)

整个篇章中的各个小句的组合,是有层次的。其特点是:①两个小句之间的语义关系是最低层的,然后几个小句和几个小句之间的关系组成高一层次,最后再由更大的语言单位之间的语义关系组成整个篇章;②每个篇章的层次多少是不固定的,层次的多少是由篇章中的句与句之间的语义关系的复杂程度所决定的,通常来说,语义关系越复杂,层次也就越多;③层次的均衡性(homogeneity of hierarchy)。也就是说,每一个层次都可采用相同的功能描写。

3. 相似之处

3.1 超句结构

复句研究和 RST 理论都研究大于小句的语言片段。

复句研究的是两个分句以上,句号(问号、感叹号)以内的语言片段。当然,分句的数目是不定的,通常是两三个分句,如果是多重复句,分句的数目就多了,看一个周祖谟(1983:165)的例子:

(36) 只要我们在今后进一步改善对青年的思想教育工作,/把国家的真实情况和达到美好的将来的必由之路清楚地告诉他们,/在全体青年中间发扬艰苦奋斗的正气,/反对自私自利的歪风,/并且努力纠正我们工作中的官僚主义、宗派主义和主观主义的错误,/那么,我们就一定能够帮助广大的青年自觉地克服自己的弱点,/勇敢地愉快地迎接自己的战斗任务。/

这是一个复句,在这个复句内,有七个分句,句中的斜杠是我们加上去的,表示分句的界限。

RST 理论也是研究两个小句以上的语言片段。只是更具灵活性,可以扩展到整个篇章。

3.2 研究对象

复句研究和 RST 理论都主要研究书面语。

复句研究虽然没有宣称自己是研究书面语的,但从我们见到的研究的材料来看,主要是研究书面语。

RST 理论就明确宣称该理论是研究书面语的:"RST 研究的对象是书面语,不涉及对话和口语。"(Mann and Thompson

1987:2)

3.3 语义关系

复句研究和修辞结构理论都研究两个以上小句相互之间的语义关系。两者对语句的分析,都是以两个小句(分句)之间的语义关系为最基本、最低层的关系。

复句研究和修辞结构理论都有一套用于分析的关系类别。

对复句的语义关系的分类有不同的看法:杨伯峻(1956),吕叔湘、朱德熙(1979),周祖谟(1983),胡裕树(1995),王缃(1985),邢福义(1993)等,各有各的分法。但大家对把复句先分为"联合复句"和"偏正复句"这两大类的看法基本一致。

我们来看一下杨伯峻(1956:202—203)对复句的分类:

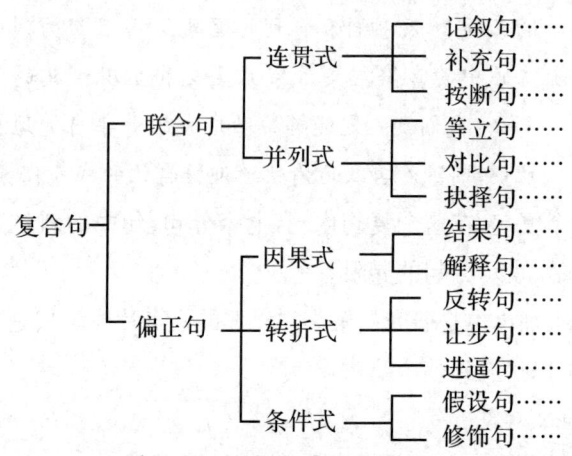

图8.11　杨伯峻复句分类图

RST 理论也有一套关系类别,因为这套关系是开放性的,所以对不同语言的篇章以及不同类型的篇章,其关系的数目就不一样。如分析英语的篇章,常见的关系有二十余种:

表 8.8　修辞结构关系总表

环境关系(Circumstance)	目的关系(Purpose)
解答关系(Solutionhood)	对照关系(Antithesis)
阐述关系(Elaboration)	让步关系(Concession)
背景关系(Background)	条件关系(Condition)
使能关系(Enablement)	析取关系(Otherwise)
动机关系(Motivation)	解释关系(Interpretation)
证据关系(Evidence)	评估关系(Evaluation)
证明关系(Justify)	重述关系(Restatement)
意愿性原因关系(Volitional Cause)	总结关系(Summary)
非意愿性原因关系(Noun-Volitional Cause)	序列关系(Sequence)
意愿性结果关系(Volitional Result)	对比关系(Contrast)
非意愿性结果关系(Noun-Volitional Result)	

3.4　标记和图式

复句研究和 RST 都用一定的标记和图式来表示其层次关系。

复句研究的标记和图式没有统一规定,如果是只有一层语义关系(两个小句),又没有关联词,通常没有什么标记。如有关联词,就在关联词下面点上着重号:例(37)是吕叔湘、朱德熙(1979)的例子,他们认为是表"比较得失"的复句:

(37)宁可将可作小说的材料缩写成速写,决不将速写材料拉成小说。

如果有几层语义关系,常见的标示法有两种。一种是直接标在被分析的语句上,例(38)是范晓(1996:518)的例子:

(38)马克思主义的哲学辩证唯物论有两个最显著的特点:

　　　　　(补充)　　　　　　　　　(补充)
　　Ⅰ一个是它的阶级性Ⅲ，公然声明辩证唯物论是
　　　　　　　　　　　(并列)　　　　　　　　　　(补充)
　　为无产阶级服务的；Ⅱ再一个是它的实践性，Ⅲ强
　　　　　　　　　　　　　　(补充)
　　调理论对于实践的依赖关系，Ⅲ理论的基础是实践，
　　　(转折)
　　Ⅲ又转过来为实践服务。

例(38)中的"补充""并列""转折"，都是关系的类型，直接标在句子里。

　　另一种是脱离句子另外画图的，例(39)是王缃(1985:60)的例子：

　　(39)一九〇五年，他已经写好《天体运行》的提纲1，但是他知道天动学说从亚里士多德建立以来，已经有一千八百年的历史，又有教会的拥护2，如果发表跟天动学说根本矛盾的地动说3，一定会遭到种种非难和攻击4，因此他决定谨慎而小心地进行观测工作5，务使他的理论能和实际观测相符合6。

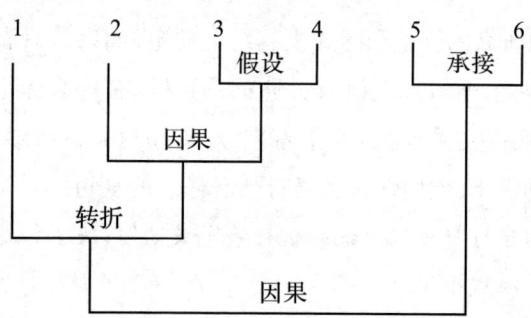

图8.12　王缃的关系图

例(39)句中"1、2、3、4、5、6"表示分句序列号，图表就是说明例(39)是个四重复句。

RST 理论不在句中标示,另用图式表出:(例子用原文,因为译为中文后,修辞结构图要改变,下同。)

(40) Farmington police had to help control traffic recently / when hundreds of people lined up to be among the first applying for jobs at the yet-to-open Marriott Hotel. / The hotel's help-wanted announcement—for 300 openings—was a rare opportunity for many unemployed. / The people waiting in line carried a message, a refutation, of claims that the jobless could be employed if only they showed enough moxie. / Every rule has exceptions, / but the tragic and too-common tableaux of hundreds or even thousands of people snake-lining up for any task with a paycheck illustrates a lack of jobs, / not laziness. / (1987:14)

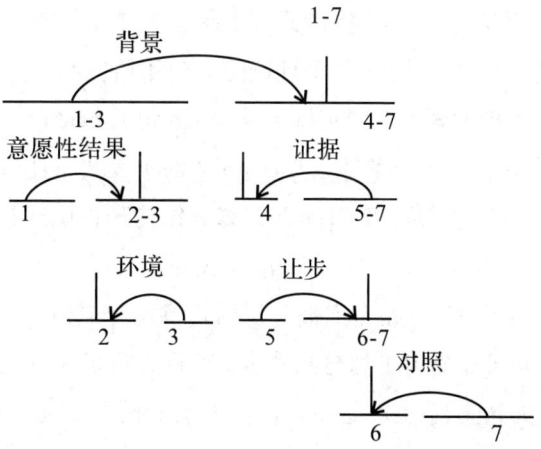

图 8.13　修辞结构图—1

例(40)中的斜杠"/"是我们加上去的,表示小句的分界线。图8.13中的横线"＿＿"表示是"被分析的语句",竖线"｜"表示竖线下的被分析的语句是"核心语句"。带箭头的弧线表示两个被分析的语句之间的关系,箭头所指的是"核心语句",另一头是"辅助语句"。弧线上方表示的是被分析的语句的关系,如"背景关系、环境关系"等等。

4. 不同之处

4.1 理论和方法

复句研究还很难说有一套系统的理论,至今复句和单句的范围还没划清。复句研究通常不谈分析方法,可能是因为大多复句只有一个层次,碰到多重复句,通常是从上开始,先分出第一层,然后再分出第二层,依次类推。

RST理论有一套完整的理论(参看本节2."修辞结构理论")。有一套只适用于RST理论的专门用语,如:Unit(篇位),Span(被分析的语句),Nucleus(核心语句),Satellite(辅助语句),Constraints(制约条件),Locus of Effect(效果的位置),Text structure(篇章结构),RST schema(修辞结构理论图式),以及各种关系的术语(参看本节3.3"语义关系")。有一套与其理论相适应的研究方法:如先把被分析的篇章切分成以句号为单位的句子,再把每个句子切分成小句,然后分析各小句之间的关系,可以从下至上,也就是说先从最低层的两个小句开始,然后再一层一层往上分析。也可以从最上层的语句群的关系开始分析,然后再一层一层往下分析。也可以两种方法结合起来。每种关系都有从功能的角度所定出的定义,每种关系的定义中都有不同的制约条件,以及效果的位置。

4.2 扩展和不扩展

这里的扩展与不扩展,主要是指句子和句子之间"关系"的数目是固定的还是不固定的。从这个标准来看,复句研究大致可归入不扩展这一类,RST 理论可归入扩展这一类。

在研究复句时,虽然对复句类别的分法有不同的看法,但各自都有一套固定的关系数目。RST 理论中对关系的数目是不定的,这点我们在本节 3.3"语义关系"中已谈到过。扩展的好处是研究的领域可以扩大,因为同是篇章,其中一定有相同的地方,但不同的体裁(如叙述文和说明文)的篇章,有些关系就有可能不同。还有不同的语言,其关系也可能不同。RST 理论虽然是用英语写的,其例句也是用英语的,但由于关系数目的可扩展性,这使得人们用该理论来研究英语以外其他的语言提供了一个便利的条件。

4.3 研究范围

复句是研究句号内的语言片段,虽然这个语言片段没有一个确定的分句数目,但通常是 3—4 个分句,跟 RST 理论相比,其研究的范围较小,RST 理论研究的是两个小句以上的语句,直至整个篇章,其研究的范围可大可小。

4.4 形式和功能

复句研究比较注重形式标记,我们这里的形式标记主要是指起到连接两个小句以上的关联词与起连接作用的副词。研究复句者通常列出各种关系的关联词和起连接作用的副词。

RST 理论注重功能因素。"RST 理论提供了一种描写篇章内各小句之间关系的方法,而不考虑这些小句的关系在语法上

是否有表现,是否有词汇上的标记。"(Mann and Thompson 1987:2)

5. 小结
5.1 复句

如果从1957年全国开展对复句的讨论算起,到RST理论的出现,中间隔了近三十年。这说明我国在研究大于小句的方面起点是高的,而且研究也取得了许多成果,只是我国对复句的研究成果并未在国际语言学界产生应有的影响。当然原因是多方面的,从客观上来看,几十年来国内外交流较少,国际上不很了解用中文发表的论文,等等。从自身来看,下面两点也是可能的原因:①1957年至今50年来,复句研究并没有取得实质性的突破。②由于缺少一套系统的理论和研究方法,使复句研究无法以一种系统理论的形式走向世界。

5.2 RST理论

RST理论主要是描写自然篇章组织的理论,最初目的是为设计具有一定创作篇章能力的计算器程序提供理论依据。现在,应用范围不断扩大,许多学者正在用他们的理论研究本国语言。

RST理论总结出来的各种关系,是根据功能的标准来划分的。他们之所以不采用形式标准,可能的原因是:①有的关系很难列出关系词,如周祖谟(1983:163)列出的"连锁关系",Mann和Thompson(1987)列出的sequence(序列)关系。还有,在一定的语境下,有些小句与小句之间有形式标记和没有形式标记,表达的语义关系好像没有明显的不同。我们还是看一个周祖谟

(1983:162)的例子:"既然他做事很认真,我们就应当相信他。""他做事很认真,我们应当相信他。"这两个句子在一定的语境中都是表达因果关系。而且在口语中,连词的省略程度比书面语高;②有些小句与小句之间虽然有同样的形式标记,但明显不属同一类关系。像英语中的"but",我们还是来看一下 Mann 和 Thompson(1987:13—75)的例子:

(41)a. Evey rule has exceptions,/ **but** the tragic and too-common tableaux of hundreds or even thousands of people snake-lining up for any task with a paycheck illustrates a lack of jobs,/ not laziness/.

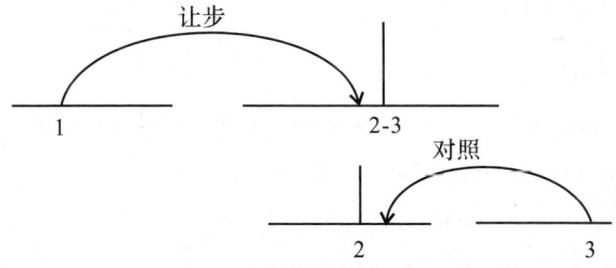

图 8.14 修辞结构图—2

(41)b. Animals heal,/ **but** trees compartmentalize./ They endure a lifetime of injury and infection / by setting boundaries that resist the spread of the invading microorganisms/.

例(41a)中的 but 是表示一种 concession(让步)的关系,而例(41b)中的 but 是表示一种 contrast(对比)的关系。

如果只从功能考虑,也会产生一些问题,也就是我们称为"关系难确定性"的问题。我们来看"意愿性原因关系"(Mann

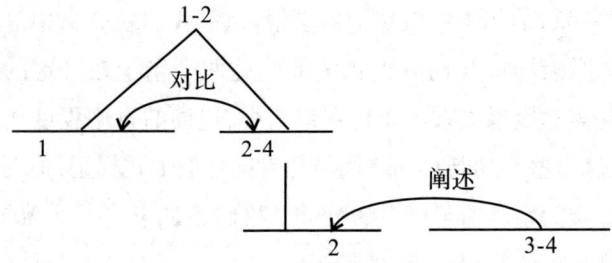

图 8.15　修辞结构图—3

and Thompson 1987:58）和"非意愿性原因关系"（Mann and Thompson,1987:59）两个定义。（我们不把这两个定义译成汉语,为的是读者能更准确地理解原意。）

意愿性原因定义

---

relation name: VOLITIONAL CAUSE

constraints on N: presents a volitional action or else a situation that could have arisen from a volitional action

constraints on S: none

constraints on the N + S combination:

  S presents a situation that could have caused the agent of the volitional Action in N to perform that action;

  without the presentation of S, R might not regard the action as motivated or know the particular motivation;

  N is more central to W's purposes in putting forth the N-S combination than S is.

the effect: R recognizes the situation presented in S as a cause for the volitional action presented in N

locus of the effect: N and S

非意愿性原因定义

relation name: NON-VOLITIONAL CAUSE

constraints on N: presents a situation that is not a volitional action

constraints on S: none

constraints on the N + S combination:

      S presents a situation that, by means other than motivating a volitional action caused thesituation presented in N; without the presentation of S, R might not know the particular cause of the situation; a presentation of N is more central than S to W's purposes in putting forth the N-S combination.

the effect: R recognizes the situation presented in S as a cause of the situation presented in N

locus of the effect: N and S

单凭这两个定义来区分不同的关系,读者还是感到困难。

  单从功能考虑,还有可能造成另一种情况,同样两个被分析的语句,不同的人会有不同的看法。

6. 小结

  《马氏文通》发表已经一百多年了,在这一百多年里,我国的语言研究取得了很大的成果。随着社会的发展,特别是计算机技术的发展,时代向我国语言工作者提出了更高的要求。我们不但要研究句内的语言规律,还要研究超句的语言规律;不但要研究语言的形式,还要研究语言的功能,以适应社会的要求。

第九节 结 语

在我国的传统语法的研究里,复句、段落、节、章这些概念都已体现了篇章的层次。例(1)中黎锦熙(1992[1924]:262)的研究,就已经涉及篇章的层次了,他的结构图清楚地标示出了看似线形排列的词句,各个成分所处的层次是不一样的。但总的来看对篇章层次的研究还是处于概念层面,没有深入研究,不系统,在理论上也没有探究。

传统语法主要的精力还是放在句内,但对句内的层次却早有研究,吕叔湘(1992[1979]:505)就谈到词跟词的不同组合,表达的意思大不一样:

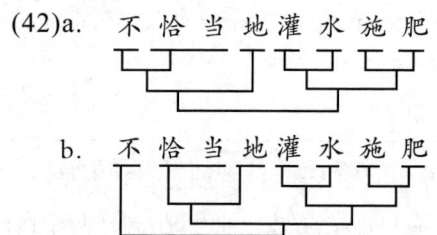

吕叔湘(1992[1979]:505)的解释是,例(42a)潜在的意思是,假如在这个时候不恰当地灌水施肥,就会造成徒长;例(42b)潜在的意思是,假如在这个时候不恰当地灌水施肥,就会使棉铃因缺乏营养而脱落。

段落是组成篇章的一个重要部分,是组成篇章的一个重要的层次。段落具有共性,也就是说其他语言的篇章也有段落,只是表现形式有些差异。通常段落有明显的形式标记,汉语的典型形式标记是另起一行,开头缩进两格。本文提到的典型段落和非典型段落,自然段落和语义段落,传统段落标记和创新段落标记,段落和字数的关系,段落在篇章中的分布等等,都反映了汉语段落的特征。

陈平提出的时相、时制和时态三元结构给人们清楚地勾勒出一幅篇章中表现时间层次的结构图。该文不仅仅涉及到事件本身发生的前后的不同层次,如事件轴上的过去、现在和将来,而且还涉及到人们在认知上对事件层次的判断。陈平明确指出,要分解汉语时间系统的组成部分,就要考察时间系统内各种成分的相互的关联,才能把握其内在的规律。

论证结构研究的人不多,在国内好像就是廖秋忠研究过。他的研究显示几点:①论证体是篇章中的一种体裁;②论证体有论题和立论两个部分;③论证结构是有层次的。

在篇章研究里,叙述文是典型的研究对象,故事又是叙述文的典型代表。如从文学的角度来分析故事,通常会谈到"开头、结尾、顺叙、插叙、倒叙、人物、事件、地点"等等因素,恰恰是这些因素,反映了故事的层次性。对故事结构进行分解,我们看到的是一个"立体"的故事,而不仅仅是个"线形"的故事。前人对故事结构的层次研究给后来的篇章层次研究打下了很好的基础。

谈到宏观结构理论,人们就会想到 van Dijk,他创立的这个理论在话语篇章界有很大影响。他提出的宏观结构规则,以及每个层次之间的意义抽取和归纳,现在看起来有超前的眼光,确实是很高明的。但由于该分析法操作较烦琐,现在在教学和实际分析中用得不多。

  修辞结构理论是近几十年来,在篇章研究领域影响较大的一个理论,国际上研究话语篇章的学者纷纷用该理论来研究自己的语言。由于现代电脑网络的发展,在国际上出现了多个研究修辞结构理论的网站,任何人都可上网参与讨论,可以和同行分享自己的研究成果。这些网站的出现,又推动了人们对修辞结构研究的深入。如果说该理论有什么不足的话,一是由于分析语句之间的关系完全靠功能判断,有时会增加判断的难度,也会出现不同的答案;二是分析较短的篇章较合适,涉及较长的篇章,画出的关系图就会很复杂,不宜掌握,不过这个问题好像在其他层次分析图里也同样存在。

第九章 篇章推进结构

第一节 引　　言

本章讨论四种篇章的推进结构:信息结构,主述结构,话述结构,启承结构。之所以称为推进结构,是因为这些结构有两个共同的特点,第一个特点是这些结构都由前后两个部分组成,如信息结构是由旧信息和新信息组成,主述结构是由主位和述位组成,话述结构是由话题和陈述组成,启承结构是由启后性和承前性两部分组成;第二个特点是这些结构经常可以往下推进,举个例子来说,某个小句的新信息,在后来的小句中再次出现又充当旧信息。这就形成一种推进的现象,当然,并非每个信息结构每时都会出现推进现象,在篇章中只有满足一定的条件,推进现象才能形成。如果说,第八章谈的层次结构是一种静态的描写,那么这章讨论的推进结构就是动态的描写。

第二节　信息结构

1. 新—旧信息和推进模式

陈平(1991[1987]:187—188)认为:透过联系话语的表面

形式,我们看到的是自发话人向受话人传递的一股连续的信息流。为了便于发送和接受,这股信息流是以各种信息单位(information unit)的形式组织起来的。根据受话人对于单位成分所负载的信息的熟悉程度,发话人把各个单位成分所传递的信息归为新信息和旧信息两大类。

从信息构成的角度看,一般可以把句子分成两大部分,一部分表现作为发话人和受话人双方都知道的已给信息(given information),以这一部分同上文相连。另一部分以第一部分为出发点,对它有所评述,一般包含受话人以前不知道的新信息(new information),以此将意欲传递的内容渐次展现。

陈平的论述说明两点:①信息结构包括新信息和旧信息(已知信息)两个部分;②新旧信息可以组成一种信息流。

这里要补充一点的是陈平所说的已知信息包括两个方面,一是在前文出现过的信息,再次出现,便可看做是已知信息;还有一种是虽然在篇章中第一次出现,但早已在双方脑子里存在,双方都能正确地理解,这也可以看做是已知信息。

看下面一个例句:

(1)[同事老苏经常在外面跑,和办公室同事接触时间比较少。他性子急,有时还有点怪。那天,他在外面打电话找我(小吴),不巧是小马接的电话。]老苏上来就说:"老何……"小马一听,大嚷一声:"老何,有电话。"老何屁颠屁颠地从隔壁屋子过来接电话。(《京华时报》2007年7月21日)

如果我们把例(1)中"老苏上来就说:'老何……'"暂且看成一个小句,"老苏"看成主语,"老何"看成宾语,那么画实线的

"老苏"就是旧信息,因为在上文中已经提到过,画波浪线的"老何"是首次引进的新信息,下文中后来再次出现的"老何"就是旧信息。

用下图来显示例(1)的新-旧信息推进模式:

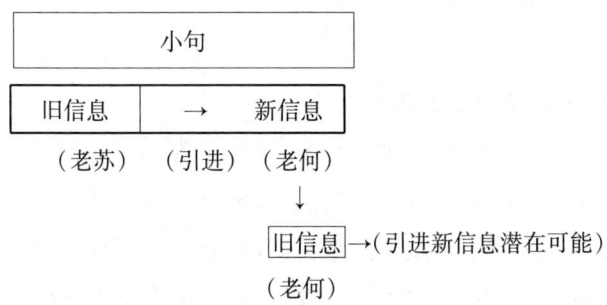

图9.1 新-旧信息推进图

2. 新-旧信息和小句的关系

Halliday(2000[1994]:295—296)对信息结构作了研究,在他的研究中有三点值得我们注意,他认为:

一、信息单位跟小句语法(the clause grammar)中的单位不是一一对应的。一个小句可能有两个或两个以上的信息单位,也可能是,一个信息单位由两个或两个以上的小句组成。

二、每个信息单位有语调,可能是降调、升调也可能是混合调(降—升调,升—降调)。

三、有标记的信息结构。他的例句(298页)是:

(2) You say "Madam, isn't that beautiful?" If you suggest it's beautiful, they see it as beautiful

// ʌ you sug/**gest** it's / beautiful // they **see** it as / beautiful//

| 新信息 | 已知信息 | 新信息 | 已知信息 |

例(2)中的 suggest 和 see 是新信息,you 和 they 也是新信息,这里的新并非因为前面没有出现过,而是因为这是一个对比句。it + be beautiful 是已知信息。

3. 信息来源和信息处理

屈承熹(2006[1998]:143—166)认为,信息结构由"信息来源"(information source)和"信息处理"(information management)两个等级组成。信息来源是在词组的层次上说的,包括人们通常所熟悉的"新信息"和"旧信息"两个概念。信息处理是在小句的层次上说的,是相对于信息值(informative value)说的,比如,一个充当旧信息的名词词组倾向于显示较低的信息量,而一个充当新信息的名词词组倾向于显示较高的信息量。人们通常认为,话题/主语的位置上出现的信息,其信息量较低;而在评述/谓项位置上出现的信息,其信息量较高。实际上,新信息有时故意放在话题/主语的位置上,其信息量就减少了,如果旧信息故意放在评述/谓项位置上,其信息量就增加了。

屈承熹(2006[1998]:143—166)又发现,有时新信息和旧信息很难区分,他举的英语的例子是:

(3) I just talked to *the boss* about *your performance.*

我刚同老板谈了你的表现。

例(3)中的定指的 the boss 和 your performance 通常看做是旧信息,因为它们具有说者和听者都理解的明确的意义,然而事实上,这两个名词用于向听者传递新信息,这样,这两个词又可看做是具有新信息的功能。作者还举了一个英语的例子：

(4) *Your husband* did.

  你丈夫做的。

这句话是回答 Who took my car? 之类问题的，did 是个代动词(proverb)，它具有旧信息的性质。但是，作为一种回答，Your husband 又具有新信息的功能，但又用了表示旧信息的定指的形式。

接着，屈承熹又举了个中文的例子：

(5) 一个一块钱。

例(5)中的"一个"这个词通常是表示泛指，带有新信息，但这里使人感觉是旧信息。

第三节　主述结构

1. 主述结构的概念

主述指的是主位(theme)和述位(rheme)。

卫真道(2002:60)认为："主位，简单地说，就是位于句首的语法成分。Downing 和 Locke(1992)认为主位是一种语义的选择，也就是选择什么成分作为小句的出发点(the point of departure)。逻辑-语义学认为，主位，既可以是组成篇章的小句，也可以是组成某个篇章模式的小句。如果我们从构成篇章中的小句的角度看，那就意味着，这种语义的选择就会受到这个篇章中的小句的位置的影响。例如，已经引进某个小句的新信息很可能成为下个小句的主位，或者说成为下个小句的出发点。"

Halliday(2000[1994]:37—299)认为,主位是小句中的第一出现的成分,信息的出发点,或者说主位指的是我(说话者)所选择的出发点;述位是你(听话者)已经知道的或可及的内容。

Halliday(2000[1994]:38—61)把主位分为三种:简单主位(simple theme)、复杂主位(multiple theme)、小句主位(clausal theme)。

一、简单主位

简单主位指的是主位由单一语义的成分组成,如或表结构,或表人际,或表概念。

① 名词性成分或介词结构主位

指的是主位有名词性成分或介词结构充当的主位:

(6)	the Walrus and the Carpenter	were walking close at hand
	Tom, Tom, the piper's son	stole a pig and away did run
	from house to house	I wend my way
	on the ground or in the air	small creatures live and breathe
	主位	述位

② 同一性句中的主位

指的是"是"字句中的主位:

(7)	what(the thing) the duke gave to my aunt	was that teapot
		was the duke
	the one who gave my aunt that teapot	was my aunt
	the one the duke gave that teapot to	was give it to my aunt
	what the duke did with that teapot	was she was given it by the duke
	how my aunt came by that teapot	
	主位	述位

③WH-句中的主位

指的是 WH-句中的主位：

(8)

how cheerfully what tremendously easy questions	he seems to grin you ask
主位	述位

④yes-no 疑问句的主位

指的是由 yes-no 疑问句中的主位：

(9)

can is should	you anybody old acquaintance	find me an acre of land? at home? be forgot?
主位1	主位2	述位

⑤祈使句中的主位

指的是祈使句中的主位：

(10)

answer you kids first don't leave don't let's let's	all five questions! keep out of the way! catch your fish! any belongings on board the aircraft! quarrel about it! not quarrel about it!
主位	述位

二、复杂主位

复杂主位指的是主位由几类主位组成，主位的类别有三类：篇章主位(textual theme)，人际主位(interpersonal theme)，概念主位(ideational theme)。在这几类主位中，概念主位是主要的。

篇章主位

篇章主位的主要功能是起到构建篇章的作用,包括:①表示持续的主位,如 yes,no,well,oh,now 等;②表示结构的主位,如 and,when,even if,which,what ever 等;③表示连接的主位,如 that is,in other words,also,moreover,meanwhile,before that 等。

人际主位

人际主位的主要功能是显示人际关系,包括:①表称呼主位,如人名,用于称呼的;②表情态主位,如 probably,in my opinion,evidently,at first,understandably 等;③表语气的主位,如 WH-疑问成分,祈使句中的 let's。

概念主位

概念主位又叫经验主位(experiential theme)和话题主位(topical theme),也就是小句的主语。

要注意的是:

①三种主位的排列顺序。Halliday(2000[1994]:53—54)认为,典型的情况是这三种主位的排列顺序是"篇章^人际^概念",也就是说,如果一个小句中三种主位都出现,那么,最先出现的是"篇章主位",然后是"人际主位",最后是"概念主位"。下面这个例子是三种主位同时出现:

(11)

oh	soldier,soldier	won't	you	marry me
持续	称呼	限定	话题	
篇章	人际		概念	
主位				述位

②有重叠现象,如表达人际的 WH-主位有时也是概念主位。他的例句是:

(12)

so	Why	marry me
结构	WH-	=话题	
篇章	人际	概念	
主位			述位

三、小句主位

小句主位,简单地说就是小句充当主位。

(13)

what the duke gives to my aunt if the duke gives anything to my aunt	will be that teapot it'll be that teapot
主位	述位

(14)

if	winter	comes	can	Spring	be far behind
主位$_1$			述位$_1$		
结构	话题		限定	话题	
主位$_2$		述位$_2$	主位$_3$		述位$_3$

卫真道(2002)用 Halliday 的主述观,对《香港城市理工的诞生》整个篇章进行了分析,他设计出一个表格,先把篇章切分成小句,然后把句子输入到表格内,表 9.1 是《香港城市理工的诞生》一文的主位分析表(前两段):

表 9.1 《香港城市理工的诞生》主位分析表

段落编码	小句编码	主位			替代主位 (displaced theme)	小句
		篇章主位	人际主位	话题/存在主位		
1	1			The genesis of the City Polytechnic of Hong Kong		The Genesis of the City Polytechnic of Hong Kong lay in the report of a committee appointed by the Governor in November 1980 to review the scope of post-secondary and technical education in Hong Kong.
	语法主语就是话题主位。					
2	2a			In its report of June 1981	It	In its report of June 1981 it recommended that there should be a general and substantial increase in the number of places for tertiary education; one of the measures for achieving this was the establishment of a second polytechnic.
	2b	that		there		
	2c			one of the measures recommended for achieving this		

续表

> 小句 2a 和小句 2b 组成一个复句。这是个"投射扩展句"(expansion by projection),在 2b 句首的位置,有个环境附加状语(circumstantial adjunct),替代作为话题主位的主语,也就是说,这个环境附加状语成为"话题主位",而主语 it 为替代主位。投射句 that-小句的开始,有个篇章(结构)主位,后跟 there。我们界定它为结构主位,是因为它占据了一个句首的位置。另一方面,Halliday(1994:142)认为,there 并没起到表述功能的作用,因此,我们很难把它看做话题主位,因此,我们把 there 看做存在主位(existential theme)。
> 这个复句中的第三个小句,句前是个分号,这是个简单句,主语是话题主位,由此可见,这个复句的主位推进是线性主位推进,第三个小句话题主位是回指前一个小句主位的有关信息。

2. 主-述推进模式

徐赳赳(2003a:15—17)介绍了 Danes(1974)提出的三种主述推进的模式:①简单线形主述推进;②持续主述的主位推进;③衍推主位的主述推进。下面三个图中的 T 指主位,R 指述位。

一、简单线形主述推进

(15) The first of the antibiotics was discovered by Sir Alexander Flemming in 1928. He was busy at the time investigating a certain species of germ which is responsible for boils and other troubles.

例(15)的推进模式:

$$T_1 \rightarrow R_1$$
$$\downarrow$$
$$T_2(=R_1) \rightarrow R_2$$
$$\downarrow$$
$$T_3(=R_2) \rightarrow R_3$$

图 9.2 简单主述推进

二、持续主述的主位推进

(16) The Rousseauist especially feels an inner kinship with Prometheus and other Titans. He is fascinated by any form of insurgency...He must show an elementary energy in his explosion against the established order and at the same time a boundless sympathy for the victims of it ... Further the Rousseauist is ever ready to discover beauty of soul in anyone who is under the reprobation of society.

例(16)的推进模式：

$$\begin{array}{c} T_1 \rightarrow R_1 \\ \downarrow \\ T_1 \rightarrow R_2 \\ \downarrow \\ T_1 \rightarrow R_3 \end{array}$$

图9.3　持续主述推进

三、衍推主位的主述推进

(17) New Jersey is flat along the coast and southern portion; the north western region is mountainous. The coastal climate is mild, but there is considerable cold in the mountain areas during the winter months. Summers are fairly hot. The leading industrial production includes chemicals, processed food, coal, petroleum, metal and electrical equipment. The most important cities are Newark, Jersey City, Paterson, Trenton, Camden. Vacation districts include Asbury Park, Lakewood, Cape May, and others.

例(17)的推进模式:

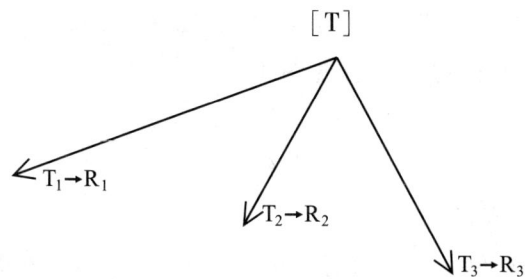

图9.4 衍推主位的主述推进

上面介绍的是 Danes 提出的三种主要的模式。在实际篇章中,可能会有更多的主述推进模式。

第四节 话述结构

这里的话述结构,指的是话题-陈述结构。在第六章里,我们讨论了话题的概念,话题和主语的关系,句法话题,篇章话题,或者说是语用话题等等问题。这节讨论话述结构,先介绍一下陈平提出的汉语的两种话述推进模式,再介绍他对话述的一项研究。

1. 话述推进模式

陈平(1991[1987]:188—189)在研究现代汉语零形回指时,提到两种话题层继推进方式(图中 T 指话题,C 指陈述):

一、推进方式一:

(18) a. 他$_i$ 擦车,Ø$_i$ 打气,Ø$_i$ 晒雨布,Ø$_i$ 抹油。
  b. 机手$_i$ 停车以后,Ø$_i$ 打开车门,Ø$_i$ 跳下去,Ø$_i$ 急步地奔到翻腾着山洪的道沟岸边。

c. 那个人$_i$ 也意识到跑不脱,$Ø_i$ 只好扔掉麻袋,$Ø_i$ 原地站住,$Ø_i$ 同时战战兢兢地扭过脸来。

这类句子的推进方式见图 9.5:

$$T_1 + (C_1 \rightarrow C_2 \rightarrow C_3 \rightarrow C_4)$$

图 9.5　信息推进—1

二、推进方式二:

(19) a. 他$_i$ 必定也看见了那些老弱的车夫$_j$,$Ø_j$ 穿着薄薄的破衣,$Ø_k$ 根本抵御不住冬日的风寒。

b. 前面停了一辆没熄火的拖拉机$_i$,$Ø_i$ 装满了西瓜$_j$,$Ø_j$ 在阳光下透出翠绿的颜色。

c. 上面有个干部模样的人$_i$,$Ø_i$ 托着一个袖珍半导体收音机$_j$,$Ø_j$ 正响着。

例(19)这类句子的推进方式见图 9.6:

$$\begin{array}{l} T_1 + C_1 \\ \quad\downarrow \\ \quad T_2 + C_2 \\ \quad\quad\downarrow \\ \quad\quad T_3 + C_3 \end{array}$$

图 9.6　信息推进—2

2. 话述结构和双项名词句

陈平(2004:494)对现代汉语的话题-陈述结构做了较为详细的研究,他把双项名词句置于话题-陈述结构之中进行考察。下面介绍陈平这项研究的要点。

所谓话题-陈述结构,陈平(2004:494)认为,可以把话题-

陈述看做连续语流中的一问一答，话题相当于"×××怎么啦？"这类问话中的"×××"，而陈述则提供有关该成分的新信息。这个结构在本质上是属于话语和语用范畴，同句子的话语功能和使用语境密切相关。

赵元任(2001[1968])指出，汉语正好有一个说明这种观点的现成例子。语气词"啊、呢、吗"等都是一词而兼两任，既可以是疑问词，也可以是提顿词，表明前面的句子成分是句子的话题，见赵元任(2001[1968]:82)的例子：

(20) a. 问：饭啊？ 答：还没得呢。

b. 饭啊，还没得呢。

c. 饭还没得呢。

(21) a. 问：饭呢？ 答：都吃完了。

b. 饭呢，都吃完了。

c. 饭都吃完了。

作为话语和语用概念，话题-陈述结构存在于所有语言之中。但是，这种话语语用概念的表现形式，在不同的语言中却可以有很大的差别。虽然话题经常表现为主语，陈述经常表现为谓语，但这与施事作主语、受事作宾语一样，只是一种倾向，两者不对应的情况经常出现。话题可以不是主语，如：

(22) 问：那三位客人呢？

答：我刚才看见那三位客人了，在逛街呢。

主语也不一定是话题，主语为无指或无指名词成分时，不能作为一般的话题看待，例如：

(23) a. 一个大孩子带着弟弟妹妹出来玩，正好路过那儿。

b. 谁来啦？

c. 谁也没想到会下雨。

e. 人人都抱着个大西瓜。

即使主语是有定成分,SVO 这种句式一般也可以用来表现几种不同的信息结构,这在文献中有广泛而深入的报道。

2.1 研究的状况

现代理论语言学发展史上,在话题-陈述结构的研究方面最有影响的语言学家主要有 19 世纪德国语言学家 Georg von Gabelentz,以及深受德国哲学和语言学影响的布拉格学派,赵元任,Michael A. K. Halliday, Charles Li, Sandra A. Thompson 以及 Jeanette Gundel。值得注意的是,这里提到的六位理论语言学家同时都是汉语语言学家。这恐怕不是巧合,国际语言学界在话题-陈述结构的研究中常见的一些理论概念和观点,在一定程度上是用汉语的眼光看世界的结果。

许多语言都有一些特殊的语法手段,其主要功能就是指示句子的各种信息结构。这些语言手段中,有的是语法助词,如日语中的 wa,许多人认为它主要的功能就是表示前面的成分是话题。更常见的语法手段是特殊的句法结构。Gundel(1988)调查了在谱系和地理分布上具有一定代表性的三十种语言,研究它们主要使用哪些特殊语法手段来表现话题-陈述结构。她先将这些语言中主要用来指示话题-陈述结构的特殊句法结构分成两大类,一类是用作话题的语言成分先于用作陈述的句子部分,另一类顺序正好相反。这两类句法结构都称为句法-话题结构(syntactic-topic construction),第一类语言位于结构最左边的成分或者第二类语言最右边的语言成分则称为句法话题。

句法话题位于左边的句法话题结构又可分为两类,一是左向移位句,其特点是句法话题后接一个完整的句子,句中带有一个语言成分(通常是代词)复指该句法话题。第二类是所谓的话题化话题,句法话题后接的句子在结构上是个不完整的句子,有一个句法成分在位置上是空缺,在语义上复指句法话题。

Gundel(1988)发现,她调查的这些语言中还有另外一种句法话题结构,形式上也是句法话题后接一个句子。它的特点是句法话题不是位于动词的论元(argument),与谓语动词不发生直接的语法关系。句法话题在句中没有复指成分,也不可能挪回到谓语中去。例如:

(24) My work, I'm going crazy.

这种句法话题又称作"悬置话题"。也有人可能受 Hockett 和赵元任等人汉语研究的启发,把这类句法话题结构称为双主语结构。Chafe(1976:50)则将这种句式中的句法话题称为"汉语式话题",如:

(25) a. 那场大火,幸亏消防队来得早。

b. 那些树木树身大。

c. 象鼻子长。

左向移位句和话题化结构是英语和其他主要欧洲语言中的常见结构,而例(25)这类句式一般限于非常随便的口语,书面语或正式口语中很少出现。Gundel(1988:224)认为,这类句式代表的正是"最典型的话题-陈述结构"(topic-comment structure par excellence)。这句话的意思是说,在这种句式中句法话题应该一定是语用话题,句子的其余部分为陈述。Li 和 Thompson (1976)则将这种双项名词句作为话题突出性语言的一个重要特征。汉语是话题突出性语言的主要代表,这类句子既然是区别汉语与英语等主语突出性语言的一个主要特征,自然成为汉语语法学的一个重要研究对象。

2.2 双项名词句

陈平认为,他所用的"双项名词句"这个术语,是个比较中性的称呼。句首的名词性成分可以只有一个,也可以不止一个,为了避免将问题过于复杂化,讨论的范围限于小句谓语前有两个名词性成分出现的句子,按照NP1(名词性成分1)的语义角色,大致分为七类:①NP1 为施事,②为受事,③NP1 为对象,④NP1 为工具,⑤NP1 为地点(时间或处所),⑥NP1 为系事,⑦NP1 和 NP2 有隶属关系。

2.3 双项名词句的话题-陈述结构

陈平认为,这里有两种情况,一是句法话题由定指或通指成分担任,二是句法话题由无定或无指成分担任。在汉语中,至少有三种情况句法话题可以由无定(indefinite)或者无指(nonreferential)成分担任,在这种情况下,该名词性成分一般不能理解为语用话题,或者不能理解为普通意义上的话题。第一种情况:NP1 可以是无定成分。第二种情况:在有些双向名词句中,疑问词可以出现在 NP1 或 NP2 的位置上。第三种情况:双项名词句的句法话题和 NP2 可以由无指成分担任,其中最常见的是所谓的周遍成分。

2.4 结语

陈平(2004:505)认为,至少有一部分汉语双项名词句被看做是最典型的话题-陈述句式。但是,即使是在汉语这个话题突出性语言中,所谓最典型的话题-陈述句式所表现的并不总是典型的话题-陈述信息结构。汉语双项名词句可以表现多种类型的信息结构,语法形式与话语语用功能两者之间不存在严整的一一对应关系。句法话题一般可以用作语用话题,但也有不少时候,担任句法话题的可以是无定或无指成分,不能理解为一般意义上的语用话题。即使是有定和通指成分做句法话题,也并不意味着一定得解释为语用话题。

陈平还认为,汉语双项名词句可以从不同的角度分为许多类别。从信息结构研究的角度来看,最重要的分类之一是根据句首两个名词性成分施事属性的相对强弱将它们分为两类。第一类 NP1 的施事性弱,NP2 的施事性强;第二类则相反,也就是 NP1 的施事性强,NP2 的施事性弱。在第二类双项名词句中,NP2 一般得是对比性成分或其他的新信息成分,NP1 不能有周遍性成分担任;而第一类双项名词句则不受这种限制。对于造成这种现象的原因,目前还没找到一个满意的解释。

第五节 启承结构*

1. 引言

为什么有些语句在语义上显得自足与完整,而另一些语句如果就此停下,会给人一种"半拉子"话的感觉,对比下面两个句子:

(26)老王今天来了吗?

(27)老王今天来没来难道还要问我吗?

同样是提问句,例(26)期待下文,即对该问题的回答,而例

---

* 本节主要观点在《和谐社会:社会建设与改革创新》中刊登,北京师范大学出版社,2008 年。

(27)则不然,即使无人接茬,该句也自成一个相对完整的话语单位。某些相关的语言现象曾引起前人的注意,如所谓的"完句成分"等概念(李泉 2006),就是主要用来对有关现象进行描写与解释,我们试图从另一个角度出发,研究现代汉语篇章中大量的相关语言现象。我们认为,例(26)与例(27)的区别,主要在于两句在启后性方面的差异。

吕叔湘(2002:529)在他的"现代汉语语法(提纲)"一文中曾观察到这种启后性现象,他认为:"很多句子是由两个或更多的小句组成的。有的小句不能独立,必须跟别的小句组合,有的小句能独立,也可以跟别的小句组合。"他举的例子(2002:529)是:

(28)a.？只要你敢

　　b.甲:"我想跟你杀一盘"

　　　乙:"只要你敢"

吕叔湘认为,例(28a)是不能独立的小句,但放在例(28b)中就可以说了。吕叔湘在解释这种现象时,专门提到"启下"和"承上"的概念。

陈平(1991[1987]:187)在谈到零形回指的制约因素时说:"所指对象的微观连续性本身受两个方面的因素制约,一是先行词的启后性,二是回指对象的承前性。"

受到吕叔湘和陈平研究的启发,本文提出篇章中"启承结构"的概念,这种篇章结构分为两个部分,前一部分称为"启后语",其特点是具有启后性,如例(28)中甲说的话;后一部分称为"承前语",其特点是具有承前性,如例(28)中乙说的话。两部分加起来,称为启承结构。

本文主要讨论启后性概念的特点,侧重研究汉语中启后性较强的种种语言形式,包括词语、结构以及标点符号等等。

要说明的是:①本文的启后语和承前语中的"语"的概念,是广义的,这个"语"可能是个小句、可能是复句也可能是比复句大的语言单位。②本文主要分析书面语中的启后性,本研究的发现对研究口语中的启后性可能会有启发。

2. 启承结构的表现形式

在语料中我们发现,一种启后性是由语言成分表现出来的启后性,如词汇和标点符号,这种启后性主要由语义,或者说由语义+语用表现出来的现象,暂且称为有标记启后性;另一种启后性没有明确的语言成分,也就是说没有固定的表现形式,而是由受话人自己推断出来的启后性,主要属于语用现象,暂且称为无标记启后性。下面我们分别讨论这两种现象:

2.1 有标记启后性

启后性的标记有两种,一是启后词,一是标点。我们先讨论启后词。

2.1.1 启后词

有些语句中,有个关键词,起到给读者提供启后性的关键作用,我们称为"启后词"。以此类推,起到承前作用的词可称为"承前词"。请看例句(‖表示启后语和承前语之间的分界标记,下画波浪线表示启后词,下画实线表示承前词):

(29)(上面这些事例,清楚地告诉我们:水有着非凡的功能,)它<u>不仅</u>能为生命的存在和延续提供保证,‖<u>而且</u>,在今天人们还能借助高新技术创造奇迹——利用水流喷射的冲力,制成了"水刀"(或叫"水锯")。

(《光明日报》2005年3月17日)

例(29)中的"不仅"是启后词,"而且"是承前词。

2.1.1.1 启后词的对应性

有些启承结构中有跟启后词相对应的承前词出现。也就是说,读者在看到启后词时,不但会预测到出现承前语,还会预测到出现跟该启后词相对应的承前词。这类结构的特点是启后词和启承词之间有一种较为固定的搭配关系。这种结构可分为两类:简单搭配和复杂搭配。

先谈谈简单搭配

吕叔湘(2002:530)谈到连词时就发现有的连词有启后性的特点,有的连词有承前性的特点:"从它们的作用看,关联词可以分成两类,一类是启下的,一类是承上的,前者如<u>虽然</u>,<u>如果</u>,<u>既然</u>,<u>不仅</u>,后者如<u>但是</u>,<u>而且</u>,<u>所以</u>,<u>那么</u>。"

简单搭配指的是吕叔湘所提到的具有启后承前的连词及关联副词成对出现,例(30)是成对的连词:

(30) a. <u>虽然</u>一年前她就成了学校特殊的一员,‖<u>但是</u>她从来没踏进过这个校园。(《北京晚报》2005年7月4日)

b. <u>由于</u>事故发生时正是高峰,‖<u>所以</u>当天造成二环主路大堵车,无数人上班迟到。(《北京青年报》2004年12月29日)

例(31)是成对的关联副词:

(31) a. (当人们劳累或烦闷时,打开电视机锁定旅游频道,你就会随着采访车穿街过巷、跋山涉水,)<u>时而</u>看到鳞次栉比的高楼大厦,‖<u>时而</u>又是一望无际的绿色

草原。(时而层峦叠嶂万岩争秀,时而千里湖面/烟波浩渺,令人心旷神怡,豁然开朗。)(《光明日报》2005年2月25日)

b.(据现场消防员介绍,他们赶到后,)一边救火,‖一边从火场中清理出大量被烧变形的货架……(《法制晚报》2005年12月21日)

简单搭配的特点是:①搭配语具有封闭性;②搭配语的对应词语较固定;③从词性看,连词和关联副词有时套用。

一、封闭性

搭配语的封闭性指的是在数量上比较固定,可以穷尽。按照张宝林(1996:397,442)的观点:①现代汉语连词共有137个,有9个连词只连接词和短语,它们是"跟、同、和、与、并、及、以及、而、连同",其余128个是连接分句和句子的连词;②纯粹的关联副词有38个,加上兼属连词的7个,共有关联副词45个。我们这里所讲的简单搭配结构就产生于这175个连词和关联副词之中。

二、搭配语的对应较固定,有一对一和一对多两种

一对一是指启后词和承前词是一一对应的,通常在一起使用。这类结构有连词"还是‖还是,或‖或,或者‖或者,或则‖或则,要么‖要么";在关联副词中,张宝林(1996:397)观察到,有10个(随、又、越、愈、时而、一时、有时、一边、忽、忽而)词是"多以两两连用的形式出现"。这里的"两两连用的形式"在本文看做是启后词和承前词是同一个词。

一对多指的是启后词是"一",承前词是"多"。也就是同一个启后词,至少可以和两个以上承前词对应。请看例句:

(32) a. "(就是因为没有问清楚政策,)我不但多花了3000元, ‖ 而且还跑了这么多趟。"(《法制晚报》2005年12月21日)

b. 因为寄宿不但使学生避免娇生惯养, ‖ 还可培养学生艰苦奋斗、独立自主的意识……(《北京晚报》2005年4月30日)

(33) a. (一些"阔少"在美国太张扬了,成为美国犯罪集团抢劫的目标。一些赌场也喜欢这样的"阔少"去玩,) 因为他们出手大方,在赌场也没有经验, ‖ 而且他们在赌场一般不会轻易罢手。(《法制晚报》2005年11月14日)

b. 幸好因为自己出演的是一个清朝留学生, ‖ 所以服装造型比较西化,不用剃头。(《新京报》2005年11月9日)

(34) a. 由于事故发生时正是高峰, ‖ 所以当天造成二环主路大堵车,无数人上班迟到。(《北京青年报》2004年12月29日)

b. 他说,由于气体主要是随风飘动的, ‖ 因此遇到苯等剧毒化学气体大面积扩散的事件时,首先要观察风向……(《法制晚报》2005年11月14日)

例(32)中启后词是"不但",承前词可以是"而且、还",例(33)中启后词是"因为",承前词是"而且、所以",例(34)中启后词是"由于",承前词是"所以、因此"。在一对多的情况下,读者读到启后词时,预测出现的承前词就不止一个。

三、从词性看,连词和关联副词有时套用

赵元任(2001[1968]:352)就发现连词和副词套用的情况,他在谈"成套的连词"时,就注意到"有时候,或者前一个或者后一个只是副词"。请看下面的例句:

(35)a. 无论有多大困难,‖我们也要克服。

b. (池清说,)如果产妇再不注意预防,‖就很容易患上糖尿病。(《法制晚报》2005年11月14日)

例(35a)中"无论"是连词,"也"是关联副词。例(35b)中"如果"是连词,"就"在这里也是关联副词。

再谈谈复杂搭配

复杂搭配的特点是具有开放性,词性不固定。开放性指的是启后词的数量是开放的,不像简单搭配那样固定,从词性上看也不固定,常见的有动词、名词、序列词等。复杂搭配共有三种:①对称搭配;②顺序搭配;③综合搭配。

一、对称搭配

对称搭配指启后词和承前词是对称的,这点跟简单搭配相似,只是词性不同,请看例句:

(36)"很多胖子是<u>带着</u>疑问来,‖<u>带着</u>喜悦走。"(该节目的一位编导说。)(《北京广播电视报》2005年3月31日)

(37)a. <u>只有</u>疲软的产品,‖<u>没有</u>疲软的市场。(《光明日报》2005年2月24日)

b. (至于控制水害的问题,人类的认识就更长,)<u>不是</u>一百年,‖<u>而是</u>几千年。(《光明日报》2005年2月24日)

c. <u>古</u>看黄河,‖<u>今</u>看长江。(《光明日报》2005年2月

24日)

对称搭配表现出来的特点一是启后词和承前词表现出对称性,二是启后语和承前语也常常表现出对称性。

①启后词和承前词的对称性指的是启后词和承前词可能是同一个词"带+着",如例(36)中的"带着‖带着",或是在语义上相对立的词,如例(37)中的"只有‖没有,不是‖而是,古‖今"。

②启后语和承前语的对称性指的是除了启后词和承前词外,在用词上、结构上也往往是对称的,如例(36)中的"疑问来‖喜悦走",例(37)中的"疲软的产品‖疲软的市场,一百年‖几千年,看黄河‖看长江"。

二、顺序搭配

顺序搭配指启后词和承前词是表示序列的。吕叔湘(2002[1979]:502)早就注意到这种现象:"要是按一个句子在一串句子里的地位和作用,也就是按功能来分类,可以分为始发句和后续句。这在语法上是有区别的,比如始发句多数是承上句,可也有启下句,比如用首先或第一或一方面开头的句子都有启下的作用,而其次或另一方面开头的句子则是承上句。"请看例句:

(38)a.(印度外长辛格自2月16日起对巴基斯坦进行正式友好访问,访问期间,两国外长在伊斯兰堡宣布,印巴就一系列问题达成了协议。)首先,印巴就开通从克什米尔巴控区的穆扎法拉巴德到印控区的斯林纳加间的公共汽车达成了协议;‖其次,双方同意立即启动巴基斯坦第二大城市拉合尔到印度边境城市、文化名城阿姆利则间的公共交通服务。
(《光明日报》2005年2月18日)

b.(刘先生说:)"起初我只以为是朋友搞的恶作剧,‖后来才发现不对。"(《法制晚报》2005年11月14日)

c.(大约在我四岁的时候,有一天家里来了位摄影家,)他先在客厅支好三脚架和灯光,‖又把我的小藤椅放在房门前面,再叫我穿上皮鞋和花衬衫,坐在椅子上。(《北京晚报》2005年4月30日)

例(38a)中出现了两个表序列的词"首先→其次";例(38b)也是两个"起初→后来";例(38c)出现了三个表顺序的词"先→又→再"。

廖秋忠(1992[1986]:69)认为:"常用的序列连接成分包括两种手段,一种是基数或序数的排列顺序,另一种是按时间/位置先后顺序排列,按数字排列的顺列连接成分常见的有几个:

基数序列:一、二、……n

其一、其二、……其n

序数序列:第一、第二、……第n

按时间/位置先后排列的序列连接成分常见的有:

首先、其次、……最后/末了

甲、乙、……癸。"

值得注意的是:①我们这里表顺序的词,包括廖秋忠所提到的表"两种手段"的词;②我们所关心的是这些表序列的词中的第一个词,因为只有第一个才肯定具有启后性,其他的可能有,可能没有。例(38c)中的"又"可能没有启后性,起码是表顺列的启后性不强,因为读者并没有期望"又"句后一定会出现"再"句"再叫我穿上皮鞋和花衬衫,坐在椅子上";③如例(38c)中,"先"句表现出顺列上的启后性,读者看到"先"时,可能会推测到以下几种组合"先→后"/"先→又"/"先→再"等。

三、综合搭配

综合搭配指的是多种搭配,看下面例句:

(39)a. 这件工作你<u>只能</u>慢慢地做,‖<u>不能</u>操之过急。(《现代汉语八百词》:605页)

b. (昨天是"三八妇女节",)<u>大多数</u>女性享受着快乐的健康女性所应享有的一切,荣誉与地位。‖<u>然而,还有一些</u>人可能享受不到这一切。(《新京报》2005年3月9日)

c. (小丫:"完全正确,恭喜您,)我<u>一</u>听到省长笑,‖<u>就</u>知道这个题根本难不倒您。"(《新京报》2005年3月9日)

例(39a)是"只能‖不能"搭配,例(39b)是"大多数‖还有一些"搭配,例(39c)是"一‖就"搭配①。

2.1.1.2 启后词的不对应性

启后词的不对应性指的是只有启后词,没有明确的对应承前词。我们在语料中发现,充当这种结构中的启后词,有单个连词、动词、名词、副词、插入语、一字句。

①单个连词

---

① 据我们观察,这类搭配的一个特点是,有时只出现启后词,如例(39a)改为:"这件事你只能慢慢做,操之过急反而不行。"这个句子读起来也顺,也可看作是"不对应启承结构"。

单个连词指的是启后词由连词充当,可以没有明显的相对应启后词的连接词。请看例句:

(40) a.(警方提示:)如发现在车上被窃,‖请及时拨打110报警或公交总队的反扒热线64101327。(《法制晚报》2005年2月16日)

b. 任凭风浪起,‖照样练体能。(《人民网》2002年7月3日)

张宝林(1996:443)认为,连接句子的连词中,可以分为"联合连词"和"偏正连词"两大类,在偏正连词中,连词分为"前句连词"和"后句连词"两类①,前句连词包括:表因果的连词(8个),表转折的连词(6个),表条件的连词(17个),表假设的连词(17个),表让步的连词(15个)。按照张宝林这个标准,例(40a)中的"如发现在车上被窃"属于表假设的启后语,例(40b)中的"任凭风浪起"属于表条件的启后语。据我们观察,在这些前句连词中,绝大多数还是跟"后句"连词或连接副词连用,我们这里讲的单个连词的情况很少。

②动词

有一些动词能充当启后词。请看下例:

(41) a. 建国里中学雷校长告诉记者,‖了解到崔莹的情况后,学校已经研究了他的特殊情况,"看到一个残疾孩子这么努力和优秀,我们无法拒绝。"雷校长说。(《法制晚报》2005年7月4日)

---

① 张宝林所说的前句和后句,跟本文所说的启后语和承前语相似,所不同的是,本文的启后语的语言单位更大些,而且强调启后性。

b. 从雷克萨斯为使中国车主能够享受到真正与世界同步的高品质服务而不惜重金打造的这些特许经销商便可以看出，‖ 雷克萨斯在中国市场已经做好了长远发展的准备。(《北京晚报》2005年3月8日）

c. 美国驻比利时大使表示，‖ 美欧"必须重建关系，重开对话，重温旧情"。(《光明日报》2005年2月25日）

(42) 民航总局该不该要求航空公司治理航班延误？‖ 中共中央党校经济研究中心副主任周天勇认为，这件事恰恰是民航总局在体制改革后转换角色的结果。(《北京青年报》2004年12月29日）

充当例(41)类的动词和动词词组有"说、喊、喊道、表示、想、希望、认为、强调、指出、宣布、介绍道、打算、听、听到、看、看到、看出、了解到、建议、应做到、表现在、是"等。充当例(42)类的能愿动词词组有"应不应该、能不能"等，表示选择。

③时间词

这里的时间词指的是用在小句后面表示时间的词，在我们的语料里，充当启后词的时间词只见到两个，"后、时"①。请看下面例句：

(43) a. 他们抓获网鹰的不法分子后，‖ 将受伤的鹰抱回警营精细治疗。(《光明日报》2005年2月16日）

---

① 请注意这类句子跟"在+后(同、同时)"组成介词结构，在句中充当状语的区别，如"两国外长在发表完声明后，立即离席，不准备回答任何提问"。(《光明日报》2005年2月18日）

b. 5 年前德国总统约翰内斯·劳在以国会用德语讲演时,‖三分之一的议员没有出席。(《光明日报》2005 年 2 月 7 日)

④副词

我们语料里见到几个充当启后词的副词,表选择的副词"是否",表短暂时间的副词"一",表强调的"还"。

(44)(民间有俗话:春冷夏热。今年立春以来持续偏冷,)是否预示今夏会是个酷暑?‖今天上午 9 时,市气象台专家否定了这一说法,称季节天气并没有绝对的关联性,今年是酷暑还是夏凉,尚难预料。(《法制晚报》2005 年 2 月 16 日)

(45)这一措施一实行,‖教师报名踊跃,到目前为止,已有 166 名城区教师到农村支教。(《光明日报》2005 年 2 月 18 日)

(46)(现在我已经把自己的月薪标准降到了 5000 元,我唯一想的就是尽快找一份工作,哪怕工资低一点也没有关系,)这么大了还整天待在家里,‖我自己都觉得不好意思。(《北京广播电视报》2005 年 3 月 3 日)

例(44)中的"是否"构成一个选择疑问句,读者期待承前语是启后语的答案。例(45)中的副词"一"充当不对应启承结构的启后词时,其出现的结构是"一+动词"(暂称一字句),"表示经过某一短暂动作就得出某种结果或结论"(吕叔湘 2002[1994]:527)。例(46)的"还"在启后语中有强调的意思。

⑤助词

这里的助词指的是"着",出现在"动词+着"句式中。吕叔湘在"现代汉语语法(提纲)"一文中(2002:491)发现,"动词语重叠,表示继续不断"有两种情况,其中一种是"X着X着"的格式(X表示动词),"预示在这一动作进行中出现别的事情(句子不能到此结束)"。他的例子是"司炉添着添着煤,突然熏倒了"。

我们发现,"动词+着"结构即使不重叠,单个"动词+着"有时也具有启后性,该小句表示伴随的意思:

(47) a. (入场以后,孩子们给崔莹系上了一条鲜艳的红领巾,)崔莹用手摸着红领巾,‖脸上浮现了羞涩的笑容。(《法制晚报》2005年7月4日)

b. 看着这一画展成为京城春节前夕的一道独特的风景线,‖家乐福中国区总裁施荣乐显得格外兴奋,因为他深知这不是普通的画展,而是从去年10月开始在中国举办的"法国文化年"活动的重要组成部分,家乐福集团公司和法国博物馆总局是这一百三十多幅作品展的共同举办者。(《光明日报》2005年2月7日)

从例(47a-b)的非重叠式"摸着、看着"跟重叠式"添着添着"的启后性的强弱相比的话,给人的感觉是重叠式强,非重叠弱。

2.1.2 启后标点

在书面语中,有些标点符号也是判断是否有启后性的一个因素,我们语料显示有四种标点是启后语的标志:冒号、分号、问号和引号,这些标点,我们暂且称为启后标点。

(48) a. (而在自豪之外,)我们还应从中体味到一种自信:‖只有在与别国文化的交流和碰撞中寻求传统文化的立足点,才能使传统文化得以丰富和发展。(《光明日报》2005年2月25日)

b. 中国文化走出去,才能享受世界贸易组织成员的权利;‖只有走出去,才能在世界的文化市场上占有一席之地。(《光明日报》2005年2月25日)

c. "那辆车的司机分明就是故意的。"‖张先生说……(《法制晚报》2005年2月16日)

d. (这时,我忽然发现床单被动过了,就对床说:"出来吧,我知道你就在床底下呢。"就听到侄子在床底下说:"我不在这儿,你去别处找吧。")我乐了,问:"你不在这儿,那谁在跟我说话呀?"‖"我的声音在跟你说话,但我不在床底下,你就配合一下去别处找我吧。"侄子恳求着说。(《京华时报》2006年1月6日)

例(48a)中的启后标点是冒号,表示下面要解释"自信"的内容,例(48b)的启后标点分号表示下面的内容是跟分号前一部分是平行的。

相对来说,冒号和分号简单一点,因为冒号和分号都属于前一个句子,而引号就复杂一点,例(48c)的左右引号属于同一小句,在这种情况下,读者通常推测作者会接下来交代"说话者",这就形成了启后性。

例(48d)的启后性是个问句,吕叔湘(2002:497-498)在"现代汉语语法(提纲)"中认为,问句有四种:特指问、是非问、正反问和选择问。

特指问通常用"什么、怎么、为什么、干吗、哪、谁"等词+问号,例句是:"做什么?""你什么事这么着急?""这封信是谁写给谁的?"

是非问通常用"吗"等表疑问的助词+问号,例句是:"你明天到车站去买票吗?"

正反问的例句是(直接加问号):"你认得这个人不认得这个人?""你能去不能去?"

选择问的例句是(直接加问号):"你吃米饭吃馒头?"

据我们观察,这四类问句都具有启后性。按吕叔湘的观点,例(48d)属于特指问,问句"你不在这儿,那谁在跟我说话呀?"出现后,读者在等待答句。

要注意的是,但有些问号并非期待听话者回答,也就是没有启后性,如反问句等。①

2.1.3 有标记性启后性总表

在2.1节中,我们讨论了标记性启后性各种表现形式,现整理列作表9.2:

---

① 这类例句有:
——阵沉默之后,光辉用加粗字体书写的文字跃上对话栏:"这世界并不是非善即恶,你是一个好女孩……""苦海无边,回头是岸,年轻最大的好处不就是给你改正错误的时间吗?"(《京华时报》2006年1月6日)

外界此后还提出质疑,一旦沙龙倒下,前进党中还有多少人会返回"娘家"——工党、利库德集团和新党?(《京华时报》2006年1月6日)

表9.2　篇章中启承结构类别总表

有标记性启后性表现类别				
2.1.1　启后词				
	2.1.1.1　启后词的对应性			
			定义	启后词‖承前词
		简单搭配	①启后词和承前词由连词和关联副词充当；②搭配较固定；③数量具有封闭性	因为‖所以 不仅‖而且
		复杂搭配	①有启后词和承前词搭配词性不固定；②搭配形式相对灵活；③数量具有开放性	
			对称搭配	启后词和承前词对称	只有‖没有
			顺序搭配	启后词和承前词由表顺序的词充当	首先‖其次
			综合搭配	启后词和承前词有多种搭配	只有‖才
	2.1.1.2　启后词的不对应性			
			定义	启后词‖……
		①单个连词	充当启后词的单个连词，后面没有对应承前词。	如‖……
		②动词	动词充当启后词	告诉‖……
		③时间词	时间词充当启后词	后‖……
		④副词	选择词和疑问词充当启后词	是否‖……
		⑤助词	助词"着"充当启后词	X着‖……
2.1.2　启后标点				
			定义	
	①冒号	表示下面还有进一步说明的内容出现		
	②分号	表示下面出现的内容跟上面的内容是出于同一个层次		
	③问号	期待答案		
	④引号	期待说者及附加内容		

2.2 无标记性启后性

无标记性启后性只能通过小句或更大的语言结构所表现的整体意义表现出来。

在理解和分析这类启后性时,Mann 和 Thompson(1986,1987)的修辞结构理论(rhetorical structure theory,RST)①给我们提供了理解无标记性启后性的分析框架。第八章第八节中,我们讨论过修辞结构理论,这里简单回顾一下。修辞结构理论认为,篇章是由各种关系各异的语义关系的小句或篇位(unit)组成的,篇章具有层次性,最底层是小句和小句的关系,然后层层往上叠,最后组成篇章。Mann 和 Thompson 考察了英语篇章,列出了可以用来描写英语篇章的语义关系类别,并对这些语义关系从功能的角度作了详细定义。表9.3 是他们列出的二十几种语义关系(要注意的是每种关系有自己的定义,并非跟汉语字面的意思完全一样):

表9.3 Mann 和 Thompson 的 RST 语义关系

修辞结构的语义关系			
环境关系	证据关系	对照关系	总结关系
解答关系	证明关系	让步关系	序列关系
阐述关系	意愿性原因关系	析取关系	对比关系
背景关系	非意愿性原因关系	解释关系	目的关系
使能关系	意愿性结果关系	评估关系	并列关系
动机关系	非意愿性结果关系	重述关系	

Mann 和 Thompson(1986,1987)发现,在这二十几种关系中,有些关系出现频率很高,有些则很低。我们在观察汉语语料

---

① 对修辞结构理论的详细介绍可参看徐赳赳等(1999)和徐赳赳(2003)的介绍。

研究时,发现情况也是这样,由于语义关系较多,下面我们只考察一下我们收集到的语料中出现频率相对较高的五种语义关系,①其特点是前句没有启后词或启后标点,但有启后性:

原因关系②

(49) a. 今天上午8时,在青年沟小黄庄小区内,一名20多岁的男子从一栋12层的居民楼顶层跳下,‖当场死亡。(《法制晚报》2005年2月16日)

b. 可是教语文的教授很严厉,‖抓着睡觉的肯定要被撵出教室。(《京华时报》2004年6月7日)

c. 不过,至少还有一点令奥迪值得欣慰,因为即便增幅放缓,但奥迪仍占据了中国高档轿车销售市场份额的70.2%。(《北京晚报》2005年3月8日)

条件关系

(50) a. (在他看来,)评判一个企业,‖不能仅看其营业额,还要看他是否有为社会作贡献的行动……(《光明日报》2005年2月7日)

b. 学校利用学校的资源,‖向贫困家庭学生提供帮助,为他们发放学校计算机房的免费上机票……(《光明日报》2005年3月8日)

背景关系

(51) a. (昨天早上,在历时一个多月深入工作还是未能找到

---

① 要注意的是,修辞结构理论中的语义关系有其详细定义,跟我们传统的复句中的关系并非完全一样。

② Mann 和 Thompson(1986,1987)把"原因关系"又细分为:意愿性原因关系,非意愿性原因关系,意愿性结果关系,非意愿性结果关系。这里不再细分。

被犯罪嫌疑人砍伤的事主张老汉后,百般无奈之下,)丰台警方借助新闻媒体,‖寻找始终不肯和民警见面的张老汉。(《北京青年报》2004年12月29日)

b. (有这样一则故事,)两个人在森林里,遇到了一只大老虎,‖A赶紧从背包后取下一双轻便跑鞋换上。B急死了,骂道:"你干吗呢,你再换鞋也跑不过老虎啊!"A说:"我只要跑得比你快就好了。"(《光明日报》2005年2月7日)

解释关系

(52) a. 后来我们干脆好事做到底,‖把踢开的地方整修了一下,弄成了一个很像正规门院的门……(《京华时报》2006年1月6日)

b. 小时候就常听大人们说"女人颈男人腰",‖意思是说看一个人有没有出息,将来能不能成大事,女人要看颈,男人要看腰。女人颈部长得好的,将来必将有前途,男人的腰长得好的,以后也一定能成就大业。(《车友报》2006年1月27日)

让步关系

(53) a. (百折不挠:)今天钻杆时撞断了竹竿N次,‖明天接着练。(《车友报》2006年1月27日)

b. (吴非说,)他们"陪护"了魏敏杰半个月,‖也没要出钱来……(《京华时报》2006年1月22日)

前面例(49a)先讲有人跳下,再讲此人死亡,两者之间构成因果关系,"跳下"是因,"死亡"是果。例(49b)中"教授严厉"是因,"撵出"是果。这两个例句都是启后句表示原因,承前句

第九章　篇章推进结构

表示结果,也就是说,读者读到原因句是,预测可能会交代结果。按照 RST 理论,结果在前,原因在后也是因果关系句。

如例(49c)是结果在前,原因在后,我的语感是"因为"前的句子同样具有启后性。读者读了"不过,至少还有一点令奥迪值得欣慰"后,等着作者告诉的内容是,"值得欣慰的是什么?"

例(51a)中"丰台警方借助新闻媒体"是启后句,是为后句承前句提供了背景情况。例(51b)两个"遇到了一只大老虎"是启后句,为下面两人的行动提供了背景情况。

要注意的是:

一、修辞结构中的语义关系是通过功能来定义的,相对有标记启后性来说,启承结构的语义类别的确定较为困难。

二、例(49—52)列举了有启后性的句子,但并非这几种关系都一定有启后性,再扩大一些看,并非修辞结构中每个语义关系都一定存在启后性,还有,同样的语义关系在篇章中的处于不同层次对启后性的理解可能也会不同。

表 9.4 是无标记性启后性表现形式的总表。

表 9.4　无标记性启后性表现类别

无标记性启后性表现类别		
无启后词		
		定　义
	原因关系	启后语和承前语的关系是原因和结果的关系
	条件关系	启后语和承前语的关系是条件关系
	背景关系	启后语和承前语的关系是背景和前景关系
	解释关系	启后语和承前语的关系是解释和被解释的关系
	让步关系	启后语和承前语的关系是让步的关系

3. 启后性的强弱趋势

据我们的语感,以上讨论的有标记性启后性和无标记性的启后性强弱可能有所不同,下面讨论启后性的强弱情况。

3.1 研究设计

为了了解人们是如何来判断句子的完整性的,我们从现有的资料中抽出了 14 个句子,三种启承结构各取三个例句中的启后语(共 9 个例句,都带原文标点),请被试"判断下列句子是否已经完成",组成了一个问卷。问卷调查采用整群抽样方法,从浙江金华第二中学高中一年级抽取了两个班级,其中 98 人,中华女子学院二年级学生共两个班 97 人。发放问卷 195 份,回收 195 份,有效问卷共 195 份。我们采用了 SPSS11.0 进行了数据分析。

3.2 主要发现

调查的例句是有标记的例句共 4 个(其中有启后词的例句 2 个,启后标点的例句 2 个),无标记的例句 4 个,调查结果如下:

表 9.5 有标记和无标记对启后性的强弱的影响

有标记 (共 780 例)		无标记 (共 780 例)	
完成	未完成	完成	未完成
205 例	575 例	319 例	461 例
26%	74%	41%	59%

用图表示就是：

启后性强 ←——— 有标记 ——— 无标记 ———→ 启后性弱
（未完成）　　　　　　　　　　　　　　　（完成）

图9.7　两类启承结构启后性强弱表

统计显示,有标记的启后语启后性较强,无标记的启后语启后性较弱。

4. 启后性表现特点

启后性在篇章中的表现有各种特点,我们发现的有以下几种:结构相套现象,跨段现象,多标记现象,插入现象等。

4.1　结构相套现象

结构相套现象指的是大启后语套小启后语的现象,下面这个例句就是层层相套的例子:

(54)去年元月,包浩骑车外出时$_1$,‖由于未注意到小区门口的电动道闸杆的状态,‖结果当其经过门口时$_2$,‖头部与正在下落的电动道闸杆碰撞后倒地受伤。
(《法制晚报》2005年11月14日)

例(54)中第一个启后词"时$_1$"的出现,读者预测在这个时间里可能发生某件事;表原因的启后词"由于"的出现,读者推测表结果的承前语可能出现;在表结果的承前语中,又出现一个启后词"时$_2$",又使读者推测在这个更为准确的时间里可能发生的事件。整段话就这么一环套一环,吸引读者不断地往下读。如果我们用图来表示的话,就是图9.8所示(借用 RST 的图示法,竖线表示启后语,箭头所指是与之相对的承前语):

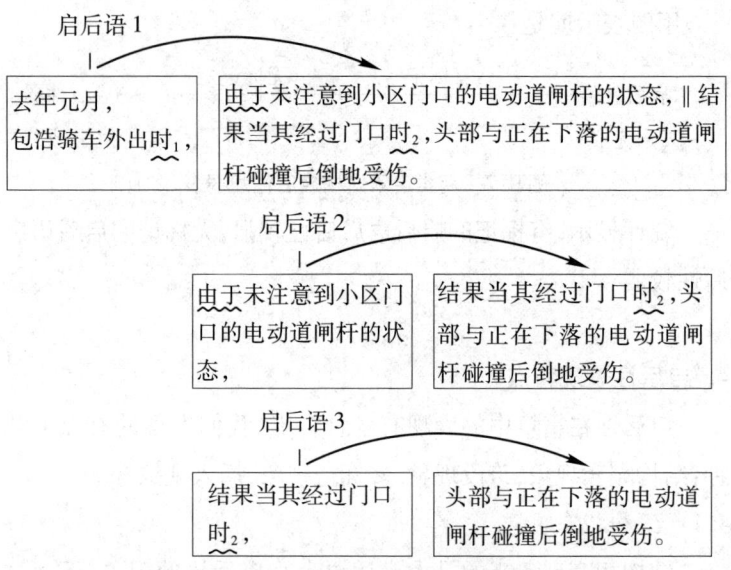

图 9.8　启后性层层相套现象

4.2　跨段现象

启后性并非只出现在段落内,有时可以跨段,请看例句:

(55)　(陈永明表示,家长及家庭也一直在留学生盲目消费中扮演了重要角色。)

其一,随着中国家庭经济情况的好转,家长们普遍希望子女过得比自己好,有的家长甚至倾其一生积蓄把孩子送出去;

‖其二,80年代后出生的孩子多为独生子女,父母的过度溺爱使孩子不能完全体会到生活的艰辛,亦不能很好地掌管财物;

(其三……)(《法制晚报》2005年11月14日)

例(55)中的启后词"其一……"和承前词"其二……"分别

出现在两个段落里。

4.3 多标记现象

在本章 2.1 节中,我们把"启后词"和"启后标点"看做是判断启后性的标记,有时我们可以看到几种启后性标记同时出现的情况,请看下例:

(56)a. 意大利古代诗人雷勃拉在一首诗中写到:‖"如果上帝成长,魔怪就会增加。"(《光明日报》2005 年 2 月 25 日)

b. 只有经过盘问,保安人员确认是饭店的客人后,‖他们才把路障移走。(《法制晚报》2005 年 2 月 16 日)

例(56a)是启后词"写到"和启后标点冒号同时出现,例(56b)启后语中出现两个启后词,连词"只有"①和表时间的名词"后"。

4.4 插入现象

插入现象指的是,启承结构中间插了其他成分,但启承结构依然存在,看下例,这是冯小刚导演的电影《甲方乙方》(1997)中的一段对话(冯小刚饰钱康,葛优饰姚远):

(57)钱康:……从前一段试营业的工作情况来看,成绩是有的,大家忘我工作热情也很高涨,尤其是姚远同志……

姚远:你就说但是吧……

钱康:但是,我们的工作中也确实暴露了很严重的问

---

① 这里的"只有"我们暂且看作是"副词'只'加动词'有'转化而成的连词"。

题,那就是为什么人服务的问题……

例(57)中,钱康的两次说的话,可看成一个启承结构,姚远说的话可看成在启后语和承前语中间的插入语。

5. 启后性的制约因素

吕叔湘(2002:529)在《现代汉语语法提纲》中分析有些小句"不能独立成句"的原因时,提出三个原因:一是环境因素,二是语调,三是关联词。他提到的这些"原因"就是我们这里讲的启后性制约因素。

吕叔湘讲的关联词,我们在2.1.1节中进行了初步的讨论,有机会再深入讨论。

谈到语调,吕叔湘(2002[1979]:483)说:"一个短语或一个词,只要用某种语调说出来就是句子,听的人就知道这句话完了,而虽然具备主语和谓语,只要用另一种语调说出来,就不是句子,听的人就等着你说下去。"吕叔湘一下子就点出了启后性跟语调之间的重要关系。由于这里主要讨论书面语,语调问题有机会再讨论。

下面我们重点讨论一下环境因素。

环境因素确实是判断启后性的一个重要因素,很值得深入研究。当然环境可大可小,小的环境可指两人会话的场景,大的也可指某种文化环境,也就是把某种文化看作对启后性制约。我们还是拿例(57)来讨论,例中显示了这样的信息:作为听者的姚远,在钱康没有把话讲完前,就已经预测到钱康接下来的话中要讲"但是"这个词,以及"但是"后的大致内容。那么,为什么在钱康没有把话说完前,姚远会预测到钱康会说"但是"后的内容呢。

我们认为,例(57)钱康的话中之所以表现出很强的启后性,以至于听者姚远一下子就体会到了这种启后性,这跟一个社会的文化很有关系,中国人较常见的表达方式是:比较委婉,如要批评某人,通常先肯定对方,然后再提出不足的地方,特别是在上级对下级总体评价的时候,这种表达方式表现得尤其明显,如领导在工作总结中,出现"总的来说是好的"之类话,接下来可能就要讲"不足之处"了。例(57)正好符合这类表达法,所以姚远一下子就推断出钱康接下去要讲的内容。

"先讲好的方面,再讲不足的方面"这类例子很常见,再看两例:

(58) a. 居民安全感连续3年呈下降趋势,各种负面报道增多当然是其中一个原因。‖ 不过,笔者个人以为,这种说法多少还有点"轻描淡写"的味道。(《法制晚报》2006年2月21日)

b. 整顿娱乐场所的次序,当然是众望所归,‖ 但是,我们也不应该忽视这些动作所带来的疑问:一座城市里到底有多少娱乐场所?警方承认的保安公司能否提供充足的人员?(《法制晚报》2006年2月27日)

如果是生活在另一种文化环境之下的人,读了上面所提到的例(57)(58)中"‖"前面的话,可能并未体会到启后性,自然无法预测下面说的话。也就是说,对他们来说这类表达法并不存在启承结构。

6. 小结

本节提出了现代汉语篇章的启承结构,从一个新的角度来理解篇章的结构,重点分析启后性的现象,认为启后性可以分为有标记性启后性和无标记性启后性,并且描写了这两种启后性的特点,调查了启后性强弱情况,最后简要讨论了启后性的制约因素。

本节对启后性作了初步的描写和分析,但尚有许多问题需探讨,仅举几例:

一、对承前性的研究

我们发现,承前性有两种,一种是处于启承结构之中所表现出来的承前性,这种承前性我们在文中已讨论过,其特点是这种承前性可以预测。另一种我们暂且称为"独立承前性",这种承前性跟前句是否有启后性没有关系,没有预测性,看下面例句:

(59)新身份证除包含普通个人信息之外,还包含"生物特征",例如眼睛虹膜信息、指纹以及辨认的面部特征等。为了新身份证软件兼容,每个政府部门将被迫采用新的计算机程序,仅此一项就将增加50亿至100亿英镑的支出。新身份证推行以后,人们只有凭它才能证明自己的身份。但越来越多的人抱怨这项计划太昂贵。(《法制晚报》2005年11月7日)

例(59)中的"但越来越多的人抱怨这项计划太昂贵"。具有承前性,可看做独立承前语,判别标准有两个:①有起到承前功能的连词(但、因此);②这两个句子前面的内容没有明显的与之相对应的启后词。

这两类承前性都值得研究。

二、RST 的语义关系和启承结构

如从 Mann 和 Thompson(1986,1987)的修辞结构理论来看,乐明(2005:50)提出现代汉语的 12 大组的语义结构,这些大组中,又分出若干小类,如果以她的这个框架来看的话,那么这些语义关系中,哪些是属于启承结构,哪些不属于启承结构,属于启承结构的修辞结构的语义关系中启后性的强弱分布,为什么? 这些问题都值得研究。

三、语调和启承结构

吕叔湘讲到的语调很重要,在口语中是判断启承结构的不可或缺的标准,本文因为着眼点在书面语,没有对口语进行研究,希望今后有人研究。

四、关联词和启承结构

至于关联词语,本文在讨论有标记启后语时作了一些初步的分析。但没有对关联词进行系统的分析。张宝林(1996:437)认为:"对于那些连接分句和句子的连词,根据出现的位置,又可以分为前句连词、后句连词、前后句连词三种,前句连词指以用于前一分句为常式的连词,如'一来、不但、与其、因为、虽然、无论'等,共有 77 个。后句连词则指以用于后一分句为常式的连词,如'二来、而且、所以、但是、不过'等,共 46 个。前后句连词常常重复使用,同时用于前句和后句的连词,有'要么……要么……,或者……或者……'等 5 个。"他的研究给系统研究关联词和启承结构的关系提供了一个好的思路。

五、回指链和启承结构

陈平(1991[1987]:188)认为:"以上句的主题或者评述部

分中新的信息成分的身份出现的所指对象最容易成为下句的主题,因而启后性最为强烈。"陈平提到的"所指对象"的分布,跟启承结构直接相关。徐赳赳(2003)第七章中提到的名词回指链,看来跟启承结构也紧密相连。

还有一种值得注意的"启后性"现象,跟我们这里讨论的启后性有联系,但又有不同,就是文章的标题也显出启后性:

(60) 城管也应去体验一下小贩

成都市城管局三局组织了一支由流动商贩,大学生和普通市民组成的特殊队伍走上街头,当回城管执法队员,体验城管执法的艰辛和不易。(11月19日四川新闻)

诉诸角色转换中设身处地的理解与宽容,这是一种值得推崇的公共治理理念。城管部门也在实际中听到了"想听的话",小贩感叹"城管真不容易当"和参与网友声称"执法难度大得始料未及"。一个结论似乎在人们的感触中水到渠成、呼之欲出:社会应充分理解城管执法、小贩们应反思日常经营中与城管执法的对立,他们真不容易。

笔者倒觉得,小贩感慨"城管真不容易当"很难完全说明问题,因为这仅仅是一种单向度的角色体验。角色只有在互换中才能进行一种平等和多角度的沟通,城管不妨去体验一下那些流动水果摊主、穿街走巷的"走鬼"们艰难的生活。如果城管们愿意脱下自己的制服,真切地体验一下自己日常执法中那些普通的执法对象——流动小贩们的生活,感受他们家庭的压力：下岗、养老、子女学费等压力，做点儿小生意还要承受与城管周旋打游击的巨大压力。他们会更感叹于"小贩更不容易当"。

(《新京报》2006年11月20日)

读者读了题目"城管也应去体验一下小贩"，就会期望文章中出现有关论述城管应去体验一下小贩的内容。读者读了第一和第二自然段时，还在等待作者想叙述的中心内容。这是不是跟启承结构有些相似？

第六节　结　　语

这章讨论的四个篇章推进结构，前三个结构都是语言学界经过多年研究的，最后的篇章启承结构是我近些年的研究课题之一。因此，前三个结构是以介绍前人的研究为主，在介绍中，只介绍相对主要的一些内容。从现在的研究情况看，对汉语的信息结构、话述结构和主述三种结构研究还有许多工作可做，特别是对主述结构，如汉语的主述结构界定，主述结构在篇章中的层继推进方式跟英语有什么不同，都还值得进一步探讨。第五节讨论的启承结构以研究为主，是在吕叔湘和陈平的思路上，从篇章的角度所作的探索，相对来说详细一点，潜在的意思是，这项研究刚刚进入探讨阶段，很多问题尚待研究。

在本章中，我们需注意到这四种结构在层继推进中所表现出来的不同特点：

一、有的层继推进是在连续出现的小句中实现；有的可以隔一个或多个小句再实现。

二、有的推进模式比较简单,也就是说,模式相对来说少些;有的就比较复杂,模式较多。

三、有的层继推进的成分是以某个成分为主,如以某个名词性成分为主;有的是以某个小句为主。

第十章 总　　结

　　如果把 Zellig Harris 1952 年写的论文 Discourse analysis 看做是现代语言学研究中话语分析或篇章语言学的萌芽的话，至今已经五十多年了。在这几十年里，篇章语言学的发展一直遵循语言内部自身发展的规律，同时科学技术的进步在促进了这门学科的快速发展上也起了重要的促进作用。

一、定义和特征

　　导论讨论的是篇章语言学无法回避的一些基本问题：话语篇章的定义问题，研究对象问题，研究语料问题，还有研究方法的特点及基本原则等等。话语篇章的定义和所指在这门学科几十年的发展过程中慢慢变得清晰起来。篇章语言学的研究对象是超句结构，篇章的三个特征和篇章的七要素勾勒了篇章所具有的内在特性。篇章语言学研究的语料是人们生活中正在使用的自然话语。口语和书面语是篇章语言学所关注的两个大的语言类别，口语是稍纵即逝的话语，书面语是经过反复斟酌的话语，尽管两者有相互渗透的现象，但两者在研究方法和研究目的上都有明显的不同。

二、方法和原则

就基本研究方法和原则来说,篇章研究与一般语法分析有共同之处,也有重要的区别,有几个方面最能体现篇章研究自身的特征:篇章研究不仅仅盯在语言的本身,而且还密切关注与其相关联的语境,关注语境对语言本身的影响,从语境找出人们理解语言的机制。篇章语言学强调语言的交际功能,注重把语言置于色彩斑斓的生活之中来研究,观察人们是如何在日常交际中应用语言的:同样一句话,在这个交际场景是很恰当的,而在另一个交际场景可能就会导致交际的失败。话语篇章有自己一套结构特征,也有自己一套词汇特征,还有一套自己的语音特征,这些在篇章研究中都是不可忽略的。

三、历史和学科

如果寻找篇章语言学的渊源,可以追溯到起源于古希腊古罗马时代并一直延续到现在的"修辞":创作、构思和雄辩。1980年代可以看成篇章语言学开始作为一门独立的学科展示在世人面前的时候。篇章语言学的形成和发展,跟相关学科的发展是紧密相连的:语用学、语法、风格、文学、人类学和社会学等等。"最有希望为话语分析提供理论基础的是语用学。事实上,人们常常把两者自然地联结在一起,合称话语-语用学。"(陈平1991:70)篇章和传统语法在许多方面都有明显不同。篇章和风格关系也很密切,组成篇章时,风格显示了自身的特点。

因此，人们可以看出某个篇章的风格，看出某个作者所有篇章的风格，看出某类作者的篇章的风格，看出某个时代的篇章的风格，甚至看出某种文化下产生的篇章的风格。篇章和文学也是经常放在一起讨论的，篇章研究的某些视角就是来自文学中的研究，如互文的研究，同时现在也有研究者把语言学的研究方法引入文学研究。篇章跟人类学好像离得较远，其实，要研究语言的意义，就应该把语言看做是一种人类活动。社会学则把会话看做是社会结构社会互动的一种方式，如研究说话者是如何转换话题的，社会学的分支学科民族方法学研究说话者的句式和社会角色之间的相互关系。

四、观点和看法

篇章观讨论的是篇章和社会、篇章和意识形态、篇章和认知的关系，篇章和语言的实际应用，最后讨论篇章分析原则。篇章在许多方面显示其社会性因素：社会性别的差异因素，宗族因素，文化因素。社会话语分析关注的是从社会层面来理解和研究人类的行为，批评话语分析则认为话语分析要具有批判性，以此来倡导社会变革。话语中的意识形态这个词，并非仅仅体现人们的信仰，意识形态还具有劝说的功能，也就是说，话语不但有表达自己信念的功能，还有用话语来改变别人想法的功能。Givón(2005:65)认为，认知表征系统涉及四个方面：概念词汇，命题信息，多命题话语，以及词、命题和话语三者之间的互动。篇章和语言的实际应用传递的是这么一种观点，即语言研究兴起于日常交际需要，因此语言研究要结合实际应用。篇章分析原则包括：对话原则、社会实践原则、序列原则、结构原则、层次原则、规则原则、策略原则、认知原则等等。

五、篇章和类型

篇章类型主要讨论两个方面的内容，一是口语和书面语，一是短信篇章和网络篇章。这章讨论的口语和书面语跟导论中提到的口语和书面语的内容不同，导论中讨论的是研究口语和书面中采用不同的方法以及应注意的一些原则，这章讨论的口语和书面语是具体讨论两者的不同的发展历史，各自的特征，如口语和书面语在词汇的应用、句法的表现和说者/作者的表达方法等方面有明显的不同点。随着电脑等科学技术的发展，近十几年来，传统的用笔写信，然后到邮局寄出的方式已日渐减少，用短信和电子邮件已成为一种时尚，最早接受和使用最新科技的是一群头脑灵活、"喜新厌旧"的青少年。短信是随着手机的发展而发展起来的新的一种交流方式，手机小巧便于随身携带，无线接收，随时收发，价格不断下降，这些因素都促进这种"短语文"的使用和创作。网聊是随着电脑的发展而发展起来的，QQ、MSN等许多网上聊天工具，给这批弄潮儿创造了大展身手的机会，网聊篇章便在这样的形势下应运而生，胡锦涛2008年6月20日，还专门上人民网的强国论坛，和网民进行在线交流，显示了网聊的普及与强大。网聊篇章既有口语的特征，又有书面语的特征。网聊篇章的作者主要是以文字和符号形式展现给读者，它自然具有书面语特征。不管是短信和网聊都是近些年出现和普及的新的篇章形式，值得语言学家密切注意。

六、篇章和现象

本书讨论的篇章现象主要有：引语、元话语、互文、话语标记、管界、前景和背景。一百多年前，Tobler(1894)就讨论过引语，本项研究从四个方面讨论直接引言，提出了五项功能、两个原则。元话语指的是"有关话语的话语"，元话语可分为三类：词语元话语、标点元话语和视觉元话语。互文指的是篇章的内容互用的现象，这种现象的出现是因为尽管任何篇章有自己新的东西，但都建筑在其他篇章之上。话语标记是指那些在话语中不表达命题，但在话语中所起到各种功能的词。"管界"是一种篇章现象，指的是由某个"管领词"所控制的范围，常见的管领词有四类：谓语动词，状语，连接成分和类话题短语，已经发现的决定篇章管界的手段多达十几种。谈到焦点，人们通常先想到自然焦点，也就是句尾焦点和焦点标记，可能还会想到否定词和疑问词跟焦点的关系，其实，有些焦点现象是由篇章决定的。Ellis(1999:107)把篇章中的信息可以归为"前景信息"和"背景信息"两类，前景信息指的是那些在篇章中突出的信息，背景信息指的是那些置于背后的信息。两类信息在篇章中表现出不同的功能，运用得当会使篇章浑然一体，运用不得当会使篇章层次不分明。

七、篇章和话题

主语和话题从理论上来区分相对来说还是比较容易的，比较一致的看法是主语是句法的概念,而话题主要是话语篇章的概念,当然在分析具体语言现象的时候,对主语和话题的判别,要比理论上的难多了。话题可以分为句法话题、语用话题,篇章话题,每类话题都有自己的特征,每类话题都有自己独特的表现。从篇章的角度看,某个话题往往不是单个出现的,同样的话题在某个篇章中连续出现,于是就有话题链的概念,话题链是组成篇章的一个重要手段,对话题链的研究能够从一个角度揭示篇章的特征。

八、篇章和回指

所指在篇章中有各种形式,有外指、内指、回指、前指等,回指在篇章中表现明显,使用频率较高的一种手段。回指可以分为句内回指和篇章回指,本项研究关注的篇章回指,如把篇章回指分为同指和联系回指的话,人们对同指的研究倾注的精力较多。联系回指指的是人们借助触发词而产生的联想称为联想回指,联想回指可分为上下义回指和关联回指。本项研究显示,上下义回指和关联回指的方式有所不同,上下义回指以"层次"推进为主要推进方式,关联间接回指以"网状"为主要推进方式。联想回指产生的基础是,人们在头脑里存在的往往不是一个一个孤立的词,更重要的是这些词之间存在的各种各样的关系,只要读者读到某个词,如有需要,大脑便会激活相关的词,这就是我们现在所理解的联想回指产生的基础。

九、篇章和层次

篇章成分的排列虽然是线性的,但是在理解中却是有层次的,这一观点已为大多数人所接受,但对篇章到底有多少层次,每个层次之间的关系是什么,各层次在篇章中的功能是什么,人们还有不同的看法,本研究讨论的层次结构有:传统结构,段落结构,三元结构,论证结构,故事结构,宏观结构,修辞结构。这些层次的研究,揭示了篇章的特性,我们理解这些观点后,再看篇章就不仅仅是一个平面的篇章,线性的篇章,而是一个带有各种层次的篇章,一个立体的篇章。

十、篇章和推进

本研究所讨论的信息结构、主述结构、话述结构和启承结构使我们看到一个动态的篇章。这些结构中两个部分,一旦条件成熟,就相互转化,篇章就在这种不断的转化过程中形成。对信息结构、主述结构和话述结构人们较熟悉,因为研究人数较多,成果相对也较多,而启承结构是从一个新的角度来审视篇章,启承结构的关键是启后性,也就是读者碰到某个语言成分后,经过推测得出预示可能出现的成分或内容,对有正常阅读能力这种推测在瞬间完成,不必花很多时间去预测和推断,这就是这个语言成分所表现出来的启后性。启后性可以分为有标记性启后性和无标记性启后性,本研究描写了这两种启后性的特点,调查了启后性强弱情况,并简要讨论了启后性的制约因素。

十一、回顾与展望

2006年,陈平在《引进·结合·创新》一文中提出一个问题:西方早自古希腊就开始了对语法的研究,并作为语言学的重要内容一直延续至今。而我国在《马氏文通》问世前,两千多年来语言研究的基本内容就是围绕文字音形义研究的所谓"小学",当代语言学的理论和概念,几乎都是发源于西方语言学。由此而产生的问题是,为什么中国和西方在语言学发展上走了两条不同的路子?为什么中国浩如烟海的传世文献中,极少看到汉人深入研究周边异族语言或是外族研习汉语的详细记载?南文瑛(2008:91)称之为"陈平难题",并认为:"'陈平难题'的探讨,有助于中国语言学界利用中国丰富的古今语言资源,为当代语言学理论作出贡献。"这是因为,"如今汉语热正在世界兴起,中国的外语热方兴未艾。中国的对外汉语教学、外语教学、双语教学等等学科都有许多开拓性的理论问题需要解决。科学发展的过程是不断发现问题解决问题的过程。"

陈平(2006:169)认为,"不能指望这个世界上有现成的、为汉语度身定做的理论和方法","要回答这些问题,毕竟还得主要依靠汉语为母语的语言学家"。现在我国正处于改革开放逐步走向世界的年代,我们作为汉语为母语者,是否应该对汉语的研究多花些力气呢。

参 考 文 献

Akmajian, A. , R. A. Demers, and R. M. Harnish. 1984 [1979]. *Linguistics: An Introduction to Language and Communication* (4th ed.). Cambridge, Mass: MIT Press.
Akman, V. 2000. Rethinking context as a social construct. *Journal of Pragmatics* 32:743-759.
Anderson, A. Garrod, S. C. and A. J. Sanford. 1983. The accessibility of pronominal antecedents as a function of episode shifts in narrative text. *Quarterly Journal of Experimental Psychology* 35A: 427-440.
Apothéloz, Denis and Marie-Jose Reichler-Beguelin. 1999. Interpretation and functions of demonstrative NPs in indirect anaphora. *Journal of Pragmatics* 31:363-397.
Ariel Mira. 1998. Discourse markers and form-function correlations. In Jucker and Ziv. eds. *Discourse Markers: Descriptions and Theory.* Amsterdam: John Benjamins Publishing Co. 223-260.
Bain, A. 1866. *English Composition and Rhetoric.* London: Longmans.
Bally, Charles. 1912. Le style indirect libre en francais moderne. *Germanisch-Romanische Monatsschrift* IV:547.
Becker, A. 1967. Symposium on the paragraph. *College Composition and Communication* 17:67-72.
Blakemore, Diane. 1987. *Semantic Constraints on Relevance.* Oxford: Blackwell.
Blakemore, Diane. 1988. The organization of discourse. In Frederick J. Newmeyer ed. , *Language: The Socio-cultural Context.* Cambridge: Cambridge University Press. pp. 193-209.

Bolinger, Dwight. 1977. *Pronouns and Repeated Nouns*. Indiana: Indian University Linguistics Culb.

Bransford, J. D., and M. K. Johnson. 1973. Considerations of some problems of comprehension. In W. Chase ed., *Visual Information Processing*. New York: Academic Press. pp. 383-438.

Brinton, J. Laurel. 1996. *Pragmatic Markers in English: Grammaticalization and Discourse Functions*. Berlin: M outon de Gruyter.

Brown, G. and G. Yule. 1983. *Discourse Analysis*. Cambridge: Cambridge University Press.

Camiciottoli, Crawford Belinda. 2003. Metadiscourse in ESP reading comprehension: An exploratory study. *Reading in a Foreign Language* 15:1-19.

Carcia, Erica C. 1979. Discourse without syntax. In Talmy Givón, ed., *Syntax without Semantics: Discourse and Syntax* 12. New York: Academic Press. pp. 23-50.

Chafe, Wallace. 1976. Givenness, contrastiveness, definiteness, subjects, topics, and point of view. In Charles N. Li, ed., *Subject and Topic*. New York: Academic Press. pp. 25-55.

Chafe, Wallacc. 1982. Integration and involvement in speaking, writing, and oral literature. In Deborah Tannen, ed., *Spoken and Written Language: Exploring Orality and Literacy*. Norwood: Ablex Publishing. pp. 35-54.

Chafe, Wallace. 1994. *Discourse, Consciousness, and Time: The Flow and Displacement of Conscious Experience in Speaking and Writing*. Chicago: University of Chicago Press.

Chafe, Wallace. ed. 1980. *The Pear Stories: Cognitive, Cultural and Linguistic Aspects of Narrative Production*. New Jersey: ABLEX Publishing Corporation.

Chalker, Sylvia. 1996. *Collins Cobuild English Guides* 9: *Linking Words*. London: HarperCollins.

Chandler, D. Semiotics for Beginners. Retrieved Oct. 31, 2008 from http://www.aber.ac.uk/media/Documents/S4B/sem01.html

Charolles, Michel. and G. Kleiber eds. 1999. Associative Anaphora (special

issue). *Journal of Pragmatics* 3.
Charolles, Michel and G. Kleiber. 1999. Introduction. In M. Charolles and C. Kleiber, eds., Associative Anaphora. *Journal of Pragmatics* 31. pp. 307 – 310.
Charolles, Michel. 1999. Associative anaphora and its interpretation. In M. Charolles and C. Kleiber, eds. Associative Anaphora. *Journal of Pragmatics* 31. pp. 311 – 326.
Chen, Ping (陈平). 1984. A discourse analysis of third person zero anaphora in Chinese. *Bloomington*: *IULC*.
Chen, Ping (陈平). 1986. Referent introducing and tracking in Chinese Narratives. UCLA PhD Dissertation.
Chen, Ping (陈平). 2003. Indefinite determiner in introducing definite referent: a special use of "*yi* ' one' + calssifier " in Chinese. *Lingua* 113.
Chen, Ping (陈平). 2004. Identifiability and Definiteness in Chinese. *Linguistics* 42 ,6:1129 – 1184.
Chen, Ping (陈平). 2009. Aspects of referentiality. *Journal of Pragmatics* 41:1657 – 1674.
Chomsky, Noam, and Morris Halle. 1968. *The Sound Pattern of English*. Cambridge, Mass. : The MIT Press.
Chomsky. Noam. 1965. *Aspects of the Theory of Syntax*. Cambridge: The MIT Press.
Chu, Chauncey(屈承熹) . 1998. *A discourse Grammar of Mandarin Chinese*. New York: Perter Lang.
Clark, H. and R. Gerrig. 1990. Quotations as demonstrations. *Language*. 4:764 – 805.
Clark, Herbert H. and Richard J. Gerrig. 1990. Quotations as demonstrations. *Language* 4: 764 – 805.
Colin, Dorrit. 1978. *Transparent Minds*: *Narrative Modes for Presenting Consciousness in Fiction*. Princeton: Princeton University Press.
Consten, Manfred. 2001. Poster presentation: Indirect anaphora and deixis in texts: Domain-bound reference and coherence. International Workshop on Reference and Coherence. Utrecht (NL), 11.01.

Corblin, Francis. 1987. Anaphoric pronouns: Under linguistic control or signaling particular discourse representations? *Journal of Semantics* 5.
Cornish, Francis. 1986. *Anaphoric Relations in English and French: A Discourse Perspective*. London: Croom Helm.
Coseriu, Eugenio, 1955, Determinación y entorno. *Romanistisches. Jahrbuch* 7, 29-54.
Coseriu, Eugenio. 1972. Ober Leistung und Grenzen der kontrastiven Grammatik. In Nickel, ed. , *Reader zur kontrastiven Linguistik*, Fischer, Frankfurt am Main, pp. 39-58.
Coulmas, Florian. 1986. Reported speech: Some general issues. In Florian Coulmas, ed. , *Direct and Indirect Speech*. Berlin: Mouton de Gruyler. pp. 1-28.
Crismore, Avon and Rodney Farnsworth, 1990. Metadiscourse in popular and professional sciencediscourse. In: W. Nash, ed. , *The Writing Scholar: Studies in Academic Discourse*. pp. 118-136.
Crismore, Avon. Marltkanen and M. Sreffensen. 1993. Metadiscourse in persuasive writing: A study of texts written by American and Finnish university students. *Written Communication* 10/1 : 39-71.
Crystal, D. 2001. *Language and the Internet*. Cambridge: Cambridge University Press.
Cumming, Susanna and Tsuyoshi Ono. 1997. Discourse and grammar. In van Dijk, ed. , *Discourse and Structure and Process*. London: SAGE Publications. pp. 112-137.
Dafouz-Milne, Emma. 2008. The pragmatic role of textual and interpersonal metadiscourse markers in the construction and attainment of persuasion: A cross-linguistic study of newspaper discourse. *Journal of Pragmatics* 40, 95-113.
Dahl, Osten. 1969. *Topic and Comment: A Study in Russian and General Transformational* Grammar. Stockholm: Slavica Gothoburgensia.
Danes, F. 1974. Functional sentence perspective and the organization of the text. In F. Danes ed. , *Papers on Functional Sentence Perspective*. Mouton: Publishing House of the Czechoslovak Academy of Sciences. pp.

106 -128.

De Beaugrande, Robert-Alain and Wolfgang Ulrich Dressler. 1981. *Introduction to Text Linguistics*. London and New York: Longman.

De Beaugrande, Robert. 1982. The story of grammars and the grammar of stories. *Journal of Pragmatics* 6 :383 - 422.

Donnellan, K. S. 1966. Reference and definite description. *The philosophical Review*. Vol. 75, 3:281 - 304.

Downing, Angela and P. Locke. 1992. *A University Course in English Grammar*. New York: Prentice-Hall.

Du Bois, J. W. 1987. The discourse basic of ergativity. *Language* 4:805 - 855.

Ellis, G. Donald. 1999. *From Language to Communication*. Mahwah: Lawrence Erlbaum Associate.

Erkü, F. and J. Gundel. 1987. The pragmatics of indirect anaphora. In Verschueren and M. Bertuccelli-Papi. eds. , *The Pragmatic Perspective*. Amsterdam: Benjamins. pp. 533 - 545.

Erman, Britt. 1987. *Pragmatic Expressions in English: A Study of you know, you see and I mean in Face-to-face Conversation*. Stockholm: Almqvist and Wiksell.

Eva Hajicova, S. P. 1973. *Topic, Focus and Generative Semantics*. Kronberg/Taunus: Scriptor.

Fairclough, Norman. 1992. *Discourse and Social Change*. Malden MA: Blackwell Publisher.

Fleischman, S. 1985. Discourse functions of tense aspect oppositions in narrative: Towards a theory of grounding. *Linguistics* 23:851 - 882.

Fox, B. A. 1987. Noun phrase accessibility hierarchy revised: Subject primacy or the absolutive hypothesis. *Language* 63:856 - 870.

Fox, B. A. and S. A. Thompson. 1990. A discourse explanation of the grammar of relative clauses in English conversation. *Language* 66:297 - 316.

Francis, Gill. 1986. *Anaphoric Nouns*. Birmingham: University of Birmingham Printing Section.

Francis, Gill. 1994. Labelling discourse: An aspect of nominal - group lexical cohesion. In Malcolm Coulthard ed. , *Advances in Written Text Analysis*. London: Routledge. pp. 83 – 101.

Fraser, Bruce. 1999. What are discourse markers? *Journal of Pragmatics* 31, 931 – 952.

Fraurus, Kari. 1990. Definiteness and the processing of noun phrases in natural discourse. *Journal of Semantics* 7:395 – 443.

Galelentz, Georg von der. 1901. *Die Sprachwissenschaft: Ihre Aufgaben, Methoden, und bisherigen Ergebnisse*. Ubingen: Gunter Narr Verlag.

Garcia, Erica C. 1979. Discourse without syntax. In Talmy Givón, ed. , *Syntax and Semantics: Discourse and Syntax*. New York: Academic Press. pp. 23 – 50.

Gardent, Claire and Kristina Striegnitz. 2000. Generating indirect anaphora. *Proceedings of IWCS' 00* (International Workshop on Computational Semantics) , Tilburg, The Netherlands. pp. 138 – 155.

Gee, James Paul. 1999. *An Introduction to Discourse Analysis: Theory and Method*. London: Routledge.

Givón, T. 1983. Topic continuity in discourse: an introduction. In T. Givón, ed. , *Topic Continuity in Discourse: A Quantitative Cross-language Study*. Amsterdan/Philadelphia: John Benjamins Publishing Company. pp. 5 – 41.

Givón, T. 1984. *Syntax: A Functional Typological Introduction*. Vol. 1. Amsterdan/Philadelphia: John Benjamins Publishing Company.

Givón, T. 2005. *Context as Other Minds: The Pragmatics of Sociality, Cognition and Communication*. Amsterdan/Philadelphia: John Benjamins Publishing Company.

Givón, T. ed. 1979. *Syntax and Semantics*. New York: Academic Press.

Givón, T. ed. 1983. *Topic Continuity in Discourse: A Quantitative Cross-linguistic Study*. Amsterdan/Philadelphia: John Benjamins Publishing Company.

Goffman, Erving. 1974. *Frame Analysis: An Essay on the Organization of Experience*. London: Harper and Row.

Gonzalez, Dafne. 2000, Story grammar and oral fluency. *Journal of the Imagi-*

nation in *Language and Teaching* 5. Retrieved July 2,2009 from http://www.njcu.edu/cill/vol5/gonzalez.html

Grimes, J. E. 1975. *The Thread of Discourse*. The Hague: Mouton.

Gundel, J. K. N. Hedberg and R. Zacharski. 1993. Cognitive status and the form of referring expressions in discourse. *Language* 69, 2:274 – 307.

Gundel, Jeanette K. 1976. The role of topic and comment in linguistic theory. Ph. D. thesis. Indiana University Linguistics Club.

Gundel, Jeanette K. 1988. Universals of topic-comment structure. In Michael Hammond et al ed., *Studies in Syntactic Typology*. Amsterdam: John Benjamins Publishing Company, pp. 209 – 239.

Gundel, Jeanette K. and Thorstein Fretheim. 2004. Topic and focus. In Laurence R. Horn and Gregory Ward eds., *The Handbook of Pragmatics*. Oxford: Blackwell Publishing, pp. 175 – 196.

Halliday, M. A. K. 1970. Functional diversity in language, as seen from a consideration of modality and mood in English. *Foundation of Language* 6.

Halliday, M. A. K. 2000 [1994]. *An Introduction to Functional Grammar*. London: Edward Arnold (《功能语法导论》,北京:外语教学与研究出版社).

Halliday, M. A. K. and Ruqaiya Hasan. 1976. *Cohesion in English*. London: Longman.

Halliday, M. A. K. and Ruqaiya Hasan. 1980. Text and context: Aspects of language in a social-semantic perspective. *Sophia Linguistics: Working Papers in Linguistics 6*. Tokyo: Sophia University. pp. 4 – 91.

Halliday, M. A. K. 1967. Notes on transitivity and theme in English. Part I and Part II. *Journal of Linguistics* 3:37 – 81,177 – 274.

Harris, Zellig. 1952. Discourse analysis. *Language* 28:1 – 30.

Harweg, Roland. 1968. *Pronomina und Textkonstitution*. Munich: Fink.

Hatch, E. 1992. *Discourse and Language Education*. Cambridge: Cambridge University Press.

Hawkins, John A. 1977. The pragmatics of definiteness, Part I. *Linguisticsche Berichte* 47:1 – 27.

Heidolph, Karl-Erich. 1966. Kontextbeziehungen zwischen Satzen in einer generativen Grammatik. *Kybernetika*, 2:274-281.

Hinds, J. 1977. Paragraph structure and pronominalization. *Papers in Linguistics* 10:77-97.

Hockett, Charles F. 1958. *A Course in Modern Linguistics*. New York: Macmillan.

Hofmann, T. 1989. Paragraphs and anaphora. *Journal of Pragmatics* 13:239-250.

Hopper, P. J. and S. A. Thompson. 1980. Transitivity in grammar and discourse. *Language* 56, 251-299.

Huang, C-T, James, 1982. Logic relations in Chinese and theory of grammar. Ph. D. dissertation, MIT, Cambridge.

Hyland, Ken and Polly Tse. 2004. Metadiscourse in academic writing: A reappraisal. *Applied Linguistics* 25:156-177.

Hyland, Ken, 1998. Persuasion and context: the pragmatics of academic metadiscourse. *Journal of Pragmatics* 30:437-455.

Hyland, Ken. 2000. *Disciplinary Discourse: Social Interaction in Academic Writing*. Harlow: Longman.

Hymes, D. 1964. *Language in Culture and Society: A Reader in Linguistics and Anthropology*. New York: HarperCollins Publishers.

Ifantidou, Elly. 2005. The semantics and pragmatics of metadiscourse. *Journal of Pragmatics* 37:1325-1353.

Isenberg, Horst. 1968. Motivierungen zur 'Texttheorie'. *Replik* 2:13-17.

Isenberg, Horst. 1971. Uberlegungen zur Texttheorie. In Ihwe, ed., *Literaturwissenschaft und Linguistik: Ergebnisse und Perspektlven*. Frankfurt: Athenaum. pp. 150-173.

Ivanic, Roz. 1991. Nouns in search of a context: A study of nouns with both open-and closed-system characteristics. *International Review of Applied Linguistics in Language Teaching* 2:93-114.

Jenny, L. 1982. The strategy of form. In T. Todorov ed., (R. Carter trans.) *French Literary Theory*. Cambridge: Cambridge University Press. pp. 34-63.

Jesperson, Olto. 1974. *The Philosophy of Grammar*. London: Allen and Unwin.

Jucker, Andreas and Yael Ziv. eds. 1998. *Discourse Markers: Descriptions and Theory*. Amsterdam and Philadelphia: John Benjamins Publishing Company.

Jucker and Smith. 1998. And people just you know like 'wow': Discourse markers as negotiating strategies. In eds. Jucker and Ziv. eds. , *Discourse Markers: Descriptions and Theory*. Amsterdam: John Benjamins Publishing Co. pp. 171 – 202.

Kalepky, T. 1899. "Zur franzosischen" Syntax. *Zeitchrift für Romanische Philogie* XXIII: 491 – 513.

Kaplan, R. B. 1966. Cultural thought patterns in inter-cultural education. *Language Learning*, 16:1 – 20.

Katz, Jerrold and Jerry Fodor. 1963. The structure of semantic theory. *Language*, 39. pp. 170 – 210.

Keenan, E. O. and B. Schieffelin. 1976. Topic as a discourse notion. In C. N. Li. ed. , *Subject and Topic*. New York and London: Academic Press. pp. 335 – 384.

Kinneavy, 1971. *A Theory of Discourse: The Aims of Discourse*. New York: W. W. Norton and Company.

Kleiber, Georges. 1999. Associative anaphora and part-whole relationship: The condition of alienation and the principle of ontological congruence. In M. Charolles and C. Kleiber, eds. , *Associative Anaphora. Journal of Pragmatics* 31:339 – 362.

Kristeva, 1986. The Kristeva Reader. In T. Moi. ed. , *Deconstructive Criticism*. Oxford: Blackwell. pp. 188 – 213.

Kummer, Werner. 1972a. Versuch einer Exploration der neuentdeckten Formelwalder von der Insel Mainau, *Linguistische Berichte* 18:53 – 55.

Kummer, Werner. 1972b. Zum "Versuch einer Exploration des 'Versuchs einer Exploration der neuentdeekten formelwfilder von der Insel Mainau' von W. Kummer" . *LingBer* 19:78 – 79.

Kumpf, Eric P. 2000. Visual metadiscourse: Designing the considerate text.

Technical Communication Quarterly. 9, 4:401-424.

Labov, W. 1970. *Sociolinguistic Patterns.* Philadelphia: University of Pennsylvania Press.

Labov, W. and J. Waletzky. 1967. Narrative analysis: Oral versions of personal experience. In J. Helm ed. , *Essays on the Verbal and Visual Arts.* Seattle: University of Washington Press. pp. 12-44.

Lambrecht, Knud. 1994. *Information Structure and Sentence Form: A Theory of Topic, Focus, and the Mental Representations of Discourse Referents.* Cambridge: Cambridge University Press.

Lasnik, H. 1976. Remarks on coreference. *Linguistics Analysis* 2:1-22.

Lavigne-Tomps, Frederic and D. Dubois. 1999. Context effects and associative anaphora in reading. In M. Charolles and C. Kleiber, eds. , Associative Anaphora. *Journal of Pragmatics* 31:399-418.

Leech, G. 1983. *Principle of Pragmatics.* London: Longman.

Lehrer, Adrienne. 1989. Remembering and representing prose: Quoted speech as a data source. *Discourse Processes* 12:105-125.

Lerch, Gertraud. 1919. Uneigentliche direkte Rede. Diss. Munich.

Levison, S. C. 1983. *Pragmatics.* Cambridge: Cambridge University Press.

Levi-strauss, Claude. 1960. La structure et la forme. Cahiers de l'Institut de Science Economique.

Li, C. N. and S. A. Thompson. 1981. *Mandarin Chinese: A Functional. Reference Grammar.* Berkeley: University of California Press.

Li, C. N. and Sandra A. Thompson, 1981, *Mandarin Chinese: A Functional Reference Grammar.* Berkeley and Los Angeles, CA: University of California Press.

Li, Charles N. 1986. Direct speech and indirect speech: A functional study. In Florian Coulmas, ed. *Direct and Indirect Speech.* Berlin: Mouton de Gruyler. pp. 29-45.

Li, Charles N. and Sandra A. Thompson. 1976. Subject and topic: A new typology of languages. In Charles N. Li ed. , Subject and Topic. New York: Academic Press. pp. 457-489.

Li, N. Charles and S. A. Thompson. 1981. *Mandarin Chinese.* Berkely:

University of California Press.
Li, C. N. and Sandra A. Thompson, 1984 [1976]. Subject and topic. In: Charles Li and Sandra A. Thompson. eds. , *Subject and Topic*. New York:Academic Press. pp. 457-489. (中译本:李谷城(摘译),1984, 主语与主题:一种新的语言类型学,《国外语言学》1984 年第 2 期, 38-44 页。)
Longacre, R. E. 1983. *The Grammar of Discourse*. New York: Plenum Press.
Longacre, R. E. 1979a. Why we need a vertical revolution in linguistics. *The Fifth ACUS Forum*. Columbia: Hornbeam Press.
Longacre, R. E. 1979b. The paragraph as a grammatical unit, in Talmy Givón, ed. , *Syntax and Semantics* Vol. 12. New York: Academic Press. pp. 115-134.
Lorch, Etienne, 1921. *Die erlebte Rede. Eine sprachliche Untersudumg*. Heidelberg: Carl Winter.
Loriot, J. and B. Hollenbach. 1970. Shipibo paragraph structure. *Foundations of Language* 6:43-66.
Lyons, Christopher. 1999. *Definiteness*. Cambridge: Cambridge University Press.
Malinowski, Bronislaw. 1966 [1923]. The problem of meaning in primitive languages. In Ogden and Charles eds. , *The Meaning of Meaning*. London: Routledge and Kegan Pau. pp. 296-336.
Mandler, J. M. and N. S. Johnson. 1977. Remembrance of things parsed: Story structure and recall. *Cognitive Psychology* 9:111-151.
Mann, W. and S. A. Thompson. 1986. *Rhetorical Structure Theory: Describe and Construction of Text Structure*. ISI Reprint Series (ISI/RS-86-174).
Mann, W. and S. A. Thompson. 1987. Rhetorical structure theory: A theory of text organization. USC Information Sciences Institute. *Technical Report* 1 (SI/RS-87-190).
Mann, W. and S. A. Thompson. eds. 1992. *Discourse Description: Diverse Linguistic Analysis of a Fund-raising Text*. Amsterdam/Philadelphia: John Benjamins Publishing Company.

Maschler, Yael. 1998. Segmenting Israeli Hebrew talk-in-interaction. In Jucker and Ziv. eds., *Discourse Markers: Descriptions and Theory*. Amsterdam: John Benjamins Publishing Co. 13 - 60.

Matthiessen, C. 1995. Theme as an enable resource in ideational 'knowledge' construction. In: McCarthy M. and R. Cater. ed., *Language as Discourse: Perspectives for Language Teaching*. pp. 20 - 54.

McCarthy, M. 1991. *Discourse Analysis for Language Teachers*. Cambridge: Cambridge University Press.

McCarthy, M. and Carter, R. 1994. *Language as Discourse: Perspectives from Language Teaching*. New York: Longman Publishing Company.

McKoon, G., and R. Ratcliff. 1980. The comprehension processes and memory structures involved in anaphoric reference. *Journal of Verbal Learning and Verbal Behavior* 19:668 - 682.

Mel'cuk, Igor. 1974. *Opyt Teorii Lingvisticeskix Modelej "SmyslTekst": Semantika, Sintaksis*. Moskau: Nauka.

Mel'cuk, Igor. 1976. Ein linguistisches Modell des Typs "SmyslText". In Gierke, Wolfgang and Jachnow, Helmut eds., *Theoretische Linguistik in Osteuropa*. Tübingen: Niemeyer. pp. 49 - 67.

Mey, Jacob. 2005. Discourse and metadiscourse. *Journal of Pragmatics* 37: 1323 - 1324.

Miéville, Denis. 1999. Associative anaphora: an attempt at formalisation. In M. Charolles and C. Kleiber, eds., Associative Anaphora. *Journal of Pragmatics* 31:327 - 338.

Mohsen Ghadessy. ed. *The Development in English Texts*. London: Pinter.

Neuman W. Lawrence and Larry W. Kreuger. 2008, *Social Work Research Methods: Qualitative and Quantitative Applications*. Boston: Allyn and Bacon. (中译本:刘梦(译),《社会工作研究方法:质性和定量方法的应用》,北京:中国人民大学出版社。)

Noordman, Leo, Ingrid Dassen, Marc Swerts and Jacques Terken. 1999. Prosodic markers of texts structure. In van Hoek, A. A. Kibrik and L. Noordman eds., *Discourse Studies in Cognitive Linguistics*. Amsterdam/Philadelphia: John Benjamins Publishing Company. pp. 133 - 148.

Ochs, Elinor. 1997. Narrative. In van Dijk ed. , *Discourse as Structure and Process.* London: SAGE Publications.

Östman, Jan-Ola. 1982. The symbiotic relationship between pragmatic particles and impromptu speech. In: Nils E. Enkvist ed. , *Impromptu Speech: A Symposium.* Abo: The Abo Akademi Foundation, pp. 147 – 177.

Pecheux, M. 1982. *Language, Semantics and Ideology.* trans. H. Nagpal. London: Macmillan.

Petöfi, Janos. 1971. *Transformationsgrammatiken und eine ko-textuelle Texttheorie.* Frankfurt: Athenäum.

Petöfi, Janos, 1980, Einige Grundfragen der pragmatisch-semantischen Interpretation von Texten. In Ballmer, Thoms and Kindt Walter eds. , *Zum Thema ' Sprache und Logik': Ergebnisse einer in terdisziplinaren Diskussion.* Hamburg:Buske, 146 – 190.

Pike, Kenneth. 1967. *Language in Relation to a Unified Theory of the Structure of Human behavior.* Janua Linguarum, series maior, 24. The Hague: Mouton.

Pomerantz, A. ed. 1993. Introduction to special issue: New directions in conversation analysis. *Text* 2:151 – 155.

Propp, Vladimir. 1928. *Morfolologia Skazki.* Leningrad: Akademia.

Quirk,R. , S. Greenbaum, G. Leech, and J. Svartvik. 1972. *A Grammar of Contemporary English.* New York: Longmans.

Reihenbach, H. 1947. *Elements of Symbolic Logic.* New York: The MacMillan Company.

Renkema, Jan. 1993. *Discourse Studies: An Introductory Textbook.* Amsterdam/Philalelphia: John Benjamins Publishing Company.

Rizzi, Luigi. 1997. The fine structure of the left periphery. In Liliane Haegeman, ed. , *Elements of Grammar,* pp. 281 – 337.

Sacks, H. , E. A. Schegloff, and G. Jefferson. 1974. A simplest systematics for the organization of turntaking for conversation. *Language* 50: 696 – 735.

Saeed, J. L. 1997. *Semantics.* Oxford: Blackwell.

Sankoff, G. and P. Brown. 1976. The origin of syntax in discourse: A case study of Tok Pisin relatives. *Reviews in Anthropology*, May-June, pp. 240 – 249.

Schegloff, Emanuel A. 1996. Some practices for referring to persons in talk-in-Interaction: A partial sketch of a systematics. In Barbara A. Fox ed. , *Studies in Anaphora*. Amsterdam/ Philadelphia: John Benjamins Publishing Company.

Schiffrin, Deborah. 1981. Tense variation in narrative. *Language* 57:45 – 62.

Schiffrin, Deborah. 1985. Conversational coherence: The role of *well*. *Language* 61: 640 – 667.

Schiffrin, Deborah. 1987. *Discourse Markers*. Cambridge: Cambridge University Press.

Schiffrin, Deborah. 1988. Conversation analysis. In Frederick J. Newmeyer. ed. , Linguistics: *The Cambridge Survey* IV. Cambridge: Cambridge University Press, pp. 251 – 276.

Shannon, C. E. and W. Weaver. 1949. *The Mathematical Theory of Communication*. Urbanna: University of Illinois Press,

Sinclair,John. 1990. *Collins COBUILD English Grammar*. London and Glasgow: Collins.

Stebbins, J. 1990. Paragraphing in English discourse. *ELIC Teaching* 4.

Sternberg, Meir. 1982. Proteus in quotation4 and: Mimesis and the forms of reported discourse. *Poetic Today* 3:107 – 156.

Sun. C. F. and T. Givón. 1985. On the so-called SOV word order in Mandarin Chinese: A theory of grounding. *Linguistics* 23:851 – 882.

Tannen, Deborah. 1986. Introducing constructed dialogue in Greek and American conversational and literary narrative, In Florian Coulmas, ed. , *Direct and Indirect Speech*. Berlin: Mouton de Gruyler, pp. 311 – 332.

Tao, Hongyin and Sandra A. Thompson, 1995 [1994]. The discourse and grammar interface: Preferred clause structure in Mandarin conversation. *Journal of the Chinese Language Teachers Association* 3. (中译本:徐赳赳（译）,1995,话语和语法的关联:汉语会话中常用的小句结构,《国外语言学》第 4 期, 26 – 35 页。)

Teng, Shou-Hsin, 1979. Remarks on cleft sentences in Chinese, *Journal of*

Chinese1:101-114.
Thompson, Sandra A. 1983. Grammar and discourse: The English detached participial Clause. In Flora Klein, ed. , *Discourse Perspectives on Syntax*, New York: Academic Press, pp. 43-65.
Thornborrow, J. and S. Wareing. 1998. *Patterns in Language: Stylistics for Students of Language and Literature*. London and New York: Routlege.
Tobler, A. 1894. Verrnischte Beitrage zur franzosischen Grarnmatik II. Leipzig. Voloshinov, V. N. 1973. *Marxism and Philosophy of Language*. New York: Seminar Press. (First Russian edition 1929.)
van Dijk, Teun A. 1972. *Some Aspects of Text Grammars*. The Hague: Mouton.
van Dijk, Teun A. 1976. Narrative macrostructures. *PTL* 1:547-568.
van Dijk, Teun A. 1977. *Text and Context*. London: Longman.
van Dijk, Teun A. 1977a. Acceptability in context. In: S. Greenbaum ed. , *Acceptability in Language*. The Hague: Mouton, pp. 39-62.
van Dijk, Teun A. 1977b. Context and cognition: Knowledge frames and speech act comprehension. *Journal of Pragmatics* 3:211-231.
van Dijk, Teun A. 1977c. Pragmatic macro-structures in discourse and cognition. In: M. de Mey, et al. , eds. , CC 77. University of Ghent, pp. 99-113.
van Dijk, Teun A. 1977d. Sentence topic and discourse topic. *Papers in Slavic Philology* 1:49-61.
van Dijk, Teun A. 1980a. Textissenschaft: Eine interdisziplinare Einfuhrung. *Deutsche Ubersetzung von Christoph Sauer*. Tubingen: Niemeyer.
van Dijk, Teun A. 1980b. *Macrostructures: An Interdisciplinary Study of Global Structures in Discourse, Interaction and Cognition*. Hillsdale, New Jersey: Lawrence Erlbaum.
van Dijk, Teun A. 1981. *Studies in the Pragmatics of Discourse*. The Hague: Mouton Publishers.
van Dijk, Teun A. 1985. Semantic discourse analysis. In: Teun A. van Dijk ed. , *Handbook of Discourse Analysis*. London: Academic Press, pp. 103-136.

van Dijk, Teun A. 1992. Text, talk, elites and racism. *Discourse Social/Social Discourse* 4 (1/2):37-62.
van Dijk, Teun A. 1997. *Discourse as Structure and Process*. London: SAGE publications.
van Dijk, Teun A. 1998. *Ideology: A Multidisciplinary Approach*. London: SAGE Publications.
van Dijk, Teun A. eds. 1985. *Handbook of Discourse Analysis*. London: Academic Press.
van Dijk, Teun A. eds. 1988. *News as Discourse*. Hillsdale, New Jersey: Lawrence Erlbaum.
van Dijk, Teun A. eds. 1997. *Discourse Studies: A Multidisciplinary Introduction*. Vol. 1-2. London: SAGE Publications.
van Hoek, A. A. Kibrik and L. Noordman. eds. 1999. *Discourse Studies in Cognitive Linguistics*. Amsterdam/Philadelphia: John Benjamins Publishing Company.
Vande Kopple, William J. 1985. Some explanatory discourse on metadiscourse. *College Composition and Communication* 36:82-93.
Vande Kopple, William J. 1988. Metadiscourse and the Recall of Modality Markers. *Visible Language* 22: 233-272.
Vande Kopple, William J. 2002. Metadiscourse, discourse, and issues in composition and rhetoric. In Ellen Barton and Gall Stygall, eds., *Discourse Studies in Composition*, pp. 91-114.
Vendler, Zeno. 1967. Verbs and times. In Zeno Vendler ed., *Linguistics and Philosophy*. Ithaca:Cornell University Press, pp. 97-121.
Vendler, Zeno. 1968. *Adjectives and Nominalizations*. The Hague: Mouton.
Vergaro, Carla. 2002. "Dear Sirs, what would you do if you were in our position?" Discourse strategies in Italian and English money chasing letters. *Journal of Pragmatics* 34:1211-1233.
Verschuren, Jef. 1985. *What People Say They Do with Words*. Norwood, N. J.: Ablex.
Verschueren Jef. and M. Bertuccelli-Papi. eds. 1987. *The Pragmatic Perspective*. Amsterdam and Philadelphia: John Benjamins.

Voloshinov, V. N. 1973. *Marxbm and the Philosophy of Language.* New York: Seminar Press. (First Russian edition 1929.)

Webster, J. Jonathan. 1995. Study thematic development in on-line help documentation using the functional semantic processor. In Ghadessy ed., *Thematic Development in English Text.* London: Printer, pp. 259 – 271.

Weil, Henri. 1844. *De l'ordre des mots dans les langues anciennes comparees aux langues modemes.* Paris:Joubert.

Weil, Henri. 1887. *The Order of Words in the Ancient Languages Compared with that of the Modern Languages.* Boston: Ginn.

Wilensky, R. 1983. *Planning and Understanding.* Reading, MA: Addison-Wesley.

Williams, M. Joseph. 1981. *Style: Ten Lessons in Clarity and Grace.* Boston: Scott Foresman.

Winter, Eugene O. 1992. The notion of unspecific versus specific as one way of analysing the information of a fund-raising letter. In William C. Mann and Sandra A. Thompson, eds., *Discourse Descriptions: Diverse analyses of a Fund-raising Text.* Amsterdam and Philadelphia: John Benjamins, pp. 131 – 170.

Xu, Jiujiu (徐赳赳). 1997. Type analysis of noun-anaphora in Chinese narratives. Proceedings of Postgraduate Research Forum on Language and Linguistics '97. Hong Kong: City University of Hong Kong Press, pp. 111 – 119.

Yates, S. 1996. Oral and written linguistic aspects of computer conferencing. In S. Herring ed., *Computer-mediated Communication: Linguistic, Social and Cross-cultural Perspectives.* Amsterdam and Philadelphia: John Benjamins, pp. 29 – 46.

安纯人,1993,汉英段落结构比较,《洛阳外语学院学报》第2期,1—5页。

白丽兰,2001,浅谈英语日常口语的特点,《辽宁师专学报(社会科学版)》第3期,122—123页。

薄　冰,1999,《英语语法》,北京:开明出版社。

曹逢甫(著),王静(译),2005[1990],《汉语的句子与子句结构》,北京:北京语言大学出版社。

曹逢甫(著)、谢天蔚(译),1995,《主题在汉语中的功能研究——迈向语段分析的第一步》,北京:语文出版社。

曹剑芬,2007[1998],普通话节奏的声学语音学特征,《现代语言研究与探索》,北京:商务印书馆,210—218页。

陈　平,1991[1987],话语分析说略,《现代语言学研究:理论·方法与事实》,重庆:重庆出版社,55—72页。

陈　平,1991[1987],汉语零形回指的话语分析,《现代语言学研究:理论·方法与事实》,重庆:重庆出版社,181—209页。

陈　平,1991[1988],论现代汉语事件系统的三元结构,《现代语言学研究:理论·方法与事实》,重庆:重庆出版社,142—180页。

陈　平,1991,描写与解释:论西方现代语言学研究的目的与方法,《现代语言学研究:理论·方法与事实》,重庆:重庆出版社,1—30页。

陈　平,1994,试论汉语中三种句子成分与语义成分的配位原则,《中国语文》第3期,163—168页。

陈　平(Chen Ping)、徐赳赳(译),1996,汉语中结构话题的语用解释和关系化,《国外语言学》第4期,27—36页。(Pragmatic interpretations of structural topics and relativization in Chinese. *Journal of Pragmatics* 3.)

陈　平,2003,序,《现代汉语篇章回指研究》(徐赳赳著),北京:中国社会科学出版社。

陈　平,2004,汉语双项名词句与话题—陈述结构,《中国语文》第6期,493—507页。

陈　平,2006,引进·结合·创新,《当代语言学》第2期,165—173页。

陈晓光,2006,作为研究方法的话语分析——评《话语分析》,《外语教学与研究》第2期,151—153页。

陈亚川、郑懿德,2000,《吕叔湘著〈汉语语法分析问题〉助读》,北京:语文出版社。

陈振宇、朴珉秀,2006,话语标记"你看"、"我看"与现实情态,《语言科学》第2期,3—13页。

程晓堂,2005,《基于功能语言学的语篇连贯研究》,北京:外语教学与研究出版社。

啜京中,2007,交传的互文性解构模式及运用,《外语与外语教学》第1期,

52—47页,封三。

戴浩一、薛凤生,1994,《功能主义与汉语语法》,北京:北京语言学院出版社。

邓守信,1986,汉语动词的时间结构,《第一届国际汉语教学讨论会论文选》,北京:北京语言学院出版社。

帝费纳·萨莫瓦约(邵炜译),2003,《互文性研究》,天津:天津人民出版社。

丁声树等,1961,《现代汉语语法讲话》,北京:商务印书馆。

董希文,2006,互文性与网络文学,《海南大学学报(人文社会科学版)》第6期,200—205页。

董秀芳,2005,现代汉语口语中的傀儡主语"他",《语言教学与研究》第5期,22—27页。

范继淹,1985,无定NP主语句,《中国语文》第5期,321—328页。

范　晓,1996,《三个平面的语法观》,北京:北京语言学院出版社。

范晓、胡裕树,1992,有关语法研究三个平面的几个问题,《中国语文》第4期,272—278页。

方　梅,1995,汉语对比焦点的句法表现手段,《中国语文》第4期,281—292页。

冯胜利,2003,书面语语法及教学的相对独立性,《语言教学与研究》第2期,53—63页。

高春明,2004,话语标记的识别及其语用功能,《长春理工大学学报(社会科学版)》第1期,68—70。

高增霞,2004a,自然口语中的话语标记"回头",《中国社会科学院研究生院学报》第1期,106—111页。

高增霞,2004b,自然口语中的话语标记"玩了",《语文研究》第4期,20—23页。

顾曰国,1999,使用者话语的语言学地位综述,《当代语言学》第3期,3—14页。

顾曰国,2002,北京地区现场即席话语语料库的取样与代表性问题,《全球化与21世纪——首届"中法学术论坛"论文集》,北京:社会科学文献出版社,484—500页。

郭锡良,2005,汉语历代书面语和口语的关系,《汉语史文集》,北京:商务印书馆,606—618 页。
郭中平,1957,单复句的划界问题,《中国语文》第 4 期,1—9 页。
洪　岗,2005,《跨文化语用学语料收集方法研究》,北京:外语教学与研究出版社。
胡建华、潘海华、李宝伦,2003,宁波话与普通话中话题和次话题的句法位置,《话题与焦点新论》,164—175 页。
胡明扬,1991[1957],书面语和口语之间的关系,《语言学论文选》,北京:中国人民大学出版社,16—30 页。
胡裕树(主编),1995,《现代汉语》(重订本),上海:上海教育出版社。
胡壮麟,1993,语音系统在英语语篇中的衔接功能,《外语教学与研究》第 3 期,1—8 页。
胡壮麟,1994,《语篇的衔接与连贯》,上海:上海外语教育出版社。
胡壮麟,2002,语境研究的多样化,《外语教学与研究》第 3 期,161—166 页。
黄伯荣、廖序东,2002,《现代汉语》(下册,增订三版),北京:高等教育出版社。
黄国文,2001,《语篇分析的理论与实践》,上海:上海外语教育出版社。
黄国文,2007,中国的语篇分析研究——写在中国英汉语篇分析研究会成立之际,《外语教学与研究》第 5 期,6—9 页。
黄交军、谭珊丹,2007,短信文化语言透视及现状分析,《乐山师范学院学报》第 10 期,73—76 页。
黄念然,1999,当代西方文论中的互文性理论,《外国文学研究》第 1 期,15—21 页。
黄文龙,1998,"V 不了"的否定焦点与语法意义浅析,《湘潭师范学院学报》,85—86 页。
黄永江、刘汉霞,2002,中国网络语言初探,《北京教育学院学报》第 4 期,39—43 页。
焦亚东,2006,当代西方互文性理论的基本内涵及批评学意义,《重庆社会科学》第 10 期,70—73 页。
乐　明,2005,汉语财经评论修辞结构标注及篇章研究,中国传媒大学博士论文。
黎海情,2007,手机短信中的修辞艺术,《南昌高专学报》第 1 期,45—47

页。

黎锦熙,1955,词类大系——附类"词组"和"词类形态",《汉语的词类问题》,北京:中华书局。

黎锦熙,2000[1924],《新著国语语法》,北京:商务印书馆。

黎锦熙、刘世儒,1957,汉语复句新体系的理论,《中国语文》第8期,20—24页。

李　泉,2006,试论现代汉语完句范畴,《语言文字应用》第1期,56—63页。

李爱军、陈肖霞、孙国华、华武、殷志刚,2002,CASS:一个具有语音学标注的汉语口语语音库,《当代语言学》第2期,81—89页。

李小宇,2007,浅析手机短信的修辞特色,《南方论刊》第1期,96—97页。

李玉平,2002,互文性批评初探,《文艺评论》第5期,11—16页。

李玉平,2006,互文性新论,《南开学报(哲学社会科学版)》第3期,111—117页。

李执桃,2002,论英语语句的信息焦点,《湘潭大学社会科学学报》第4卷,133—135页。

李佐文,2003,元话语——元认知的体现,《外语研究》第1期,26—30页。

廖美珍,2003,《法庭问答及其互动研究》,北京:法律出版社。

廖秋忠,1992[1985],篇章中的框-棂关系与所指的确定,《廖秋忠文集》,北京:北京语言学院出版社,30—44页。

廖秋忠,1992[1986],现代汉语篇章中指同的表达,《廖秋忠文集》,北京:北京语言学院出版社,45—61页。

廖秋忠,1992[1986],篇章中的管界问题,《廖秋忠文集》北京:北京语言学院出版社,92—115页。

廖秋忠,1992[1986],现代汉语篇章中的连词成分,《廖秋忠文集》北京:北京语言学院出版社,62—91页。

廖秋忠,1992[1988],篇章中的论证结构,《廖秋忠文集》北京:北京语言学院出版社,116—132页。

廖秋忠,1992[1991],篇章与语用和句法研究,《廖秋忠文集》北京:北京语言学院出版社,181—208页。

娄开阳,2008,《现代汉语新闻语篇的结构研究》,北京:世界图书出版公司。

林茂灿,2000,普通话语句中间断和语句韵律短语,《当代语言学》第 4 期,210—217 页。

林茂灿,2006,疑问和陈述语气与边界调,《中国语文》第 4 期,264—376 页。

林茂灿,2006,赵元任汉语语调思想与疑问和陈述语调,《语音研究报告》第 13 期,1—5 页。

林杏光,1994,《现代汉语动词大词典》,北京:北京语言学院出版社。

刘　虹,1992,话轮、非话轮和半话轮的区分,《外语教学与研究》第 3 期,17—24 页。

刘　虹,2004,《会话结构分析》,北京:北京大学出版社。

刘倬、傅爱平,1999,机器翻译中汉语的形成和语义分析二题,《中文信息学报》第 5 期,2—6 页。

刘丹青,2003[2001],论元分裂式话题结构初探,《话题与焦点新论》,上海:上海教育出版社,220—241 页。

刘鸿绅,1987,篇章语言学的发展史及其研究领域(上),《国外语言学》第 3 期,124—130 页。

刘鸿绅,1987,篇章语言学的发展史及其研究领域(下),《国外语言学》第 4 期,165—166 页。

刘力坚、赵宝奇,2001,谈口语的两种功能变体,《唐山高等专科学校学报》第 1 期,66—69 页。

刘丽艳,2005,作为话语标记的"不是",《语言教学与研究》第 6 期,21—32 页。

刘兴策等(编),1984,《语文知识千问》,武汉:湖北人民出版社。

刘亚斌、李爱军,2002,朗读语料与自然口语的差异分析,《中文信息学报》第 1 期,13—18 页。

陆俭明,1986,周遍式主语句及其他,《中国语文》第 3 期,161—167 页。

陆俭明,2005,《现代汉语语法研究教程》(第三版),北京:北京大学出版社。

吕冀平,1979,两个平面,两种性质:词组和句子的分析,《学习与探索》第 4 期,80—82 页。

吕叔湘,2002[1942],中国文法要略,《吕叔湘全集》(第 1 卷),沈阳:辽宁教育出版社,1—481 页。

吕叔湘,2002[1946],从主语、宾语的分别谈国语句子的分析,《吕叔湘全集》(第2卷),沈阳:辽宁教育出版社,429—463页。

吕叔湘,2002[1979],汉语语法分析问题,《吕叔湘全集》(第2卷),沈阳:辽宁教育出版社,464—551页。

吕叔湘,2002[1982],释您,俺,咱,喒,附论们字,《吕叔湘全集》(第2卷),沈阳:辽宁教育出版社,1—35页。

吕叔湘,2002[1984],近代汉语指代词,《吕叔湘全集》(第3卷),沈阳:辽宁教育出版社,1—330页。

吕叔湘,2002[1984],现代汉语语法要点,《吕叔湘全集》(第3卷),沈阳:辽宁教育出版,384—425页。

吕叔湘,2002[1984],歧义的形成和消除,《吕叔湘全集》(第3卷),沈阳:辽宁教育出版社,474—488页。

吕叔湘,2002[1985],疑问·否定·肯定,《吕叔湘全集》(第3卷),沈阳:辽宁教育出版社,426—444页。

吕叔湘,2002[1986],汉语句法的灵活性,《吕叔湘全集》(第3卷),沈阳:辽宁教育出版社,458—472页。

吕叔湘,2002[1986],主谓谓语句举例,《吕叔湘全集》(第3卷),沈阳:辽宁教育出版社,445—458页。

吕叔湘,2002[1990],致第二届现代语言学现代汉语语法研讨会的贺信,《吕叔湘全集》(第13卷),沈阳:辽宁教育出版社,171页。

吕叔湘,2002[1994],现代汉语八百词,《吕叔湘全集》(第5卷),沈阳:辽宁教育出版社,1—598页。

吕叔湘,2002,语法研究中的破与立,《吕叔湘全集》(第13卷),沈阳:辽宁教育出版社,402—404页。

吕叔湘,2002,现代汉语语法(提纲),《吕叔湘全集》(第13卷),沈阳:辽宁教育出版社,405—540页。

吕叔湘、朱德熙,1979,《语法修辞讲话》(第2版),北京:中国青年出版社。

罗　婷,2001,论克里斯多娃的互文性理论,《国外文学》第4期,9—14页。

南文瑛,2008,从《马氏文通》到"陈平难题",《镜报月刊》5月版,90—91页。

马　林(主编),2004,《网上行文》,太原:山西教育出版社。

马博森,2002,国内对比语篇研究:现状与借鉴,《外语与外语教学》第 10 期。37—40,46 页。

马博森,2005,现代汉语自然会话中的人物指称策略:文盲与非文盲话语的比较研究,北京:中国社会科学院研究生院博士论文,未刊。

马庆株,1981,时量宾语和动词的类,《中国语文》第 2 期,86—90 页。

毛浩然、徐赳赳,2009,话语、权力及其操纵——《话语与权力》评述,《外国语》第 5 期,89—93 页。

毛力群,2007,民谣类短信的语言特征及其文化观照,《浙江师范大学学报(社会科学版)》第 5 期,91—95 页。

孟念珩,2007,电子时代的大众书写——谈手机短信的文化色彩,《绍兴文理学院学报》第 3 期,75—80 页。

莫红霞,张学成,2001,汉语焦点研究概观,《杭州师范学院学报(人文社会科学版)》第 4 期,61—67,10 页。

宁天舒,2003,互联网即时性交际的语篇特点——对网上英语聊天室的会话分析,《深圳职业技术学院学报》第 2 期,79—83 页。

彭　睿,1996,名词和名词的再分类,《词类问题考察》(胡明扬主编),北京:北京语言学院出版社,93—104 页。

彭宣维,1999,语篇主题类别,《重庆大学学报(社会科学版)》第 1 期,51—67 页。

齐春红,2005,"不得"的语法化及其相关问题研究,《楚雄师范学院学报》第 5 期,22—27 页。

秦海鹰,2004,互文性理论的缘起与流变,《外国文学评论》第 3 期,19—30 页。

钱敏汝,1988,戴伊克和话语宏观结构论(上),《国外语言学》第 2 期,87—93 页。

钱敏汝,1988,戴伊克和话语宏观结构论(下),《国外语言学》第 3 期,128—131 页。

钱敏汝,2001,《篇章语用学概论》,北京:外语教学与研究出版社。

曲　慧,2008,短语文,很好很强大,《青年文摘》第 95 期,B 叠,1 月 17 日。

屈承熹(潘文国等译),2006[1998],《汉语篇章语法》,北京:北京语言大学出版社。

屈承熹,2003,话题的表达形式与语用关系,《话题与焦点新论》(徐烈炯、刘丹青主编），上海：上海教育出版社，1—29 页。
石定栩，1999，主题句研究，《共性与个性——汉语语言学中的争议》（徐烈炯主编），北京：语言学院出版社，1—36 页。
石毓智，2001，汉语的主语与话题之辨，《语言研究》第 2 期，82—91 页。
税昌锡，2004，焦点、语义联项与"不"的语义指向，《西华师范大学学报（哲学版）》第 2 期，83—87 页。
宋　柔，2000，现代汉语书面语中跨小句的句法关系，香港城市大学讲座稿。
苏新春，2002，《汉语词汇计量研究》，厦门：厦门大学出版社。
孙茂松，1983，《汉语语法研究资料》，北京：中国社会科学出版社。
佟福齐、关立新、王敏之，2007，短信语义：本体的特点及其交际价值，《佳木斯大学社会科学学报》第 3 期，55—56 页。
王　力，1957，《中国现代语法》，北京：中华书局。
王　力，2000[1943]，《中国现代语法》，北京：商务印书馆。
王　璐，2005，书面语中的名词化，《西安外国语学院学报》第 1 期，1—3 页。
王琪、罗尚荣，2004，篇章中多项结构复现凸现焦点的功能，《华东交通大学学报》第 6 期，105—107 页。
王　伟，1994，"修辞结构理论"评介（上），《国外语言学》第 4 期，8—13 页。
王　伟，1995，"修辞结构理论"评介（下），《国外语言学》第 2 期，10—16 页。
王　缃，1985，《复句·句群·篇章》，西安：陕西人民出版社。
王　永，2001，名词在口语中的语义和功能特点，《外语与外语教学》第 7 期，9—11 页。
王建国，2007，论话题的延续：汉英话题链的对比研究，北京：北京外国语大学博士论文，未刊。
王建华、周明强、盛爱萍，2002，《现代汉语语境研究》，杭州：浙江大学出版社。
王金娟，1996，《口语话语分析的进展》评介，《外语教学与研究》第 2 期，70—73 页。
王维贤，1995，动词小句的基本短语结构形式，《吕叔湘先生九十华诞纪念文集》,北京:商务印书馆,80—87页。
王文忠,1999,互文性与信息接受,《中国俄语教学》第2期,41—46页。
王秀丽,2008,《篇章分析——汉法话语范围导入词对比研究》,北京:北京语言大学出版社。
卫真道(Jonathan J. Webster),(徐赳赳译),2002,《篇章语言学》,北京:中国社会科学出版社。
武建国、秦秀白,2006,篇际互文性的顺应性分析,《外语学刊》第5期,32—36页。
吴亚欣、于国栋,2003,话语标记语的元语用分析,《外语教学》第4期,16—19页。
吴宗济,2004,面向普通话高自然度合成的韵律研究综述,《语音研究报告》,中国社会科学院语音室编,1—8页。
西槙光正,1992,《语境研究论文集》,北京:北京语言学院出版社。
辛　斌,2000,语篇互文性的语用分析,《外语研究》第3期,14—16页。
辛　斌,2002,体裁互文性的社会语用学分析,《外语学刊》第2期,15—21页。
辛　斌,2006,互文性:稳定意义和非稳定意义,《南京师大学报(社会科学版)》第3期,114—120页。
邢　欣(主编),2003,《都市语言研究新视角》,北京:北京广播学院出版社。
邢福义,1993,汉语复句格式对复句语义关系的反制约,《邢福义自选集》郑州:河南教育出版社,294—307页。
熊子瑜,2004,语句边界韵律特征的话轮提示功能,《语音研究报告》,中国社会科学院语言研究所语音研究室编,87—90页。
熊子瑜、林茂灿,2004,"啊"的韵律特征及其话语交际功能,《当代语言学》第2期,116—127页。
徐　莹,2006,对网络语言应持宽容态度,《金华晚报》9月14日第18版。
徐杰、李英哲,1993,焦点和两个非线性语法范畴:"否定""疑问",《中国语文》第2期,81—92页。
徐赳赳,1990a,话语分析———门新的交叉学科(译文),《国外语言学》第2期,1—7页。
徐赳赳,1990b,叙述文中"他"的话语分析,《中国语文》第5期,325—337

页。

徐赳赳,1991,荷兰语言学家 Teun A. van Dijk,《国外语言学》第 4 期,43,26 页。

徐赳赳,1993,多动词小句中的零形式,《中国语文》第 5 期,332—342 页。

徐赳赳,1995,话语分析二十年,《外语教学与研究》第 1 期,14—20 页。

徐赳赳,1996a,篇章中的段落分析,《中国语文》第 2 期,81—91 页。

徐赳赳,1996b,叙述文中直接引语分析,《语言教学与研究》第 1 期,52—66 页。

徐赳赳,1997,话语分析在中国,《外语教学与研究》第 4 期,20—24 页。

徐赳赳,2001,《汉语话语语法》评介,《外语教学与研究》第 5 期,393—396 页。

徐赳赳,2002,《认知语言学中的话语研究》述介,《外语教学与研究》第 4 期,317—319 页。

徐赳赳,2003a,小句的概念和小句的划分,《语言学:中国与世界同步》(钱军主编),北京:外语教学与研究出版社,231—247 页。

徐赳赳,2003b,《现代汉语篇章回指研究》,北京:中国社会科学出版社。

徐赳赳,2005,现代汉语联想回指分析,《中国语文》第 3 期,195—204 页。

徐赳赳,2008,现代汉语篇章中启后性分析,《和谐社会:社会建设与改革创新》,北京:北京师范大学出版社,26—47 页。

徐赳赳,Jonathan J. Webster,1999a,复句研究和修辞结构理论,《外语教学与研究》第 4 期,16—22 页。

徐赳赳,Jonathan J. Webster,1999b,叙述文中名词回指分析,《语言教学与研究》第 4 期,92—109 页。

徐赳赳、许家金,2009,网上实时聊天的篇章分析,《汉语的形式与功能研究》(程工、刘丹青主编),北京:商务印书馆,373—393 页。

徐赳赳、张汉明,1992,篇章中"在 + 地点"结构,《浙江师范大学学报》第 2 期,67—71 页。

徐 珺,2007,中国的语篇分析研究走向,《外语教学》第 5 期,10—13 页。

徐烈炯、刘丹青,1998,《话题的结构与功能》,上海:上海教育出版社。

徐烈炯、刘丹青,2003,《话题与焦点新论》,上海:上海教育出版社。

徐燕青,2009,《现代汉语语法的探微与求新:从词类到篇章》,沈阳:辽宁大学出版社。

徐朝晖,1991,汉语篇章中名词性成分有定与无定的考察。中国社会科学院语言所硕士论文。

许家金,2007,兰卡斯特汉语语料库介绍,《中国英语教育》(网络杂志)第3期。http://www.sinoss.com/portal/webgate/CmdJournalViewAbstract?articleid=8775(2009-5-24 验证)。

许家金,2009,《青少年汉语口语中话语标记的话语功能研究》,北京:外语教学与研究出版社。

许余龙,2003,汉语主从句间的回指问题,《当代语言学》第2期,97—107页。

许余龙,2004,《篇章回指的功能语用探索》,上海:上海外语教育出版社。

颜红菊,2006,话语标记的主观性和语法化——从"真的"的主观性和语法化谈起,《湖南科技大学学报》,80—85页。

杨伯峻,1956,《文言语法》,北京:北京出版社。

杨鲜灵,2002,疑问焦点与否定焦点,《运城高等专科学校学报》第2期,53—54页。

杨祥平,2007,浅谈手机短信创作方法,《卫生职业教育》25卷,150—151页。

殷治纲,2007,汉语口语会话中的"嗯"、"啊"类话语标记研究,中国社会科学院研究生院硕士论文,未刊。

于 康,2004,"V不得"的否定焦点与语法化过程,《语文研究》第2期,15—19页。

于根元,2001,《网络语言概说》,北京:中国经济出版社。

袁毓林,2003,汉语的结构类型与普遍语法观照——评徐烈炯刘丹青《话题的结构与功能》,《话题与焦点新论》,上海:上海教育出版社,242—259页。

张宝林,1996,关联副词的范围及其与连词的区分,《词类问题考察》,北京:北京语言学院出版社,391—402页。

张宝林,1996,连词的再分类,《词类问题考察》,北京:北京语言学院出版社,431—445页。

张伯江、方梅,1994,汉语口语的主位结构,《北京大学学报(哲学社会科学版)》第2期,66—75,57页。

张伯江、方梅,1996,《汉语功能语法研究》,南昌:江西教育出版社。

张德禄,2003,《语篇衔接与连贯的理论的发展及应用》,上海:上海外语教育出版社。

张国宪,1999,论对举格的句法、语义和语用功能,《三个平面:汉语语法研究的多维视野》(袁晖、戴耀晶主编),北京:语文出版社。

张连文,2006,句子主题的所指依存的信息结构层,《四川外语学院学报》第4期,66—71页。

张天莹,2007,浅析节日祝福短信的语言特色,《湖北广播电视大学学报》第8期,125—126页。

张 薇,2008,短信都干了些啥——创造短语文的需要和可能,《青年周末》第95期,B叠,1月17日。

张先亮,2006,《教学语法应用研究》,北京:中国社会科学出版社。

张学成,2000,认知关系、事理关系和心理关系,《杭州师范学院学报》第3期。

张豫峰,2006,关于汉语句子焦点问题的两点思考,《中州学刊》第2期,245—247页。

张志公,1992,序,《语境研究论文集》(西槙光正编),北京:北京语言学院出版社。

赵淑华,1996,介词和介词分类,《词类问题考察》(胡明扬主编),北京:北京语言学院出版社。

赵淑莉,2007,从中国文字魅力探短信的语言特色,《辽宁行政学院学报》第12期,170—171页。

赵毓琴,2002,中国网上聊天室中英语语言特征,《哈尔滨工业大学(社会科学版)》第2期,99—102页。

赵元任(吕叔湘译),2001[1968],《汉语口语语法》,北京:商务印书馆。

郑庆君,2003,《汉语话语研究新探》,长沙:湖南教育出版社。

郑秋豫,2007a,口语篇章韵律,在中国社会科学院语言研究所作的讲座稿(2007年10月18日)。

郑秋豫,2007b,阶层式口语韵律架构的深层语言学意义——来自不同的韵律格式及边界效应的新证据,在中国社会科学院语言研究所作的讲座稿(2007年10月29日)。

中国社会科学院语言研究所"汉语运用的语用原则"课题组,1994,《语用研究论集》,北京:北京语言学院出版社。

中国社会科学院语言所词典编辑室,2005,《现代汉语词典》(第5版),北京:商务印书馆。
中国语文杂志社,2003,语言研究和探索(十二),北京:商务印书馆。
周国正,1993,语法句群与篇章句群,《语文建设通讯》第41期,54—64页。
周小成,2006,词汇与篇章,《外语学刊》第6期,46—50页。
周祖谟,1983,复句和多重复句,《现代汉语讲座》,北京:知识出版社。
朱德熙,1999[1959],顺叙·倒叙·插叙,《朱德熙文集》(第4卷),北京:商务印书馆,158—164页。
朱德熙,1999[1959],"恢复疲劳"和"打扫卫生",《朱德熙文集》(第4卷),北京:商务印书馆,313—315页。
朱德熙,1999[1984],语法讲义,《朱德熙文集》(第1卷),北京:商务印书馆,13—259页。
朱德熙,1999[1987],现代汉语语法研究的对象是什么?《朱德熙文集》(第3卷),北京:商务印书馆,133—150页。
朱永生,1993,《语言·语篇·语境》,北京:清华大学出版社。

专家推荐意见

顾曰国

中国社会科学院语言研究所研究员

徐赳赳研究员的新作《现代汉语篇章语言学》,在正式付梓前本人幸得手稿,先睹为快。我们知道篇章分析无论在国内,还是在国外,均享有悠久历史。我国历代文论和修辞学著作,可以说是传统的篇章分析。我国学者的研究跟西方同时代的相比是毫不逊色的。然而,自19世纪以来,我国现代意义上的篇章分析由于种种历史原因明显落后于西方列强。徐博士的《现代汉语篇章语言学》虽不能说开创了此类研究的先河,但说雪中送炭是毫不为过的。

在全球范围内看,篇章分析的思路多且杂,真可谓八仙过海各显神通。徐氏新作在这个百家争鸣中所处的位置在哪里?本人以为有以下四点。一是他定位在中国,志在研究现代汉语篇章;二是注重洋为中用;三是分析点放在篇章自身的内部机制上;四是敢于打破既往的窠臼和定势,努力探索现代汉语篇章中的处女地,如关于"启承结构"、"网络篇章"、"引语研究"、"段落研究"和"联想回指"等都属于篇章分析中的软肋。本人在拜读过程中多有拍案叫绝之处。

该书虽不是为作教材而写,然而却有教材的一些特色,如内容齐全系统,篇章分析的主要内容全部涵盖,如篇章现象(引语、元话语、互文性、话语标记、管界、前景和背景），篇章话题，篇章回指，篇章层次结构（传统结构，段落结构，三元结构，论证结构，故事结构，宏观结构和修辞结构），篇章推进结构（信息结构，主述结构，话述结构，启承结构）等等。加上对篇章分析的历时性回顾，从篇章研究的萌芽开始，一直到最新的研究，给读者以全貌。

该书对前人研究的相关文献的梳理，做得是到位的。其中对篇章语言学有关理论的介绍，如故事语法、宏观结构理论、修辞结构理论等等，信息量大，评点得当。

该书的另一个亮点是有理论，有实践。徐氏不仅介绍前人的理论与实践，同时还注重自己的理论与实践。在学风上是值得称道的。

作为篇章分析的爱好者，本人读后颇有爱不释卷之感。毋庸讳言，这是一部好书，值得资助出版。相信读者也会跟本人一样翘首以待。

专家推荐意见

傅爱平

中国社会科学院语言研究所研究员

语言研究所徐赳赳研究员多年从事篇章语言学研究,熟悉国内外篇章研究的发展和成果,他的新作《现代汉语篇章语言学》汇集了这个领域的主要研究内容及其发展轨迹,是我国研究篇章的人不可不读的一本书。

这本书最大的特点是内容丰富齐全、信息量很大。纵向来看,书中讨论的内容从研究初期到当前最新的进展,读者可以看到篇章语言学各个发展时期的理论和研究成果,甚至不同观点的争论。横向来看,这本书涉及了近期国内外有关篇章研究的几乎所有热点问题:篇章现象(引语、元话语、互文性、话语标记、管界、篇章焦点和前景背景),篇章话题,篇章回指,篇章层次结构(传统结构、段落结构、三元结构、论证结构、故事结构、宏观结构和修辞结构),篇章推进结构(信息结构、主述结构、话述结构、启承结构)等等。所列出的参考文献也十分丰富。

对篇章研究的学科发展作多视角的介绍是这本书的另一个特点。书中介绍了篇章语言学的发展史(如历史背景、形成时间、阶段特点等),篇章语言学研究的对象、方法和基本原则,国际上篇章研究领域的代表人物及其学术观点,篇章语言学的有关理论(如故事语法、宏观结构理论、修辞结构理论等)以及应用这些理论对各种篇章现象的研究,也介绍了跟篇章语言学密切相关的其他一些领域的情况(如篇章与社会、篇章与意识形态、篇章与认知等)。

作为以现代汉语篇章研究为讨论题目的著作,这本书也用大量篇幅专门讨论汉语的篇章研究问题。作者不仅熟悉国外篇章研究的文献,而且对国内相关研究的历史和发展也心中有数。书中既介绍了我国语言学家对汉语篇章问题的观点和研究成果,也论述了作者本人的研究工作,包括关于引语、段落、联想回指、网络语言和启承结构的研究。这些研究工作丰富了汉语篇章的研究内容,也使这本书更具有学术意义。

我的专业领域是自然语言处理,篇章研究的一些理论成果对于自然语言处理有重要的应用价值。比如这本书中关于启承结构的研究,还有关于管界现象的研究等,自然语言理解和生成的研究都能够从中得到启发。这些研究在发展成熟并经过形式化之后,可以帮助我们在自然语言处理系统中引入篇章分析的方法,改进以往基于词语和句法知识的分析技术,提高系统的处理能力。

我相信这本书的出版也会让更多的人对篇章研究感兴趣,使我国篇章语言学的研究得到进一步发展。我非常愿意作为出版这本书的推荐人,希望它能够尽快得到资助,早日与读者见面。

后　　记

十几年前,我想申请国家社科基金写一本有关话语分析的书,卫志强教授主动提出带我去吕叔湘先生家,让吕先生给我写推荐信。我听说去见大师吕先生,吓得一口回绝了,我觉得这种小事实在是不好意思向吕先生开口。我记得当时卫志强教授动员我说:吕先生知道你是廖秋忠和陈平的学生,曾经有次还谈起过你,吕先生对青年人特别支持。最后我还是没敢答应,现在想想那次确实是失去了一次当面聆听吕先生教诲的机会,也失去了一次吕先生可能留给我笔墨的机会。

译著《篇章语言学》和专著《现代汉语篇章回指研究》出版后,我又开始动了写篇章语言学的专著的念头。2004年6月,我的导师陈平教授回北京参加中国社会科学院召开的"纪念吕叔湘先生百年诞辰国际学术研讨会",我们师生相见,很是高兴。我跟陈平谈起我的想法,陈平觉得这是一项很有意义的工作,他说他12月还要来北京,让我到时准备好这本书的提纲。12月陈平来北京后,他抽出时间,几次和我坐在一起详细地规划这本书,陈平从内容到结构都提出了详细的意见,甚至连这本书的读者对象及大致字数都进行了考虑。更令我感动的是,他回澳大利亚后不久,找出一份提纲用电子邮件发给我供我参考。原来几年前一家出版社请他写一本有关话语分析的书,他曾作了考虑,并写了提纲。考虑到我想写这本书,他也就不准备写了,让我参考他的提纲。2007年上半年,陈平通读了我的初稿,2007年12月他休假回国,又抽空再次通读了我的二稿,提出了许多具体的修改意见,并为这本书作了序。没有陈平的指导和鼓励,恐怕不会有这本书的出版。

这本书终于出版了。在此,我要感谢中国社会科学院语言所领导和当代语言学研究室领导及语言所同事:白长茂老师、蔡文兰教授、曹广顺教授、崔祖金老师、董昆教授、傅爱平教授、顾曰国教授、胡建华教授、林茂灿教授、刘丹青教授、沈家煊教授、王伟老师、卫志强教授、张骅老师、张慧芬老师、张丽娟老师、张振兴教授,感谢他们多年来对我学业上的支持。

借此机会,我要感谢在我求学和学术研究的道路上,曾经给我提供过无私帮助的学者们,他们是曹志耘教授、陈章云老师、程晓堂教授、冯爱珍编审、宫齐教授、何元建教授、洪岗教授、胡明扬教授、李荣宝教授、李宇明教授、林大津教授、马秋武教授、毛浩然老师、彭宣维教授、任绍曾教授、孙德金教授、束定芳教授、王洪君教授、王克非教授、徐烈炯教授、徐莹老师、姚小平教授、殷国光教授、张先亮教授、赵金铭教授、周洪波编审,感谢他们这些年来给我直接和间接的帮助。

我小学、中学、大学、研究生院的许多同学至今还保持来往,他们总是分享我在学术上取得成就时的喜悦,这无形中给了我巨大的促进。

此外,我还要感谢国家社科基金对本项研究的支持。感谢中国社会科学院和商务印书馆联合出资出版这本书。感谢顾曰国教授和傅爱平教授大力推荐这本书的出版。

感谢娄开阳、毛浩然、帕提古力协助做了校对工作。

在这本书出版之际我不会忘记我的硕士生导师廖秋忠教授和陈平教授、博士生导师Jonathan J. Webster(卫真道)教授在我读书时所付出的心血。

我还要感谢我的太太刘梦、女儿徐梦加、我的父母和岳父岳母,他们一直在主动分担我的压力,增强我的信心。

徐赳赳

2009年2月26日

于北京望京花园

www.xujiujiu.com